27th International Conference on Computational Linguistics and Speech Processing (ROCLING 2015)

Hsinchu, Taiwan
1 – 2 October 2015

Editors:

Sin-Horng Chen
Hsin-Min Wang
Jen-Tzung Chien
Hung-Yu Kao
Wen-Whei Chang
Yih-Ru Wang
Shih-Hung Wu

ISBN: 978-1-5108-1500-1

Printed from e-media with permission by:

Curran Associates, Inc.
57 Morehouse Lane
Red Hook, NY 12571

CURRAN ASSOCIATES INC. proceedings.com

Some format issues inherent in the e-media version may also appear in this print version.

Printed by Curran Associates, Inc. (2015)

For permission requests, please contact the Association for Computational Linguistics at the address below.

Association for Computational Linguistics
209 N. Eighth Street
Stroudsburg, Pennsylvania 18360

Phone: 1-570-476-8006
Fax: 1-570-476-0860

acl@aclweb.org

Additional copies of this publication are available from:

Curran Associates, Inc.
57 Morehouse Lane
Red Hook, NY 12571 USA
Phone: 845-758-0400
Fax: 845-758-2634
Email: curran@proceedings.com
Web: www.proceedings.com

Proceedings of the Twenty- Seventh Conference on Computational Linguistics and Speech Processing ROCLING XXVII (2015)

October 1-2, 2015

National Chiao Tung University, Hsinchu, Taiwan

Sponsored by:
Association for Computational Linguistics and Chinese Language Processing
National Chiao Tung University

Co- Sponsored by:
Academic Sponsor
Institute of Information Science, Academia Sinica

Government Sponsors
Ministry of Education
Ministry of Science and Technology

Industry Sponsors
ASUSTeK Computer Inc.
Cyberon Corporation
Chunghwa Telecom Laboratories
Delta
Industrial Technology Research Institute
Fortemedia

Welcome Message of the ROCLING 2015

On behalf of the organization committee and program committee, it is our pleasure to welcome you to the National Chiao Tung University, Hsinchu, Taiwan, for the 27th Conference on Computational Linguistics and Speech Processing (ROCLING), the flagship conference on computational linguistics, natural language processing, and speech processing in Taiwan. ROCLING is the annual conference of the Computational Linguistics and Chinese Language Processing (ACLCLP) which is held in autumn in different cities and universities in Taiwan. This year, we have 18 oral papers and 9 poster papers, which cover the areas of speech separation and summarization, natural language processing, robust speech recognition, and text mining. We are grateful to the contribution of the reviewers for their extraordinary efforts and valuable comments.

ROCLING 2015 features two distinguished lectures from the renowned speakers in speech processing as well as natural language processing. Dr. Jerome R. Bellegarda (Apple Distinguished Scientist) will lecture on "Virtual Personal Assistance on Mobile Devices" and Prof. Ming-Syan Chen (Distinguished Professor, Department of Electrical Engineering, National Taiwan University) will speak on "Data Processing and Information Extraction for Social Networks". This ROCLING also features one Industry Track, two Doctoral Consortiums, and two Academic Demo Tracks which provide forums and show-and-tells for graduate students, industrial and academic researchers and developers.

Finally, we thank to the generous government, academic and industry sponsors and appreciate your enthusiastic participation and support. Best wishes a successful and fruitful ROCLING 2015 in Hsinchu.

General Chairs

Sin-Horng Chen, Hsin-Min Wang and Jen-Tzung Chien

Program Committee Chairs

Hung-Yu Kao, Wen-Whei Chang and Yih-Ru Wang

Organizing Committee

General Chairs

Sin-Horng Chen, National Chiao Tung University
Hsin-Min Wang, Academia Sinica
Jen-Tzung Chien, National Chiao Tung University

Program Committee Chairs

Hung-Yu Kao, National Cheng Kung University
Wen-Whei Chang, National Chiao Tung University
Yih-Ru Wang, National Chiao Tung University

Advisory Committee

Jason S. Chang, National Tsing Hua University
Hsin-Hsi Chen, National Taiwan University
Keh-Jiann Chen, Academia Sinica
Wen-Lian Hsu, Academia Sinica
Chu-Ren Huang, Hong Kong Polytechnic University
Chin-Hui Lee, Georgia Institute of Technology
Lin-shan Lee, National Taiwan University
Hai-zhou Li, Institute for Infocomm Research
Chin-Yew Lin, Microsoft Research Asia
Helen Meng, Chinese University of Hong Kong
Keh-Yih Su, Behavior Design Corporation
Hsiao-Chuan Wang, National Tsing Hua University
Jhing-Fa Wang, National Chen Kung University
Chung-Hsien Wu, National Chen Kung University

Steering Committee

Chia-Hui Chang, National Central University
Chia-Ping Chen, National Sun Yat-Sen University
Berlin Chen, National Taiwan Normal University
Kuang-Hua Chen, National Taiwan University
Hung-Yan Gu, National Taiwan University of Science and Technology
Zhao-Ming Gao, National Taiwan University
Jyh-Shing Jang, National Taiwan University
Yuan-Fu Liao, National Taipei University of Technology
Chao-Lin Liu, National Chengchi University

Wen-Hsiang Lu, National Cheng Kung University
Shu-Chuan Tseng, Academia Sinica
Yuen-Hsien Tseng, National Taiwan Normal University
Liang-Chih Yu, Yuan Ze University

Publicity Chair
Tai-Shih Chi, National Chiao Tung University

Local Arrangement Chair
Chi-Chun Lee, National Tsing Hua University

Publication Chair
Shih-Hung Wu, Chaoyang University of Technology

Industry Track Chair
Wen-Hsiang Lu, National Cheng Kung University

Academic Demo Track Chair
Yu Tsao, Academia Sinica

Doctoral Consortium Chair
Richard T.-H. Tsai, National Central University

Keynote 1 –

Virtual Personal Assistance on Mobile Devices

Dr. Jerome R. Bellegarda
Apple Distinguished Scientist
Thursday, October 1
10:00 - 11:00
Location: International Conference Hall

Biography

Dr. Jerome R. Bellegarda is Apple Distinguished Scientist in Human Language Technologies at Apple Inc., Cupertino, California, which he joined in 1994. Prior to that, he was a Research Staff Member at the IBM T.J. Watson Center, Yorktown Heights, New York. Among his diverse contributions to speech and language advances over the years, he pioneered the use of tied mixtures in acoustic modeling and latent semantics in language modeling. In addition, he was instrumental to the due diligence process leading to Apple's acquisition of Siri personal assistant technology and its integration into iOS. His general interests span statistical modeling algorithms, voice-driven man-machine communications, multiple input/output modalities, and multimedia knowledge management. In these areas he has written close to 200 publications, and holds approximately 100 U.S. and foreign patents. He has served on many international scientific committees, review panels, and advisory boards. In particular, he has worked as Expert Advisor on speech and language technologies for both the U.S. National Science Foundation and the European Commission, was Associate Editor for the IEEE Transactions on Audio, Speech and Language Processing, served on the IEEE Signal Processing Society Speech Technical Committee, and is currently an Editorial Board member for Speech Communication. He is a Fellow of both IEEE and ISCA (International Speech Communication Association).

Abstract

Natural language interaction has the potential to considerably enhance user experience, especially in mobile devices like smartphones and electronic tablets. Recent advances in software integration and efforts toward more personalization and context awareness have brought closer the long-standing vision of the ubiquitous intelligent personal assistant. Multiple voice-driven initiatives, such as Apple's Siri, have now reached commercial deployment. In this talk, I will review the two major semantic interpretation frameworks underpinning virtual personal assistance, and reflect on the inherent complementarity in their respective advantages and drawbacks. I will then discuss some of the attendant choices made in Siri, and speculate on their likely evolution going forward.

Keynote 2 -

Data Processing and Information Extraction for Social Networks

Prof. Ming-Syan Chen
Distinguished Professor, Department of Electrical Engineering, National Taiwan University
Friday, October 2 09:00-10:00
Location: International Conference Hall

Biography

Ming-Syan Chen (陳銘憲) received the Ph.D. degrees in Computer, Information and Control Engineering from The University of Michigan, Ann Arbor, MI, USA. He is now a Distinguished Professor jointly appointed by EE Department, CSIE Department, and Graduate Institute of Communication Eng. (GICE) at National Taiwan University. He was a research staff member at IBM Thomas J. Watson Research Center, Yorktown Heights, NY, USA from 1988 to 1996, the Director of GICE from 2003 to 2006, the President/CEO of Institute for Information Industry (III), which is one of the largest organizations for information technology in Taiwan, from 2007 to 2008, and also a Distinguished Research Fellow and the Director of Research Center of Information Technology Innovation (CITI) in the Academia Sinica from 2008 to 2015. His research interests include databases, data mining, social networks, and multimedia networking, and he has published more than 350 papers in his research areas.

In addition to serving as program chairs/vice-chairs and keynote/tutorial speakers in many international conferences, Dr. Chen has served as an associate editor of IEEE TKDE, VLDB Journal, KAIS, and also JISE, and also the Editor-in-Chief of the International Journal of Electrical Engineering (IJEE). Dr. Chen was the Chief Executive Officer of Networked Communication Program, which is a national program coordinating several primary activities in information and communication technologies in Taiwan. He is a recipient of the Academic Award of the Ministry of Education, the NSC (National Science Council) Distinguished Research Award, Pan Wen Yuan Distinguished Research Award, Teco Award, Honorary Medal of Information, and K.-T. Li Research Breakthrough Award for his research work, and also the Outstanding Innovation Award from IBM Corporate for his contribution to a major database product. He received numerous awards for his research, teaching, inventions and patent applications. Dr. Chen is a Fellow of ACM and a Fellow of IEEE.

Abstract

Recently due to the fast increasing activities of social networks, it has become very desirable to conduct various analyses for applications on social networks. However, as the scale of a social network has become prohibitively large, it is infeasible to scrutinize the data and extract the key essence from the entire social network. As a result, a significant amount of research effort has been elaborated upon extracting the essential application-dependent information from a social network. In this talk, we shall examine some recent studies on data processing and information extraction for social networks. Explicitly, we shall explore the methods for three levels of information extraction in a social network, namely, parameter extraction, information extraction, and structure extraction, and interpret them from their respective objectives.

Proceedings of the Twenty- Seventh Conference on Computational Linguistics and Speech Processing ROCLING XXVII (2015)

TABLE OF CONTENTS

The 2015 Conference on Computational Linguistics and Speech Processing
ROCLING 2015, pp. 1-3

表示法學習技術於節錄式語音文件摘要之研究

A Study on Representation Learning Techniques for Extractive Spoken Document Summarization

施凱文　Kai-Wun Shih, 陳柏琳　Berlin Chen
國立臺灣師範大學資訊工程學系
Department of Computer Science & Information Engineering
National Taiwan Normal University
{60247065S, berlin}@ntnu.edu.tw

陳冠宇 Kuan-Yu Chen, 劉士弘 Shih-Hung Liu, 王新民 Hsin-Min Wang
中央研究院資訊科學研究所
Institute of Information Science
Academia Sinica
{kychen, journey, whm}@iis.sinica.edu.tw

摘要

隨著網路科技的蓬勃發展，大量含有語音資訊的多媒體內容(像是電視新聞、課程演講、會議錄音等)快速地傳遞並分享於全球各地，進而促使自動語音文件摘要成為一項重要的研究議題。其中，長久以來一直最為被廣泛地探究的是節錄式語音文件摘要(Extractive Spoken Document Summarization)[1-4]；其目標在於根據一定的摘要比例，從語音文件中選取重要語句並組合成摘要，以期能夠扼要的表示語音文件主要的主題或語意資訊。藉此，使用者能迅速地瀏覽大量多媒體內容並能充分理解原始語音文件的主題或語意資訊。另一方面，表示法學習(Representation Learning)是近期相當熱門的一個研究議題[5-7]，多數的研究成果也證明了這項技術在許多自然語言處理(Natural Language Proceeding, NLP)的相關任務上，可以進一步地獲得優良的成效。有鑑於此，本論文首先探討使用不同的詞表示法(Word Representations)及語句表示法(Sentence Representations)，包括了連續型詞袋模型(Continuous Bag-of-Words, CBOW)、跳躍式模型(Skip-Gram, SG)、分散式儲存模型(Distributed Memory Model of Paragraph Vector, PV-DM)以及分散式詞袋模型(Distributed Bag-of-Words of Paragraph Vector, PV-DBOW)[8, 9]，於節錄式中文廣播新聞語音文件摘要之應用。其次，基於詞表示法及語句表示法，本論文提出使用三種簡單且有效的排序模型(Ranking Models)，包括了餘弦相似度(Cosine Similarity)、馬可夫隨機漫步(Markov Random Walk, MRW)以及文件相似度量值(Document Likelihood Measure, DLM)[10]，來選取重要語句以形成摘要。再者，除了使用文件中的文字資訊外，本論文更進一步地結合語音文件上的各式聲學特徵，諸如韻律特徵(Prosodic Features)等[11]，以期望能獲得更好的摘要成效。在實驗設定上，本論文的語音文件摘要實驗語料是採用公視廣播新聞(Mandarin Chinese Broadcast News Corpus, MATBN)[12]；一系列的實驗結果顯示，不論是在使用含有錯誤資訊的語音辨識轉寫(Speech Recognition Transcripts)或者是使用正確參考轉寫(Reference Transcripts)的情況下，相較於其它現有的摘要方法，我們所提出的新穎式摘要方法的確都能夠獲得供顯著的摘要效能增進。
關鍵字: 語音文件、節錄式摘要、詞表示法、語句表示法、韻律特徵

致謝

本論文之研究承蒙教育部–國立臺灣師範大學邁向頂尖大學計畫(104-2911-I-003-301)與行政院科技部研究計畫(MOST 104-2221-E-003-018-MY3, MOST 103-2221-E-003-016-MY2, NSC 101-2221-E-003-024-MY3)之經費支持，謹此致謝。

參考文獻

[1] H. P. Luhn, "The automatic creation of literature abstracts," *IBM Journal of Research and Development*, Vol. 2, No. 2, pp. 159-165, 1958.

[2] B. Chen and S.-H. Lin, "A risk-aware modeling framework for speech summarization," *IEEE Transactions on Audio, Speech and Language Processing*, Vol. 20, No. 1, pp. 199-210, 2012.

[3] K.-Y. Chen, S.-H. Liu, B. Chen, H.-M. Wang, E.-E. Jan, W.-L. Hsu and H.-H. Chen, "Extractive broadcast news summarization leveraging recurrent neural network language modeling techniques," *IEEE/ACM Transactions on Audio, Speech, and Language Processing*, Vol. 23, No. 8, pp. 1322-1334, 2015.

[4] S.-H. Liu, K.-Y. Chen, B. Chen, H.-M. Wang, H.-C. Yen and W.-L. Hsu, "Combining relevance language modeling and clarity measure for extractive speech summarization," *IEEE/ACM Transactions on Audio, Speech, and Language Processing*, Vol. 23, No. 6, pp. 957-969, 2015.

[5] G. E. Hinton, "Learning distributed representations of concepts", in *Proc. the Cognitive Science Society*, pp. 1-12, 1986.

[6] Y. Bengio, R. Ducharme, P. Vincent and C. Jauvin, "A neural probabilistic language model," *Journal of Machine Learning Research*, Vol. 3, pp. 1137-1155, 2003.

[7] T. Mikolov, K. Chen, G. Corrado and J. Dean, "Efficient estimation of word representations in vector space," in *Proc. the International Conference on Learning Representations*, pp. 1-12, 2013.

[8] T. Mikolov, I. Sutskever, K. Chen, G. Corrado and J. Dean, "Distributed representations of words and phrases and their compositionality," in *Proc. the International Conference on Learning Representations*, pp. 1-9, 2013.

[9] Q. V. Le and T. Mikolov, "Distributed representations of sentences and documents," in *Proc. the International Conference on Machine Learning*, 2014.

[10] S.-H. Lin, Y.-M. Yeh and B. Chen, "Leveraging Kullback-Leibler divergence measures and information-rich cues for speech summarization," *IEEE Transactions on Audio, Speech and Language Processing*, Vol. 19, No. 4, pp. 871-882, 2011.

[11] B. Chen, S.-H. Lin, Y.-M. Chang, J.-W. Liu, "Extractive speech summarization using evaluation metric-related training criteria," *Information Processing & Management*, Vol. 49, No. 1, pp. 1-12, 2013.

[12] H. M. Wang, B. Chen, J. W. Kuo, and S. S. Cheng, "MATBN: A Mandarin Chinese broadcast news corpus," *Journal of Computational Linguistics and Chinese Language Processing*, Vol. 10, No. 2, pp. 219-236, 2005.

The 2015 Conference on Computational Linguistics and Speech Processing
ROCLING 2015, pp. 4-17

使用詞向量表示與概念資訊於中文大詞彙連續語音辨識之語言模型調適

Exploring Word Embedding and Concept Information for Language Model Adaptation in Mandarin Large Vocabulary Continuous Speech Recognition

陳思澄 Ssu-Cheng Chen, 洪孝宗 Hsiao-Tsung Hung, 陳柏琳 Berlin Chen
國立臺灣師範大學資訊工程學系
Department of Computer Science and Information Engineering
National Taiwan Normal University
{60247071S, 60047064S, berlin}@ntnu.edu.tw

陳冠宇 Kuan-Yu Chen
中央研究院資訊科學研究所
Institute of Information Science, Academia Sinica
Kychen@iis.sinica.edu.tw

摘要

近年來深度學習(Deep Learning)激起一股研究熱潮；隨著深度學習的發展而有分散式表示法(Distributed Representation)的產生。此種表示方式，不僅能以較低維度的向量表示詞彙，還能藉由向量間的運算，找出任兩詞彙之間的語意關係。本論文以此為發想，提出將分散式表示法，或更具體來說是詞向量表示(Word Representation)，應用於語音辨識的語言模型中使用。首先，在語音辨識的過程中，對於動態產生之歷史詞序列與候選詞改以詞向量表示的方式來建立其對應的語言模型，希望透過此種表示方式而能獲取到更多詞彙間的語意資訊。其次，我們針對新近被提出的概念語言模型(Concept Language Model)加以改進；嘗試在調適語料中以句子的層次做模型訓練資料選取之依據，去掉多餘且不相關的資訊，使得經由調適語料中訓練出的概念類別更為具代表性，而能幫助動態語言模型調適。另一方面，在語音辨識過程中，會選擇相關的概念類別來動態組成概念語言模型，而此是透過詞向量表示的方式來估算，其中詞向量表示是由連續型模型(Continue Bag-of-Words Model)或是跳躍式模型(Skip-gram Model)生成，希望藉由詞向量表示記錄每一個概念類別內詞彙彼此間的語意關係。最後，我們嘗試將上述兩種語言模型調適方法做結合。本論文是基於公視電視新聞語料庫來進行大詞彙連續語音辨識(Large Vocabulary Continuous Speech Recognition, LVCSR)實驗，實驗結果顯示本論文所提出的語言模型調適方法相較於當今最好方法有較佳的效用。

關鍵詞：語音辨識、語言模型、詞向量表示、概念模型

Abstract

Research on deep learning has experienced a surge of interest in recent years. Alongside the rapid development of deep learning related technologies, various distributed representation methods have been proposed to embed the words of a vocabulary as vectors in a lower-dimensional space. Based on the distributed representations, it is anticipated to discover the semantic relationship between any pair of words via some kind of similarity computation of the associated word vectors. With the above background, this article explores a novel use of distributed representations of words for language modeling (LM) in speech recognition. Firstly, word vectors are employed to represent the words in the search history and the upcoming words during the speech recognition process, so as to dynamically adapt the language model on top of such vector representations. Second, we extend the recently proposed concept language model (CLM) by conduct relevant training data selection in the sentence level instead of the document level. By doing so, the concept classes of CLM can be more accurately estimated while simultaneously eliminating redundant or irrelevant information. On the other hand, since the resulting concept classes need to be dynamically selected and linearly combined to form the CLM model during the speech recognition process, we determine the relatedness of each concept class to the test utterance based the word representations derived with either the continue bag-of-words model (CBOW) or the skip-gram model (Skip-gram). Finally, we also combine the above LM methods for better speech recognition performance. Extensive experiments carried out on the MATBN (Mandarin Across Taiwan Broadcast News) corpus demonstrate the utility of our proposed LM methods in relation to several well-practiced baselines.

Keywords: speech recognition, language modeling, deep learning, word representation, concept language model

一、 緒論

語言模型(Language Models, LM)不僅在語音辨識中扮演重要的角色，還可以應用至資訊檢索、機器翻譯、手寫辨識以及文件摘要等不同任務之中，成為關鍵的組成[1, 2]。在語音辨識過程中，我們通常會透過語言模型來補足聲學模型經常不能充分應付同音異字或發音混淆的情況，並幫助語音辨識系統從眾多混淆的候選詞序列假設(Candidate Word Sequence Hypotheses)中找出最有可能的結果[3, 4]。*N* 連(*N*-gram)語言模型為語音辨識之中最為常見的統計式語言模型，用來估測每一個待預測詞彙在其先前緊鄰的 *N*-1 個詞彙已知的情況下出現的條件機率；假設每一個詞彙出現的機率僅與它緊鄰的前 *N*-1 個詞彙相關，可以透過多項式分布(Multinomial Distribution)來表示。然而 *N* 連語言模型僅能擷取短距離的詞彙規則資訊，而無法考慮長距離的語句或篇章資訊；當詞序列越長時參數量越多，使得 *N* 連語言模型會有維度詛咒的問題。另一方面，*N* 連語言模型亦容易面臨訓練語料與測試語料不匹配(Mismatch)而造成估測誤差。有鑑於此，近十幾年來許多動態語言模型調適技術被提出，用以發展有效的語言模型輔助並彌補傳統 *N* 連(*N*-gram)語言模型不足之處。常見的有快取模型(Cache Model)[5]，以及在資訊檢索領域的主題模型(Topic Model)[6]等。其中又以機率式潛藏語意分析(Probabilistic Latent Semantic Analysis, PLSA)[7]以及其延伸狄利克里分配(Latent Dirichlet Allocation, LDA)[8]最為普遍被使用。

本論文旨在於發展新穎動態語言模型調適技術，用以輔助並彌補傳統 *N* 連(*N*-gram)語言模型不足之處。首先，我們提出將分散式表示法之詞向量表示(Word

Representation or Embedding)應用於語音辨識的語言模型中使用。在語音辨識的過程中，對於動態產生之歷史詞序列(Word History)與候選詞(Candidate Word)改以詞向量表示的方式來建立其對應的語言模型，希望透過詞向量表示而能獲取到更多詞彙間的語意資訊。其次，我們針對新近被提出的概念語言模型(Concept Language Model)加以改進；嘗試在調適語料中以句子的層次做模型訓練資料挑選之依據，去掉多餘且不相關的資訊，使得經由調適語料中挑選出的概念類別更為具代表性，而能幫助動態語言模型調適。另一方面，在選擇相關的概念類別來動態組成概念語言模型時，而此是透過詞向量表示的方式來估算，其中詞向量表示是由連續型模型(Continue Bag-of-Words Model)或是跳躍式模型(Skip-gram Model)生成，希望藉由詞向量表示記錄每一個概念類別內詞彙彼此間的語意關係。最後，我們嘗試將上述兩種語言模型調適技術做結合。本論文是基於公視電視新聞語料庫來進行中文大詞彙連續語音辨識(Large Vocabulary Continuous Speech Recognition, LVCSR)實驗，比較本論文所提出語言模型調適技術與其它當今常用語言模型調適技術之效能。

本論文的後續安排如下：第二節介紹詞向量表示法以及本論文嘗試將詞向量表示應用於詞圖搜尋中之方法；第三節介紹將詞向量表示資訊融入概念語言模型；第四節介紹實驗語料、實驗設定以及實驗結果分析；第五節則是結論及未來展望。

二、 詞向量表示法應用於詞圖搜尋之中

在自然語言中，最常見也是最為直覺的詞表示方式為 One-hot Representation，亦即將每個詞表示成一個很長的 N 維向量。其中 N 為詞彙的大小，而向量中僅有其中一維的值為 1，用來表示當前的詞，其餘則表示為 0。此種表示方式是採用稀疏的方式來儲存，並假設兩兩詞彙間彼此獨立，所以從此向量中並無法找出兩兩詞彙之間的關係。

因此於 1986 年時，Hinton 提出了分散式表示法(Distributed Representation) [9] 做為詞的表示法，是透過前饋式類神經網路(Feed-Forward Neural Network)訓練而成。這種向量表示是將詞表示成一個較低維度的實數向量。每個詞彙之間的關係可以利用餘弦或是歐式距離計算找出兩個詞向量間的語意相似度，我們將這些詞向量稱為詞表示法(Word Representation or Embedding)。

有鑑於使用傳統類神經網路語言模型來訓練詞向量會造成訓練時間過長，Tomas Mikolov 等人[10]於是提出所謂的連續型詞袋模型(Continuous Bag-of-Words Model, CBOW)與跳躍式模型(Skip-Gram Model, SG)，這兩種模型使用階層軟式最大化(Hierarchical Soft-max, HS)[10]以及負例採樣(Negative Sampling, NS) [11]方法來提高訓練的速度並改善訓練後詞向量的表示能力。

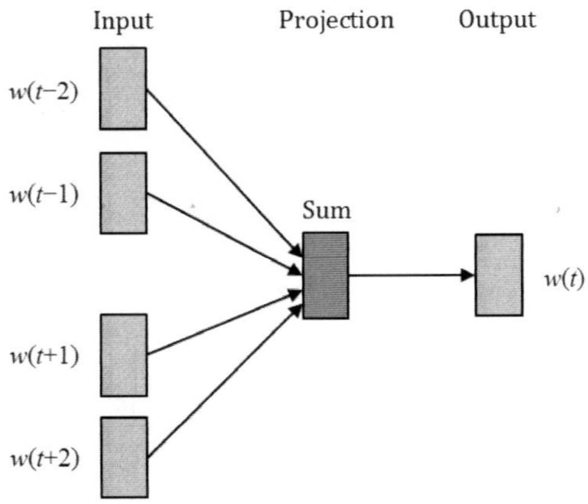

圖一、連續型詞袋模型示意圖

(一)、連續型模型

連續型詞袋模型(CBOW)與前饋式類神經網路類似，不同之處在於連續型詞袋模型將非線性隱藏層(Non-Linear Hidden Layer)移除，並且在輸入層的所有單詞皆共享隱藏層。如圖一所示，此模型包含三層，分別為輸入層、投影層、輸出層。已知當前詞 w_t 的上下文$w_{t-2},w_{t-1},w_{t+1},w_{t+2}$ 的情況下預測當前詞w_t出現的機率。在此目標函數為最大化訓練語料庫中所有詞彙平均的發生機率:

$$\frac{1}{T}\sum_{t=k}^{T-k} log\, P(w_t|w_{t-k},\ldots,w_{t+k}) \tag{1}$$

其條件機率可以透過 Softmax 函數轉換為:

$$P(w_t|w_{t-k},\ldots,w_{t+k})=\frac{e}{\sum_i e^{y_i}} \tag{2}$$

其中 $\mathbf{y}=\{y_1,\ldots,y_v\}$，而 $\mathbf{y}$ 中的每個 y_i 為對於每一個詞 w_i還未經過正規化的 *log* 機率值，計算如下式:

$$\mathbf{y}=\mathbf{b}+Uh(w_{t-k},\ldots,w_{t+k},X) \tag{3}$$

其中U、$\mathbf{b}$為 Softmax 的參數，h 是從矩陣 X 中的詞向量($\overrightarrow{w_{t-k}},\ldots,\overrightarrow{w_{t+k}}$)加總平均，$X$為根據每個詞$w_i$的向量所組成的矩陣。

(二)、跳躍式模型

跳躍式模型(Skip-gram)與連續型詞袋模型(CBOW)相反，使用當前的詞來預測周圍的詞。在已知當前詞 w_t 的情況下，預測其上下文 $w_{t-2},w_{t-1},w_{t+1},w_{t+2}$ 的機率。給定一段詞序列 $w_1,w_2,w_3,\ldots,w_t$ ，在此最大化目標函數:

$$\frac{1}{T}\sum_{t=1}^{T}\sum_{-c\leq k\leq c,k\neq 0} \log P(w_{t+k}|w_t) \tag{4}$$

其中 c 為訓練上下文的窗口大小，T 為訓練的文字語料長度，$P(w_{t+k}|w_t)$ 表示在當

前詞 w_t 的條件下 w_{t+k} 出現的機率。計算在一個固定的窗口大小內兩兩詞彙之間的機率，可以用來找出在一段語句中詞彙彼此之間的相互關係。上下文的窗口越大，預測的結果越精準，相對的訓練時間亦會隨之增加。

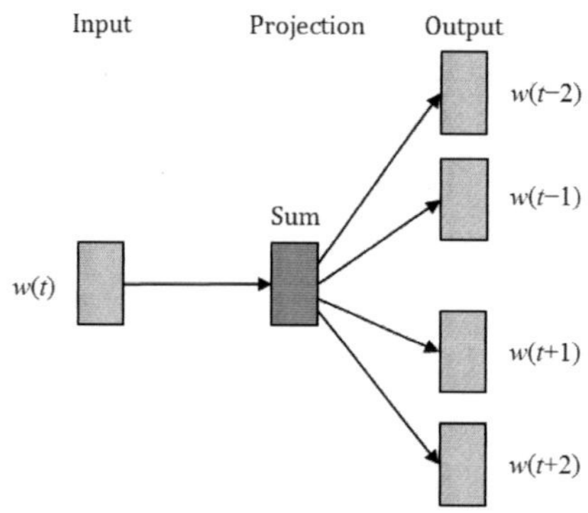

圖二、跳躍式模型示意圖

(三)、將詞向量表示應用於詞圖搜尋

在語音辨識的過程中，每個音框會記錄語言模型的歷史詞序列、候選詞對應的開始與結束的音框、以及搜尋時聲學模型的解碼分數，來建立詞圖(Word Graph)，並在詞圖上使用三連詞(Trigram)或四連詞(Fourgram)等類似語言模型，在重新進行一次詞圖動態規劃搜尋(Word Graph Rescoring)中，找出一條最佳的辨識詞序列，如圖三所示。

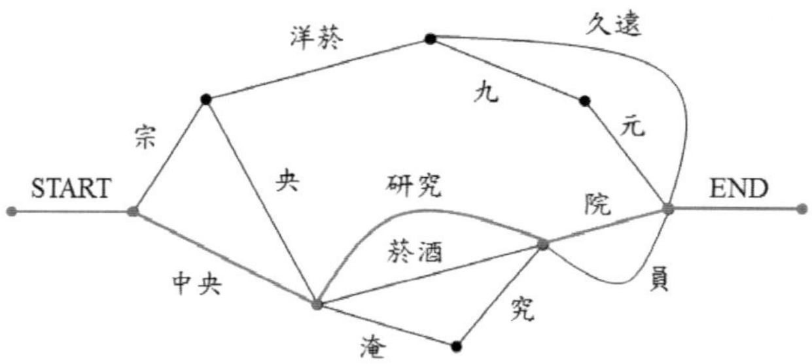

圖三、詞圖搜尋示意圖

詞圖是由詞彙樹複製搜尋過後所建立的圖，而詞圖中的每個分支(Arc)表示經過裁剪過後所保留的詞段，每個詞段會記錄其聲學分數。接著針對每個詞段進行維特比(Viterbi)搜尋，並記錄與每個詞段相連且最有可能的下一個詞段(亦即前詞段之結束時間與下一詞段的開始時間相同並且維特比分數為最高者) 。然而從詞圖中所保留的詞段，在聲學模型中大多為同音異字或是混淆的，所以需要透過語言模型的輔助。

在詞圖搜尋時，給定歷史詞序列　下預測當前詞 w_i 的機率可以由下式表示:

$$(\mid) = \sum_{\in} (\mid) \tag{5}$$

在此加入參數 α_j，並且假設參數 $_1$， $_2$,…， 加總為 1，使得距離詞 越近的詞給予較大權重，亦即在歷史詞序列中越靠近當前詞 的詞越重要。 (|)表示在給定歷史詞序列 H_i 中詞 下預測當前詞 的機率，可以由(6)式得到:

$$(w_i|w_m)=\frac{e^{\vec{w}_i\cdot\vec{w}_m}}{\sum_{W\in V} e^{\vec{w}_i\cdot\vec{W}}} \tag{6}$$

其中 $\vec{w}_i$ 為當前詞 w_i 的詞向量表示，$\vec{w}_m$ 為詞圖中的候選詞 w_m 的詞向量表示，而 W 為對於詞 w_i 的所有候選詞集合，最後透過 Softmax 函數將其轉換為機率的方式表示。

三、 將詞向量表示資訊融入概念語言模型

在 2014 年時，有學者[12]提出了概念語言模型(Concept Language Model, CLM)，其想法是認為一般人在表達一件事物時，所講的每一語句背後都隱含語者內心欲表達的概念，希望藉由近似語者欲表達的概念，預測在此概念下的詞彙使用分布資訊，並將不同程度的鄰近資訊(Proximity Information)融入概念語言模型以放寬詞袋(Bag-of-Words)假設的限制，達到動態語言模型調適的效果。

概念語言模型假設在調適語料的文件集內之文件可以由一組概念類別 **C** 來表示，藉由語者講欲表達的語言資訊 W 與這些概念類別的個別關聯程度來獲得語句可能的概念分布，並做為語言模型預測的根據，如式(7)所示:

$$\begin{aligned} P_{\text{CLM}}(w_i \mid H_i, W) &= \frac{\sum_{C\in\mathbf{C}} P(w_i, H_i \mid C)P(C \mid W)}{\sum_{C'\in\mathbf{C}} P(H_i \mid C')P(C' \mid W)} \\ &= \frac{\sum_{C\in\mathbf{C}} P(w_i \mid C)\prod_{l=1}^{L_i} P(h_l \mid C)P(C \mid W)}{\sum_{C'\in\mathbf{C}} \prod_{l'=1}^{L_i} P(h_{l'} \mid C')P(C' \mid W)} \end{aligned} \tag{7}$$

其中概念類別的求取可透過 K-Means 演算法[13]求得；$P(C \mid W)$ 可基於將語言資訊 W 與每一個概念類別 C 表示成向量形式，計算 W 與 C 之餘弦相似度求得；$P(w_i \mid C)$ 代表概念類別 C 預測詞彙 w_i 的單連語言模型機率，可透過最大化相似機率估測(Maximum Likelihood Estimation, MLE)。我們可以將式(7)中概念類別 C 預測詞彙 w_i 的語言模型延伸成為詞雙連(Word Bigram)或者詞三連(Word Trigram)語言模型，概念語言模型可以同時考慮詞彙間出現的先後規則性或是鄰近資訊(Proximity Information)，以免除詞袋(Bag-of-Words)假設的限制。例如，當使用雙連資訊時，所形成的概念語言模型(記作 BCLM)如式(8)所示:

$$P_{\text{BCLM}}(w_i \mid H_i, W) = \frac{\sum_{C\in\mathbf{C}} P(w_i \mid h_L, C)P(h_1 \mid C)\prod_{l=2}^{L_i} P(h_l \mid h_{l-1}, C)P(C \mid W)}{\sum_{C'\in\mathbf{C}} P(h_1 \mid C')\prod_{l'=2}^{L_i} P(h_{l'} \mid h_{l'-1}, C')P(C' \mid W)} \tag{8}$$

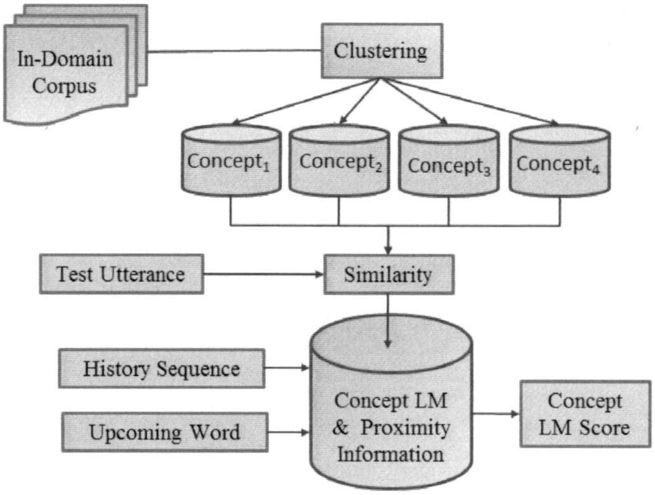

圖四、概念語言模型流程圖

(一)、結合詞向量表示與概念資訊於語言模型

本論文將詞向量表示法融入概念語言模型中，並以式(8)所示的詞雙連概念語言模型(BCLM)為例。首先，在調適語料文件集內之文件由一組概念類別 **C** 來表示，以群聚之間的相似度近似語句概念表達的涵意。在調適語料中以句子的層次做模型訓練資料選取之依據，將具有相似語意或是相同概念的語句歸為同一個類別中，使得經由調適語料中訓練出的概念類別更為具代表性。其中 *W* 代表語者所講語句欲表達的語言資訊，在此以語音辨識初步所產生的詞圖(Word Graph)來近似。

而 $P(C|W)$是透過語言資訊 *W* 與每一個概念類別 *C* ，以詞向量表示(Word Embedding)的方式，先將詞轉換成向量的形式，接著計算其餘弦相似度而得。其中詞向量表示是由連續型模型(Continue Bag-of-Words Model)或是跳躍式模型(Skip-gram Model)生成。 (|)表示概念類別 *C* 預測詞彙　的單連語言模型機率，可以透過最大化相似機率估測而得。

四、 實驗設定與結果討論

(一)、實驗語料

本研究所進行之語音辨識實驗是使用台師大所自行研發的大詞彙連續語音辨識系統(詞典大小約為 7 萬 2 千詞)[14]以及公視電視新聞語音語料庫(Mandarin Across Taiwan Broadcast News, MATBN)[15]。此新聞語音語料庫是由中央研究院資訊所口語小組耗時三年(2001~2003)與公共電視台[PTS]合作錄製完成。我們初步選擇外場採訪記者語料作為實驗題材，將其中約 25 小時收錄於 2001 年 11 月至 2002 年 12 月期間的語料作為最小化音素錯誤(Minimum Phone Error, MPE)聲學模型訓練的語料來建立聲學模型(Acoustic Models)[16]。本論文以 2003 年所蒐集的語料中挑選約 1.5 個小時，包含 292 句語句。

在語言模型的估測上，我們使用自 2001 至 2002 年中央通訊社(Central News Agency, CNA)的文字新聞語料，內含有約一億五千萬個中文字(經由斷詞之後約有八千萬個詞)做為背景語料庫用來訓練三連語言模型(Trigram Language Model)，此語言模型是使用 SRI Language Modeling Toolkit (SRILM)[17]訓練而得，採用 Good-Turning 平滑化方法來解決資料稀疏的問題。另一方面，我們亦蒐集同為公視電視新聞語料庫中的同領域文件做為調適語料庫，用來估測本論文所探討的各式做為調適之用的語言模型，總共約三千六百四三句語句。本論文實驗所使用之語音語料庫以及文字語料庫的扼要統計資訊分別如表一與表二所示。

表一 語音辨識實驗使用之語音語料統計資訊

	詞典大小	句數	長度(小時)	說話速度
語料	約 72000 詞	292	約 1.5	8.52 字/秒

表二 語言模型估測所使用背景文字語料以及調適文字語料統計資訊

語料	詞數	句數
調適語料	約 1,000,000	3,643
背景語料	約 80,000,000	2,068,991

(二)、基礎實驗結果

在基礎實驗部分，首先僅使用背景語言模型於中文大詞彙連續語音辨識，觀察其字辨識錯誤率(Character Error Rate, CER)，我們亦比較同領域語料訓練的語言模型結合背景語言模型的字錯誤率。另外，我們以詞圖最佳解碼(Oracle)作為語音辨識效能的上界；詞圖中最佳解碼是利用動態規劃方式，找出詞圖中字錯誤率最低之路徑。基礎實驗於測試集之字辨識率結果如表三所示。

表三、語音辨識基礎實驗之字辨識率(%)結果

	字錯誤率(%)
背景單連語言模型(UBG)	34.30
背景雙連語言模型(BBG)	22.24
背景三連語言模型(TBG)	20.22
同領域雙連語言模型+TBG	19.12
同領域三連語言模型+TBG	19.04
詞圖中最佳解碼(Oracle)	7.72

(三) 將詞向量表示應用於詞圖搜尋之實驗結果

本論文希望利用詞向量表示找到詞彙間彼此的語意關係，利用詞向量表示於語音辨識的詞圖搜尋中，希望藉此能達到提升辨識率的效果。表四為比較不同維度以及不同詞向量表示(Skip-gram, CBOW)於詞圖搜尋的字錯誤率結果，在此維度設定以 10 至 50 作為實驗之比較，以較小維度之差異比較，減少其計算複雜度。

表四、應用詞向量表示於詞圖搜尋中之字錯誤率(%)比較表

維度大小	跳躍式模型(Skip-gram)	連續型詞袋模型(CBOW)
10	19.85	19.86
20	19.85	19.87
30	**19.83**	**19.84**
40	19.85	19.86
50	19.85	19.84

由表四中可以看出融入詞向量表示的資訊於詞圖搜尋中，我們可以很明顯地觀察出，加入詞向量的資訊對於語音辨識準確率的提升有幫助。不論是用跳躍式模型(Skip-gram)還是使用連續型詞袋模型(CBOW)所訓練得到的詞向量表示，將其應用於語音辨識的詞圖搜尋之中，字錯誤率從原本只使用詞圖搜尋時之字錯誤率 20.2 下降至 19.83 (使用 Skip-gram)，獲得不錯的效能提升。

(四) 結合詞向量表示資訊於概念語言模型之實驗結果

本論文嘗試將詞向量資訊應用於概念語言模型之中，在本實驗中，我們將調適語料以句子為單位，利用 *K*-means 分群法將調適語料中的語句分為多個概念類別。

另外在計算測試語句與概念群聚相似度部分，我們使用詞向量表示並透過餘弦方式計算其相似度。本實驗比較傳統概念語言模型(BCLM)與結合詞向量表示於概念語言模型(簡稱為 BCLM:WE)皆作用於不同群聚數目之字錯誤率結果;上述兩種方法皆與背景三連語言模型做線性結合。本實驗採用跳躍式模型(Skip-gram)作為詞向量訓練，相較於連續型模型(CBOW)有較佳實驗結果。其中 BCLM:WE(10)表示使用跳躍式模型訓練維度為 10 之詞向量，結合概念語言模型的實驗結果。實驗結果如表五所示，圖五以折線圖方式呈現其實驗結果。

表五、結合詞向量資訊於概念模型之不同群聚數的字錯誤率(%)比較表

群聚個數	2	4	8	16	32
BCLM	19.31	19.14	19.58	19.54	19.59
BCLM:WE(10)	18.89	19.05	**19.40**	19.39	**19.52**
BCLM:WE(20)	18.90	19.05	19.40	**19.39**	19.52
BCLM:WE(30)	18.89	**19.04**	19.40	19.39	19.52
BCLM:WE(40)	**18.88**	19.05	19.40	19.39	19.52
BCLM:WE(50)	18.88	19.04	19.40	19.39	19.52

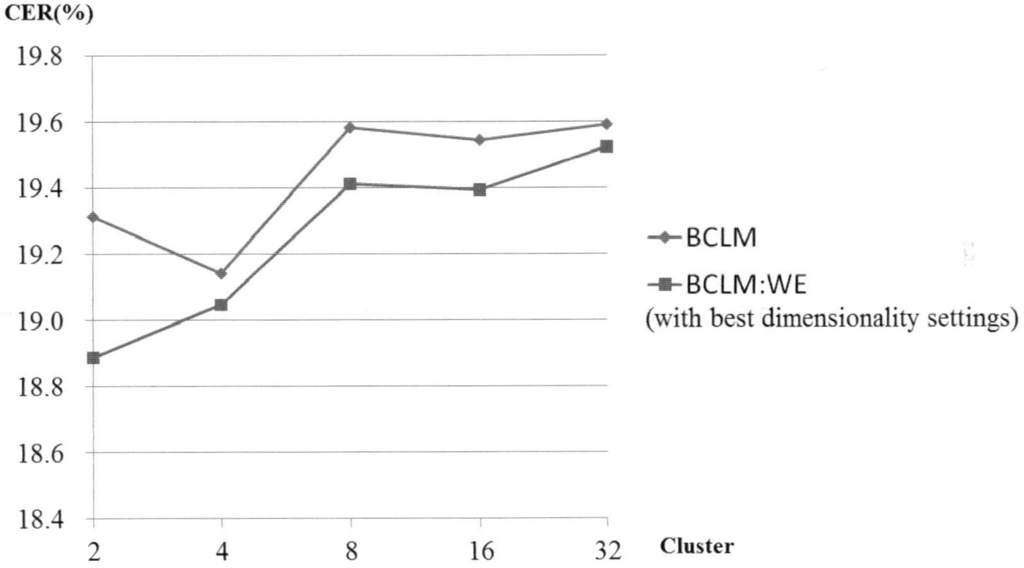

圖五、結合詞向量資訊於概念模型之不同群聚數的字錯誤率(%)比較圖

由圖五我們可以看出結合詞向量表示於概念語言模型(BCLM:WE)中之字錯誤率相較於傳統概念語言模型(BCLM)皆有較好的表現，當群聚數目為 2 時，使用跳躍式模型(Skip-gram)訓練得到的詞向量表示於概念語言模型(BCLM:WE(40))當維度為 40 時，字錯誤率可降低至 18.88。另外，亦可由圖五中看出當群聚數目增加時有利於模型的描述，但是由於分群數過多會導致每群資料

量過少而無法描繪出其概念的特性，因此群聚的數目亦是會影響辨識結果的重要關鍵。

(五) 各式語言模型之實驗結果比較

圖六為各式語言模型與背景三連語言模型(TBG)結合後之字錯誤率結果比較，其中 Baseline 為詞圖搜尋(Word Graph Rescoring)僅使用背景三連模型結果，其字錯誤率為 20.22;而 CBOW 與 Skip-gram 為本論文所提出將詞向量表示應用於詞圖搜尋之實驗結果，相較於沒有使用詞向量表示於詞圖搜尋結果有 0.39 絕對字錯誤率下降。接著，我們比較潛藏語意分析 (Latent Semantic Analysis, LSA)[18]、機率式潛藏語意分析(Probabilistic Latent Semantic Analysis, PLSA)[7]、狄利克里分配(Latent Dirichlet Allocation, LDA)[8]、關聯模型(Relevance Model, RM)[19, 20]、遞迴式類神經網路語言模型(Recurrent Neural Network, RNN)[21]、概念模型(Bigram Concept Language Model, BCLM)[12]以及本論文提出結合詞向量表示於概念語言模型(BCLM:WE)之實驗結果。最後，BCLM:WE+CBOW 與 BCLM:WE+Skip-gram 為本論文所提出的兩種方法結合(亦即第二節以及第三節所提出語言模型調適方法之結合)，實驗果顯示，兩者結合過後效果為最好，字錯誤率可下降至 18.70。由圖六結果觀察得知，本論文提出將詞向量表示應用於語言模型中，對語音辨識的提升確實有幫助。

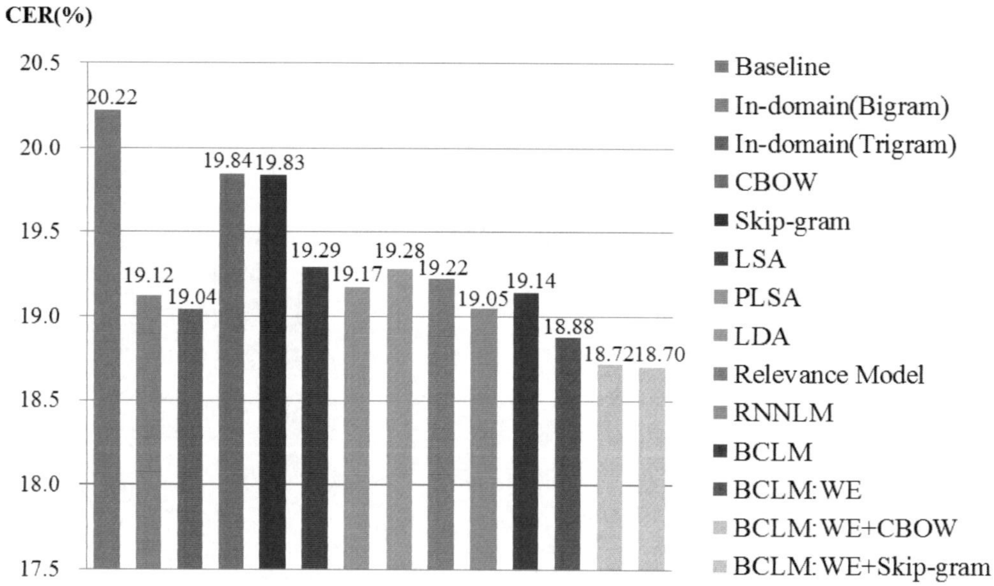

圖六、各式語言模型之字錯誤率(%)結果比較圖

五、 結論與未來展望

近年來深度學習(Deep Learning)激起一股研究熱潮；隨著深度學習的發展而有分散式表示法(Distributed Representation)的產生。此種表示方式，不僅能以較低維度的向量表示詞彙，還能藉由向量間的運算，找出任兩詞彙之間的語意關係。本論文以此為發想，提出將分散式表示法應用於語音辨識的語言模型中使用。主要

貢獻可以分為兩個部分: 第一部分，本論文將詞向量表示資訊應用於詞圖搜尋之中，在語音辨識的過程中，對於動態產生之歷史詞序列與候選詞改以詞向量表示的方式來建立其對應的語言模型，透過此種表示方式而能獲取到更多詞彙間的語意資訊，以提升辨識的準確度。第二部分，我們針對新近被提出的概念語言模型(Concept Language Model)加以改進，在調適語料中以句子的層次做模型訓練資料選取之依據，去掉多餘且不相關的資訊，使得經由調適語料中訓練出的概念類別更為具代表性，而能幫助動態語言模型調適。另一方面，在語音辨識過程中，會選擇相關的概念類別來動態組成概念語言模型，而此是透過詞向量表示的方式來估算，藉由詞向量表示記錄每一個概念類別內詞彙彼此間的語意關係。最後，我們嘗試將上述兩種語言模型調適技術做結合。根據實驗結果顯示，本論文提出將詞向量表示(Word Representation)應用於語言模型中，對於語音辨識的準確率提升確實有幫助。

未來，我們希望將詞向量表示的資訊應用於其他的語言模型之中，例如應用於關聯模型、詞概念語言模型等。此外，我們希望依據詞圖搜尋的結果結合其他語言模型後，在第二階段的 *N* 條最佳結果(*N*-Best)重新排名時，使用長短期記憶類神經網路模型、遞迴式類神經網路等語言模型重新排序，希望藉由此方法達到辨識效能的提升。

參考文獻

[1] R. Rosenfeld, "Two decades of statistical language modeling: Where do we go from here," *Proceedings of IEEE*, vol. 88, no. 8, 2000, pp. 1270–1278, 2000.

[2] J. R. Bellegarda, "Statistical language model adaptation: review and perspectives," *Speech Communication*, vol. 42, no. 11, pp. 93–108, 2004.

[3] S. Furui, L. Deng, M. Gales, H. Ney and K. Tokuda, "Fundamental technologies in modern speech recognition," *IEEE Signal Processing Magazine*, vol. 29, no. 6, pp. 16–17, 2012

[4] D. O'Shaughnessy, L. Deng and H. Li, "Speech information processing: Theory and applications," *Proceedings of the IEEE*, vol. 101, no. 5, pp 1034–1037, 2013.

[5] R. Kuhn, "Speech recognition and the frequency of recently used words: A modified Markov model for natural language," in *Proceedings of* International *Conference on Computational Linguistics*, pp. 348–350, 1988.

[6] D. Blei and J. Lafferty, "Topic models," in A. Srivastava and M. Sahami, (eds.), *Text Mining: Theory and Applications*, Taylor and Francis, 2009.

[7] T. Hofmann, "Probabilistic latent semantic indexing," in *Proceeding of the ACM Special Interest Group on Information Retrieval*, pp. 50–57, 1999.

[8] D. M. Blei, A. Y. Ng and M. I. Jordan, "Latent Dirichlet Allocation," *Journal of Machine Learning Research*, vol. 3, pp. 993–1022, 2003.

[9] G.E. Hinton, "Learning distributed representations of concepts," in *Proceedings of the Eighth Annual Conference of the Cognitive Science Society*, pages 1–12, Amherst 1986, 1986. Lawrence Erlbaum, Hillsdale.

[10] T. Mikolov, K. Chen, G. Corrado and J. Dean, "Efficient estimation of word representations in vector space," in *Proceeding of International Conference on Learning Representations*, 2013.

[11] A. Mnih and K. Kavukcuoglu, "Learning word embeddings efficiently with noise-contrastive estimation," in *Proceeding of Advances in Neural Information Processing Systems*, pp. 2265–2273, 2013.

[12] 郝柏翰，"運用鄰近與概念資訊於語言模型調適之研究，" 國立臺灣師範大學資訊工程所碩士論文，2014。

[13] C. X. Zhai, "Statistical language models for information retrieval: A critical review," *Foundations and Trends in Information Retrieval*, nol. 2, no. 3, 137–213, 2008.

[14] B. Chen, J.-W. Kuo and W.-H. Tsai, "Lightly supervised and data-driven approaches to Mandarin broadcast news transcription," in *Proceedings of the IEEE International Conference on Acoustics, Speech, Signal Processing*, 777–780, 2004.

[15] H.-M. Wang, B. Chen, J.-W. Kuo and S.-S. Cheng, "MATBN: a Mandarin Chinese broadcast news corpus," *International Journal of Computational Linguistics & Chinese Language Processing*, vol. 10, no. 1, 219–235, 2005.

[16] S.-H. Liu, F.-H. Chu, S.-H. Lin, H.-S. Lee and Chen, "Training data selection for improving discriminative training of acoustic models," in *Proceedings of IEEE workshop on Automatic Speech Recognition and Understanding*, 284–289, 2007.

[17] Stolcke, A. (2000). *SRI Language Modeling Toolkit*. Available at: http://www.speech.sri.com/projects/srilm/.

[18] J. R. Bellegarda, "A latent semantic analysis framework for large–span language modeling," in *Proceedings of European Conference on Speech Communication and Technology*, pp.1451–1454, 1997.

[19] K.-Y. Chen and B. Chen, "Relevance language modeling for speech recognition," in *Proceedings of the IEEE International Conference on Acoustics, Speech, and Signal Processing*, pp. 5568–5571, 2011.

[20] B. Chen and K.-Y. Chen, "Leveraging relevance cues for language modeling in speech recognition," *Information Processing & Management*, Vol. 49, No 4, pp. 807–816, 2013.

[21] T. Mikolov, M. Karafiát, L. Burget, J. Černocký and S. Khudanpur, "Recurrent neural network based language model," in *Proceedings of the Annual Conference of the International Speech Communication Association*, 1045-1048, 2010.

The 2015 Conference on Computational Linguistics and Speech Processing
ROCLING 2015, pp. 18-26

結合 β 距離與圖形正規限制式之非負矩陣分解應用於單通道訊號源分離

Monaural Source Separation Using Nonnegative Matrix Factorization with Graph Regularization Constraint

林彥伯 Yan-Bo Lin
國立中央大學資訊工程學系
Department of Computer Science and Information Engineering
National Central University
102502529@cc.ncu.edu.tw

范俊 Tuan Pham
國立中央大學資訊工程學系
Department of Computer Science and Information Engineering
National Central University
103582605@cc.ncu.edu.tw

李遠山 Yuan-Shan Lee
國立中央大學資訊工程學系
Department of Computer Science and Information Engineering
National Central University
102582003@cc.ncu.edu.tw

王家慶 Jia-Ching Wang
國立中央大學資訊工程學系
Department of Computer Science and Information Engineering
National Central University
jcw@csie.ncu.edu.tw

摘要

本論文發展基於非負矩陣分解之單通道訊號源分離技術。有鑑於目前大多數非負矩陣分解方法，在計算成本函數(Cost Function)時多採用歐式距離(Euclidean Distance)或凱氏分歧度(Kullback–Leibler Divergence)等，而對於不同種類之未知訊號源，常因不同距離之選擇而造成分離效果有落差。因此，我們引入 β 距離進行單通道訊號源分離，藉由 β 之調控，使原本固定的距離選擇變為更加地彈性。同時，我們考量到，在利用非負矩陣分解進行訊號源分離時，混合訊號在高維度空間中隱含低維度平滑之流形(Manifold)分佈，因此我們將圖形正規限制式(Graph Regularization Constraint)導入最佳化問題中，藉此在非負矩陣分解時，保留原來資料蘊含之幾何結構，來增強單通道訊號源分離的效果。

關鍵詞：非負矩陣分解，流形學習，訊號源分離，圖型正規

1.緒論

非負矩陣分解(non-negative matrix factorization, NMF)[2]近年來被已廣泛應用於圖形處理[2,3]、音訊處理[10,12,13]等領域。在單通道訊號原分離方法方面，目前已有許多基於非負矩陣分解之方法出現[2,3,9,10,13,14]。大部分的方法在時頻域上進行分離，首先將單通道之混合訊號經過短時傅立業轉換(STFT)至時頻域，接著以絕對值取出時頻訊號之能量(Magnitude)，形成混合訊號矩陣 $\mathbf{V} \in R^{+}_{F \times N}$ 。其主要目標是找到基底(Basis)矩陣 $\mathbf{W} \in R^{+}_{F \times K}$ 與係數(Coefficients)矩陣 $\mathbf{H} \in R^{+}_{K \times N}$ ，使得混合訊號可以被表示為 $\mathbf{V} \approx \mathbf{WH}$ ，其最佳化成本函數(Cost Function)如下：

$$(\hat{\mathbf{W}}, \hat{\mathbf{H}}) = \arg\min_{\mathbf{W},\mathbf{H} \geq 0} D(\mathbf{X} \,\|\, \mathbf{WH}) \tag{1}$$

其中 $D(\cdot\|\cdot)$ 為一任意測度(Metric)，**W**、**H** 皆為非負矩陣，**W** 的行向量為能量頻譜的基底成分， **H** 的列向量則表示為對應成分在不同時間上的比例。在最佳化過程中通常使用迭代更新法，分別交互更新 **W** 與 **H** 之值，當(1)式中 **V** 與 **WH** 之測度如歐式距離(Euclidean Distance)、凱氏分歧度(Kullback–Leibler Divergence)，其值小於事先定義之門檻值時，則停止迭代。

由於不同的距離選用會得到不同的拆解結果，進而影響分離效果。為了改善這個問題，本論文引入了 β 距離(β-divergence)於非負矩陣分解，進行單通道訊號源分離。藉由 β 之調控，相較於其他固定之距離，彈性地增加距離的可變動性。此外，有鑑於稀疏非負矩陣分解(Sparse Non-negative Matrix Factorization, SNMF)在單通道訊號源分離上已被證實有顯著的效果[5]-[8]，故我們額外加入稀疏限制式於最佳化成本函數中，強迫係數矩陣 **H** 稀疏，以強化分離效果。

另一方面，為了在進行非負矩陣分解時，保留原來訊號之內蘊結構，我們假設混合訊號在高維度空間中隱含低維度平滑之流形(Manifold)分佈，加入了圖形正規限制式(Graph Regularization Constraint)於最佳化成本函數中，使得在原始混合訊號中彼次鄰近的兩點，在新的基底空間下亦相互鄰近，企圖進一步增強上述方法之分離效果。

二、運用 β 距離非負矩陣分解與圖形正規限制式進行盲訊源分離

在本章節安排方面，我們在第一小節扼要回顧基於 β 距離之非負矩陣分解；在第二小節中，講述結合圖形正規限制式之非負矩陣分解；最後，在第三小節中說明基於 β 距離與圖形正規限制式之稀疏非負矩陣分解，及如何以其進行單通道訊號源分離。

(一)、基於 β 距離之非負矩陣分解

考量到在進行矩陣分解時，固定的量度(如歐氏距離、凱氏分歧度等)無法適應所有問題，

F´evotte 等人[3]於 2011 年提出了基於 β 距離之非負矩陣及其演算法，β 為一個距離控制參數，藉由調整不同的 β 值，可使距離的選擇更加彈性。我們將其表示為 $d(x\|y)$，並定義 β 距離如下：

$$d_\beta(x\|y) \stackrel{def}{=} \begin{cases} \frac{1}{\beta(\beta-1)}(x^\beta + (\beta-1)y^\beta - \beta x y^{\beta-1}), & \beta \in \Re \setminus \{0,1\} \\ x\log\frac{x}{y} - x + y, & \beta = 1 \\ \frac{x}{y} - \log\frac{x}{y} - 1, & \beta = 0 \end{cases} \tag{2}$$

其中 $x \in \mathrm{R}_+, y \in \mathrm{R}_+$ 分別為一維的實數值，若 $\beta = 0$ 則 β 距離退化為 IS 距離(Itakura-Saito Distance)，若 $\beta = 1$ 則為凱氏分歧度，若 $\beta = 2$ 則 $d_{\beta=2} = (x-y)^2$ 恰為歐式距離。我們將(2)式對 y 微分，探討其特性：

$$\frac{\partial}{\partial y} d_\beta(x\|y) = y^{\beta-2}(y-x) \tag{3}$$

$$\frac{\partial^2}{\partial y} d_\beta(x\|y) = y^{\beta-3}\left[(\beta-1)y - (\beta-2)x\right] \tag{4}$$

我們會發現到會有一個最小值在 $y = x$ 上，且其值會隨著 $|y = x|$ 增加而遞增；同時也可以發現，$\beta \in [1,2]$ 時此距離為為凹函數，其餘區間可以將式子分解如下：

$$d_\beta(x\|y) = \breve{d}(x\|y) + \hat{d}(x\|y) + \bar{d}(x) \tag{5}$$

其中 $\breve{d}(x\|y)$ 為y的凹函數、$\hat{d}(x\|y)$ 為y的凸函數、$\bar{d}(x)$ 為常數。

當此分解 $\beta > 0$ 時，可能包含歐式距離或凱氏分歧度，而不同的 β 值可能使此距離對於不同大小數值之敏感度不同。值得一提的是，IS分歧度（$\beta = 0$），具有尺度不變(Scale Invariant)的特性，數學式子可表示為 $d_{IS}(\lambda x\|\lambda y) = d_{IS}(x\|y)$，其中 λ 為尺度純量。另外，當 β 為較小的正數時，對應之 β 距離較適用於的時頻訊號之處理。

在進行基於 β 距離之非負矩陣分解時，先假設$\mathbf{W}$固定，並定義$\mathrm{C}(\mathbf{H})$為其成本函數，以最佳化方法更新$\mathbf{H}$，其式子可表示如下：

$$\min_{\mathbf{H}\geq 0} C(\mathbf{H}) \stackrel{def}{=} D_\beta(\mathbf{V}\|\mathbf{WH}) \tag{6}$$

其中 $\mathbf{V} \in R^+_{F\times N}$，$\mathbf{W} \in R^+_{F\times K}$，$\mathbf{H} \in R^+_{K\times N}$。成本函數 $C(\mathbf{H})$ 可分 n 個行向量之子問題 $\sum_n = D(\mathbf{v}_n \| \mathbf{Wh}_n)$，$\mathbf{v}_n$、$\mathbf{h}_n$ 分別為$\mathbf{V}$、$\mathbf{H}$第n條行向量，我們將子問題簡寫表示如下：

$$\min_{\mathbf{h}\geq 0} C(\mathbf{h}) \stackrel{def}{=} D_\beta(\mathbf{v}\|\mathbf{Wh}) \tag{7}$$

其中 $\mathbf{v} \in R^+_F$、$\mathbf{W} \in R^+_{F\times K}$、$\mathbf{h} \in R^+_K$。成本函數 $C(\mathbf{h})$ 對$\mathbf{h}$微分後可形成梯度 $\nabla_{\mathbf{h}} C(\mathbf{h})$ 如下式：

$$\nabla_{\mathbf{h}} C(\mathbf{h}) = \mathbf{W}^{\mathbf{T}}[(\mathbf{Wh})^{.(\beta-2)}(\mathbf{Wh}-\mathbf{v})] \tag{8}$$

最後，我們可以根據(8)式得出**H**與**W**之更新公式(Updating Rule)如下：

$$\mathbf{H} \leftarrow \mathbf{H}.\frac{\mathbf{W}^T[(\mathbf{WH})^{.(\beta-2)}.\mathbf{V}]}{\mathbf{W}^T[\mathbf{WH}]^{.(\beta-1)}} \tag{9}$$

$$\mathbf{W} \leftarrow \mathbf{W}.\frac{[(\mathbf{WH})^{.(\beta-2)}.\mathbf{V}]\mathbf{H}^{\mathrm{T}}}{[\mathbf{WH}]^{(\beta-1)}\mathbf{H}^{\mathrm{T}}} \tag{10}$$

其中“.”為矩陣元素點(Element-wise)運算。經過交互迭代更新基底**W**與係數**H**後，即完成基於β距離之非負矩陣分解。

由於上述方法在矩陣分解時並無考慮資料隱含之幾何結構，故在下一小節中，我們將會討論以圖形正規限制式結合非負矩陣分解方法，在矩陣分解時保留原始資料的幾何結構。

(二)、圖形正規限制式結合非負矩陣分解：

由於現實世界中的資料數據，通常以低維度流形(manifold)方式嵌在高維度的樣本空間中[1]，Cai等人[4]提出圖形正規化非負矩陣分解(Graph Regularized Non-negative Matrix Factorization, GNMF)將非負矩陣分解視作對資料的一種降維(Dimension Reduction)問題，結合圖形正規限制式使原資料投影後能夠保留其幾何性質。Kim等人[16]提出保留流形結構之音訊分離方法，在分離時透過保留時頻訊號之隱含幾何結構，亦即若原座標點$\mathbf{x}_i$、$\mathbf{x}_j$在原坐標系是鄰近的兩點，那麼在新的基底空間下亦為鄰近的兩點，來提升音訊分離的效果。

在本論文中，為了建立筆資料之關係，我們定義權重矩陣$\mathbf{U}_{ij}$(weight matrix)如下：

$$\mathbf{U}_{ij} = e^{\frac{-\|\mathbf{x}_i-\mathbf{x}_j\|^2}{t}} \tag{11}$$

其中$t \in \mathrm{R}$為一距離參數，我們可以定義拉普拉斯矩陣(laplacian matrix)$\mathbf{L} = \mathbf{D} - \mathbf{U}$，$\mathbf{D}$為對角矩陣，其$n$個元素計算方式為$\mathbf{D}_n = \sum_j \mathbf{U}_{ij}$，最後，我們將圖形限制$R$定義如下：

$$\begin{aligned} R &= \frac{1}{2}\sum_{i,j=1}^{N}\|\mathbf{x}_j - \mathbf{x}_i\|^2 \mathbf{U}_{ji} \\ &= \sum_{j=1}^{N}\mathbf{x}_j^T\mathbf{x}_j\mathbf{D}_{jj} - \sum_{j,i=1}^{N}\mathbf{x}_j^T\mathbf{x}_i\mathbf{U}_{ji} \\ &= Tr(\mathbf{HDH}^T) - Tr(\mathbf{HUH}^T) \\ &= Tr(\mathbf{HLH}^T) \end{aligned} \tag{12}$$

藉由最小化R，我們可以觀察到再次觀察到前述的假設，若原座標點x_i、x_j在原本的坐標系是鄰近的兩點，那麼在新的基底空間下亦為鄰近的兩點。結合圖形正規限制式與原成本函數後，最佳化式子如下：

$$GNMF = \frac{1}{2}\| \mathbf{V} - \mathbf{WH} \|_F^2 + \frac{1}{2}\lambda \mathrm{Tr}(\mathbf{HLH}^{\mathrm{T}}) \tag{13}$$

在加入了圖形正規限制式後。非負矩陣分解可以考慮高維度資料在低維空間中的緊緻嵌入，並保留原始資料之幾何特性。

(三)、結合 β 距離與圖形正規限制式之稀疏非負矩陣分解：

本論文提出結合 β 距離與圖形正規限制式之稀疏非負矩陣分解，來解決單通道訊號源分離問題，除了使用 β 距離使距離選擇更加彈性以外，我們假設混合訊號在高維度空間中隱含低維度平滑之流形分佈，將圖形正規限制式導入最佳化問題中。此外，我們還額外加了針對係數矩陣 $\mathbf{H}$ 之稀疏項，其最佳化式子如下：

$$(\hat{\mathbf{W}}, \hat{\mathbf{H}}) = \underset{\mathbf{W},\mathbf{H}\geq 0}{\arg\min}\, D_{\beta}(\mathbf{V} \| \mathbf{WH}) + \mu \| \mathbf{H} \|_1 + \alpha \mathrm{T}r(\mathbf{HLH}^{\mathrm{T}}) \tag{14}$$

其中 μ 與 α 分別控制 l_1 稀疏懲罰項與圖形正規限制項之權重。根據(9)、(10)式，我們可以推導出下列迭代更新式：

$$\mathbf{W} \leftarrow \mathbf{W}.\frac{(\mathbf{A}^{\beta-2}.\mathbf{V} + \tilde{\mathbf{W}}\tilde{\mathbf{W}}\mathbf{A}^{\beta-1})\mathbf{H}^T}{(\mathbf{A}^{\beta-1} + \tilde{\mathbf{W}}\tilde{\mathbf{W}}^T(\mathbf{A}^{\beta-2}.\mathbf{V}))\mathbf{H}^T} \tag{15}$$

$$\mathbf{H} \leftarrow \mathbf{H}.\frac{\tilde{\mathbf{W}}^T(\mathbf{V}.\mathbf{A}^{\beta-2}) + \alpha\mathbf{HU}}{\tilde{\mathbf{W}}\mathbf{A}^{\beta-1} + \alpha\mathbf{HD} + \mu} \tag{16}$$

其中，“.”為矩陣元素點運算。矩陣 $\mathbf{A} = \tilde{\mathbf{W}}\mathbf{H}$，而 $\tilde{\mathbf{W}}$ 則是 $\mathbf{W}$ 經過行間正規劃(Column-wise Normalization)後得出。

接下來，我們介紹如何以所提出之非負矩陣分解方法，進行單通道訊號源分離，其分為訓練與分離兩階段。在訓練階段，我們的主要目的是找出音源之對應字典，假設有兩類型之音源，在做法上，我們蒐集用源訊號之時頻能量 $\mathbf{V}_{s1} \in R_+^{m\times n_1}$、$\mathbf{V}_{s2} \in R_+^{m\times n_2}$，並利用(15)與(16)式迭代更新，求得對應的字典矩陣 $\mathbf{W}_{s1} \in R_+^{m\times k_1}$、$\mathbf{W}_{s2} \in R_+^{m\times k_2}$。

在分離階段，我們將混合訊號經過短時傅立葉轉換轉換至時頻域得到 $\mathbf{V}_{mix} \in C^{m\times n}$ 並取出其能量 $\overline{\mathbf{V}}_{mix} \in R_+^{m\times n}$，注意，如果訊號源類型是已知狀態下，我們將分離階段稱做監督式(Supervised)分離，監督型字典 $\mathbf{W}_{dic} \in R_+^{m\times(k_1+k_2)}$ 可以定義如下：

$$\mathbf{W}_{dic} = [\mathbf{W}_{s1} \quad \mathbf{W}_{s2}] \tag{17}$$

若是只知道部分音源類型，我們則稱其為半監督式(Semi-supervised)分離，我們只可以假設(17)的部分字典為未知，並且利用(15)式從混合音源中學習出其他音源之字典。最後，我們可以透過以(17)式之字典，並透過(16)式得到混合音源對各源訊號字典之對應系數 $\mathbf{H}_{s1} \in R_+^{k_1\times n}$ 與 $\mathbf{H}_{s2} \in R_+^{k_2\times n}$，並利用柔性遮罩(Soft Mask)完成分離：

$$\hat{\mathbf{V}}_{s1} = \overline{\mathbf{V}}_{mix}.(\mathbf{W}_{s1}\mathbf{H}_{s1})./(\mathbf{W}_{dic}\mathbf{H}_{mix}) \tag{18}$$

$$\hat{\mathbf{V}}_{s2}=\overline{\mathbf{V}}_{mix}.(\mathbf{W}_{s2}\mathbf{H}_{s2})./(\mathbf{W}_{dic}\mathbf{H}_{mix}) \tag{19}$$

其中 $\mathbf{H}_{mix}=[\mathbf{H}_{s1}\ \mathbf{H}_{s2}]^T$， “.” 為矩陣元素點運算，$\hat{\mathbf{V}}_{s1}$ 與 $\hat{\mathbf{V}}_{s2}$ 為分離出之時頻訊號。我們的演算法可整理如下：

結合 β 距離與圖形正規限制式之稀疏非負矩陣分離演算法：
1：輸入：$\mathbf{V}_{mix}\in R_+^{m\times n}$ 、 $\mathbf{V}_{s1}\in R_+^{m\times n_1}$ 、 $\mathbf{V}_{s2}\in R_+^{m\times n_2}$ (訓練時 V_{s1},V_{s2} 為輸入；否則 $\mathbf{V}_{mix}$)
2：輸出：$\mathbf{W}_{dic}$ 或 $\mathbf{H}_{mix}$ (訓練時，輸出為字典 $\mathbf{W}_{dic}$ ；在測試時，輸出係數矩陣 $\mathbf{H}_{mix}$)
3：藉由隨機數值初始化缺失矩陣(Missing Matrix)
4：利用式子(11)建構與輸入符合的關連矩陣 **U**，與對角矩陣 **D**
5：**repeat**
6：　　運用(16)更新 $\mathbf{H}_{mix}$
7：　　　　**if** 訓練階段
8：　　　　　更新 $\mathbf{W}_{dic}$ 運用(15)
9：　　　　**end if**
10：**until** convergence

三、實驗結果

在實驗中，我們使用 TIMIT 資料庫[11]之男女聲進行分離實驗，取樣率為 16000 赫茲。我們隨機選取 4 名女性語者和 4 名男性語者，且每位語者念 10 個句子。我們對於每個語者隨機選擇一個句子建構混合訊號，其他 9 個句子作為訓練集。在評量方面，我們利用 BSS Eval toolbox[13]去計算 SDR(Signal-to-distortion Ratio)、SIR(Signal-to-interference Ratio)、SAR(Signal-to-artifact Ratio)三種評比。

本論文與稀疏非負矩陣分解[15]進行比較，我們採用與其相同的設定。共迭代 400 次，參數 α 和 $\mu=0.1$、β=0、元素(Atom)數 $K=1024$。圖一為所提出之音源分離方法所得到之結果，我們在實驗中進行男聲與女聲之單通道音源分離。

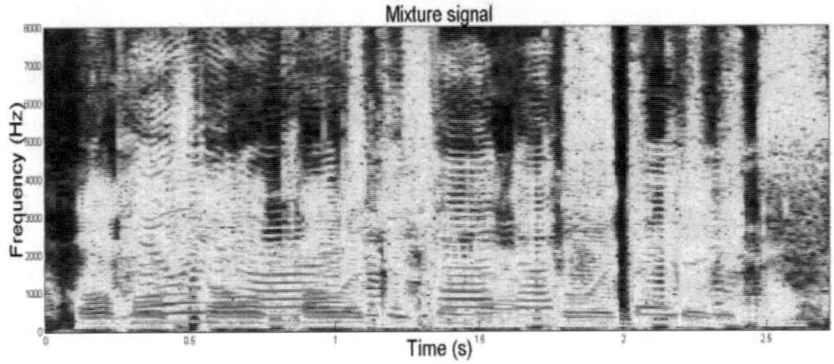

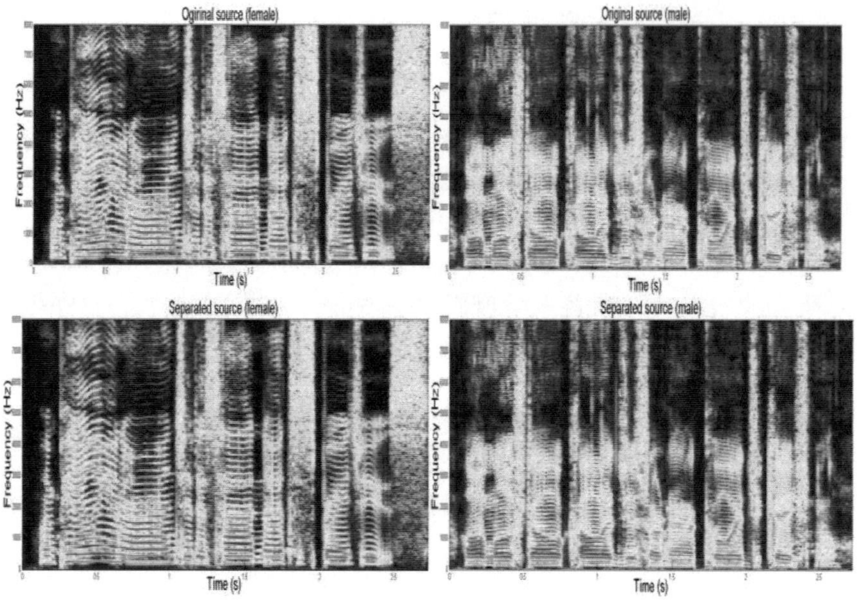

圖一、單通道音源分離結果

在本實驗中，我們將所提出的方法與以下兩方法較：其一為稀疏非負矩陣分解(NMF+S)、其二為基於 β 距離之稀疏非負矩陣分解(SNMF)[5]。

我們將分為兩種情況討論：

1)單一訓練：在這種狀況下，我們僅考慮一男一女語者去建構字典 $\mathbf{W}=\left[\mathbf{W}_1 \quad \mathbf{W}_2\right]$，對於所有測試集均使用此字典，表一為五組測試句子的平均結果，實驗結果顯示，與傳統非負矩陣分解與稀疏非負矩陣相比，本論文所提出之方法具有較優之分離效果。在實際應用中，我們無法得知所有語者的字典，因此單一訓練之做法較為接近真實情況。

表一、單一訓練字典之單通道音源分離結果

	NMF+S	SNMF	本論文提出方法
SDR	3.50	7.11	**7.55**
SIR	5.39	11.97	**12.07**
SAR	9.37	9.19	**9.82**

2)全訓練：我們運用全部的語者去建構字典。由表二可以得知，三種演算法的效能都比顯然單一訓練時好。的確，當我們擁有較多的先驗資訊，則可得到較好的分離效果。在此實驗中，除了 SAR 略輸之外，其他評比皆優於稀疏非負矩陣分解方法。

表二、全訓練字典之單通道音源分離結果

	NMF+S	SNMF	本論文提出方法
SDR	5.14	8.93	**9.41**
SIR	7.74	13.46	**14.60**
SAR	9.92	**11.36**	**11.36**

觀察表一及表二之實驗結果可以得知，SNMF 相較於 NMF+S 有顯著的提升，而本論文所提出之方法，透過圖形正規限制式的加入，在三項評比皆優於 SNMF。

四、結論

本論文提出新穎之單通道訊號源分離方法，我們結合圖形正規限制式於與基於 β 距離之非負矩陣分解方法，藉由 β 之調控，使原本固定的距離選擇變為更加地彈性，而圖形正規限制式使得在非負矩陣分解時，保留原來資料蘊含之幾何結構，實驗結果顯示所提出的方法相較於稀疏非負矩陣分解，在分離效果方面有著顯著的提升。在未來展望方面，除了進行相關參數的最佳化(如 β 等)，我們還想進一步考慮資料具有群組的特性，在各群組內保留幾何結構，及考慮群組稀疏性。此外，由於訊號經由遮罩後容易產生失真的情形，我們也期望未來能透過後處理的方式，來強化經遮罩後的分離結果。

參考文獻

[1] M. Belkin and P. Niyogi, "Laplacian eigenmaps for dimensionality reduction and data representation," Neural Computation, 15(6):1373-1396, 2003.

[2] D. D. Lee and H. S. Seung, "Algorithms for non-negative matrix factorization," Advances in Neural Information Processing Systems, Cambridge, MA, USA: MIT Press, vol. 13, 2001.

[3] C. Févotte and J. Idier, "Algorithms for nonnegative matrix factorization with the beta-divergence," Neural Computation, 2011.

[4] D. Cai, X. He, J. Han, and T. S. Huang, "Graph regularized nonnegative matrix factorization for data representation," Pattern Analysis and Machine Intelligence, IEEE Transactions on, vol. 33, no. 8, pp. 1548-1560, Aug. 2011.

[5] J. L. Roux, F. Weninger, and J. R. Hershey, "Sparse NMF – half-baked or well done?," Mitsubishi Electric Research Laboratories Technical Report, Mar. 2015.

[6] K. Minje and P. Smaragdis, "Mixtures of local dictionaries for unsupervised speech enhancement," IEEE Signal Processing Letters, vol. 22, no. 3, pp. 293 - 297, March 2015.

[7] A. Lefèvre, F. Bach, and C. Févotte, "Itakura-Saito non-negative matrix factorization with group sparsity," Proc. IEEE Int. Conf. Acoustics, Speech, and Signal Process. (ICASSP), 2011.

[8] P. Hoyer, "Non-negative Matrix Factorization with Sparseness Constraints," J. Mach. Learn. Res., vol. 5, pp. 1457-1469, 2004.

[9] B. King, C. Fevotte, and P. Smaragdis, "Optimal cost function and magnitude power for NMF-based speech separation and music interpolation," in Proc. 2012 IEEE Int. Workshop on Machine Learning for Signal Processing, 2012, pp. 1-6.

[10] G. G. François and J. M. Gautham, "Nonnegative Matrix partial co-factorization for spectral and temporal drum source separation" IEEE Signal Processing Letters, vol. 21, no. 10, Oct. 2014.

[11] S. Seneff, J. Glass V. Zue, "Speech database development at MIT: Timit and beyond," Speech Communication, vol. 9, no. 4, pp. 351-356, Aug. 1990.

[12] G. Bao, Y. Xu, and Z. Ye, "Learning a discriminative dictionary for single-channel

speech separation," IEEE/ACM Transactions on Audio, Speech, and Language Processing, vol. 22, no. 7, pp. 1130-1138, Apr. 2014.

[13] E. Vincent, R. Gribonval, and C. Févotte, "Performance measurement in blind audio source separation," IEEE Trans. Audio, Speech and Language Processing, no. 14, pp. 1462-1469, 2006.

[14] J. Eggert and E. Körner, "Sparse coding and NMF," IEEE International Joint Conference on Neural Networks, vol.4, pp. 2529-2533.

[15] N. Mikkel, "Speech separation using non-negative features and sparse non-negative matrix factorization," Technical Reports, 2007.

[16] M. Kim, P. Smaragdis and G. J. Mysore, "Efficient Manifold Preserving Audio Source Separation Using Locality Sensitive Hashing" IEEE Int. Conf. Acoustics, Speech, and Signal Process. (ICASSP), 2015.

The 2015 Conference on Computational Linguistics and Speech Processing
ROCLING 2015, pp. 27-42

以自然語言處理方法研發
智慧型客語無聲調拼音輸入法

Smart Toneless Pinyin Input Method for Hakka Based on Natural Language Processing

余明興 [1] 黃豐隆 [2] 魏俊瑋 [3] 林昕緯 [4]

[1,3,4] Department of Information Science, National Chung-Hsing University, Taichung 40227, Taiwan.
msyu@nchu.edu.tw

[2] Department of Computer Science and Information Engineering, National United University, MiaoLi, Taiwan,
flhuang@nuu.edu.tw

摘要

本論文研發的「好客拼音輸入法」以自然語言處理的方法為基礎，實作一套支援四縣及海陸腔的智慧型客語無聲調的智慧型拼音輸入法，使用者能夠快速且方便地輸入客語文句。輸入拼音時，以無聲調(Toneless)的方式進行，使用者不必考慮連音變調的問題，同時本輸入法提供當錯誤出現時之提示功能，以輔助不熟悉客語拼音的使用者。除基本的拼音輸入外，此輸入法還提供便捷輸入模式，包含四種輸模式：(1)快速輸入常用字串的自訂輸入(2)以客語詞各音節字首快速輸入的音首輸入(3)以學校、上市公司與組織名縮寫進行輸入得到該單位完整名稱的縮寫輸入和(4)以英文詞輸入得到對應中文詞的英文詞輸入。

此外，本輸入法提供將客語詞轉換成對應的國語詞選項，或者是以加註國語詞或拼音的方式表示。讓使用者輸入得到更具可讀性的客語文章。還有，提供發音的功能，當使用者在輸入拼音時，可以將客語音節正確讀出來，讓使用者在輸入時除了用看的也能用聽的來得知自己輸入的拼音是否有誤。以及提供唸出此客語詞的選項，讓使用者使用輸入法時還能學習客語詞彙的正確唸法。

因為客語語料不足，因此音轉字使用的語言模型是以客語詞對應的國語詞去建置。音轉字使用三個詞的少詞優先演算法搭配此語言模的情況下，有接近 76% 的正確率。

關鍵詞：好客拼音輸入法、音轉字、便捷輸入模式、少詞優先演算法，語言模型。

一、 前言

目前客語輸入法並不常見，市面上的客語輸入法只有財團法人信望愛所開發的信望愛客語輸入法[4]及教育部公告的客家語拼音輸入法[5]。而客語文字不夠通行的原因之一是沒有統一的文字用語，雖然客委會有建議用字，但仍能看到許多用字的不同，一些不常見的字甚至用看的也不知道其意義；另外就是輸入的困難，因為大多數人對於客語的拼音系統不熟悉，即使會說客語也無法正確拼出。因此根據上述原因我們期望，能夠研發出給不熟悉客語拼音系統的使用者都易於使用的「好客拼音輸入法」，而且能夠打出讓別人知道其義的客語客語句子，讓輸入法不光只是輸入，進一步可提供客語數位學習的功能。

二、 客家語拼音方案

本論文中，我們所採用的四縣與海陸腔客語拼音方案，為教育部所公告的台灣客家語羅馬字拼音方案[2]最新的客語拼音方案為基礎。最近一次的更新為中華民國 101 年 9 月 12 日的修正公告。下表為聲調符號表以及我們使用的音檔對應的調號。其中表一為客語四縣腔的部份，表二為海陸腔的部份。

表一：客語四縣腔聲調符號表

調類	陰平	陽平	上聲	去聲	陰入	陽入
調值	24	11	31	55	21	5
調型	fu´	fuˇ	fu`	fu	fug`	fug
例字	夫	扶	虎	富	福	服
近似國語聲調	2 聲ˊ	3 聲ˇ	4 聲ˋ	1 聲		
音檔調號	2	3	4	1	2	5

表二：客語海陸腔聲調符號表

調類	陰平	陽平	上聲	陰去	陽去	陰入	陽入
調值	53	55	24	11	33	5	2
調型	fu`	fu	fu´	fuˇ	Fu^{+}	fug	fug`
例字	夫	扶	虎	富	護	福	服
近似國語聲調	4 聲ˋ	1 聲	2 聲ˊ	3 聲ˇ			
音檔調號	4	1	2	3	5	5	2

客語如同中文，同樣也有連音變調(Tone Sandhi)的問題。對於客語的四縣腔，可歸納出三種連音變調規則；而海陸腔則歸納出兩種規則，如下表所示。其中表三為四縣腔的變調規則，表四為海陸腔的變調規則。

表三：客語四縣腔連音變調規則

<table>
<tr><td colspan="4">規則 1：由兩個陰平字構成的字彙，讀時前字變調讀陽平
陰平（´） + 陰平（´） → 陽平（ˇ） + 陰平（´）</td></tr>
<tr><td rowspan="3">範例</td><td>詞彙</td><td>變調前之拼音</td><td>變調後之拼音</td></tr>
<tr><td>新衫</td><td>xin´sam´</td><td>xinˇsam´</td></tr>
<tr><td>買新衫</td><td>mai´xin´sam´</td><td>maiˇxinˇsam´</td></tr>
<tr><td colspan="4">規則 2：陰平與去聲構成的詞彙，讀時前字變調讀陽平</td></tr>
</table>

陰平（ˊ） + 去聲 → 陽平（ˇ） + 去聲			
範例	詞彙	變調前之拼音	變調後之拼音
	針線	ziimˊxien	ziimˇxien
	拿針線	naˊziimˊxien	naˇziimˇxien
規則 3：陰平與陽入字構成的詞彙，讀時前字變調讀陽平 陰平（ˊ） + 陽入 → 陽平（ˇ） + 陽入			
範例	詞彙	變調前之拼音	變調後之拼音
	音樂	imˊngog	imˇngog
	聽音樂	tangˊimˊngog	tangˇimˇngog

表四：客語海陸腔連音變調規則

規則 1：上聲變調 即低聲調上聲（ˊ）後面不論接什麼調時，皆要變為中平調陽去（$^{+}$）。			
範例	詞彙	變調前之拼音	變調後之拼音
	打球	daˊkiuˊ	da^{+}kiuˊ
	解決	gaiˊgiedˋ	gai^{+}giedˋ
規則 2：陰入聲變調 即高入調陰入聲後面不論接什麼調時，皆要變為低入調陽入聲（ˋ）。			
範例	詞彙	變調前之拼音	變調後之拼音
	目珠	mug zhuˋ	mugˋzhuˋ
	八字	bad sii^{+}	badˋsii^{+}

三、 使用之語料與語音庫

表五：客語詞數分布統計

字詞	四縣腔個數	海陸腔個數
1 字詞	4952	5522
2 字詞	18043	14399
3 字詞	6175	4654
4 字詞	3948	2856
5 字詞	275	208
6 字詞	80	51
7 字詞	67	33
8 字詞	15	5
總計	33555	27728

我們所使用的詞典為國客語對照的詞典，每一筆客語詞都有其對應的國

語詞。拼音的部份我們則是使用教育部所制定客語拼音方案提出的四縣腔與海陸腔的拼音為標準，再額外加入客委會辭典中使用到不包含在客語拼音方案的拼音。最後使用的四縣腔拼音總共有 688 種，而海陸腔拼音總共有 789 種。因發音功能中的唸出客語詞部分需要使用到有聲調的拼音，因此詞典中的拼音需要包含聲調的部份。在我們的詞典中，總共收錄約三萬三千個四縣腔詞目，海陸腔部分則收錄約兩萬七千七百個詞目。其中同一客語詞有多種拼音的部份則會分別收錄成多筆的詞目來儲存，表五為四縣腔各字詞的詞數分佈。

- **客語語音庫(Hakka's SpeechBase)**

我們所設計的輸入法具有單字(Character)邊打邊唸的功能及唸出客語詞(Word)，因此我們需使用客語四縣及海陸腔的語音庫。四縣腔的語音檔為由熟悉客語四縣腔的老師錄製的基本合成單元，以客語單音節為單位，包含四縣腔的六種聲調，總共錄製了 2427 個基本合成單元。海陸腔的語音檔則是委託熟悉新竹海陸腔的老師錄製，同樣也是以客語單音節為單位，包含海陸腔的七種聲調變化，總共錄製 3005 個基本合成單元。四縣腔與海陸腔總共使用了 5432 個音檔，錄製格式為：11025Hz、16bits，儲存成 Windows PCM 格式(wav 檔)。

- **語言模型(Language Models)**

我們應用客語語言模型來作為音轉字的自動選字之決策依據，因考量到詞典是國客對照辭典及中文語料充裕的情況下，我們使用客語詞所對應的國語詞到中文語料中來訓練 Uni-gram 的客語語言模型。關於訓練客語語言模型所使用到的中文語料其來源有三：

(1) 中研院八萬詞(ASCED)

(2) 中研院平衡語料庫(ASBC3.0)

(3)Chinese GigaWord 3.0 繁體中文部分

透過上述的中文語料統計出詞頻，因中文及客語的語料規模差異很大，為了平衡兩種語料的影響，因此我們先將統計出來的詞頻加一，再取 log 以二為底，最後將兩個分數相加起來乘十再將此分數無條件進位取整數。因為我們在計算分數時需要將分數相乘，因此分數不能有零分的情況，所以再將加起來的分數全部都加一。

四、 音轉字處理之理論基礎

音轉字處理(Pinyin to Character)是輸入法的核心，關係到輸入法自動選字的正確率，音轉字處理指的就是將使用者輸入的拼音字串轉成對應的客語詞輸出的過程。本論文採用三個詞的少詞優先演算法，也就是說，當音轉字結果出現四個詞時，第一個詞在之後就不會再被送入音轉字演算法中。我們會將詞數限制為三個詞的原因，將在實驗部份進一步說明。少詞優先演算法即為選擇輸入拼音能組合出最少詞的那條路徑，若是有詞數相同的情況時，則依靠 Uni-gram 語言模型計算哪條路徑的機率較高，最後選擇分數最高的路徑作為音轉字結果。由於大量客語語料收集不易，運用 Bigram 時將產生嚴重的資料稀疏(Data Sparseness)問題[14]，故目前本研究僅使用 Uni-gram。

計算公式如(1)所示:

$$\text{Path} - \text{score} = P(W_1) * P(W_2) * \dots\dots * P(W_n)$$
$$= \prod_{i=1}^{n} P(W_i) \tag{1}$$

這裡以一個實際的例子來說明少詞優先演算法的流程，假設四縣拼音「hi sii cong main giug」這一字串為少詞優先音轉字演算法的輸入部分，而輸出會得到分數最高且詞數最少的客語字串。演算法會先將拼音可能組出的所有詞找出來，然後列出所有可能的路徑，接著找出從 S 到每個節點的最短路徑也就是最少詞的情況，如下圖所示。此例子計算到「買 mai」這一節點時，可以看出最少詞數的路徑有兩條，分別是「去 市場」及「起始 場」同樣都是兩個詞，因此這時要靠 Uni-gram 語言模型計算分數，比較這兩條路徑的分數後，最後選擇分數高者「去市場」作為到走到「買」的路徑，以此方式繼續走到結點 T 為止，即可得到最少詞且分數最高的路徑作為結果，如圖一所示。

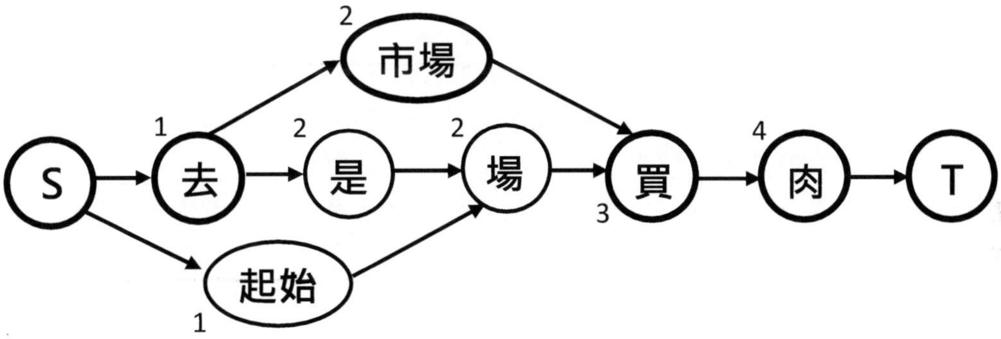

圖一：少詞優先演算法例子

前面表示「少詞優先演算法」的運算過程，但還需要進一步考慮送入詞數的問題，我們以輸入法記錄下的組字窗內容結構來實作三個詞的少詞優先演算法。組字窗中的內容雖然看不出斷詞的狀況，但輸入法係以詞為單位表示組字窗內容，每個詞都會由一個布林值記錄著，此詞是否會被音轉字演算法自動修改。因此我們的做法是，在組字窗尾端輸入拼音按下空白音轉字時，會由最後一個標記 true 的詞(若無標記 true 的詞則將所有拼音送入)往後拿出所有詞的拼音與現在輸入的拼音一起送入音轉字。若音轉字結果出現四個詞時，會將第一詞設為 true，也就是不再送入音轉字，且把音轉字結果加回組字窗尾端。

下圖以剛剛「hi sii cong main giug」「去市場買肉」為例子，音轉字的結果有四個詞，因此第一詞之後不再送入音轉字。此時輸入 siid 送入音轉字時，會由標記 true 的詞「去」之後的拼音「siicongmaingiug」與「siid」一起送入，作音轉字處理。接著將對音轉字所使用的少詞優先演算法進行實驗，目的為找出一個正確率較佳的詞數門檻。

實驗語料的部分我們使用客委會的四縣腔例句以及 101 年客語能力認證基本詞彙-中級、中高級暨語料選粹[6]，總共蒐集了 9309 句四縣腔例句。因為這些例句並不包含對應的拼音，因此我們必須先對這些例句做字轉音的動作，也就是要進行斷詞及標上拼音的動作。我們使用長詞優先方法來進行斷詞，此方法可以「由前往後(Forwarding)」及「由後往前(Backwarding)」來斷詞，其結果不一定會相同，例如：一客語例句：「行政院長親自頒獎」斷詞結果分別為：

由前往後：行政院(hang ziin ien)長(**cong**)親(qin)自(cii)頒獎(ban jiong)。(E1)
由後往前：行政(hang ziin)院長(ien **zong**)親(qin)自(cii)頒獎(ban jiong)。(E2)

斷詞產生不同的結果，可能造成不同拼音輸出。為改善此問題，我們採用「由前往後」及「由後往前」斷詞，將二者結果不相同的例句移除，希望可以降低斷詞對正確率的影響。最後，只保留四縣腔 7697 個例句，共計 127885 字，並且將拼音標上後，以進行音轉字實驗。

實驗的流程模擬如使用者在輸入一般，因此會逐字的進行音轉字，直到輸入完最後一個拼音按下 Enter 送出組字窗內容為止。例如，下列客語例句：

三層肉鹹菜煮湯，味緒盡好。(E3)
(samcenngiug)(ham coi) (zu) (tong)(punc)(mi si)(qin ho) (punc)

實驗的結果如圖二所示。

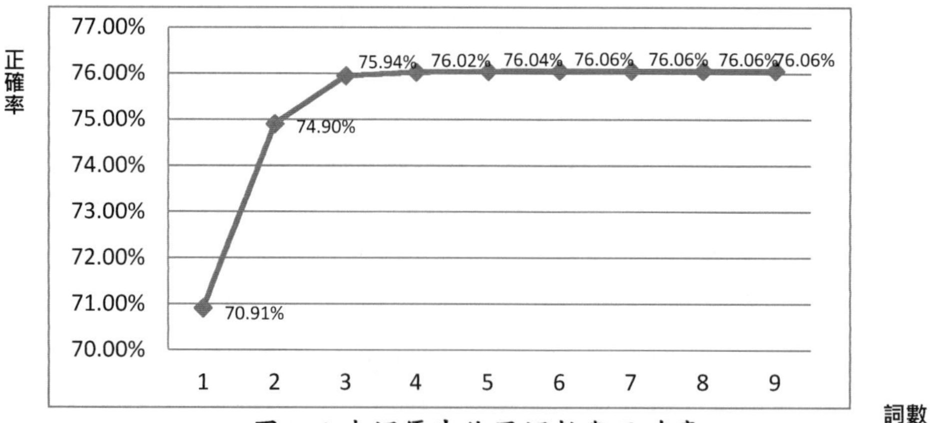

圖二：少詞優先使用詞數與正確率

由結果可以看出，正確率最高為使用六至九詞少詞優先演算法，正確率皆為76.04%，不會在提升的原因是我們詞典中收錄最長的詞為八字詞，而會造成六詞的少詞優先演算法錯誤的八字詞皆為單字詞的可能性也不高。且一句話通常是由六詞以下組成的，因此六詞少詞優先之後正確率不會再提升。而我們實作的輸入法選擇使用三詞少詞優先的原因為：三詞少詞優先已經能應付詞典中大部份的詞，正確率已經達到 75.94%與最高的 76.06%只相差了 0.12%，可能造成錯誤的只有比較長的長詞，例如此例句「愛 就愛遽啊決定，毋好三心打兩意。」，音轉字

結果分別為：
- 三詞少詞優先：愛就愛遽阿決定，毋好三心打涼椅。(E4)
- 六詞少詞優先：愛就愛遽阿決定，毋好三心打兩意。(E5)

三詞少詞優先在輸入後面那句「毋好三心打兩意」時，因為輸入到「三心打兩」時每個字皆為單字詞，因此第一字「三」即被固定不再送入音轉字，也就組不出「三心打兩意」這五字詞了。因此使用者必須將指標移至「三」前面來進行修改得到正確的結果。再看另一個錯誤的例子「山苦瓜苦丟丟仔」，在三詞少詞優先的情況中會轉錯成「珊瑚跨苦丟丟仔」，原因為輸入到第四個拼音時選擇的最少詞會得到「珊瑚」「寡婦」，而繼續輸入到第二個「丟」的拼音時，第一個詞「珊瑚」即被固定下來，因此輸入到最後雖然已經組出「苦丟丟仔」這樣的詞，但第一詞已經被固定，因此不會修正最前面的詞。

但是五字詞中每個字都無法組成詞的情況並不常見，且詞典中五字詞以上的詞目數量也並不多，且我們不希望輸入法修改離組字窗指標處太遠之前的結果，避免拿更多的詞來做音轉字，造成使用者需要移動指標到很前面的結果重新修正的情形。因此我們決定使用三個詞的少詞優先。

五、好客拼音輸入法

我們實作的好客拼音輸入法是以 OpenVanillla 香草輸入法[3]架構為基礎。接著我們會分別介紹輸入法的各項功能，以及與其它的客語輸入法比較。

- **拼音輸入**

組字窗與候選詞窗是組成一個輸入法最基本的元件，我們的客語輸入法在輸入拼音與音轉字的過程都會在組字窗中進行，如同我們常使用的新注音輸入法[13]一樣，要按下 Enter 鍵後才會將組字窗的內容送到程序中。但是不同的地方在於新注音需要輸入聲調，且輸入聲調的動作會隨即將此拼音與聲調送入音轉字；而我們的輸入法考量到大多數使用者對客語聲調不熟悉，因此我們在輸入拼音時不需要輸入聲調，且會在每輸入一個拼音字母的動作中進行音轉字，會這樣做是考量到使用者可能對客語拼音較不熟悉，若使用者需要按下空白音轉字後才能得知此拼音能得到什麼字，對於不熟悉客語拼音的使用者較不友善。圖三為輸入客語拼音「ab」後組字窗(上)與候選詞窗(下)的內容。

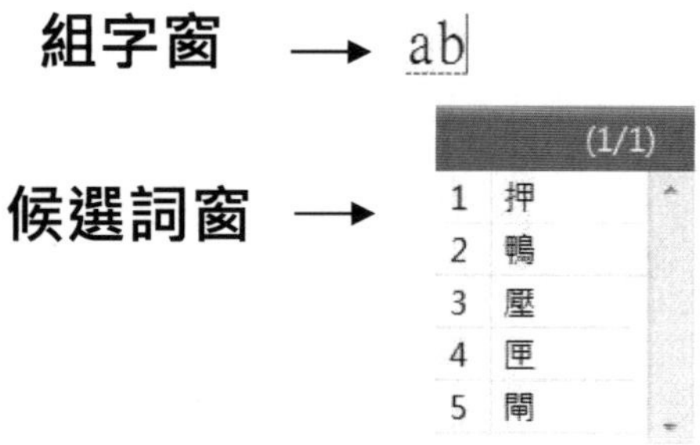

圖三：輸入客語拼音「ab」後組字窗與候選詞窗的內容

- **拼音錯誤提示**

考量到大多數的使用者對客語拼音可能不是很熟悉，而且客語拼音方案可能也會持續更新，因此我們試圖讓使用者在輸入拼音時，能得到輸入法的額外輔助拼音的輸入。拼音錯誤提示會在使用者按下錯誤的拼音時，產生提示聲且將還有哪些可能的客語音拼顯示在候選詞窗中，供使用者尋找是否有要的拼音來選取。圖四為使用者欲輸入詞的拼音為「bai」，但使用者記錯成「bei」，(a)為輸入至「be」時候選詞窗顯示「be」的候選詞、(b)為繼續輸入「i」造成拼音錯誤，呼叫錯誤提示功能將「be」的後續拼音列在候選詞窗中供使用者選取或參考、(c)呼叫錯誤提示功能後，按下 Backspace 刪除一個拼音，候選詞窗會顯示目前拼音的後續拼音、(d)使用者以選取後續拼音的方式，將組字窗改為拼音「bai」。

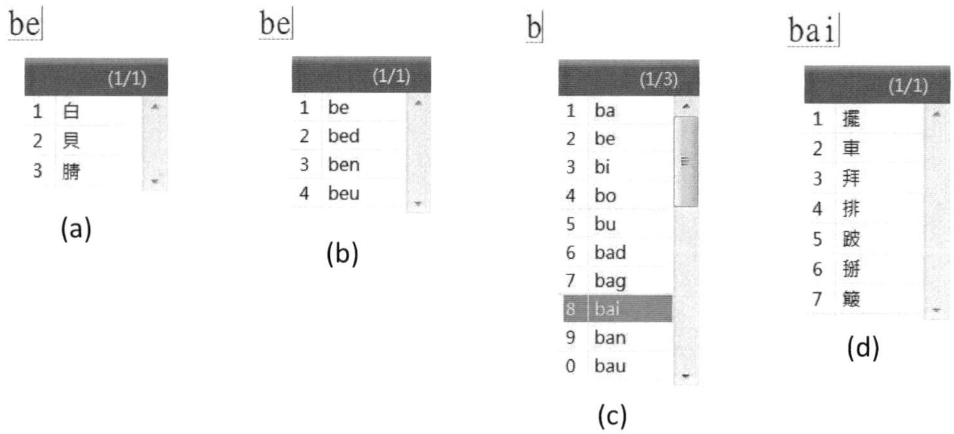

圖四：錯誤拼音提示功能

- **便捷輸入模式**

便捷輸入模式可以提供方便、快速的輸入方式，包含了自訂、音首、縮寫及英文詞，四種輸入方式。為了跟拼音輸入作區隔，我們是以正在輸入的拼音資訊$P = C_1, C_2, \cdots, C_n$的開頭字母$C_1$為大寫還是小寫作為判斷依據，若$C_1$為大寫則呼叫便捷輸入模式；$C_1$為寫小則是一般的拼音輸入模式。

- **自訂輸入：**自訂輸入為提供使用者自行去設定任意自訂拼音轉出任意自訂詞的模式，使用者可以透過輸入法偏好設定中好客客語拼音輸入法的模組設定頁面，來自訂拼音與詞。圖五為輸入法偏好設定中，自訂詞典的介面及展示。

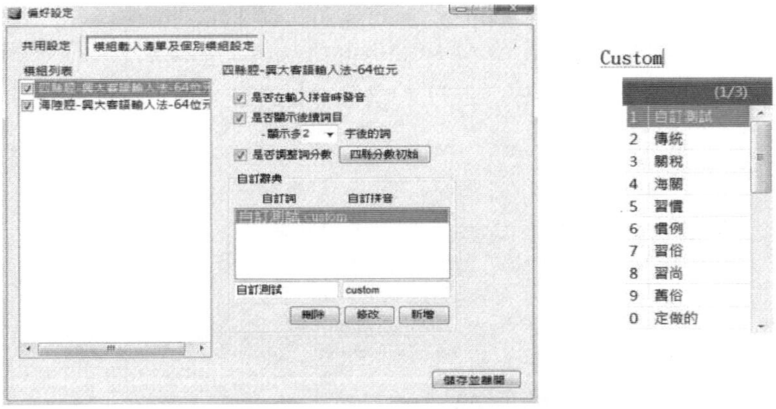

圖五：自訂詞典界面及展示

- **音首輸入：**音首輸入的意思是，使用者可以透過輸入詞典內客語詞的各個音節中第一個字母來快速得到此客語詞。這裡我們先觀察詞典中各字詞的音首種類及對應總詞數，結果如表六所示。

表六：音首平均對應詞數

詞長	種類	總詞數	平均對應詞數	平均所需候選詞頁
1	22	4952	225	23
2	355	18043	51	6
3	2662	6175	2	1
4	3206	3948	1	1
5	256	275	1	1
6	78	80	1	1
7	60	67	1	1
8	15	15	1	1

可以看出詞長為 1 的單字詞，因為平均每種音首對應到的詞數實在在多，平均需要 23 頁的候選詞頁，才能顯示完畢，因此我們音首輸入模式並不提供單字詞供使用者選取。詞長為 2 的兩字詞雖然需要六頁的候選詞頁才能顯示完畢，然而對於較不熟悉客語拼音的使用者而言，以音首輸入來尋找兩字詞是有幫助的，因此我們音首輸入從兩字詞的客語詞開始顯示。如「緊來緊多」其對應拼音為「gin loi gin do」，若使用拼音輸入總共需要按下鍵盤「gin <Space> loi <Space> gin <Space> do <Space>」共 15 次，才能得到「緊來緊多」這個四字詞，而若使用者以音首進行輸入只需要輸入「GLGD」四字個字母，即可在候選詞窗中立即取得「**緊來緊多**」詞。

圖六：音首輸入「GLGD」及「GLG」結果

- **縮寫輸入：**考慮到學校或公司名稱往往很長一串，使用拼音來輸入需要耗費較多的時間，因此輸入法提供了讓使用者以縮寫來輸入組織名、我國大學、上市公司的功能。如下圖為使用者欲輸入「中興大學」，只需要輸入「NCHU」即可在候選詞窗中找到此詞。

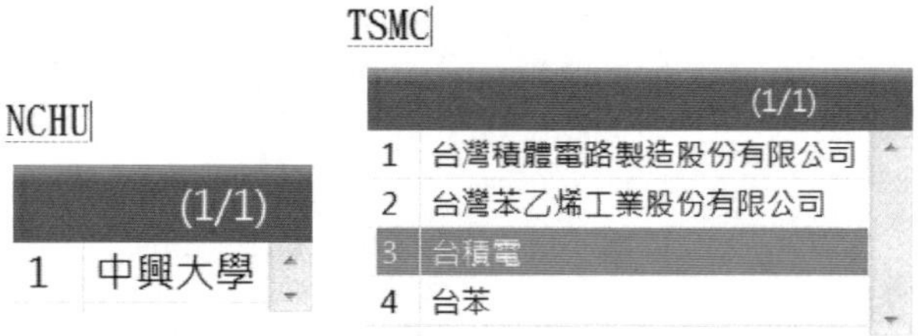

圖七：縮寫輸入「NCHU」及「TSMC」結果

- **英文詞輸入：**對於某些對英文較熟悉的狀況，使用者可能以英文拼出這些詞，會比使用客語拼音拼出來還來得容易。因此我們使用了約 17 萬詞的英中對照詞典，來提供使用者以英文詞輸入得到中文詞的功能。如下圖所示。

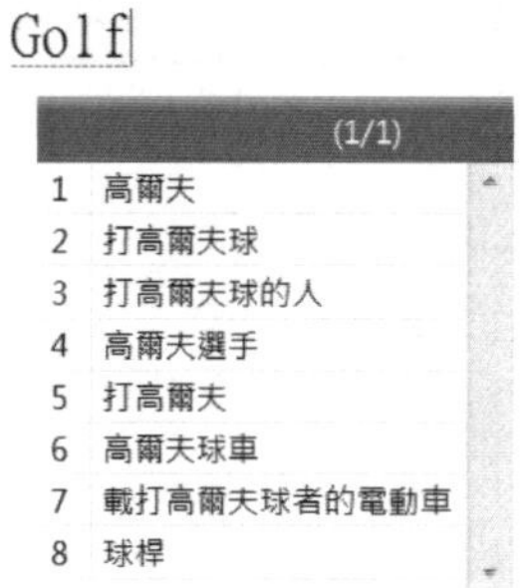

圖八：英文詞輸入「Golf」結果

- **語音功能**

以我們實驗室過去建置的客語語音合成(HTTS)系統為基礎[10, 15]，我們希望輸入法也能夠如 TTS 一般將客語的字與詞唸出。因此，我們在兩個部份加入了唸出客語的功能，如下表示：

1. **拼音邊打邊唸：**我們希望讓使用者不只是用看的來得知是否輸入錯誤，也能用聽的來得知是否有輸入錯誤，如現有的國語自然輸入法[11]會念出輸入的注音及聲調。因此在輸入拼音時，若輸入音節為合法客語拼音，即會將此拼音唸出。
2. **唸出客語詞：**我們希望輸入法也能提供數位學習的功能，因此當使用者在組字窗尾端輸入完拼音後，隨即會呼叫出選單供使用者選取是否唸出此詞。而唸出客語詞的選項我們會加入在兩個部分(1)在組字窗尾端將拼音音轉字後，抓取最後一個詞，讓使用者選擇是否唸出 (2)對音轉字結果不滿意時，將指標往前移做修改時，修改的結果會讓使用者選擇是否唸出。發音時我們會根據詞典內客語詞與其聲調，經過客語連音變調規則後，將此詞以有聲調的方式唸出自然語音。

下圖為使用者輸入完客語詞後呼叫出唸出此詞的選項供使用者選取。

圖九：唸出客語詞選項

提高常用詞之優先順序

我們可以透過調整使用者選擇的客語詞分數，來使語言模型更逼近客語文句的情況，也會使模型更符合使用者最近輸入的情況，進而提高輸入法音轉字的正確率。

假設使用者選取的候選詞Candi_n在相同拼音的候選詞中次序為n，其分數為$\mathrm{Candi}_n.\mathrm{Score}$，若是$n \neq 1$時，我們就會將它的分數做調整。調整後分數$\mathrm{Candi}_n.\mathrm{Score}_{\mathrm{after}} = \mathrm{Candi}_n.\mathrm{Score}_{\mathrm{pre}} \times 2$，此時根據調整後分數$\mathrm{Candi}_n.\mathrm{Score}_{\mathrm{after}}$在同拼音的後選詞之次序不同，會有三種不同的情況：

1. 若是$\mathrm{Candi}_n.\mathrm{Score}_{\mathrm{after}} \leq \mathrm{Candi}_{10}.\mathrm{Score}$，也就是說調整後次序仍不在候選詞第一頁中，我們則將分數調整為$\mathrm{Candi}_n.\mathrm{Score} = \mathrm{Candi}_{10}.\mathrm{Score} + 1$，也就是強制使其出現在候選詞第一頁中。
2. 若是$\mathrm{Candi}_n.\mathrm{Score}_{\mathrm{after}} \geq \mathrm{Candi}_1.\mathrm{Score}$也就是說調整後次序已經變成第一位，我們則將分數調整為$\mathrm{Candi}_n.\mathrm{Score} = \mathrm{Candi}_1.\mathrm{Score} + 1$。這樣對於 double 資料型態而言，不太可能發生溢位情形。
3. 若是$\mathrm{Candi}_n.\mathrm{Score}_{\mathrm{after}} \leq \mathrm{Candi}_{n-1}.\mathrm{Score}$，也就是說調整後次序沒變化，則我們將分數調整為$\mathrm{Candi}_n.\mathrm{Score} = \mathrm{Candi}_{n-1}.\mathrm{Score} + 1$，也就是強制將次序上升一位。

往後預測可能詞目

為了讓五字詞以上的長詞更有用處，因此我們加入了往後預測可能候選詞目的功能。其作法是當使用者在組字窗尾端進行音轉字之後，候選窗會顯示出組字窗最後一個詞後續還有哪些可能的詞目，假設最後一詞字數為 n，我們預設則是會列出字數為 n+2 的客語詞。我們的想法是因為，讓使用者選取只比目前輸入詞多一字的客語詞對於輸入的效率並沒有太大幫助，因此將門檻設為2。對於較不熟悉客語或不想要往後預測詞目功能的使用者，也可以到偏好設定中自行調整門檻值或關閉此功能。下圖為輸入單字詞「人」之後，候選詞窗往後預測可能詞目的結果。

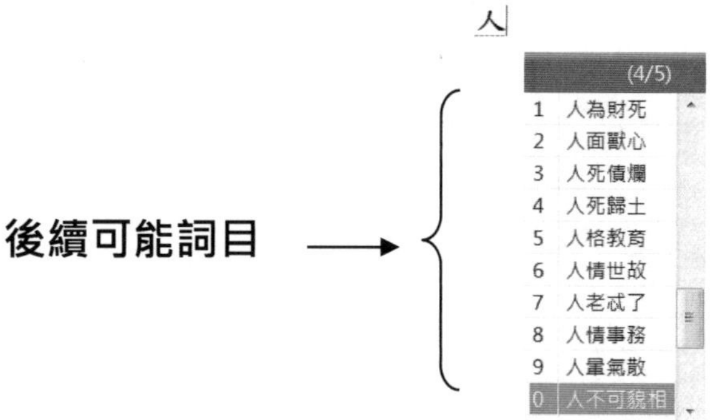

圖十：單字詞「人」往後預測可能詞目結果

- **國語與拼音選項**

考慮到客語中有很多平常國語不常見到的字，而且客語使用的字也沒有訂定的標準字，對於不是以客語為母語的人甚至是會說客語但不常閱讀客語文章的人，閱讀非常不易。下圖為擷取自教育部電子報「閱讀越懂閩客語」客語文章中的一段。而我們希望能讓輸入法寫出一篇可讀性較高的客語文章，能讓較不熟悉客語字詞的使用者也能看懂與學習。因此我們的做法是在輸入時，能讓輸入法加註國語與拼音，如此一來就能讓客語文章更具可讀性且不需要額外再解釋某些用詞的意義。下圖為客語詞「暗晡」的加註國語與拼音選項。

平常時𠊎無麼个肯細人仔食糖仔，一來驚蛀牙，二來驚食飯毋落。毋過，見擺佢兜兩子阿公去街路尞轉來，就擐到大包細包。細人仔有阿公好靠勢，嘴項食等糖仔、

圖十一：客語文章「鼻空向往下」一段

圖十二：客語詞「暗晡」加註拼音與國語詞選項

透過這些選項，即可將輸入得到的客語文章更具有可讀性，下圖為將上面那篇客語文章以輸入法加註拼音與國語詞後的結果。

平常時𠊎(我)無麼个(不太)肯細人仔(小孩子)食糖仔(糖果)，
一來驚(害怕)蛀牙，二來驚(害怕)食毋落(吃不下)飯。

毋過(但是)，每次/gien-bai/佢兜(他們)/gi-deu/兩子阿公(祖孫倆)
去街路(街道)尞/liau/轉來(回來)，就擐(提)/kuan/到大包細(小)包。

圖十三：客語文章加註拼音與國語詞後

● 輸入法流程圖

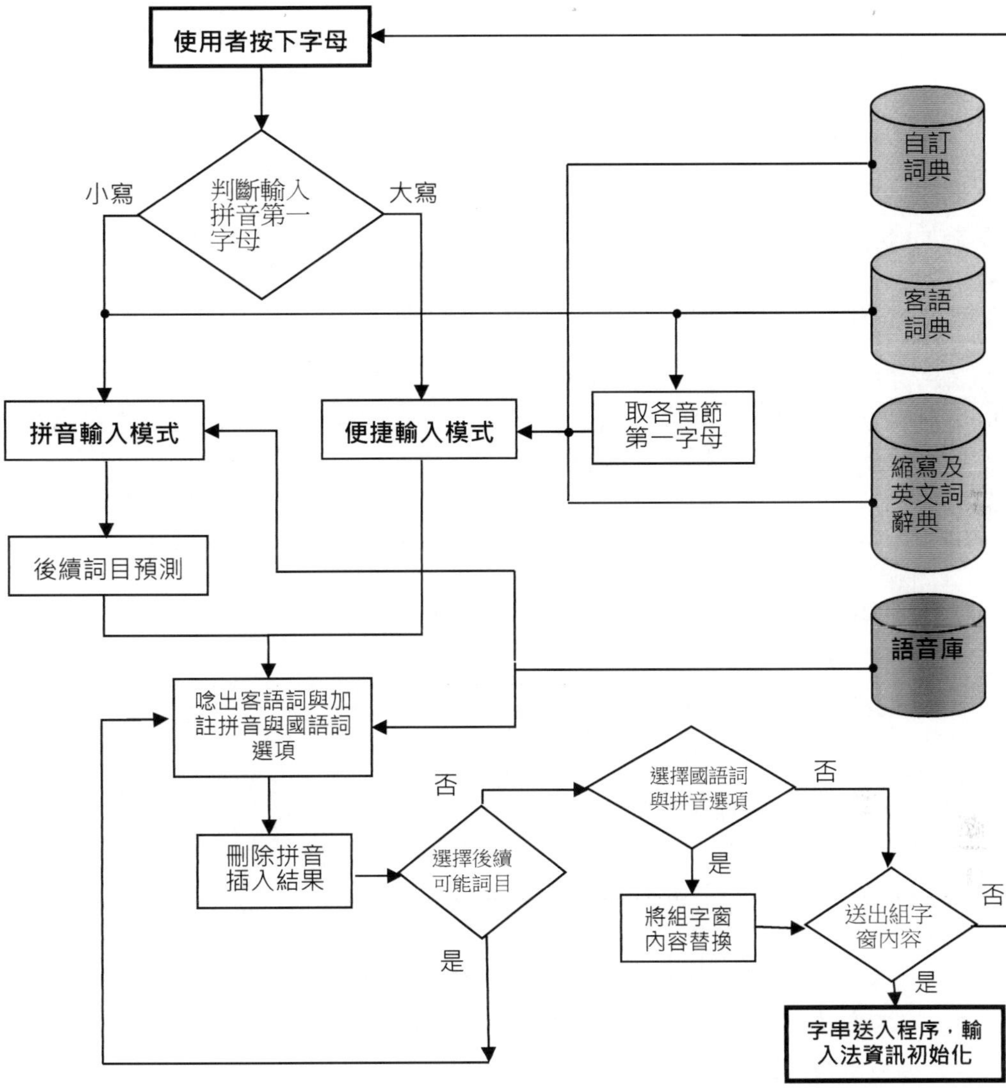

圖十四:輸入法之流程圖

● 比較與討論

本論文提出的輸入法功能與現有的客語輸入法做詳細比較與討論，如表七所表示。

表七：客語輸入法比較

	信望愛客語輸	教育部台灣客家	本論文輸入法

	入法	語拼音輸入法	
輸入拼音	台羅、教羅	教育部客家語拼音	教育部客家語拼音
輸入聲調	需要	需要(附註 1)	不需要
輸入方式	一次一字或詞	一次一次或詞	組字視窗自動選字
自訂詞典	有	有	有
音首輸入	有	無	有
縮寫及英文詞輸入	無	無	有
詞組輸入	有	無	無(附註 2)
拼音輸入錯誤提示	無	無	有
邊打邊念	無	無	有
提高常用詞之優先順序	有	無	有
往後預測可能候選詞目	無	有	有
選擇國語詞彙	無	無	有
加註拼音	有	無	有
萬用字元	有	有	無(附註 3)

附註：

1. 教育部台灣客家語拼音輸入法提供聲調 0 作為查詢模式
2. 因為詞組輸入時使用者需要猜此詞是否在詞典內，我們認為能被音首模式取代
3. 我們提供的拼音錯誤提示功能，可以取代萬用字元來輔助拼音不熟悉的使用者進行輸入

關於詞組輸入的部分，我們提出的輸入法沒有加入此功能的原因是，我們認為此功能可以被音首輸入取代。因為在詞組輸入時，需要連續輸入多個音節，而輸入長詞時，其中一個拼音打錯了，會造成整個拼音都錯誤，會耗費許多時間，必須要加入[13]所提出的容錯拼音，才能夠改善此問題。而另一個更重要的原因為詞組輸入時，使用者需要猜此詞是否存在於辭典內，而既然要猜此詞是否在辭典內，倒不如使用音首輸入來尋找即可，音首輸入也可以避免因為某個拼音字母錯誤，而無法正確音轉字的情形。

而萬用字元為輸入拼音時，可以以「*」符號來表示接任意拼音皆可的功能，例如輸入「a*」會列出所有以 a 開頭的客語單字。基本上，我們所提出的輸入法的輸入模式及拼音錯誤提示功能，能夠輔助使用者來選取拼音，且因為每個拼音對應到的字數已經不少了，再將範圍擴大對使用者來說尋找要的字會更困難。因此我們認為列出可能的拼音提供使用者參考，比起列出所有的字還來得有效。因此綜合上述說明，本輸入法在這項功能上，比其它兩種輸入法更具具效益。

六、結論與未來研究

本論文的重點在於研究具有智慧功能之「好客拼音輸入法」，其中有多項具智慧性與創新的作法。我們提出拼音錯誤提示的功能，讓客語拼音的初學者能較快上手。且輸入法具有往後預測可能後選詞目的功能，可以讓較不熟悉客語詞彙的使用者直接選取。對於熟練客語拼音的使用者而言，輸入法的輸入方式是以組字窗自動選字，因此熟練的使用者可以連續輸入多個客語拼音來自動組成客語詞。而自動選字的音轉字演算法為三個詞的少詞優先，搭配以客語詞對應的國語詞訓練出來的模型，能提供約 75.94%的正確率。除了基本的拼音輸入模式還提供便捷輸入模式的功能，能提高使用者的輸入效率。

為了輸出一篇更具可讀性的客語文章，在音轉字得到客語詞之後，候選詞窗會列出最後一個詞的國語詞與拼音選項供使用者選取。以在客語詞旁加註的方式，能讓不常讀客語文章的讀者，較快速的看懂整篇客語文章的內容，這項功能對於推廣客語文字化將有很大的助益。

此外，本輸入法結合客語語音的功能，使用者輸入時能聽見自己鍵入的客語音節，還能讓使用者去聽客語詞的唸法，在輸入的過程中可以學習正確客語詞彙的發音，亦可作為客語數位學習。

關於進一步改進方向，首先的問題就是採集語料的問題，未來若是能收集大量的客語語料，訓練bi-gram客語語言模型，對於音轉字之正確率應可有效提升。另外就是詞典收錄的詞目數量，目前的詞目數量並不算多，若能擴大詞典收錄的詞目數，對正確率也會有直接的影響。而輸入法功能方面，往後預測可能的詞目這項功能，我們目前是以一個詞為單位來預測，將來可以改為以多個字來進行預測，或許能更貼近使用者想要輸入的詞，以便提高使用者輸入的效率。且輸入拼音部份可以加入相容拼音的功能，讓不衝突的拼音例如四縣腔中：輸入 bao 也能對應到 bau、輸入 bian 也能對應到 bien，讓使用者慣用輸入的那些拼音也能對應到正確的拼音。

參考文獻

1. 99 年至 100 年全國客家人口基礎資料調查研究, http://www.hakka.gov.tw/dl.asp?fileName=1521131271.pdf
2. 客家語拼音方案, http://www.edu.tw/pages/detail.aspx?Node=3653&Page=15592&Index=7&WID=c5ad5187-55ef-4811-8219-e946fe04f725
3. OpenVanilla 香草輸入法, http://openvanilla.org/
4. 信望愛台語客語輸入法 3.1.0 版, http://taigi.fhl.net/TaigiIME/
5. 教育部台灣客家語拼音輸入法, http://www.edu.tw/userfiles/url/20130116154410/moe_hkim_download.pdf
6. 101 年客語能力認證基本詞彙-中級、中高級暨語料選粹, http://elearning.hakka.gov.tw/Kaga/Kaga_QDMiddle.aspx

7. 劉昭甫，"台語無聲調輸入法的實作及改良"，中興大學資訊科學與工程學研究所碩士論文，2010。
8. 蔡承融，"國台語無聲調拼音輸入法實作"，中興大學資訊科學與工程學研究所碩士論文，2008。
9. 羅火嵐，"中文無聲調拼音輸入法及其實作"，中興大學資訊科學研究所碩士論文，2006。
10. 羅丞邑，"以資料探勘之技術解決線上客語語音合成系統中多音字發音歧義之研究"，中興大學資訊網路與多媒體研究所碩士論文，2011。
11. 自然輸入法, http://www.iq-t.com/PRODUCTS/going9_01.asp
12. 微軟新注音輸入法, http://office.microsoft.com/zh-tw/help/HA010212138.aspx
13. YabinZheng, Chen Li &Maosong Sun, 2011 "CHIME: An Efficient Error-Tolerant Chinese Pinyin Input Method", IJCAI'11 Proceedings of the Twenty-Second international joint conference on Artificial Intelligence - Volume Three pp. 2551-2556.
14. Ming-Shing Yu, Feng-Long Huang and Piyu Tsai, 2006, Statistical Behavior Analysis of Smoothing Methods for Language Models of Mandarin Data Sets, to appear on Lecture Notes on Computer Science (LNCS), Springer, 2006.
15. Feng Long Huang, Neng-Huang Pan, Ming-Shing Yu, Jun-Yi Wu, 2011, Break Prediction of Prosody for Hakka's TTS Systems Based on Data Mining Approaches, IEEE International Conference on Machine Learning and Cybernetics (2011-ICMLC), Guangxi, China, Jul 10-13.

The 2015 Conference on Computational Linguistics and Speech Processing
ROCLING 2015, pp. 43-57

《全唐詩》的分析、探勘與應用－風格、對仗、社會網路與對聯

Textual Analysis of Complete Tang Poems for Discoveries and Applications — Style, Antitheses, Social Networks, and Couplets

劉昭麟[†] 張淳甯[‡] 許筑婷[§] 鄭文惠[↑] 王宏甦[$] 邱偉雲[ǂ]
Chao-Lin Liu Chun-Ning Chang Chu-Ting Hsu Wen-Huei Cheng Hongsu Wang Wei-Yuan Chiu
[†‡§]國立政治大學資訊科學系、[†]國立政治大學語言學研究所
[↑ǂ]國立政治大學中國文學系、[$]美國哈佛大學 CBDB 計畫辦公室
{[†]chaolin, [‡]101703004, [§]104753021, [↑]whcheng}@nccu.edu.tw,
[$]hongsuwang@fas.harvard.edu, [ǂ]acwu0523@gmail.com

摘要

唐詩是中國文學極重要的一部分，由清代官方力量所編纂、收錄兩千餘位詩人所著，內容四萬多首詩歌、包含超過三百萬字的《全唐詩》，無疑是研究唐詩最重要的資源之一。本文作者採取共現詞彙和 distributional semantics 的分析角度，利用計算語言學領域所發展的軟體工具，分析《全唐詩》的內容；就作者風格、詩歌內容，特別是唐詩中的顏色詞彙深入探索。同時我們也利用資訊技術，發掘唐詩內容所攜帶的唐代文人的社會網路，將研究成果擴大到歷史領域。另外，我們也藉由探勘唐詩中詞彙的共現、搭配、對仗關係，發展一個簡單的對對聯的應用。透過這一系列的工作，我們實踐了數位人文領域的初步理想，數位技術雖然尚且不足以直接被用來建立深度的人文論述，但是透過相關的資訊檢索、文本分析和資料整合的服務，數位技術讓專家可以比過去更加專注於深度議題的研究，而不需要花很多時間來蒐集基礎的研究資料。

Abstract[1]

The *Complete Tang Poems* (*CTP*) is the most important collection for studying Tang poetry, which in turn is arguably a very influential part of the Chinese literature. Our analyzing the *CTP* from the perspectives of antithesis[2], collocation and distributional semantics offers some interesting overviews of the styles and imageries embedded in the works of some representative Tang poets. Our analyses include (1) a quantitative comparison of the uses of “wind” and “moon” in Li Bai’s and Du Fu’s works and (2) the functions of colors in Tang poems. In particular, we explored the appearances of “white” color, which is the most frequent color in Tang poems. Colors in static poems are like audios in motion pictures, so we thought the analyses could lead us to an important facet of the poems. In addition, we extracted social networks of poets from the poems, and built a simple couplet suggestion kit based on the textual analysis of the poems.

關鍵詞：數位人文、中國文學、全唐詩、詞彙語意、共現分析、文本分析、語料庫分析、中國歷代人物傳記資料庫

Keywords: Digital humanities, Chinese literature, Quan-Tang-Shi, Distributional semantics,

[1] A similar English version of this paper will be published in the proceedings of the 29th PACLIC conference (Liu et al. 2015).

[2] 英文的 antithesis 並不是對仗的完美翻譯，antithesis 除了帶有相對的意義、也帶有相反詞的意味，中文的對仗的平仄雖然要相反，但是在詞意上並不需要相反。

Collocation, Textual Analysis, Corpus Analysis, China Biographical Database

1 緒論

以單一文本集成來說，《全唐詩》[3]是研究唐詩的最集中的來源。《全唐詩》於清康熙時期完成編輯，據《欽定四庫全書》中〈御製全唐詩序〉所述，當時蒐集了超過二千二百位詩人的四萬八千九百餘首作品。唐詩在中國文學史中佔有極重要的地位，唐詩的風格與內容的影響延續至今，而《全唐詩》更是文學家、語言學家研究的重要文獻 (Fang et al. 2009, Lee and Wong 2012)。文學作品的分析是計算語言學(computational linguistics)文獻中相對少見的嘗試，在數位人文(digital humanities)於學術領域快速崛起的今天 (項潔及涂豐恩 2012)，我們嘗試以語文分析的角度來探索唐詩的內容。

羅鳳珠等學者(羅鳳珠等 1997, 羅鳳珠 2000)很早就提倡古籍的數位化工作，並且持續推動關於文學作品的數位化和相關應用。胡俊峰及俞士汶 (2001) 對於《全唐詩》與一批宋詞進行了基本詞彙分析，以建立深入分析的基礎，並且以愁、苦、恨、悲、哀、憂這一些單字詞的時序分析作為範例。儘管如此，我們還沒有能發現許多以數位技術處理唐詩作品的中文著述。蔣紹愚 (2003) 利用資訊檢索軟體與《全唐詩》相關資料庫的協助，比較了李白與杜甫作品中的“風”和“月”。

黃居仁等學者以《唐詩三百首》(Huang 2004) 加上羅鳳珠所整理的蘇軾作品(Chang et al. 2005)為基礎，研究蘇軾作品之中的本體論(ontology)。羅鳳珠繼續擴大建構詩詞之中的名詞分類體系(羅鳳珠 2008)，並且以所建構的分類體系作為賞析唐詩作品的基礎(Fang et al. 2009)。

李思源等學者從計算語言學的角度切入唐詩的分析，針對唐詩中的詞類標記(Lee 2012)與語法相依(dependency trees) (Lee and Kong 2012)均有所論述。他們也從唐詩的一些特定詞彙類別，例如，名詞分類、季節、方向、顏色，為基礎來分析《全唐詩》中的作品 (Lee and Wong 2012)；並且整合唐詩的分析與計算語言學的教學(Lee et al. 2013)。

除了語言學教學之外，唐詩的內容分析也有一些現代化的應用。周明等學者利用《全唐詩》作為基礎語料，搭配統計式翻譯的技術 (Jiang and Zhou 2008, Zhou et al. 2009)，建立了一個自動作對聯的「電腦對聯」系統[4]。在研究和比較台灣和中國的傳統和現代的中文詩詞作品時，Voigt 和 Jarafsky (2013) 也以唐詩作為研究材料。Chen (2010) 則從唐太宗的唐詩研究唐朝的政治問題。

在這一篇論文中，我們從許多方面探索唐詩的分析工作。我們嘗試以文學領域所熟知的唐詩一般構詞原則來擷取詞彙，因此沒有引入正統的中文斷詞、詞類標記和語法分析的技術。以此原則分析《全唐詩》所得詞彙為基礎，再進行以 distributional semantics (Harris 1954, Miller and Walter 1991) 為基礎的分析來觀察詩人的風格(style)。我們不僅分析詞彙的共現關係(collocation)，也利用律詩的對仗(antithesis)規則，分析了唐詩中顏色詞彙的使用情形。詩歌中的顏色可以比喻為電影中的聲光，對於詩歌所營造的意境有重要的影響。詩歌也傳遞了唐代文人之間的人際關係，可以透過詩歌的標題和內容，發

[3] 《全唐詩》漢語拼音譯為 Quan-Tang-Shi，英文常翻譯為 Complete Tang Poems

[4] 微軟亞洲研究院的「電腦對聯」系統：http://couplet.msra.cn/

掘文人之間的社會網路。最後我們以《全唐詩》為基礎，建構一個類似微軟亞洲研究院的「電腦對聯」系統，另將唐詩作品分為初唐、盛唐、中唐、晚唐詩人作品，做為尋找對聯詞彙時的基礎資料，藉此比較使用不同時期作品的影響。

我們在第二節說明所使用的《全唐詩》版本和一些相關的基本分析。在第三節，我們以 distributional semantics 的角度分析和比較李白與杜甫作品中的"風"和"月"，並且以"白"所構成的許多詞彙為基礎，例如"白雲"、"白頭"、"白玉"、"白馬"，觀察詩人用到這一些詞彙的比例以比較詩人的風格。在第四節中，我們以對仗規則為基礎，更加深入分析詩人作品中的顏色。在第五節中，我們利用人名和動詞的相關資訊發掘詩歌裡面所暗藏的人際關係。在第六節中，我們利用不同時期的七言唐詩，以作品中詞彙搭配狀況作為找尋對聯的匹配詞彙的基礎，建構了一個小規模的對對聯工具軟體。在第七節中，我們討論一些唐詩作者的問題；最後提出簡短的結語和檢討。

2 語料來源與基本分析

雖然文獻之中已經有一些關於全唐詩的論述，可是關於《全唐詩》的版本並沒有詳加敘述。依照《欽定四庫全書》中《御製全唐詩》的內容，《全唐詩》中的唐詩並沒有一個最權威的版本，而現在公開可得的《全唐詩》版本與《御製全唐詩》的內容也不完全一致，因此我們先說明我們所處理的《全唐詩》版本和相關的基本分析。

2.1 語料來源

要以程式分析《全唐詩》的首要工作，就是獲得《全唐詩》的文字版本檔案。雖然近幾年國內推動數位典藏計畫，數位人文研究在國際學術界也已經受到極高的重視，但是要取得《全唐詩》的文字版本並不容易。

在網際網路上，有一些公開的版本，例如「維基文庫」[5]、「文學 100」[6]、「籲堯藝文網界」[7]和「中國哲學書電子化計劃」[8]。透過中央研究院傅斯年圖書館網站[9]查詢，可以查到元智大學羅鳳珠教授的檢索服務[10]、故宮博物院所建置的「寒泉」系統[11]和「中國古籍全錄」[12]三個來源。不過我們無法從元智大學的網站或者「寒泉」系統取得全部的《全唐詩》文本。

我們可以透過直接下載或者逐頁人工下載，取得「文學 100」、「籲堯藝文網界」、「中國哲學書電子化計劃」和「中國古籍全錄」所公開的《全唐詩》版本。

2.2 版本問題

我們正在以程式進行比對，希望獲得一份有高度共識的版本。我們已經完成「文學 100」和「中國哲學書電子化計劃」兩版本的初步比對，以目前的結果來說，這一些可以取得

[5] 維基文庫：https://zh.wikisource.org/zh-hant/全唐詩
[6] 文學 100：http://www.wenxue100.com/
[7] 籲堯藝文網界：http://www.xysa.com/
[8] 中國哲學書電子化計劃：http://ctext.org/zh
[9] 中央研究院傅斯年圖書館網站：http://lib.ihp.sinica.edu.tw/pages/02-aboutfsn/af01-library_8.htm
[10] 元智大學羅鳳珠教授的檢索服務：http://cls.hs.yzu.edu.tw/tang/Database/index.html
[11] 寒泉查詢系統：http://210.69.170.100/s25/
[12] 中國古籍全錄：http://guji.artx.cn/

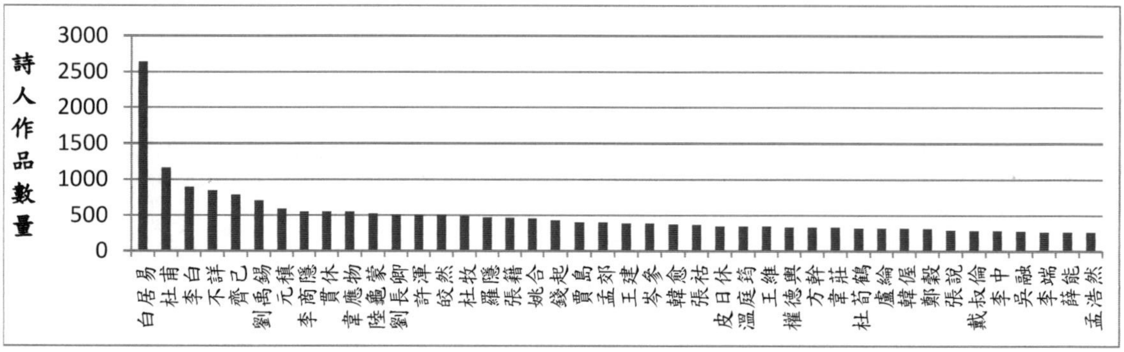

圖一、《全唐詩》作品較多之詩人作品數量

的版本內容極度相似，極有可能是來自同一來源。這一校對工作仍在進行之中，目前我們是以「文學 100」版本作為分析的依據。在我們能夠找到並且公開一個好的共識版本之前，採用已經公開的「文學 100」版本，也有利於我們所報告的分析結果的可檢驗性。

實際上，以《御定全唐詩》的內容來說，目前並沒有一份所謂最正確的《全唐詩》。《御定全唐詩》會記錄一些前人的註釋，這一些註釋會說明某一些唐詩有兩種或者兩種以上的流傳版本。下面是《御定全唐詩》中關於李白的〈白鼻騧〉的紀錄。

銀鞍白鼻騧綠地障泥錦細雨春風花落時一作春風細雨落花時揮鞭直一作且就胡姬飲

因此，僅就這一筆紀錄，我們就可以有四種不同版本的〈白鼻騧〉。在進行分析的時候，該採用哪一版本目前是研究者個人的選擇問題。

此外，《御定全唐詩》的第 165 卷記載了如下李白的〈靜夜思〉。

牀前看月光疑是地上霜舉頭望山月低頭思故鄉

而在臺灣的中文教科書中，是以「牀前明月光，疑是地上霜。舉頭望明月，低頭思故鄉」這一版本。兩者有兩個字的不同。

2.3 基本分析

目前我們以「文學 100」網站上的《全唐詩》版本作為本文的分析基礎。在這一版本的《全唐詩》之中，合計收錄 42863 份[13]作品。詩人之中白居易、杜甫和李白的作品數目分別是 2643、1158 和 896，是收錄作品最多的三位詩人。另有 842 份作品的作者不詳。依照我們刪除部分注釋之後所得的版本，不計算作品標題和作者姓名，但是包含作品的標點符號，「文學 100」網站的《全唐詩》有 305 萬 5044 字。

圖一反映《全唐詩》作品數目領先的詩人之中，作品累積數量達到《全唐詩》中 50%作品數目的收錄狀況。橫軸列示詩人的姓名，縱軸則是作品數量。這 42 位詩人作品數目，合計達到 21277，接近所有收錄作品的一半。

我們可以輕易地以程式計算《全唐詩》裡面個別漢字出現的頻率，其中最常出現的單一漢字的前十名依序是：不、人、山、無、風、一、日、雲、有、何。

[13] 即使依照《御定全唐詩》的內容，有一些作品的實際作者並沒有明確答案，例如下面這一首題為〈題霍山秦尊師〉的作者可能是杜光庭(第 854 卷)也可能是鄭遨(第 855 卷)。因此，目前所統計的作品數量只能當作基本的參考。

老鶴玄猿伴采芝，有時長歎獨移時。翠娥紅粉嬋娟劍，殺盡世人人不知。

表一、《全唐詩》最高頻率二字字串的頻率統計

二字字串	頻率	二字字串	頻率	二字字串	頻率	二字字串	頻率	二字字串	頻率
何處	1669	無人	881	青山	662	流水	550	落日	498
不知	1469	風吹	834	少年	634	回首	544	不如	497
萬里	1455	惆悵	780	相逢	629	可憐	539	歸去	496
千里	1305	故人	778	平生	597	如此	526	日暮	496
今日	1165	秋風	749	年年	593	白髮	520	不能	481
不見	1158	悠悠	740	寂寞	592	主人	517	別離	481
不可	1148	相思	733	黃金	589	今朝	516	何時	478
春風	1128	長安	722	天子	588	月明	515	此時	477
白雲	1108	白日	697	人不	587	從此	509	洛陽	476
不得	947	如何	687	天地	586	日月	508	天下	472
明月	896	十年	678	何事	579	行人	507	芳草	472
人間	890	何人	663	江上	553	將軍	499	歸來	471

唐詩的五言與七言絕句和律詩作品的斷詞，目前仍難完全自動進行。實際上，五言作品的斷詞大都有固定的規律 (羅鳳珠 2005)，採用 2+2+1 或者 2+1+2 的句法，例如“白日依山盡”[14]是“白日”+“依山”+“盡”的 2+2+1 的句法，而“感時花濺淚”[15]則是“感時” + “花” + “濺淚” 的 2+1+2 的句法。七言的作品的句法，常見的則是 2+2+1+2 和 2+2+2+1，例如“晉代衣冠成古丘”[16]是“晉代” + “衣冠” + “成”+ “古丘”，而“東風不與周郎便”[17]是“東風” + “不與” + “周郎”+ “便”。

雖然有以上的規律可循，可是要精確統計唐詩裡面的詞彙的使用狀況，目前仍得依賴人工的確認，因此相當不容易。我們以 PAT Tree (Chien 1997) 的技術，先行統計《全唐詩》中常見的二字字串，再以「臺灣數位人文小小讚」[18] 網站上的軟體工具統計其中高頻率的二字詞的出現頻率，可以得到表一的數據。表一裡面雖然大多是真實的二字詞，但是“人不”並不是真正的二字詞。在《全唐詩》裡面，跟在“人”之後的“不”大都是另一動詞的一部份，例如：“盡日傷心人不見”[19]和“雖病人不知”[20]

3 風格比較

Distributional semantics (Harris 1954, Miller and Walter 1991) 方法中透過與一個詞彙周邊出現的詞彙的分佈狀況來定義詞彙的語意。這種以語境來定義詞彙語意的想法由來已久，Firth (1957) 所說的 “You shall know a word by the company it keeps” 是經常被研究者提及的簡要說明。

[14] 王之渙〈登鸛雀樓〉：**白日依山盡**，黃河入海流。欲窮千里目，更上一層樓。

[15] 杜甫〈春望〉：國破山河在，城春草木深。**感時花濺淚**，恨別鳥驚心。烽火連三月，家書抵萬金。白頭搔更短，渾欲不勝簪。

[16] 李白〈登金陵鳳凰臺〉：鳳凰臺上鳳凰遊，鳳去臺空江自流。吳宮花草埋幽徑，**晉代衣冠成古丘**。三山半落青天外，二水中分白鷺洲。總爲浮雲能蔽日，長安不見使人愁。

[17] 杜牧〈赤壁〉：折戟沉沙鐵未銷，自將磨洗認前朝，**東風不與周郎便**，銅雀春深鎖二喬。

[18] 臺灣數位人文小小讚：https://sites.google.com/site/taiwandigitalhumanities/

[19] 李商隱〈遊靈伽寺〉：碧煙秋寺泛湖來，水打城根古堞摧。**盡日傷心人不見**，石榴花滿舊琴臺。

[20] 白居易〈讀史五首〉：含沙射人影，**雖病人不知**。巧言構人罪，至死人不疑。

表二、《全唐詩》中李白所使用的月(頻率大於二者)

詞彙	頻率	詞彙	頻率	詞彙	頻率	詞彙	頻率	詞彙	頻率
明月	57	溪月	9	有月	5	湖月	3	夜月	3
秋月	40	八月	9	轉月	4	漢月	3	夕月	3
五月	28	雲月	9	曉月	4	樓月	3	喘月	3
日月	23	花月	8	孤月	4	新月	3	向月	3
海月	14	見月	7	台月	4	待月	3	古月	3
上月	13	江月	6	落月	3	弄月	3	十月	3
三月	13	蘿月	5	片月	3	如月	3	二月	3
山月	10	素月	5	滿月	3	好月	3	乘月	3

表三、《全唐詩》中杜甫所使用的月(頻率大於二者)

詞彙	頻率	詞彙	頻率	詞彙	頻率	詞彙	頻率	詞彙	頻率
日月	20	明月	7	落月	4	正月	3	從月	3
歲月	14	江月	6	秋月	4	星月	3	九月	3
十月	10	五月	6	漢月	4	新月	3		
三月	9	夜月	5	門月	3	四月	3		
八月	8	二月	5	素月	3	六月	3		

表四、《全唐詩》中李白所使用的風(頻率大於三者)

詞彙	頻率	詞彙	頻率	詞彙	頻率	詞彙	頻率	詞彙	頻率
春風	72	松風	17	南風	8	悲風	6	高風	4
清風	28	隨風	14	北風	8	飄風	5	西風	4
秋風	26	香風	11	涼風	8	胡風	5	扶風	4
東風	24	天風	10	狂風	7	從風	5	屏風	4
長風	22	英風	8	雄風	6	嚴風	5	動風	4

表五、《全唐詩》中杜甫所使用的風(頻率大於三者)

詞彙	頻率	詞彙	頻率	詞彙	頻率	詞彙	頻率	詞彙	頻率
秋風	30	朔風	8	高風	6	江風	4	南風	4
春風	19	微風	8	清風	6	驚風	4	涼風	4
北風	14	隨風	7	天風	6	山風	4	東風	4
悲風	10	回風	7	長風	5	多風	4		
裡風	8	臨風	7	陰風	4	含風	4		

以類似的道理，我們研究和比較詩人使用某一特定類別詞彙的整體表現，再以這一些詞彙的使用狀況充作定義詩人風格的"語境"，我們以"**You shall know a poet's style by the words s/he uses**"，亦不失為一種 distributional semantics 的創新詮釋。

3.1 李白與杜甫的風月

從文學專業來看，詩人的風格是多面向，不能只看一個面向以管窺天。比較詩人使用特定詞彙的不同方式，提供了比較詩人風格的一種選項。北京大學中文系教授蔣紹愚(2003)利用檢索系統找出李白與杜甫用到"風" 和"月"的作品，然後透過人工分析與專業精讀和鑒賞來比對兩位著名詩人的風格。

除了基本的資訊檢索之外，自然語言處理技術提供了許多基本分析和進階分析的機會，可以進一步提供不同的分析角度。我們可以計算詩人一些特定的二字詞的使用狀況，然後以 distributional semantics 分辨詞彙語意的類似觀點，比較兩位詩人使用"風" 和"月"的統計數據來比較兩位詩人的風格。這樣的分析角度，不同於個別詩歌特例的比較，而提供一個比較是計算語言學的分析角度。

在「文學 100」版本的《全唐詩》中，李白和杜甫分別有 896 和 1158 首作品。表二和表三列示這兩位詩人使用"月"的方式中頻率大於兩次者的資訊。雖然我們可以逐一把這一些作品列出來，然後精讀，但是光看這兩個表格的內容，就相當區分了李白和杜甫使用"月"的風格。李白的"月"明顯地有較多的變化，講到多種"月"的樣貌。相對地，杜甫經常講到月份，一月到十月之中只有七月沒有列入表三。

表四和表五列示這兩位詩人使用"風"的方式中頻率大於三次者的資訊。李、杜兩人使用"風"的狀況相仿，不再像使用"月"的狀況的差異。如果"春風"比較適用於喜悅的氣氛、而"北風" 比較適用於較為悲傷的氣氛；表四與表五中兩位詩人最常用的前五名的"風"的數據突顯了兩位詩人筆下的"風"的明顯差異。

以上兩位詩人使用"風"與"月"的統計，多少呼應了一般人將李白歸類為浪漫詩派，而將杜甫歸類於社會詩人。

3.2 《全唐詩》的白色詞彙

"白"是《全唐詩》中最常見的顏色字，以"白"為基礎可以找到諸如 "白日"、"白髮"、"白雲"、"白頭"、"白玉"、"白馬"、"白帝"、"白露"、"白石"等白色詞彙。表六列出了 46 個這樣的白色詞彙。我們可以利用這一些白色詞彙，從不同角度來比較表六裡面 13 位詩人的特色。

表六是一個複雜且巨大的表格，因此必須放置於本文末尾；該表以詩人的姓名作為橫軸，以白色詞彙作為縱軸。個別白色詞彙的左側，列出這一些 13 位詩人用到該詞彙的總和頻率。由上而下，白色詞彙是以他們出現在這 13 位詩人的作品中的總合頻率來排序。個別詞彙(以 T 代表)的右側與個別詩人姓名(以 N 代表)之下所列的數字，是詩人 N 作品中使用 T 的比例。以李白為例，李白有 896 份作品，其中出現過 62 次的"白日"，因此李白的作品中有 6.92%的機會看到"白日"。表六的大部份數據，都是詩人(N)作品中看到某一詞彙(T)的比率。

針對單一詩人之下，被標記為紅色[21]的數字者，是該詩人最常用的白色詞彙的比率。藍色標示者是第二、第三或者第四常用的白色詞彙，有一些詞彙因為有同樣的比率，因此會有多於一個紅色數字或者多於三個藍色數字的情況。

這一些數據可以用來找尋詩人特殊的取向。例如，賈島的作品之中有幾乎 1%會用到"白衣"，這是 13 位詩人之中的特例。杜甫使用"白帝"[22]的比率非常高，甚至超過李白，背後的緣由特別值得探索。王維一般被歸類為田園詩人，其作品有 7.41%用到"白雲"，也算是名符其實的一項表徵。

在表六的上方有兩項比率，比率 A 是詩人作品中有白色詞彙的比率的總和。這一項總和是直接把詩人姓名之下的所有數字全部加總，並沒有考慮到某一些作品可能同時有多個白色詞彙時的交集情況，因此總和比率有可能高於實際的比率。不過詩人作品之中，通常講究避免重複相同的字，因此我們預期實際的誤差不大。

因此，比率 A 是個別詩人作品中使用到白色詞彙的總和比率。這其中最值得注意的是李白，李白的作品之中超過 46%使用到"白"字。

[21] 為了方便黑白印刷時閱讀，不管是紅色或者藍色標示的數字，都搭配了粗線條的框線。
[22] 唐詩中的大都是用於"白帝城"地名

比率 B 的計算跟比率 A 類似，但是並不是把所有詩人名字之下的所有數字加總。比率 B 只包含“**白髮**”、“**白頭**”、“**白首**”、“**白鬢**”、“**白骨**”、“**白髭**”這一組可以分析文人心理情緒的核心詞彙。表六把這六個詞彙的相關都加上淡淡的底色以便查詢。以李商隱為例，1.8%是來自於 0.54%、0.72%、0.18%、0.18%、0.18%、0.00%的總和。

當我們說一位詩人屬於某一詩派，應該是說詩人的作品呈現某一類的意境的比率較高，而不會說詩人的每一首詩總是有某一類的意境。如果我們認定以上這一組六個白色詞彙是偏向於負面情緒的詞彙的話，觀察個別詩人比率B的大小，我們可以發現孟浩然、李商隱和溫庭筠三人的比率 B 都明顯地低。這一些數據可以用來支持孟浩然經常被歸類為田園詩派；而李商隱和溫庭筠的評論則有“多綺麗濃艷之作” (李瑋賀 2009)[23]。杜甫和白居易的比率 B 則明顯高出其他人，這跟兩人常被分為社會詩派應該也有相當的關聯。

4 共現與對仗

共現(collocation)分析是計算語言學領域的基本分析，計算在特定文字範圍之內，詞彙一起出現的狀況。除了一起出現之外，對仗的詞彙有空間上的額外限制；對仗的詞彙必須位於所對仗的兩句中相同的相對位置。“白日當空天氣暖，好風飄樹柳陰涼”[24]這一句對中，“白日”和“好風”是一組對仗的詞彙。在 15 個字的範圍之內，“白日”和“樹柳”雖然共現，但是兩者沒有對仗關係。在律詩之中，第三句和第四句(又稱第三聯)必須對仗，第五和第六句也必須對仗。

除了詞彙在句子中相對位置的限制之外，對仗的兩個詞彙還有聲韻上的限制，受到詩歌的平仄韻律的限制[25]。現代漢語的發音並不足以了解唐詩中詞彙的平仄關係，有許多漢字的現代發音已經和古代不同，韻書、例如《唐韻》、《廣韻》、《平水韻》是研究古代漢字發音的重要參考工具。

詞彙的共現和對仗關係提供了文字探勘(text mining)的機會，我們可以從既有的唐詩之中抽取有助於詩歌創作的資訊。

4.1 共現與對仗詞組

針對我們有興趣研究的詞彙，例如“白雲”；我們可以先擷取“白雲”的語境，例如前後 *n* 個字，或者是一首作品。然後利用 PAT Tree 或者適當技術，找出這一些語境中的有意義詞彙，利用程式計算《全唐詩》中與“白雲”前後 *n* 個字範圍之內出現的詞彙的頻率。

表七列示依照這樣程序，將 *n* 設定為 30[26]，所找到的一些跟“白雲”、“白日”和“白髮”共現的詞彙和頻率。這類的資訊可有一些可能的應用。例如可以用於詩歌的賞析教學，也可以用於詩歌創作的課程。如果可以搭配一些類似 E-HowNet[27]所提供的詞彙的

[23] 多個評論來源的一般說法，例如，宜蘭縣教育支援平台、新北市樟樹詩詞網：http://ostube.tctes.ntpc.edu.tw/poetry/index.php?option=com_content&view=article&id=51&Itemid=63

[24] 元稹〈清都春霽，寄胡三、吳十一〉：蕊珠宮殿經微雨，草樹無塵耀眼光。**白日當空天氣暖，好風飄樹柳陰涼**。蜂憐宿露攢芳久，燕得新泥拂戶忙。時節催年春不住，武陵花謝憶諸郎。

[25] 元智大學羅鳳珠教授提供的簡要原則：http://cls.hs.yzu.edu.tw/300/all/primary1/DET4.htm

[26] 透過我們所建構的軟體工具，這是一個可以自行改變的數字，可以變大、也可以變小。

[27] 中研院廣義知網：http://ehownet.iis.sinica.edu.tw/

表七、《全唐詩》中所有作品的一些共現詞組頻率 (*n*=30)

白雲				白日		白髮			
詞彙	頻率	詞彙	頻率	詞彙	頻率	詞彙	頻率	詞彙	頻率
明月	61	清露	10	青春	32	青山	38	丹砂	7
流水	40	青壁	7	青山	21	青雲	27	黃河	6
芳草	29	秋草	7	清風	18	朱顏	16	清光	4
滄海	28	丹灶	5	紅塵	15	青春	15	丹霄	4
紅葉	17	青鏡	2	黃河	15	黃金	13	黃衣	3
黃葉	16	青玉	2	滄江	6	滄洲	8	紅塵	3
青草	14	皇道	1	青蓮	3	青衫	7	紅旗	3
				青霄	3				
				青楓	2				

taxonomy 關係，我們還有可能可以研究不同作者的作品的共現和對仗詞組的使用是否攜帶個人風格的資訊。

把計算共現詞彙的程式稍加改進，多考慮律詩中對仗的規則，就可以用來擷取唐詩中的對仗詞組。以下是一些關於白色詞彙的對仗例子。抽取完整的詩歌作品，可以讓一般人欣賞詩歌，也有助於專業研究人員找到所要研究的特定語料。

白居易〈北窗閑坐〉
虛窗兩叢竹，靜室一爐香。門外**紅塵**合，城中**白日**忙。
無煩尋道士，不要學仙方。自有延年術，心閑歲月長。

盧綸〈九日奉陪侍郎登白樓〉
碧霄孤鶴發清音，上宰因添望闕心。睥睨三層連步障，茱萸一朵映華簪。
紅霞似綺河如帶，**白露**團珠菊散金。此日所從何所問，儼然冠劍擁成林。

元稹〈清都春霽，寄胡三、吳十一〉
蕊珠宮殿經微雨，草樹無塵耀眼光。**白日**當空天氣暖，**好風**飄樹柳陰涼。
蜂憐宿露攢芳久，燕得新泥拂戶忙。時節催年春不住，武陵花謝憶諸郎。

在特別針對中唐詩人作品的研究中，我們(鄭文惠等 2015)更進一步分析哪一些對仗是普遍地為詩人所採用？例如，"白髮"和"青山"的對仗出現在盧綸、司空曙、李端、白居易、耿湋、賈島和顧況的作品中。"白雲"和"流水"的對仗出現在劉禹錫、姚合、皇甫冉、皇甫曾、賈島和錢起的作品中；"白雲"和"青草"的對仗則出現在劉長卿、司空曙、姚合、張籍、李端和郎士元的作品中。

對仗是比較嚴格的共現關係，但兩者都可以是詩人用來營造意象的方式。下面這一首李嘉佑的〈題游仙閣白公廟〉中，雖然"白雲"和"青山"只有共現關係，但是藉由"荔"、"竹"、"風"、"雨"、"流水"、"青山"、"焚香"和"白雲"的共同出現，這一些詞彙營造了一個特殊的氛圍。

仙冠輕舉竟何之，薜荔緣階竹映祠。甲子不知風馭日，朝昏唯見雨來時。
霓旌翠蓋終難遇，流水**青山**空所思。逐客自憐雙鬢改，焚香多負**白雲**期。

4.2 發掘唐詩的顏色關聯

顏色在詩歌中的角色可以譬如電影中的配樂，找出詩歌之中的顏色，可以建構一些詩人給詩歌上色的分析基礎。我們在分析李白和杜甫的作品時，就發現這兩位詩人最常用到顏色就是"白"，因此以"白"作為基礎來尋找《全唐詩》之中的其他顏色。

表八、《全唐詩》中顏色的搭配統計

白		青		紅		黃		綠		紫		碧		丹		赤		黑	
顏色	頻率	顏色	頻率	顏色	頻率	顏色	頻率	顏色	頻率	顏色	頻率	顏色	頻率	顏色	頻率	顏色	頻率	顏色	頻率
青	919	白	919	白	358	白	505	紅	335	青	197	紅	199	白	142	青	54	青	36
黃	505	綠	202	綠	335	青	152	青	202	黃	139	青	188	紫	70	黃	39	黃	27
紅	358	紫	197	碧	199	紫	139	黃	83	紅	107	清	100	碧	50	白	33	紅	24
清	274	碧	188	翠	139	綠	83	白	70	白	72	黃	74	青	41	紫	19	白	15
丹	142	黃	152	青	111	碧	74	清	70	丹	70	白	57	翠	35	蒼	15	明	13
滄	99	紅	111	紫	107	紅	44	丹	31	清	56	丹	50	綠	31	紅	13	清	10
朱	97	翠	54	黃	44	赤	39	朱	27	朱	41	金	42	玉	29	滄	12	丹	8
明	96	赤	54	清	36	翠	33	紫	26	金	39	紫	35	素	25	丹	10	寒	8
綠	70	明	42	素	31	清	32	碧	26	碧	35	朱	31	金	21	清	8	紫	7
玄	66	丹	41	金	21	黑	27	金	23	玄	32	寒	22	清	17	朱	7	赤	7

以"白"構成的雙字詞，加上考慮唐詩中律詩的對仗規則，我們可以透過與白色對仗的詞彙找到其他顏色，例如"白雲"和"丹井"在劉長卿的〈過包尊師山院〉的對仗[28]；在岑參的〈虢中酬陝西甄判官見贈〉[29]則有"白髮"和"青雲"的對仗。"白髮"和"青雲"是《全唐詩》中相對常見的對仗，合計出現過26次。

透過以上這一程序，我們從《全唐詩》中找到諸多顏色，例如，"朱"、"丹"、"紅"、"緋"、"彤"、"青"、"翠"、"碧"、"綠"、"蒼"、"清"、"紫"、"玄"、"皂"、"黑"、"涤"、"明"、"黃"、"金"、"銀"，其中"白"出現最多次。這一些並不是《全唐詩》中所有的顏色字，例如、從"白"的對仗出發就不容易找到一樣是代表白色的"素"、"皓"、"皚"。

以這一些顏色作為基礎，我們就可以進行唐詩顏色的相關研究，例如不同顏色的搭配關係。我們以類似對仗的規則來找尋詩歌之中位置相對的顏色詞彙，位置相對是對仗的條件之一，可是嚴格的對仗還需要符合其他條件，這一些條件不容易完全自動化。表八的頻率統計只考慮到顏色詞的對仗位置，但是沒有檢查顏色詞彙是否出現在絕句、律詩、排律或者古詩，也沒有檢查平仄關係[30]。

表八分為十欄，每一欄以一個顏色作為標題，並且再細分成兩個子欄，左邊的子欄是標題顏色的搭配顏色，右邊子欄則是兩個顏色的搭配頻率。這一個表格的資料是以《全唐詩》的全部內容做為計算基礎，但是限制所考慮的作品的每一句話必須有相同字數。表八的數據可以用於研究《全唐詩》中顏色構圖的一些基礎，例如用於協助找到更細部的語料，以連結顏色的運用和詩歌中的情感分析 (鄭文惠等 2015)。

5 社會網路分析

我們可以從《全唐詩》中擷取詩人名單，然後分析姓名出現在詩人作品的標題和內容的狀況，以作為分析唐代詩人社會網路的基礎。舉例來說，我們可以發現李白在自己的作

[28] 劉長卿〈過包尊師山院〉:「**漱玉臨丹井，圍棋訪白雲**」

[29] 岑參〈虢中酬陝西甄判官見贈〉:「**白髮徒自負， 青雲難可期**」

[30] 這樣的做法雖然會引入一些錯誤，但是通常數量不致大到影響所觀察到的趨勢。杜甫的〈春日憶李白〉是一首五言律詩，其中首聯寫道「**白也詩無敵，飄然思不群**」。這裡的"白"並非顏色，而是指李白。如果不區分絕句律詩、首聯末聯、字面詞意，則會誤認"白"對到了"飄"。儘管如此，如果目標是要找尋"白"所對應的顏色字的話，這樣的錯誤並不會引起問題；特別是所對應的其他顏色的頻率夠高時。

品之中提到自己：「雖為**李白**婦，何異太常妻」、「**李白**乘舟將欲行，忽聞岸上踏歌聲」和「舒州杓，力士鐺，**李白**與爾同死生」[31]。

詩人的作品標題和作品內容可能提到他人的姓名。《全唐詩》中，至少八位詩人的 15 首詩歌，提到李白。其中杜甫占了七首[32]。羅隱的作品之中也提到他對於杜甫的評論「洛陽賈誼自無命，少陵**杜甫**兼有文」和「**杜甫**詩中韋曲花，至今無賴尚豪家」[33]。

詩人的關係可以是多面向的，詩人提到他人的時候，也不見得是直接字面提到；詩歌之中提到的姓名，也不見得屬於同一時代的人。戴叔倫在〈過賈誼宅〉有「上書憂漢室，作賦吊靈均」[34]，透過"靈均"輾轉提到了戰國時代的屈原，而賈誼其實是西漢時代的人；賈誼因為遭到貶官到長沙，而著有〈弔屈原賦〉。劉長卿的〈長沙過賈誼宅〉是以人物姓名和地點名稱營造意象的另一個代表作。

如果是要分析詩人作品提到他人這一類的關係，只要運用名稱擷取就可以完成基本的工作。但是要進行完整、深度的社會網路分析，必須能夠妥善處理上述問題。人物的字號別名部分，需要依賴歷史人物的傳記資料庫，例如哈佛大學的「中國歷代人物傳記資料庫」[35]。而要瞭解透過相似背景或者類似事件的人物地點所營造的意象，則需要專家專業知識或者非常高階的知識庫來支援。如果同一時代有相同名號的詩人，則更要有姓名分辨(person-name disambiguation)的工作要作。

除了以姓名字號作為發掘社會網路的起點之外，也可以利用適當的動詞來找詩人的人際關係的資訊。例如，在詩歌的標題中找尋"賜"，就可以找到許多唐朝皇帝賜詩的對象，其他的贈與的動詞也可以是很好的線索，例如"送"。以此類視角出發我們可以找到李世民的〈賦秋日懸清光**賜房玄齡**〉、〈**賜蕭瑀**〉、〈**賜房玄齡**〉、〈**賜魏徵**詩〉，李隆基的〈**賜**道士**鄧紫陽**〉、〈集賢書院成，**送張說**上集賢學士，賜宴得珍字〉、〈**賜崔日知**往潞州〉，李亨的〈**賜**梨**李泌**與諸王聯句〉、李昂的〈上巳日**賜裴度**〉等。其他如"讀"、"寄"、"見""懷"、"憶"、"夢"、"贈"等，都是有用的動詞。

要表列這一些有用的動詞，可以依賴專家的專業知識，也可以利用詞夾子的技術(張尚斌 2006)，從一些已知的人名資訊來著手，找到人名之前的相關動詞。從動詞著手所獲知的人名，不見得是詩人的名字，例如魏徵和房玄齡就是政治家，這一類的資訊跟前面所提到的方式所找到的人際關係有互補的效用。如果我們在唐詩之中搜索「中國歷代人物傳記資料庫」中的唐代人物資料，或許也可以發現一些先前所未知的人際關係。

6 對聯

對對聯是一種比較貼近民間的文藝活動，以唐詩中對仗或者搭配的詞彙來對對聯，是一

[31] 這三片段分別來自李白的〈贈內〉、〈贈汪倫〉和〈襄陽歌〉。

[32] 這 15 首詩歌包含杜甫的〈贈**李白**〉 (第 216、224 卷各一首)、〈送孔巢父謝病歸游江東，兼呈**李白**〉、〈夢**李白**二首〉、〈春日憶**李白**〉、〈冬日有懷**李白**〉、〈天末懷**李白**〉、任華的〈寄**李白**〉、白居易的〈**李白**墓〉、項斯的〈經**李白**墓〉、鄭穀的〈讀**李白**集〉、徐鉉的〈寄饒州王郎中效**李白**體〉、齊己的〈讀**李白**集〉、許宣平的〈見**李白**詩又吟〉、作者不詳的〈**李白**名許雲封謎〉

[33] 這兩片段分別來自羅隱的〈湘南春日懷古〉和〈寄南城韋逸人〉。

[34] 戴叔倫〈過賈誼宅〉

[35] 中國歷代人物傳記資料庫 <http://isites.harvard.edu/icb/icb.do?keyword=k35201> 是哈佛大學 Peter K. Bol (包弼德) 教授所主持的研究計畫所提供的開放資料庫。

個有趣的可能應用。我們以 128 位中唐詩人的七言作品當作基礎語料，嘗試回答填空式的對對聯問題。我們可以從網路上找到一些通俗的對聯資料[36]，下面是一道填空式的對對聯問題，空白底線之上需要填入適當文字。

上聯：楊柳染綠芳草地；下聯：__ __ 映紅豔陽天

在這一問題中，我們首先從唐詩的資料中找到與"楊柳"搭配的詞彙。主要的方法就是去找唐詩之中，用來與"楊柳"搭配或者對仗的詞彙，例如，「**楊柳**青青鳥亂吟，**春風**香靄洞房深」和「**故人**相憶僧來說，**楊柳**無風蟬滿枝」[37]。以這一個簡化的例子來說，我們先檢查"春風"和"故人"的平仄[38]是否和"楊柳"搭配，如果不能搭配，則會被排除。以此例來說"春風"和"故人"皆能和"楊柳"搭配，便再計算唐詩中"春風"和"故人"的頻率。然後推薦兩者頻率較高者。因此，推薦的下聯是「**春風**映紅豔陽天」。

以上的方法不見得可以在基礎語料之中找到所有的詞彙。中唐詩人的作品中，僅僅在「國泰事留侯，山春縱康樂」[39]提到"國泰"，可是這是一首五言作品，所以我們目前的推薦機制認定中唐詩人沒有用過"國泰"。因此，處理用到"國泰"的對聯時，我們先找到基礎語料中分別與"國"和"泰"對應的單一漢字群，例如"國"對應到{"青", "陽"}、"泰"對應到{"山", "春"}。然後把這一些漢字群組合成一些二字詞，得到"青山", "陽山" "青春", "陽春"。 我們同樣會檢查這一些候選項目的平仄，然後再在基礎語料之中計算這一些二字詞的頻率，選擇其中頻率最高者。因此在處理下面這一對聯時，我們會推薦「**青山**雨順頌年華」。

上聯：國泰民安達盛世；下聯：__ __ 雨順頌年華

以上這樣的對對聯的機制，並不如周明等學者所採用的機器翻譯機制複雜(Jiang and Zhou 2008, Zhou et al. 2009)，程序簡單許多，但有不同的成效，可以找到不同意境的建議詞彙。針對上面兩個例子來說，微軟亞洲研究院的「電腦對聯」系統，首選的推薦分別是「**畫眉**映紅豔陽天」和「**風調**雨順頌年華」[40]。這兩組對聯原本是分別用「**桃李**映紅豔陽天」和「**風調**雨順頌年華」。

以上面第一組對聯來說，我們所建議的「春風映紅豔陽天」和「電腦對聯」系統所建議的「畫眉映紅豔陽天」，各有自己可以想像的情境和缺點。「電腦對聯」系統是一個開發相當時日的系統，可以蒐集相當多的相關語料。"國泰民安"跟"風調雨順"是現代人常常用到的組合，而這樣的組合在唐詩之中並不會經常出現，所以光是靠唐詩的對仗頻率，不見得總是可以找到預想的組合。

改變基礎語料直接影響了詞彙頻率的計算基礎，因此也影響了所推薦的詞彙。如果我們改以盛唐詩人的作品作為基礎語料，則針對上面兩組對聯，我們的程式就會分別推薦「**長安**映紅豔陽天」和「**青春**雨順頌年華」，除了又是不同的想像意境之外，也反映了時代的背景。在唐代對上述的第一組對聯，使用"長安"或許比使用"桃李"要恰當。

[36] 對聯大全：http://duilian.51240.com/
[37] 分別出自沈宇的〈代閨人〉和賈島的〈酬姚合〉
[38] 元智大學羅鳳珠教授的網站：http://cls.hs.yzu.edu.tw/300/all/primary1/DET3.htm
[39] 盧綸〈奉陪侍中游石笥溪十二韻〉
[40] 微軟亞洲研究院的「電腦對聯」系統是提供多個有排序、可選擇的詞彙，並沒有直接建議特定詞彙。

7 唐詩作者

以電腦程式計算，在「文學 100」版本的《全唐詩》之中，合計收錄由 2517 位相異姓名的作者(包含“不詳”)；在「中國哲學書電子化計劃」版本的《全唐詩》之中，則表列 2523 位相異姓名的作者(包含“不詳”)。這一些作者數目比〈御製全唐詩序〉中所記錄的詩人人數還要多！

在「文學 100」版本的《全唐詩》之中，這些相異姓名有一些是在文字檔案中名字不全者，以第 204 卷中的〈懷素上人草書歌〉為例，有兩位可能的作者：在《全唐詩》中列為王顓作品，但是《御製全唐詩》注釋也說明可能是王邕的作品。在許多文字版本之中，過去因為沒有“顓”的電腦字形，所以就把“顓”以空白取代，產生了一位只是叫作“王”的作者。

另外有一些作品可能是以字號等的別名來記錄詩人。例如第 823 卷中的〈龍潭〉的作者是應物，在中唐詩人之中有一位韋應物，這兩人是否是同一人，需要一些考證的功夫。另外類似第 807 卷中的拾得和第 862 卷中的樵夫，這一些姓名是本名或者字號，也是需要求證的。

8 結語

我們利用語文分析工具從不同的角度分析了《全唐詩》的內容，以作為一些專業研究的基礎。我們透過觀察李白和杜甫筆下的“風”、“月”詞彙，來比較兩人的差異；也透過“白日”、“白髮”、“白雲”、“白頭”等許多白色詞彙來觀察多位詩人的風格。我們以分析詞彙的對仗、共現和一般搭配關係為出發點，進一步探討了唐代詩人運用顏色詞彙的一些現象。社會網路的分析讓我們有機會一窺唐代詩人的一些人際關係，而對對聯的應用則聯結了唐詩研究與現代生活。

在目前的工作中，我們明顯未能就唐詩之中的音韻面向進行深入分析。平仄押韻等相關的資訊，未能被完美處理會牽涉一些問題，例如、我們沒有能夠全面自動化地分辨古詩和近體詩。納入韻書的資訊是我們的當務之急。詩歌的情感分析需要對於文字有高度的敏感度，如果系統設計足夠細膩，電腦軟體還是有機會對於深度情感的分析有所貢獻(鄭永曉 2012)。

誌謝

本研究承蒙科技部人文及社會科學研究發展司數位人文專題計畫透過研究計畫 MOST-102-2420-H-004-054-MY2 與之補助，謹此致謝。由於論文頁數的限制，我們僅能在口頭報告時回應評審先進的寶貴問題和建議。

參考文獻

李璋質 (2009) 《晚唐「溫李」作品對南朝宮體詩之承傳與創變》，國立中央大學，中國文學系，碩士論文；指導教授：王力堅。

胡俊峰及俞士汶 (2001) 唐宋诗之计算机辅助深层研究，《北京大学学报(自然科学版)》，37(5): 725–733。
張尚斌 (2006) 詞夾子演算法在專有名詞辨識上的應用-以歷史文件為例，國立臺灣大學，資訊工程學系，碩士論文；指導教授：項潔。
項潔及涂豐恩 (2011)〈導論—什麼是數位人文〉，《從保存到創造：開啟數位人文研究》，項潔編，9–28，臺北：國立臺灣大學出版中心。
蔣紹愚 (2003) 李白杜甫詩中的"月"和"風"- 電腦如何用於古典詩詞鑒賞，《第一屆文學與資訊科技 國際會議論文集》。
鄭文惠、劉昭麟、許筑婷及邱偉雲 (2015) 情感現象學與色彩政治學：中唐詩歌白色抒情系譜的數位人文研究，*第六屆數位典藏與數位人文國際研討會論文集*。
鄭永曉 (2012) 情感計算應用於古典詩詞研究芻議，《科研信息化技術與應用》，3(4):59–66。
羅鳳珠、李元萍及曹偉政 (1997) 古詩詞研究的電腦支援環境的實現。*中文資訊學報*，1: 27-36
羅鳳珠 (2000) 台灣地區中國古籍文獻資料數位化的過程與未來的發展方向，《五十年來台灣人文學術研究叢書 ---- 文獻學與圖書資訊學》，臺北：學生書局。<http://cls.hs.yzu.edu.tw/present/tarcf.htm>
羅鳳珠 (2005) 詩詞語言詞彙切分與語意分類標記之系統設計與應用，《第四屆數位典藏技術研討會論文集》。
羅鳳珠 (2008) 植基於中國詩詞語言特性所建構之語意概念分類體系研究，《第九屆海峽兩岸圖書資訊學學術研討會論文集》。
Chang, Ru-Yng, Chu-Ren Huang, Feng-Ju Lo and Sueming Chang (2005) From general ontology to specialized ontology: A study based on a single author historical corpus, *Proc. of the Workshop on Ontologies and Lexical Resources*, 16–21.
Chen, Jack Wei (2010) *The Poetics of Sovereignty: On Emperor Taizong of the Tang Dynasty*, Harvard University Asia Center, 2010.
Chien, Lee-Feng (1997) PAT-tree-based keyword extraction for Chinese information retrieval, *Proc. of the 20th Annual Int'l ACM SIGIR Conf. on Research and Development in Information Retrieval*, 50–58.
Fang, Alex Chengyu, Fengju Lo, and Cheuk Kit Chinn (2009) Adapting NLP and corpus analysis techniques to structured imagery analysis in classical Chinese poetry, *Proc. of the Workshop on Adaptation of Language Resource and Technology to New Domains*, 27–34.
Firth, John Rupert (1957) A synopsis of linguistic theory 1930–1955, *Studies in Linguistic Analysis*, 1–32.
Harris, Zellig (1954) Distributional structure, *Word*, 10(2-3):1456–1162.
Huang, Chu-Ren (2004) Text-based construction and comparison of domain ontology: A study based on classical poetry, *Proc. of the 18th Pacific Asia Conf. on Language, Information and Computation*, 17–20.
Jiang, Long and Ming Zhou (2008) Generating Chinese couplets using a statistical MT approach, *Proc. of the 22nd Int'l Conf. on Computational Linguistics*, 377–384.
Lee, John (2012) A classical Chinese corpus with nested part-of-speech tags, *Proc. of the 6th EACL Workshop on Language Technology for Cultural Heritage, Social Sciences, and Humanities*, 75–84.
Lee, John, Ying Cheuk Hui, Yin Hei Kong (2013) Treebanking for data-driven research in the classroom, *Proc. of the 4th Workshop on Teaching Natural Language Processing*, 56–60.
Lee, John and Yin Hei Kong (2012) A dependency treebank of classical Chinese poems, *Proc. of the 2012 Conf. of the North Chapter of the Association for Computational Linguistics: Human Language Technologies*, 191–199.
Lee, John and Tak-sum Wong (2012) Glimpses of ancient China from classical Chinese poems, *Proc. of the 24th Int'l Conf. on Computational Linguistics*, posters, 621–632.
Liu, Chao-Lin, Hongsu Wang, Wen-Huei Cheng, Chu-Ting Hsu, and Wei-Yun Chiu (2015) Textual analysis of complete Tang poems for discoveries and applications: styles, colors, and social networks, *Proc. of the 29th Pacific Asia Conf. on Language, Information and Computation*.
Miller, George and Walter Charles (1991) Contextual correlates of semantic similarity, *Language and Cognitive Processes*, 6:1–28.
Voigt, Rob and Dan Jurafsky (2013) Tradition and modernity in 20th century Chinese poetry, *Proc. of the 2nd Workshop on Computational Linguistics for Literature*, 17–22.

Zhou, Ming, Long Jiang, and Jing He (2009) Generating Chinese couplets and quatrain using a statistical approach, *Proc. of the 23rd Pacific Asia Conf. on Language, Information and Computation*, 43–52.

表六、《全唐詩》中 13 位詩人所使用的白

比率 A		8.96	18.41	9.73	46.65	23.83	12.55	26.94	15.67	18.80	17.37	15.19	16.30	10.48
比率 B		1.87	5.72	1.80	5.92	2.13	4.66	7.94	1.99	2.28	7.19	4.54	3.70	3.23
詞頻	**詞彙**	**孟浩然**	**孟郊**	**李商隱**	**李白**	**李賀**	**杜牧**	**杜甫**	**溫庭筠**	**王維**	**白居易**	**許渾**	**賈島**	**韓愈**
217	白日	**0.75**	4.73	**1.62**	6.92	**2.98**	**1.01**	**2.42**	0.00	**1.14**	**2.04**	**1.18**	**2.22**	3.23
164	**白髮**	**1.12**	**3.73**	**0.54**	**2.34**	**1.28**	**1.62**	**1.99**	0.00	**0.85**	2.50	**1.58**	**2.22**	**0.54**
158	白雲	2.99	**1.99**	**0.54**	**3.79**	0.85	**1.42**	0.86	0.28	7.41	0.95	2.96	4.44	0.27
149	**白頭**	0.00	0.75	**0.72**	0.67	0.43	2.23	**3.37**	**1.14**	0.57	**2.23**	**2.37**	0.49	**1.61**
86	**白首**	**0.75**	**1.00**	0.18	1.56	0.43	0.20	**1.99**	**0.85**	**0.85**	**1.02**	0.59	0.25	**0.81**
74	白玉	0.00	0.50	2.34	**3.01**	0.85	**0.81**	0.60	0.00	**0.85**	0.53	0.20	0.00	0.27
74	白馬	0.37	0.50	0.00	**2.34**	4.68	0.00	1.38	2.85	**0.85**	0.30	0.39	0.00	0.00
63	白雪	0.37	0.25	0.36	**2.34**	0.00	0.40	1.04	0.28	0.00	0.68	**0.79**	0.00	0.27
59	白帝	0.00	0.00	0.18	1.00	0.43	0.00	3.54	0.28	0.00	0.08	0.39	0.00	**0.54**
58	白露	0.00	0.50	0.18	1.56	0.43	0.00	0.86	0.28	0.28	0.79	0.39	**0.99**	0.27
54	白石	0.00	**1.00**	**0.90**	1.12	0.43	0.00	0.26	0.57	0.57	0.68	0.20	**1.23**	**0.81**
38	白蘋	0.37	0.75	0.18	0.22	**1.28**	0.20	0.52	2.85	0.00	0.30	0.20	0.00	0.54
32	白水	0.00	0.25	0.00	0.89	**1.28**	0.00	1.12	0.00	0.57	0.08	0.39	0.00	0.27
31	**白鬚**	0.00	0.00	0.18	0.11	0.00	0.20	0.00	0.00	0.00	**0.98**	0.00	0.49	0.00
30	白鷺	0.00	0.25	0.00	1.79	0.00	0.40	0.26	0.00	0.85	0.15	0.00	0.25	0.00
25	白壁	0.37	0.25	0.18	1.79	0.85	0.40	0.00	0.28	0.00	0.00	0.00	0.25	0.00
23	白楊	0.00	0.00	0.36	1.12	0.00	0.00	0.26	0.00	0.00	0.26	0.20	0.00	0.00
22	白蓮	0.00	0.00	0.00	0.00	0.00	0.40	0.00	0.57	0.00	0.61	0.39	0.00	0.00
21	白羽	0.37	0.25	0.00	0.67	0.00	0.20	0.52	0.28	0.85	0.08	0.00	0.00	0.00
21	**白骨**	0.00	0.25	0.18	1.23	0.00	0.00	0.60	0.00	0.00	0.00	0.00	0.00	0.27
19	白鷗	0.00	0.00	0.00	0.78	0.00	0.20	0.69	0.00	0.00	0.11	0.00	0.00	0.00
19	白屋	0.00	0.25	0.18	0.00	0.43	0.20	0.86	0.00	0.00	0.11	0.20	0.25	0.00
19	白鶴	0.37	0.25	0.00	0.33	0.00	0.00	0.43	0.00	0.57	0.15	0.39	0.00	0.27
19	素琴	0.00	0.00	0.18	0.78	0.00	0.00	0.00	0.57	0.28	0.19	0.39	0.25	0.00
19	素手	0.00	0.00	0.00	1.56	0.00	0.00	0.00	0.85	0.00	0.04	0.20	0.00	0.00
18	白浪	0.37	0.00	0.00	0.56	0.00	0.00	0.17	0.00	0.00	0.23	0.20	0.74	0.00
17	白衣	0.00	0.00	0.18	0.22	0.00	0.00	0.17	0.00	0.57	0.19	0.20	**0.99**	0.00
16	白鹿	0.00	0.00	0.00	0.89	1.28	0.20	0.09	0.00	0.00	0.11	0.00	0.00	0.00
15	白波	0.00	0.25	0.00	0.78	0.43	0.00	0.09	0.00	0.00	0.08	0.59	0.00	0.00
15	**白髭**	0.00	0.00	0.00	0.00	0.00	0.40	0.00	0.00	0.00	0.45	0.00	0.25	0.00
15	皓齒	0.00	0.00	0.00	0.78	0.85	0.00	0.26	**0.85**	0.00	0.00	0.00	0.00	0.00
14	白沙	0.00	0.00	0.00	0.33	0.00	0.20	0.43	0.00	0.57	0.11	0.00	0.00	0.00
14	白鳥	0.00	0.00	0.18	0.00	0.00	0.61	0.35	0.28	0.28	0.08	0.00	0.49	0.00
14	白花	0.00	0.00	0.00	0.22	0.00	0.40	0.26	0.57	0.00	0.15	0.00	0.00	0.27
12	白社	0.75	0.00	0.18	0.00	0.00	0.20	0.00	0.57	0.28	0.08	0.39	0.25	0.00
12	白龍	0.00	0.25	0.00	0.89	0.00	0.00	0.00	0.28	0.00	0.08	0.00	0.00	0.00
12	白紵	0.00	0.00	0.18	0.89	0.00	0.00	0.00	0.28	0.28	0.04	0.00	0.00	0.00
12	白晝	0.00	0.00	0.00	0.11	1.70	0.20	0.09	0.00	0.00	0.15	0.20	0.00	0.00
11	白如	0.00	0.00	0.00	0.33	0.43	0.20	0.00	0.57	0.00	0.11	0.00	0.00	0.27
11	素書	0.00	0.00	0.00	0.33	0.43	0.00	0.26	0.00	0.00	0.08	0.20	0.25	0.00
10	素月	0.00	0.25	0.00	0.56	0.43	0.00	0.26	0.00	0.00	0.00	0.00	0.00	0.00
10	白魚	0.00	0.00	0.00	0.00	1.28	0.00	0.52	0.00	0.00	0.04	0.00	0.00	0.00
10	白刃	0.00	0.25	0.00	0.56	0.00	0.00	0.26	0.00	0.00	0.04	0.00	0.00	0.00
10	素絲	0.00	0.00	0.00	0.33	0.43	0.00	0.17	0.28	0.28	0.08	0.00	0.00	0.00
10	白家	0.00	0.00	0.00	0.00	0.00	0.00	0.00	0.00	0.00	0.38	0.00	0.00	0.00
10	白猿	0.00	0.00	0.00	0.89	0.00	0.20	0.00	0.00	0.00	0.04	0.00	0.00	0.00

The 2015 Conference on Computational Linguistics and Speech Processing
ROCLING 2015, pp. 58-63

Designing a Tag-Based Statistical Math Word Problem Solver with Reasoning and Explanation

Yi-Chung Lin (lyc), Chao-Chun Liang (ccliang), Kuang-Yi Hsu (ianhsu), Chien-Tsung Huang (joecth), Shen-Yun Miao (jackymiu), Wei-Yun Ma (ma), Lun-Wei Ku (lwku), Churn-Jung Liau (liaucj), and Keh-Yih Su (kysu@iis.sinica.edu.tw)

Institute of Information Science[1], Academia Sinica

Extended Abstract:

Background

Since *Big Data* mainly aims to explore the correlation between surface features but not their underlying causality relationship, the *Big Mechanism*[2] program has been proposed by DARPA to find out "why" behind the "Big Data". However, the pre-requisite for it is that the machine can read each document and learn its associated knowledge, which is the task of *Machine Reading* (MR). Since a domain-independent MR system is complicated and difficult to build, the math word problem (MWP) [1] is frequently chosen as the first test case to study MR (as it usually uses less complicated syntax and requires less amount of domain knowledge).

According to the framework for making the decision while there are several candidates, previous MWP algebra solvers can be classified into: (1) Rule-based approaches with logic inference [2-7], which apply rules to get the answer (via identifying entities, quantities, operations, etc.) with a logic inference engine. (2) Rule-based approaches without logic inference [8-13], which apply rules to get the answer without a logic inference engine. (3) Statistics-based approaches [14, 15], which use statistical models to identify entities, quantities, operations, and get the answer. To our knowledge, all the statistics-based approaches do not adopt logic inference.

The main problem of the rule-based approaches mentioned above is that the coverage rate problem is serious, as rules with wide coverage are difficult and expensive to construct. Also, since they adopt Go/No-Go approach (unlike statistical approaches which can adopt a large Top-N to have high including rates), the error accumulation problem would be severe. On the other hand, the main problem of those approaches without adopting logic inference is that they usually need to implement a new handling procedure for each new type of problems (as the general logic inference mechanism is not adopted). Also, as there is no inference engine to generate the *reasoning chain* [16], additional effort would be required for

[1] 128 Academia Road, Section 2, Nankang, Taipei 11529, Taiwan

[2] http://www.darpa.mil/Our_Work/I2O/Programs/Big_Mechanism.aspx

generating the explanation.

To avoid the problems mentioned above, a *tag-based statistical framework* which is able to perform understanding and *reasoning with logic inference* is proposed in this paper. It analyzes the body and question texts into their associated tag-based[3] logic forms, and then performs inference on them. Comparing to those rule-based approaches, the proposed statistical approach alleviates the ambiguity resolution problem, and the tag-based approach also provides the flexibility of handling various kinds of possible questions with the same body logic form. On the other hand, comparing to those approaches not adopting logic inference, the proposed approach is more robust to the irrelevant information and could more accurately provide the answer. Furthermore, with the given reasoning chain, the explanation could be more easily generated.

Proposed Framework

The main contributions of our work are: (1) proposing a tag-based logic representation such that the system is more robust to the irrelevant information and could provide the answer more precisely; (2) proposing a unified statistical framework for performing reasoning from the given text.

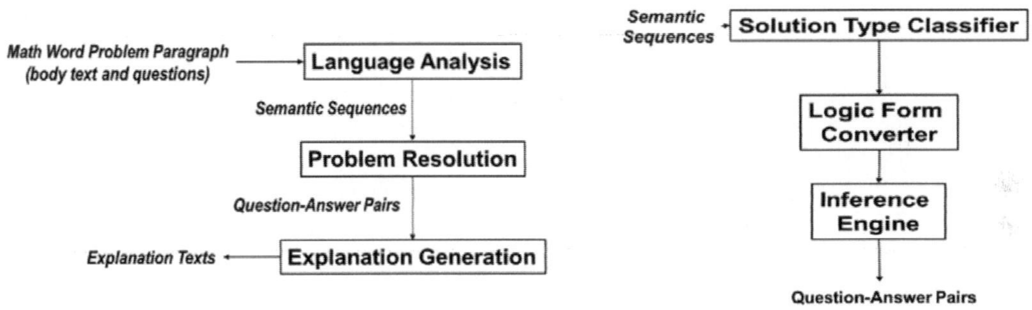

(a) Math Word Problem Solver Diagram (b) Problem Resolution Diagram

Figure 1. The block diagram of the proposed Math Word Problem Solver.

The block diagram of the proposed MWP solver is shown in Figure 1. First, every sentence in the MWP, including both body text and the question text, is analyzed by the *Language Analysis* module, which transforms each sentence into its corresponding semantic representation tree. The sequence of semantic representation trees is then sent to the *Problem Resolution* module, which adopts the logic inference approach to obtain the answer for each question. Finally, the *Explanation Generation* (EG) module will explain how the answer is

[3] The associated *modifiers* in the logic form (such as verb(q1,進貨), agent(q1,文具店), head($n1_p$,筆), color($n1_p$,紅), color($n2_p$,藍) in the example of the next page) are regarded as various *tags* (or conditions) for selecting the appropriate information related to the question specified later.

obtained (in natural language text) according to the given reasoning chain.

As the figure depicted, the Problem Resolution module in our system consists of three components: *Solution Type Classifier* (TC), *Logic Form Converter* (LFC) and *Inference Engine* (IE). TC suggests a way to solve the problem for every question in an MWP. In order to perform logic inference, the LFC first extracts the related facts from the given semantic representation tree and then represents them as *First Order Logic* (FOL) *predicates/functions* [16]. It also transforms each question into an FOL-like utility function according to the assigned solution type. Finally, according to inference rules, the IE derives new facts from the old ones provided by the LFC. Besides, it is also responsible for providing utilities to perform math operations on related facts.

Take the MWP "文具店進貨 2361 枝紅筆和 1587 枝藍筆 (A stationer bought 2361 red pens and 1587 blue pens), 文具店共進貨幾枝筆 (How many pens did the stationer buy)?" as an example. Figure 2 shows the *Semantic Representation* of this example.

```
{進貨.buy|買:
    agent={文具店},
    theme={和.and(
        {筆.PenInk|筆墨:
            quantity={2361},
            color={紅.red|紅}
        },
        {筆.PenInk|筆墨:
            quantity={1587},
            color={藍.blue|藍}
        }
    )},
}
```

Figure 2 (a)

```
{進貨.buy|買:
    agent={文具店},
    共.quantity={all|全},
    theme={筆.PenInk|筆墨:
        幾.quantity={Ques|疑問}
    },
}
```

Figure 2 (b)

Figure 2. Semantic Representation of (a)"文具店進貨 2361 枝紅筆和 1587 枝藍筆 (A stationer bought 2361 red pens and 1587 blue pens), (b)文具店共進貨幾枝筆 (How many pens did the stationer buy)?"

Based on the semantic representation given above, the TC will assign the operation type "Sum" to it. The LFC will then extract the following two facts from the first sentence:

quan(q1,枝,$n1_p$)=2361&verb(q1,進貨)&agent(q1,文具店)&head($n1_p$,筆)&color($n1_p$,紅)

quan(q2,枝,$n2_p$)=1587&verb(q2,進貨)&agent(q2,文具店)&head($n2_p$,筆)&color($n2_p$,藍)

The quantity-fact "2361 枝紅筆 (2361 red pens)" is represented by "quan(q1,枝,$n1_p$)=2361", where the argument "$n1_p$"[4] denotes "紅筆 (red pens)" due to the facts "head($n1_p$,筆)" and "color($n1_p$,紅)". Likewise, the quantity-fact "1587 枝藍筆 (1587 blue pens)" is represented by "quan(q2,枝,$n2_p$)=1587". The LFC also issues the utility call "ASK Sum(quan(?q,枝,筆),verb(?q,進貨)&agent(?q,文具店))" (based on the assigned solution type) for the question. Finally, the IE will select out two quantity-facts "quan(q1,枝,$n1_p$)=2361" and "quan(q2,枝,$n2_p$)=1587", and then perform "Sum" operation on them to obtain "3948".

If the question in the above example is "文具店共進貨幾枝紅筆 (How many red pens did the stationer buy)?", the LFC will generate the following facts and utility call for this new question:

head($n3_p$,筆)&color($n3_p$,紅)

ASK Sum(quan(?q,枝,$n3_p$),verb(?q,進貨)&agent(?q,文具店))

As the result, the IE will only select the quantity-fact "quan(q1,枝,$n1_p$)=2361", because the modifier in QLF (i.e., "color($n3_p$,紅)") cannot match the associated modifier "藍 (blue)" (i.e., "color($n2_p$,藍)") of "quan(q2,枝,$n2_p$)=1587". After performing "Sum" operation on it, we thus obtain the answer "2361". (We will skip EG due to space limitation. Please refer to [17] for the details).

Preliminary Results

Currently, we have completed all the associated modules (including Word Segmenter, Syntactic Parser, Semantic Composer, TC, LFC, IE, and EG), and have manually annotated 75 samples (in our elementary school math corpus) as the seed corpus (with syntactic tree, semantic tree, logic form, and reasoning chain annotated). Besides, we have cleaned the original elementary school math corpus and encoded it into the appropriate XML format. There are total 23,493 problems divided into six grades; and the average number of words of the body text is 18.2 per problem. Table 3 shows the statistics of the converted corpus.

We have completed a prototype system and have tested it on the seed corpus. The success of our pilot run has demonstrated the feasibility of the proposed approach. We plan to use the next few months to perform *weakly supervised learning* [18] and fine tune the system.

[4] The subscript "p" in "$n1_p$" indicates that "$n1_p$" is a *pseudo* nonterminal derived from the nonterminal "n1", which has four terminals "2361", "枝", "紅" and "筆". More details about pseudo nonterminal will be given at Section 2.3.

Table 1. MWP corpus statistics and Average length per problem

Corpus	Num. of problems
Training Set	20,093
Develop Set	1,700
Test Set	1,700
Total	23,493

MWP corpus statistics

Corpus	Avg. Chinese Chars.	Avg. Chinese Words
Body	27	18.2
Question	9.4	6.8

Average length per problem

References

[1] A. Mukherjee, U. Garain, *A review of methods for automatic understanding of natural language mathematical problems*, Artif Intell Rev, (2008).

[2] D.G. Bobrow, *Natural language input for a computer problem solving system*, Ph.D. Dissertation, Massachusetts Institute of Technology, (1964).

[3] J.R. Slagle, *Experiments with a deductive question-answering program*, J-CACM 8(1965) 792-798.

[4] E. Charniak, *CARPS, a program which solves calculus word problems*, Report MAC-TR-51, Project MAC, MIT, (1968).

[5] E. Charniak, *Computer solution of calculus word problems*, In Proc. of International Joint Conference on Artificial Intelligence, (1969).

[6] D. Dellarosa, *A computer simulation of children's arithmetic word-problem solving*, Behavior Research Methods, Instraments, & Computers, 18 (1986) 147-154.

[7] Y. Bakman, *Robust Understanding of Word Problems With Extraneous Information*, (2007 Jan).

[8] J.P. Gelb, *Experiments with a natural language problem solving system*, In Pros. of IJCAI-71, (1971).

[9] B. Ballard, A. Biermann, *PROGRAMMING IN NATURAL LANGUAGE : "NLC" AS A PROTOTYPE*, ACM-Webinar, (1979).

[10] A.W. Biermann, B.W. Ballard, *Toward Natural Language Computation* American Journal of Computational Linguistic, 6 (1980 April-June).

[11] A. Biermann, R. Rodman, B. Ballard, T. Betancourt, G. Bilbro, H. Deas, L. Fineman, P. Fink, K. Gilbert, D. Gregory, F. Heidlage, *INTERACTIVE NATURAL LANGUAGE PROBLEM SOLVING:A PRAGMATIC APPROACH* In Pros. of the first conference on applied natural language processing, (1982).

[12] C.R. Fletcher, *COMPUTER SIMULATION - Understanding and solving arithmetic word problems: A computer simulation*, Behavior Research Methods, Instruments, & Computers, 17 (1985) 565-571.

[13] M.J. Hosseini, H. Hajishirzi, O. Etzioni, N. Kushman, *Learning to Solve Arithmetic Word Problems with Verb Categorization*, EMNLP, (2014).

[14] N. Kushman, Y. Artzi, L. Zettlemoyer, R. Barzilay, *Learning to Automatically Solve Algebra Word Problems*, ACL, (2014).

[15] S.I. Roy, T.J.H. Vieira, D.I. Roth, *Reasoning about Quantities in Natural Language*, TACL, 3 (2015) 1-13.

[16] S.J. Russell, *Artificial Intelligence : A Modern Approach (3e)* (2009).

[17] C.T. Huang, Y.C. Lin, K.Y. Su, *Explanation Generation for a Math Word Problem Solver*, to be published at International Journal of Computational Linguistics and Chinese Language Processing (IJCLCLP), (2016).

[18] Y. Artzi, L. Zettlemoyer, *Weakly supervised learning of semantic parsers for mapping instructions to actions*, Transactions of the Association for Computational Linguistics, 1 (2013) 49-62.

The 2015 Conference on Computational Linguistics and Speech Processing
ROCLING 2015, pp. 64-70

Explanation Generation for a Math Word Problem Solver

Chien-Tsung Huang (joecth@iis.sinica.edu.tw), Yi-Chung Lin (lyc@iis.sinica.edu.tw) and Keh-Yih Su (kysu@iis.sinica.edu.tw)

Institute of Information Science[1], Academia Sinica

Extended Abstract:

Background

Machine Reading (MR) aims to make the knowledge contained in the text available in forms that machines can use them for automated processing. That is, machines will learn to read from a few examples and they will read to learn what they need in order to answer questions or perform some reasoning task [1]. Since a domain-independent MR system is difficult to build, the *Math Word Problem* (MWP) [2] is frequently chosen as the first test case to study MR. The main reason for that is that MWP not only has less complicated syntax but also requires less amount of domain knowledge.

The architecture of our proposed approach [3] is shown in Figure 1. First, every sentence in the MWP, including both body text and the question text, is analyzed by the *Language Analysis* module, which transforms each sentence into its corresponding *semantic representation tree*. The sequence of semantic representation trees is then sent to the *Problem Resolution* module, which adopts logic inference approach, to obtain the answer of each question in the MWP. Finally, the *Explanation Generation* (EG) module will explain how the answer is found (in natural language text) according to the given *reasoning chain* [4] (which includes all related logic statements and inference steps to reach the answer).

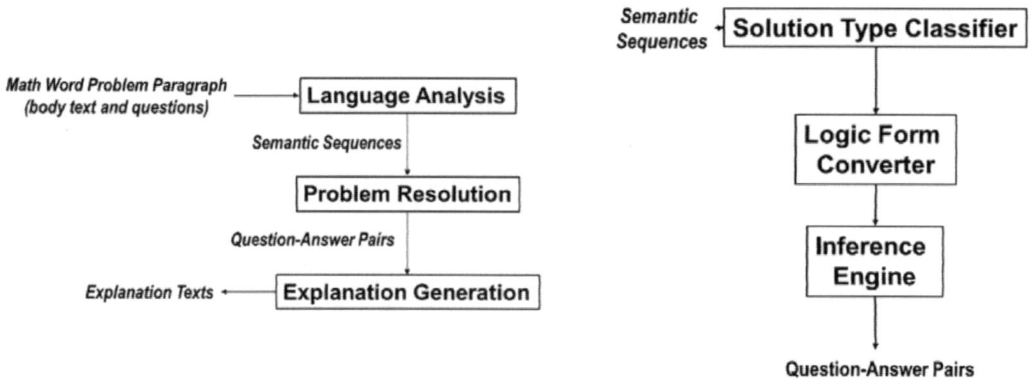

(a) Math Word Problem Solver Diagram (b) Problem Resolution Diagram

Figure 1. The block diagram of the proposed Math Word Problem Solver.

[1] 128 Academia Road, Section 2, Nankang, Taipei 11529, Taiwan

As depicted in Figure 1(b), the Problem Resolution module in the proposed system consists of three components: *Solution Type Classifier* (TC), *Logic Form Converter* (LFC) and *Inference Engine* (IE). TC is responsible to assign a math operation type for every question of the MWP. In order to perform logic inference, the LFC first extracts the related facts from the given semantic representation tree and then represents them in *First Order Logic* (FOL) *predicates/functions* form [4]. In addition, it is also responsible for transforming every question into an FOL-like utility function according to the assigned solution type. Finally, according to inference rules, the IE derives new facts from the old ones provided by the LFC. Additionally, it is also responsible for providing utilities to perform math operations on related facts.

Besides understanding the given text and then performing inference on it, a very desirable characteristic of a MWP solver (also a MR system) is being able to explain how the answer is obtained in a human comprehensible way. This task is done by the *Explanation Generator* (EG) module, which is responsible to explaining the associated reasoning steps in fluent natural language from the given reasoning chain. In other words, explanation generation is the process of constructing natural language outputs from a non-linguistic input, and is a task of *Natural Language Generation* (NLG).

Various applications of NLG (such as weather report) have been proposed before [5-11]. However, to the best of our knowledge, none of them discusses how to generate the explanation for WMP, which possesses some special characteristics (e.g., math operation[2] oriented description) that are not shared with other tasks. This paper therefore proposes a *math operation oriented approach* to explain how the answer is obtained in solving math word problems.

Proposed Methods

Based on the reasoning chain given by the IE [3], we first search each math operator involved. For each math operator, we generate one sentence. Since explaining math operation does not require complicated syntax, we adopt a specific template to generate the text for each kind of math operator. To the best of our knowledge, this is the first explanation generation that is specifically tailored to the math word problem.

Figure 2 shows the block diagram of our proposed EG. First, the IE generates the answer and its associated reasoning chain for the given math problem. To ease the operation of the EG, we first convert the given reasoning chain into its corresponding *Explanation Tree* (shown at Figure 4) to center around each operator appearing in solving the MWP (which would be convenient to perform sentence segmentation later). Afterwards, the Explanation Tree will be fed into the *Discourse Planner*. The last stage is the *Function Word Insertion & Ordering Module*, which inserts the necessary functional words to the segmented sentences

[2] Where math operations include Sum, Addition, Subtraction, Multiplication, Division, etc.

(resulted from Discourse Planner) and generates the explanation texts according to the selected template (based on the operator encountered).

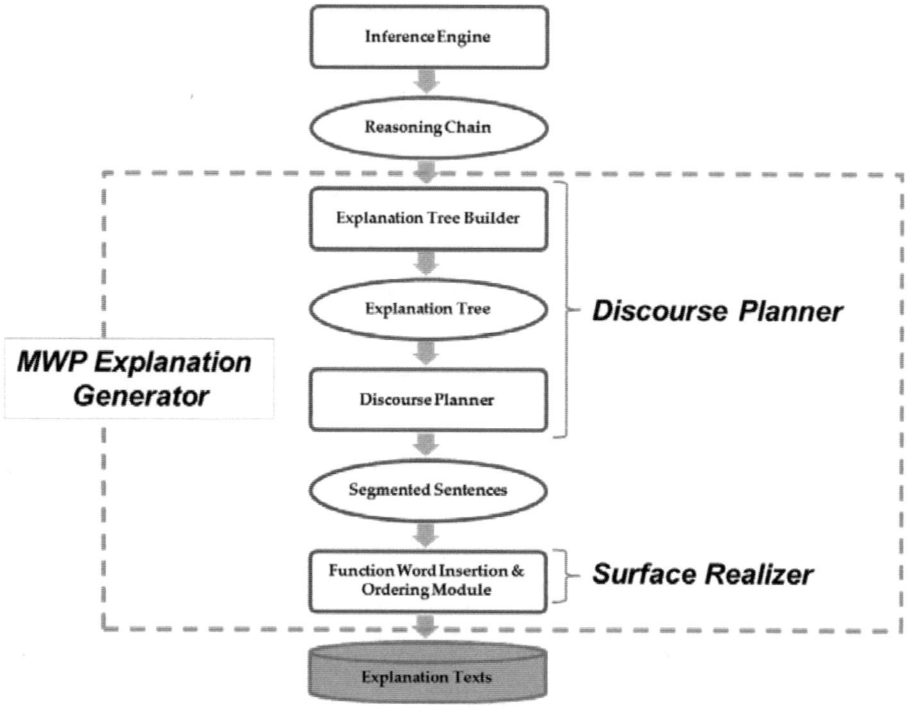

Figure 2. Block Diagram of the proposed MWP Explanation Generator

Following example demonstrates how the framework works. And Figure 3(a) reveals more details for each part illustrated in Figure 2.

[Sample-1] 阿志買一臺冰箱和一臺電視機，付 2 疊一萬元鈔票、6 張千元鈔票和 13 張百元鈔票，阿志共付了幾元？

(A-Zhi bought a refrigerator and a TV, paid 2 piles of ten-thousand-dollar bill, six thousand-dollar bill and 13 hundred-dollar bill. How many dollars did A-Zhi totally pay?)

Facts Generation in Figure 3(a) shows how the body text is transformed into meaningful logic facts to perform inference. In math problems, the facts are mostly related to quantities. The generated facts are either the quantities explicitly appearing in the sentence text or the implicit quantities deduced by the IE. Those generated facts are linked together within the reasoning chain constructed by the IE as shown in Figure 3(b). Within this framework, the discourse planner is responsible for selecting the associated content for each sentence to be generated. Figure 3(c) shows how the contents in the Explanation Tree are used as fillers to fill in the template slots for generating the explanation sentences.

A typical reasoning chain, represented with an Explanation Tree structure, is shown at Figure 4. The *operator-node* (OP_node) layers and *quantity-node* (Quan_node) layers are interleaved within the Explanation Tree, and serve as the input to OP Oriented Algorithm in Discourse Planner.

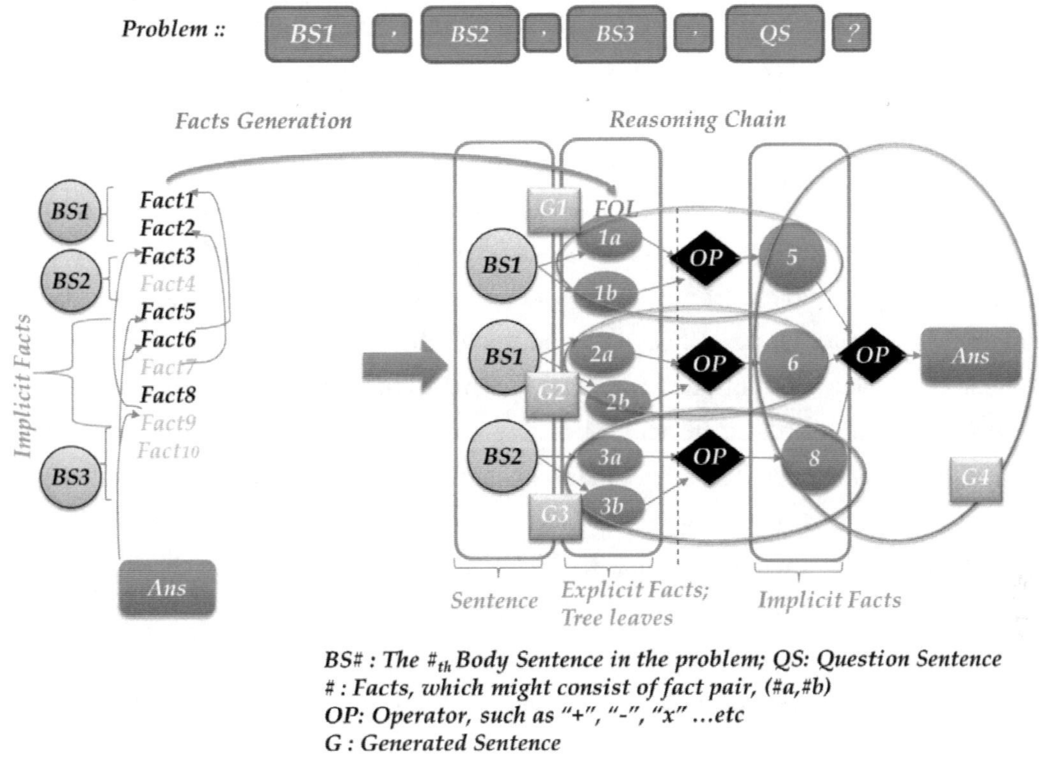

(a) Facts Generation (b) Reasoning Chain

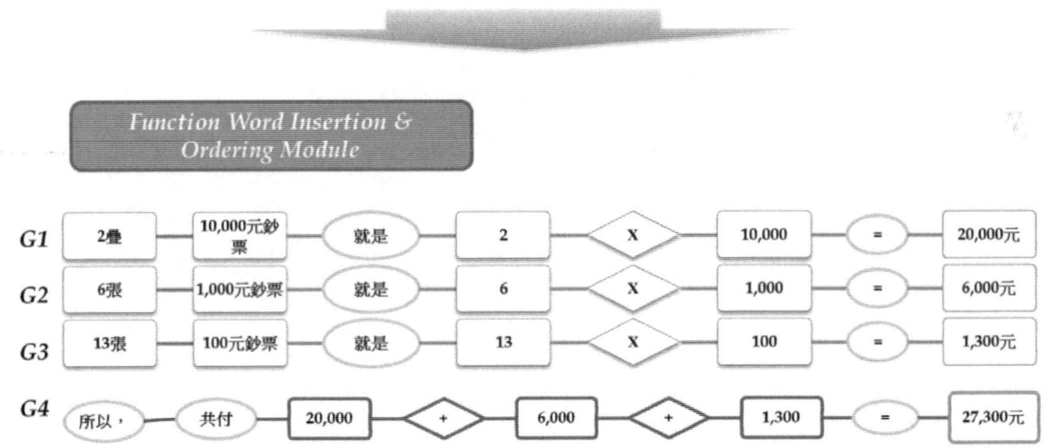

(c) Function Word Insertion & Ordering Module, serving as the Surface Realizer. It shows how surface realization is done with non-slot fillers (circled by ellipses) and slot-fillers (the diamond shape is for operators, and the rectangle one is for quantities).

Figure 3. (a) Facts Generated from the Body Text. (b) The associated Reasoning Chain, where "G#" shows the facts grouped within the same sentence. (c) Explanation texts generated by the *Function Word Insertion & Ordering Module* for this example (labeled as G1~G4). Except those ellipses which symbolize non-slot fillers, other shapes denote slot-fillers. Furthermore, Diamond symbolizes OP_node while Rectangle symbolizes Quan_node.

Also, as shown at Figure 3(b), the *(#a, #b)* pair denotes facts derived from the body sentences. The *OP* means the operator used to deduce implicit facts and represented as non-leaf circle nodes. Each "*G?*" expresses a sentence to be generated. Given the reasoning chain, the first step is to decide how many sentences will be generated, which corresponds to the *Discourse Planning* phase [12] of the traditional NLG task. Currently, we will generate one sentence for each operator shown in the reasoning chain. For the above example, since there are four operators (three IE-Multiplication[3] and one LFC-Sum in Figure 4), we will have four corresponding sentences; and the associated nodes (i.e., content) are circled by "*G?*" for each sentence in the figure.

Furthermore, Figure 4 shows that three sets of facts are originated from the 2nd body sentence (indicated by three *S2* nodes). Each set contains a corresponding quantity-fact (e.g., *q1*(疊), *q2*(元), and *q3*(張)) and its associated object (e.g., *n1*, *n2*, and *n3*). For example, the first set (the left most one) contains *q1*(疊) (for "2 疊") and *n1* (for "一萬元鈔票"). This figure also shows that the outputs of three IE-Multiplication operators (i.e., "20,000 元", "6,000 元", and "1,300 元") will be fed into the last LFC-Sum to get the final desired result "27,300 元" (denoted by the "Ans(SUM)" node in the figure).

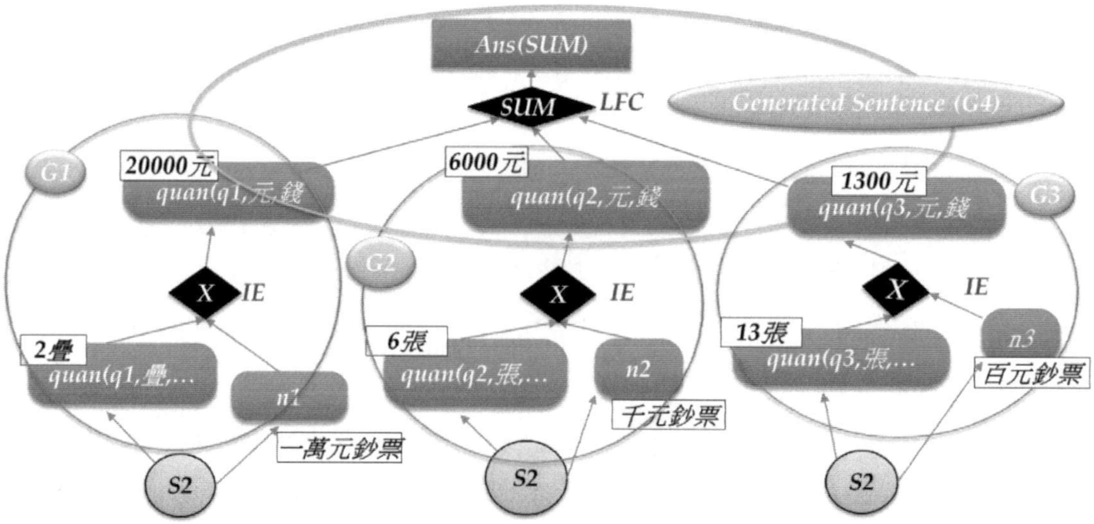

Figure 4. Explanation Tree for Discourse Planning, where *S2* means the facts from the 2nd body sentence.

[3] Prefixes "IE-" and "LFC-" denote that those operators is issued by IE and LFC, respectively.

Our EG of the MWP solver is able to explain how the answer is resulted in a human comprehensible way, where the related reasoning steps can be systemically accomplished from the giving reasoning chain according to the specified template.

The main contributions of this paper are shown as follows,

1. *The Explanation Tree is introduced for facilitating the discourse planning on MWP.*
2. *An operator oriented algorithm is proposed to segment the Explanation Tree into various sentences, which makes our Discourse Planner universal for math word problems regardless of the language adopted.*
3. *We propose using operator-based templates to generate the natural language text for explaining the associated math operation.*

Admittedly, the work related to multi-template per operator can be further explored after examining more cases. In this case, a statistical model would be required to select the most appropriate template for each given operation..

References

[1] S. Strassel, D. Adams, H. Goldberg, J. Herr, R. Keesing, D. Oblinger, H. Simpson, R. Schrag, J. Wright, *The DARPA Machine Reading Program - Encouraging Linguistic and Reasoning Research with a Series of Reading Tasks*, LREC, (2010).

[2] A. Mukherjee, U. Garain, *A review of methods for automatic understanding of natural language mathematical problems*, Artif Intell Rev, (2008).

[3] Y.C. Lin, C.C. Liang, K.Y. Hsu, C.T. Huang, S.Y. Miao, W.Y. Ma, L.W. Ku, C.J. Liau, K.Y. Su, *Designing a Tag-Based Statistical Math Word Problem Solver with Reasoning and Explanation*, to be published at International Journal of Computational Linguistics and Chinese Language Processing (IJCLCLP), (2016).

[4] S.J. Russell, *Artificial Intelligence : A Modern Approach (3e)* (2009).

[5] M.A.K. Halliday, *An Introduction to Functional Grammar.*, Edward Arnold, London, (1985b).

[6] E. Goldberg, N. Driedger, R. Kittredge, *Using natural-language processing to produce weather forecasts*, IEEE Expert, 9 (1994) 45-53.

[7] C. Paris, K. Vander Linden, *Drafter: An interactive support tool for writing multilingual instructions*, IEEE Computer, 29 (1996) 49-56.

[8] M. Milosavljevic, *Content selection in comparison generation*, In Proceedings of the 6th European Workshop on Natural Language Generation, Duisburg, Germany, (1997 March) 72-81.

[9] C. Paris, K. Vander Linden, S. Lu, *Automatic document creation from software specifications*, Proceedings of the 3rd Australian Document Computing Symposium (ADCS-98), (1998) 26-31.

[10] J. Coch, *Interactive generation and knowledge administration in MultiM´et´eo*, In

Proceedings of the Ninth International Workshop on Natural Language Generation, (1998 Aug).

[11] E. Reiter, R. Robertson, L. Osman, *Types of knowledge required to personalise smoking cessation letters*, In Proceedings of the Joint European Conference on Artificial Intelligence in Medicine and Medical Decision Making. Springer-Verlag, (1999).

[12] D. Jurafsky, J.H. Martin, *Speech and Language Processing*, Chapter 20, Prentice Hall, Englewood Cliffs, New Jersey (2000).

The 2015 Conference on Computational Linguistics and Speech Processing
ROCLING 2015, pp. 71-86

可讀性預測於中小學國語文教科書及優良課外讀物之研究

A Study of Readability Prediction on Elementary and Secondary Chinese Textbooks and Excellent Extracurricular Reading Materials

劉憶年　Yi-Nian Liu
國立臺灣師範大學資訊工程學系
60247056s@ntnu.edu.tw

陳冠宇　Kuan-Yu Chen
中央研究院資訊科學研究所
kychen@iis.sinica.edu.tw

曾厚強　Ho-Chiang Tseng
國立臺灣師範大學資訊工程學系
ouartz99@gmail.com

陳柏琳　Berlin Chen
國立臺灣師範大學資訊工程學系
berlin@ntnu.edu.tw

摘要

可讀性（Readability）是指閱讀材料能夠被讀者理解的程度。可讀性高的文章較容易被讀者理解。文章的可讀性與很多因素有關，如：文長、字詞難度、句法結構、內容是否符合讀者的先備知識等，然而表淺的語言特徵無法反映這些複雜的成分。本論文以先前的研究為基礎，更深入的探討不同種類的特徵，包括句法分析（Syntactic Analysis）、詞性標記（Part-of-Speech, POS）、詞表示法（Word Embedding）、語意資訊（Semantic Information）與寫作程度（Well-written）等特徵，分析比對不同類型的特徵與可讀性高低的關聯性。實驗資料分為二部分：其一為中小學國語文教科書，選自 98 年度台灣三大出版社所出版的 1~9 年級（共 18 冊）審定版國中小國語文教科書；其二為優良課外讀物，選自文化部歷屆「中小學生優良課外讀物」獲選書籍。本論文嘗試透過逐步迴歸與支持向量機等兩種方式建立可讀性模型，比較兩者之效能優劣；最後，再將兩者加以結合，以提升預測之正確率。實驗結果顯示，本論文所提出的可讀性特徵相較於傳統所使用的表淺特徵，在文本難易度評估的任務中，能有顯著的效能提升。

關鍵詞：可讀性、文本特徵、逐步迴歸、支持向量機

Abstract

Readability is basically concerned with readers' comprehension of given textual materials: the higher the readability of a document, the easier the document can be understood. It may be affected by various factors, such as document length, word difficulty, sentence structure and whether the content of a document meets the prior knowledge of a reader or not. However, simple surface linguistic features cannot always account for these factors in an appropriate manner. To cater for this, we explore in this study a variety of extra features, including syntactic analysis, parts of speech, word embedding, semantic role features and well-written features. The experimental datasets are composed of two parts: one is textbooks of the Chinese language for elementary and junior high schools (K1 to K9) in Taiwan, compiled from three publishers in the academic year of 2009; the other is excellent extracurricular reading materials for students of elementary and junior high schools, collected by the Ministry of Culture in Taiwan. Two readability prediction models, viz. stepwise regression and support vector machine, are evaluated and compared, while the combination of these two models is also investigated so as to further enhance the accuracy of readability prediction. Experimental results reveal that our proposed approach can yield consistently better performance than traditional ones merely with simple surface linguistic features in evaluating text difficulty.

Keywords: Readability, Textual Features, Stepwise Regression, Support Vector Machine

一、 緒論

可讀性（readability）是指閱讀材料能夠被讀者理解的程度[1]。可讀性高的文章較容易被讀者理解。文章的可讀性與很多因素有關，如：文長、字詞難度、句法結構、內容是否符合讀者的先備知識等，然而表淺的語言特徵並無法完全反映這些複雜的成分。英文文本的可讀性研究行之有年，或以詞彙頻率列表，評量文章難度、或將詞表作為參照，建置可讀性公式、或發展線上多文本特徵分析器[2]，計算影響文章難易度的各類型指標，並提供數值化的結果；中文的可讀性研究則屈指可數，或選用表淺的語言特徵建置可讀性公式[3, 4]，或將可讀性指標等當成預測變項，以教科書的年級值當成效標，透過逐步迴歸（Stepwise Regression）建置公式、或結合特徵選取方法與支援向量機（Support Vector Machine, SVM）建立預測模型預測文本等級[1]。可讀性研究除了傳統的語言特徵，心理學上的因素亦是值得考量之因素[5]。可讀性較高的文章除了能讓讀者較容易理解外，亦應有較高的趣味性，增強閱讀印象，加快閱讀速度，令讀者有意願持續閱讀，進而達成如輔助教學、文本推薦等特定目標。文本可讀性預測可依據讀者提供合適的文本閱讀，以提高其理解程度，進而培養從小閱讀的習慣。而可讀性預測的特徵仍有許多探討空間，結合不同模型以提高預測正確性亦為一研究面向。現今資訊來源多元，非傳統文字文件，如圖片、音訊、影片等，皆可成為接收新知的管道，故其可讀性預測亦是未來研究趨勢。然而因多媒體文本所包含的內容形式與純文字文本之特性差異甚大，如何結合既有概念以探討新興領域之可讀性，所面臨之挑戰將更加艱困。

由於中英文字在語言特徵上的差異極大，過去西方研究者在可讀性研究所採用的特徵，是否適合中文可讀性評估有待商榷[1]。有鑑於可讀性研究的重要性，以及可能發展的多元應用，本論文提出使用句法分析（Syntactic Analysis）、詞性標記（Part-of-Speech, POS）、詞表示法（Word Embedding）、語意資訊（Semantic Information）與寫作程度（Well-written）等特徵，分析不同類型的特徵所代表之意義，比對各類特徵與可讀性高低的關聯性，並將特徵彼此結合以提升可讀性預測之正確性。藉由這些特徵，本論文透過逐步迴歸與支持向量機等兩種方式建立可讀性模型，比較兩者用於測試國中小教科書及優良課外讀物之效能優劣，並期望找出可讀性分類之重要因素。

本論文的後續安排如下：第二節說明可讀性的基本概念、回顧可讀性的歷史與公式、分析可讀性的模型、探討可讀性的發展趨勢、介紹可讀性的應用層面。第三節除解釋先前研究的特徵外，亦分別論述本論文所使用的各類特徵。第四節為實驗資料與實驗結果的呈現。第五節為全文總結與未來研究展望。

二、 文獻探討

(一)、可讀性基本概念介紹

可讀性是指閱讀材料能夠被讀者理解的程度（Dale & Chall, 1949; Klare, 1963, 2000; McLaughlin, 1969）。Klare（1984）認為可讀性的定義為：易識別性

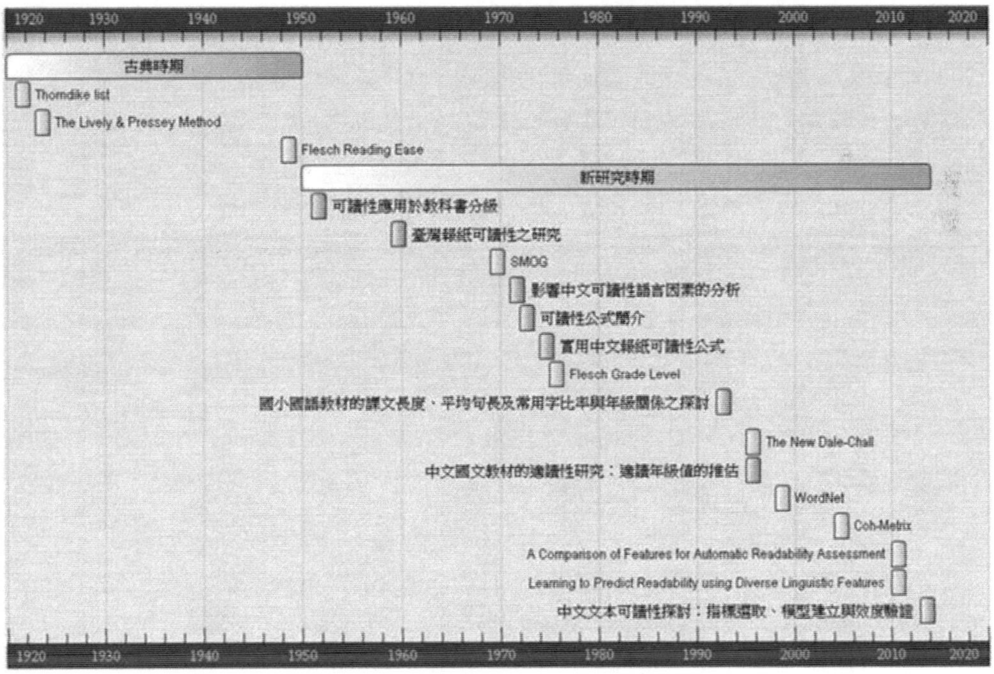

圖一、可讀性研究發展歷史

（Legibility）、易閱讀性（Ease of Reading）、易理解性（Ease of Understanding）等任何一種關於材料的特徵。可讀性的概念中，易理解性是在閱讀領域中比較通用的用法[1]。

語言專家藉由不斷修正而得出的「可讀性公式」來計算可讀性的分數，並將這些公式廣泛應用於對文本與讀者群體的閱讀水準加以匹配，然而可讀性公式無法準確反映文本難度，只是給出一個「不錯的粗略估計」[6]。

(二)、可讀性之歷史與公式

西方可讀性研究行之有年，早於 1950 年代時可讀性公式已百家爭鳴，近年來更嘗試探討與文本更相關的凝聚性指標，及各指標間的關係；中文的可讀性研究相對而言則屈指可數，早期僅運用表淺指標，發展一系列中文適讀性公式，近期則有將小學教科書進行可讀性分類之探討[1]。可讀性研究概略發展歷史可參照圖一。西方可讀性研究以發展測量公式為大宗，然而侷限於技術僅納入文本的表淺語言特徵。第一個可讀性公式 The Lively & Pressey Method 利用詞表當成參照，篩選出不同等級難度的詞彙當成文章難度指標，對後來的可讀性研究有重大的影響。另外也有不少的可讀性公式將詞長與句長當成難度指標，納入可讀性公式之計算。由表一可以看出可讀性公式著重於利用如詞彙與句長等淺顯的語言特徵作為指標，有學者因此認為以這些語言特徵預測文本可讀性，並沒有強而有力的證據。

公式名稱	計算公式	採用指標
Flesch Reading Ease（Flesch, 1948）	Reading ease = 206.876 - (1.015 × 平均句長) - (84.6 × 平均音節數)	句長、音節數
New Reading Ease（Flesch, 1951）	Reading ease = 1.599 × 每百詞之單音節詞比率 - 1.015 × 每句平均詞數 - 31.517	單音節數、詞數
Gunning FOG（Gunning, 1952）	Grade level = 0.4 × (平均句長 + 100 × $\frac{\text{難詞}}{\text{總詞數}}$)	句長、難詞比率
Spache（Spache, 1953）	Grade level = 0.839 + (0.086 × 難詞百分比) + (0.141 × 平均句長)	句長、難詞比率
Powers-Summer-Kearl（Power et al., 1958）	Grade Level = -2.2029 + 0.0778 × 平均句長 + 0.455 × 音節數 Reading Age = -2.7971 + 0.0778 × 平均句長 + 0.455 × 音節數	句長、音節數
Fry Graph（Fry, 1968）	計算 3 篇 100 詞文章的平均句數與音節數；將數值在 Fry Graph 中做記號找出閱讀年級	句數、音節數
SMOG（McLaughlin, 1969）	SMOG Grade = 1.0430 × $\sqrt{\text{三音節以上的詞數} \times (\frac{30}{2}) + 3.1291}$ + 3.1291)	多音節詞數、句數

FORCAST (Caylor et al., 1973)	Grade Level = 20 - $(\frac{單音節的詞數}{10})$ Reading Age = 25 - $(\frac{單音節的詞數}{10})$ years → 150 詞 Reading Age = 25 - $(\frac{單音節的詞數}{6.67})$ years → 100 詞	音節數
Flesch Grade Level (Kincaid et al., 1975)	Grade Level = -15.59 + (0.39 × 平均句長) + (11.8 × 平均音節數)	句長、音節數
The New Dale-Chall (Chall and Dale, 1995)	Grade Level = (0.1579 × $\frac{難詞}{總詞數}$) + (0.0496 × 平均句長) + 3.6365	難詞比率、句長

表一、西方常見的可讀性公式與採用指標

中文可讀性研究以迴歸分析法發展可讀性公式，將可讀性指標逐一刪去，最後只留下少數影響最大的指標。另外，亦有研究使用支援向量機建置之模型來預估文章適合閱讀的年級（宋曜廷等人，2013）。由表二則可看出研究者多採用較為表淺之指標建立公式。因此，傳統中文可讀性研究，在指標的選取上與拼音文字系統常見的指標並無顯著差異。

公式名稱	計算式	採用指標
Yang（1970）	年級 ＝0.1788 × 筆劃數超過 10 劃百分比 ＋ 0.1432 × 平均句長 ＋0.6375 × 難字百分比	筆劃、難字比率、句長
	學期 ＝14.95961 + 39.07746 × 詞彙數 - 2.48491 × 平均筆劃數 ＋1.11506 × 句數	詞彙數、句數、筆劃數
陳世敏（1970）	年級 ＝ （每句平均字數 ＋ 難字數） × 0.7	句長、難字數
荊溪昱（1992）	年級 ＝5.43035627 + 0.00657347 × 課文長度 ＋ 0.02443016 × 平均句長 - 5.56746245 × 常用字比率 ＋1.38315091 × 詩歌體 - 1.07299966 × 對白文體	課文長度、句長、常用字比率、文體
荊溪昱（1995）	年級 ＝8.76105604 + 0.00272438 × 課文長度 ＋ 0.07866782 × 平均句長 - 8.9311010 × 常用字比率 ＋0.42920182 × 詩歌體 ＋3.23677141 × 文言文體	課文長度、句長、常用字比率、文體
宋曜廷等人（2013）	年級 ＝4.53 + 0.01 × 難詞數 － 0.86 × 單句數比率 － 1.45 × 實詞頻對數平均 ＋0.02 × 人稱代名詞數	難詞數、單句數比率、實詞頻對數平均、人稱代名詞數

表二、中文常見的可讀性公式與採用指標

(三)、可讀性模型分析比較

傳統可讀性公式多為線性迴歸模型，納入不同的特徵為自變項，估算文章難度，或提供公式估算文本適合閱讀的年級。迴歸分析（Regression Analysis）是一種統計學上分析數據的方法，目的在於了解兩個或多個變數間是否相關，並建立數學模型以便觀察特定變數來預測研究者感興趣的變數[7]。更明確地，迴歸分析是利用依變數 Y 與自變數 X 之間的關係所建立的模型，期望找出一條最能夠代表所有觀測資料的函數（迴歸估計式）[7]。而多元迴歸即為探討一個依變數和多個自變數間的關係，如：$Y = \beta_0 + \beta_1 X_1 + \beta_2 X_2 + \ldots + \beta_n X_n$，其中 β_0 為常數，$\beta_1, \ldots, \beta_n$ 為迴歸係數[8]。

近年來，許多研究開始將可讀性議題視為一種機械學習的問題。藉由抽取自文本的各類可讀性特徵，透過支援向量機建立預測模型後，就可用於預測測試資料集文件之可讀性。支援向量機將原始資料轉換到更高的維度，利用在訓練資料集中所謂的小樣本資料（Support Vectors）找到超平面，用以分類資料[1]。支援向量機主要是在尋找具有最大邊界的超平面，因為其具有較高的分類準確性[9]。目前支援向量機相關研究常使用由台大林智仁教授所開發的 LIBSVM[10]開放原始碼軟體為工具，經由準備資料集、訓練模型、預測新資料所屬之類別等步驟，得到測試之準確率。

(四)、可讀性近來研究趨勢

隨著技術的進步，納入更多複雜的可讀性指標變得可行。Graesser 等人為了改良傳統教科書的寫作方式，並提供符合學生閱讀能力的教材，發展了線上多文本特徵分析器（Coh-Metrix）[2, 11]，可抽取多項文本特徵。

「中文文本自動化分析系統」[12]為 Coh-Metrix 之中文版本，由國立臺中教育大學教育測驗統計研究所與特殊教育學系合作，參考 Coh-Metrix 分析建置的指標應用於中文領域，結合中文詞彙與文章之特性，發展中文文本自動化分析指標，以幫助使用者分析文章的特性作為讀本選擇之參考。

許多研究亦嘗試根據認知理論來分析文本的難度，積極探討與文本更相關的進階指標，並發展新的方式自動化地處理文本，像 WordNet(Fellbaum, 1998)[13]，即分析詞、句子、段落及篇章等較大範圍的文本多層次之凝聚特性與文章難度的關係[1]。相較於 WordNet，中文亦有類似的詞庫。中文詞彙網路(Chinese Wordnet)計畫（黃居仁、謝舒凱，2010）[14]，目的是在提供完整的中文詞義（Sense）區分與詞彙語意關係知識庫。

三、 特徵探討

(一)、基礎特徵

本研究以〈中文文本可讀性探討：指標選取、模型建立與效度驗證〉[1]中之指標為基礎，且經由宋曜廷等人發展的文本可讀性指標自動分析化系統

（Chinese Readability Index Explorer, CRIE）[15]擷取文章可讀性指標的數值。其所包括的指標請參閱表三。其中負向連接詞如「然」、「卻」、「否則」等。

上述特徵為參考中西方文獻回顧，所發展適合中文特性的可讀性指標。然而其所包含之深層類型指標仍較為稀少，故本研究以此為基礎，另外結合其他指標，以期達到考慮文本難易度更深層次因素之目的。

(二)、句法分析與詞性特徵

此節探討由 Feng 等人[16]所提出的句法分析（Syntactic Analysis）特徵及詞性標記（Part-of-Speech, POS）特徵。其所包括的指標請參閱表四。

語法（Gram-mar）是語言單位的結構規則；也可以說：語法是詞、詞組、子句、句子的結構和運用法則[17]。語法特性只有分析句子含意時才得以揭露，因此句法分析就顯得相當重要。

詞性是以個別詞彙為對象，根據其語法作用，兼顧其意義，所分類得到的結果[18]。由於中文語法特性的緣故，同一詞彙可能有不同詞性，如「縱橫交錯」與「稍縱即逝」中的「縱」字因詞性不同，其意義也不同，故此種情況容易造成理解上的困難。

類別	指標編號與指標名稱	定義
詞彙類指標		
詞彙數量	1. 字數	加總文章中的字數
	2. 詞數	計算文章中的詞數
詞彙豐富性	3. 相異詞數比率	相異詞數除以詞總數
	4. 實詞密度	實詞總數除以詞總數
詞彙頻率	5. 實詞頻對數平均	計算文章的實詞在整個資料集出現的頻率取對數後平均
	6. 難詞數	加總文章中不在常用詞表的詞數
詞彙長度	7. 低筆劃字元數	加總文章中筆劃數介於 1~10 筆劃的字元數
	8. 中筆劃字元數	加總文章中筆劃數介於 11~20 筆劃的字元數
	9. 高筆劃字元數	加總文章中筆劃數介於 21 筆劃以上的字元數
	10. 字元平均筆畫數	計算文章中的字元平均筆劃數
	11. 二字詞數	加總文章中的二字元詞
	12. 三字詞數	加總文章中的三字元詞

語意類指標	13. 實詞數	加總文章中的實詞數
	14. 否定詞	加總文章中的否定詞數
	15. 複雜語意類別句子數	加總文章中複雜語意句數
句法類指標	16. 句平均詞數	詞數除以句數
	17. 單句數比率	計算文章中的單句數比例
	18. 名詞片語修飾語數	計算文章中名詞片語的修飾語平均數
	19. 名詞片語比率	計算文章中每句中名詞片語數與詞數比之平均
文章凝聚性指標		
指稱詞	20. 代名詞數	加總文章中的代名詞
	21. 人稱代名詞數	加總文章中的人稱代名詞
連接詞	22. 連接詞數	加總文章中的連接詞
	23. 正向連接詞數	加總文章中的正向連接詞
	24. 負向連接詞數	加總文章中的負向連接詞

表三、本研究採用之基礎特徵名稱與定義

類別	指標編號與指標名稱
Parsed Syntactic Features	1. Number of the NPs
	2. Number of NPs per sentence
	3. Number of the VPs
	4. Number of VPs per sentence
	5. Number of non-terminal nodes per parse tree
POS-based Features	6. Fraction of tokens labeled as noun
	7. Fraction of tokens labeled as preposition
	8. Number of noun tokens per sentence
	9. Number of preposition tokens per sentence

表四、本研究採用之句法分析與詞性特徵名稱與定義

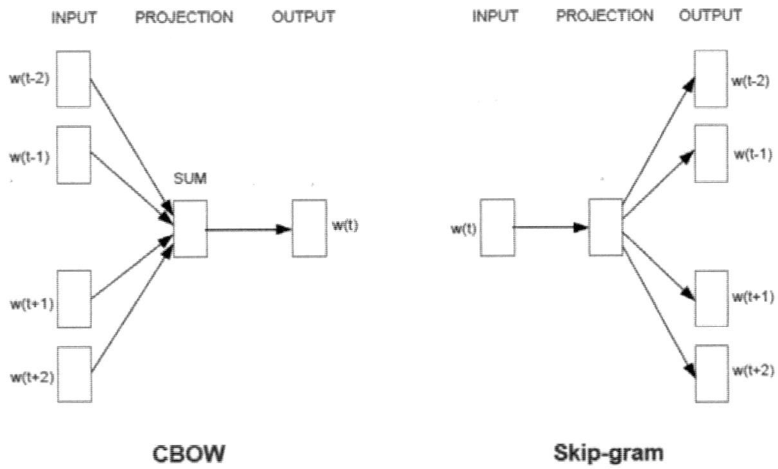

圖二、CBOW 與 Skip-gram 模型示意圖[21]

(三)、表示法特徵

要將自然語言的問題轉變成為機器學習的問題，首先便須把這些符號數學化。傳統的做法為把每個詞表示成一個很長的向量，向量的維度是全部詞的數目，其中除了該詞的維度值為 1，其餘皆為 0，這個向量就代表了當前的詞（One-hot Representation）[19]。

深度學習（Deep Learning）領域中則利用分散式表示法（Distributed Representation）的方式，將每一個詞以一個低維度的實數向量表示之，稱為詞表示法（Word Representation or Word Embedding）[19]。此表示法向量中各維度皆有值，因此讓兩個意思相近的詞在向量空間上的距離縮短。

Google 在 2013 年公開的 Word2Vec 工具[20]，即是用於求取詞向量表示法。常見的詞向量表示法模型有兩種：連續型詞袋模型（Continuous Bag-of-Words, CBOW）與跳躍式模型（Skip-gram）。連續型詞袋模型的訓練目標是給定一個詞的上下文，以預測這個詞出現的機率；在跳躍式模型中，訓練目標則是給定一個詞，預測其上下文中的詞。由於許多研究指出跳躍式模型的效果較佳，故本研究利用跳躍式模型訓練詞向量表示法及詞性向量表示法作為特徵。

(四)、語意資訊特徵

本研究參考〈句結構樹中的語意角色〉[22]中之語意角色為指標，並利用中研院之中文剖析系統將文章進行語意角色的擷取。其所包括的指標請參閱表五。

(五)、寫作程度特徵

此節探討由 Louis 等人[23]所提出的優良寫作概念（Great Writing），並將其應用於可讀性研究。其所包括的指標請參閱表六。其中 Visual nature of articles 類別是經由將 ESP Game Dataset 英文標記資料，隨機抽取五十個單字並轉譯成中文作為描述生動的詞彙。

類別	指標編號與指標名稱
修飾物體名詞	1. apposition
	2. possessor
	3. predicator
	4. property
	5. quantifier
修飾事件動詞	6. companion
	7. comparison
	8. goal
	9. topic
	10. addition
	11. alternative
	12. complement
	13. conclusion
	14. contrast
	15. reason

表五、本研究採用之語意資訊特徵名稱與定義

類別	指標編號與指標名稱
Visual nature of articles	ESP Game Dataset（指標 1-50）
Beautiful language	自行蒐集之優美詞彙及成語（指標 51-100）
Affective content	台灣地區華人情緒與相關心理生理資料庫—中文情緒詞常模研究[24]（指標 101-150）

表六、本研究採用之寫作程度特徵名稱與定義

四、 實驗設置與結果

(一)、實驗資料

中小學國語文教科書選自 98 年度台灣 H、K、N 三大出版社所出版的 1~9 年級（共 18 冊）審定版國中小國語文教科書。各版本在各年級的文章數詳見表七。優良課外讀物選自文化部歷屆「中小學生優良課外讀物」獲選書籍[25]，以書單中標示之適讀年齡為分類正確答案。各級別的文章數詳見表八。

(二)、實驗設定

以下兩節實驗各分為兩部份：第一部份實驗以逐步迴歸方式，以年級當成效標變項，24 個中文可讀性指標為預測變項，以 SPSS 22.0 軟體建立可讀性數學模型計算各篇課文可讀性分數，以預測其屬於哪個年級。第二部份實驗中運用支援向量機學習並預測資料類別。

(三)、國語文教科書實驗

$$\text{年級} = 11.701 - 5.362 \times \text{領域實詞頻對數平均} + 0.176 \times \text{負向連接詞數} + 0.167 \times \text{句平均詞數} + 0.024 \times \text{代名詞數} \quad (1)$$

式(1)為國語文教科書之迴歸公式。在此先比較以不同區間劃定年級值之預測正確性，結果如表九所示。其中之 0.0 意指若逐步迴歸之分數為 0~1 間即定為 1；0.1 意指若逐步迴歸之分數為 0.1~1.1 間即定為 1，依此類推。由表九得知以 0.9~1.9 為區間劃分正確率最高，故以此測試文章所屬年級的正確性，預測結果如表十所示。由表十可看出以三至六年級之預測正確性較高，且各年級分類結果皆偏向較低年級，尤以七至九年級最為明顯，造成此結果的原因可能為所使用的特徵較為表淺，對國小高年級與國中文章差異不大，故無法有效分類較高年級之文本。

年級 / 出版社	一	二	三	四	五	六	七	八	九	總數
H	22	28	28	28	33	27	31	32	23	252
K	22	28	28	29	36	27	28	29	25	252
N	20	28	24	29	30	29	31	30	24	245
總數	64	84	80	86	99	83	90	91	72	749

表七、國語文教科書各年級文章數

低年級	中年級	高年級	國中	總數
20	20	20	20	80

表八、優良課外讀物各級別文章數

區間	0.0	0.1	0.2	0.3	0.4	0.5	0.6	0.7	0.8	0.9	1
正確性	21%	22%	23%	24%	26%	26%	26%	27%	28%	**32%**	31%

表九、逐步迴歸分數以不同區間劃分所預測之文章年級結果

預測年級 / 正確年級	一	二	三	四	五	六	七	八	九	正確性（%）
一	4	8	6	0	1	1	0	0	0	20.00%
二	2	10	9	6	1	0	0	0	0	35.71%
三	0	0	11	5	8	0	0	0	0	45.83%
四	0	0	3	14	9	0	2	1	0	**48.28%**
五	0	0	2	6	9	11	2	0	0	30.00%
六	0	0	2	4	9	11	2	1	0	37.93%

七	0	0	1	3	9	9	8	0	1	25.81%
八	0	0	1	2	5	9	10	3	0	10.00%
九	0	0	0	2	5	5	6	4	2	8.33%

表十、逐步迴歸預測文章年級結果

實驗	使用特徵	正確性（%）
1	基礎特徵	48.57%
2	句法分析與詞性特徵	42.04%
3	詞表示法 256 維	**53.88%**
4	詞表示法 512 維	50.20%
5	詞表示法 1024 維	53.47%
6	詞性表示法 256 維	34.69%
7	詞性表示法 512 維	31.02%
8	詞性表示法 1024 維	31.84%
9	語意資訊特徵	37.96%
10	寫作程度特徵	11.84%

表十一、支援向量機使用各特徵預測文章年級之結果

接著，我們探討使用支援向量機的預測效能，各組實驗設定與結果如表十一所示。上述各項特徵中以 256 維的詞向量表示法效果最佳，且使用詞向量表示法當作特徵測試時，結果皆優於基礎實驗（即實驗 1），原因為其將詞的上下文代表該詞，故當詞用法接近時，表示法也會相似，而年級層越接近時，某詞之用法應較為類似。寫作程度特徵之測試結果取決於其中所使用之各項指標，故須考慮更能區別年級層之詞彙。

最後，我們嘗試比較與結合支援向量機與逐步迴歸模型，其實驗設定與結果如表十二所示。實驗 1 採用與逐步迴歸模型相同特徵，相較之下，支援向量機模型的正確率提升 2%，可見其預測效能較好，然因特徵較少，正確性依然不高。但當使用的特徵數目增多，正確率大多時候也會相對提升，唯實驗 3 退步不少幅度，其原因可能為如名詞片語（NP）、動詞片語（VP）、名詞（N）、介係詞（Prep.）等指標在小學高年級與國中之文本中差異並不明顯。

(四)、優良課外讀物實驗

$$\textit{年級} = 1.871 + 0.052 \times \textit{負向連接詞數} \quad (2)$$

式(2)為優良課外讀物之迴歸公式。同樣地，在此先比較以不同區間劃定年級值之預測正確性。結果如表十三所示。由實驗結果可知，以 1.0~2.0 為區間劃分正確率最高，故以此測試文章所屬年級的正確性，預測結果如表十四所示。由表十四可看出以中年級之預測正確性最高，其結果與國語文教科書實驗一致。

接著，我們探討使用支援向量機的預測效能，各組實驗設定與結果如表十五所示。實驗結果與國語文教科書實驗結果呈現相同趨勢，唯其年級層劃分較少，

故正確性相對較高。同樣地，我們嘗試比較與結合支援向量機與逐步迴歸模型，其實驗設定與結果如表十六所示。

實驗	使用特徵	正確性
1	領域實詞頻對數平均 ＋ 負向連接詞數 ＋ 句平均詞數 ＋ 代名詞數	33.47%
2	基礎特徵 ＋ 逐步迴歸分數	49.80%
3	基礎特徵 ＋ 逐步迴歸分數 ＋ 句法分析與詞性特徵	43.67%
4	基礎特徵 ＋ 逐步迴歸分數 ＋ 句法分析與詞性特徵 ＋ 詞表示法 256 維	53.47%
5	基礎特徵 ＋ 逐步迴歸分數 ＋ 句法分析與詞性特徵 ＋ 詞表示法 256 維 ＋ 詞性表示法 256 維	53.88%
6	基礎特徵 ＋ 逐步迴歸分數 ＋ 詞表示法 256 維 ＋ 詞性表示法 256 維 ＋ 語意資訊特徵	56.33%
7	基礎特徵 ＋ 逐步迴歸分數 ＋ 詞表示法 256 維 ＋ 詞性表示法 256 維 ＋ 語意資訊特徵 ＋ 寫作程度特徵	53.06%

表十二、支援向量機結合各式特徵與逐步迴歸分數於預測文章年級結果

區間	0.0	0.1	0.2	0.3	0.4	0.5	0.6	0.7	0.8	0.9	1
正確性	25%	24%	26%	31%	31%	28%	29%	28%	29%	36%	**38%**

表十三、逐步迴歸分數以不同區間劃分所預測之文章年級結果

預測年級 / 原始年級	低年級	中年級	高年級	國中	正確性
低年級	4	6	0	0	40%
中年級	2	8	0	0	**80%**
高年級	2	8	0	0	0%
國中	0	8	1	1	10%

表十四、逐步迴歸預測文章年級結果

實驗	使用特徵	正確性（%）
1	基礎特徵	40.00%
2	句法分析與詞性特徵	42.50%
3	詞表示法 256 維	42.50%
4	詞表示法 512 維	45.00%

5	詞表示法 1024 維	**47.50%**
6	詞性表示法 256 維	45.00%
7	詞性表示法 512 維	40.00%
8	詞性表示法 1024 維	37.50%
9	語意資訊特徵	**47.50%**
10	寫作程度特徵	25.00%

表十五、SVM 使用各特徵預測文章年級結果

實驗	使用特徵	正確性（%）
1	負向連接詞數	40.00%
2	基礎特徵 ＋ 逐步迴歸分數	37.50%
3	基礎特徵 ＋ 逐步迴歸分數 ＋ 句法分析與詞性特徵	37.50%
4	基礎特徵 ＋ 逐步迴歸分數 ＋ 句法分析與詞性特徵 ＋ 詞表示法 1024 維	52.50%
5	基礎特徵 ＋ 逐步迴歸分數 ＋ 句法分析與詞性特徵 ＋ 詞表示法 1024 維 ＋ 詞性表示法 256 維	52.50%
6	基礎特徵 ＋ 逐步迴歸分數 ＋ 詞表示法 1024 維 ＋ 詞性表示法 256 維 ＋ 語意資訊特徵	55.00%
7	基礎特徵 ＋ 逐步迴歸分數 ＋ 詞表示法 1024 維 ＋ 詞性表示法 256 維 ＋ 語意資訊特徵 ＋ 寫作程度特徵	52.50%

表十六、SVM 結合各特徵預測文章年級結果

五、 結論與未來展望

本論文提出句法分析與詞性、詞表示法、語意資訊、寫作程度等特徵用於文本可讀性預測，並將特徵彼此結合以提升預測之正確性。亦分別透過逐步迴歸與支持向量機等兩種方式建立可讀性模型，比較兩者個別用於測試國中小教科書及優良課外讀物之效能優劣。從實驗比較中可以發現，使用的指標數目越多時，預測正確率通常較高，故盡可能的採計多種特徵是顯而易見的策略。

未來研究方向將利用特徵抽取等工具達到增加指標多樣性的目的。而若能找出對於不同年齡層皆具影響力的指標，將可提升預測高年級文本的正確率。此外，可讀性研究仍有許多可以應用之處，如輔助第二語言學習者、有閱讀障礙之讀者選取閱讀文本與多媒體文件之可讀性預測等[5]，這些亦是值得努力的方向。

参考文獻

[1] 宋曜廷、陳茹玲、李宜憲、查日龢、曾厚強、林維駿、張道行、張國恩, "中文文本可讀性探討：指標選取、模型建立與效度驗證", *中華心理學刊*, 55 卷, 1 期, 75–106, 2013.

[2] A. C. Graesser, D. S. McNamara, M. M. Louwerse, and Z. Cai, "Coh-Metrix: Analysis of Text on Cohesion and Language," *Behavior Research Methods, Instruments, & Computers*, vol. 36, no. 2, pp. 193–202, 2004.

[3] 陳世敏, "中文可讀性公式試擬", *新聞學研究*, 8 卷, 181–226, 1971.

[4] 楊孝濚, "中文可讀性公式", *新聞學研究*, 8 卷, 77–101, 1971.

[5] K. Collins-Thompson, "Computational Assessment of Text Readability: A Survey of Current and Future Research," *Recent Advances in Automatic Readability Assessment and Text Simplification. Special issue of International Journal of Applied Linguistics*, vol. 165, no. 2, 97–135, 2014.

[6] "可讀性 - 維基百科，自由的百科全書", available at: https://zh.wikipedia.org/wiki/%E5%8F%AF%E8%AF%BB%E6%80%A7.

[7] "迴歸分析 - 維基百科，自由的百科全書", available at: https://zh.wikipedia.org/wiki/%E8%BF%B4%E6%AD%B8%E5%88%86%E6%9E%90.

[8] 多變量分析最佳入門實用書：SPSS+LISREL(SEM)（2007）。台北：碁峰資訊。.

[9] 祁亨年, "支持向量機及其應用研究綜述", *計算機工程*, 10 期, 6–9, 2004.

[10] "LIBSVM - A Library for Support Vector Machines," available at: http://www.csie.ntu.edu.tw/~cjlin/libsvm/index.html?js=1#svm-toy-js.

[11] "Coh-Metrix Web Tool," available at: http://tool.cohmetrix.com/.

[12] "中文文本自動化分析系統", available at: http://210.240.188.161/Chinese_CohMetrix/index.html.

[13] "About WordNet - WordNet - About WordNet," available at: http://wordnet.princeton.edu/.

[14] "中文詞彙網路 Chinese Wordnet", available at: http://lope.linguistics.ntu.edu.tw/cwn/.

[15] "文本可讀性指標自動化分析系統 2.3", available at: http://www.chinesereadability.net/CRIE/?LANG=CHT.

[16] L. Feng, M. Jansche, M. Huenerfauth, and N. Elhadad, "A Comparison of Features for Automatic Readability Assessment," *23rd International Conference*

on Computational Linguistics (COLING 2010), Poster Volume, pp. 276–284, 2010.

[17] 陳惠玉, “認識語法單位”, *台中市國教輔導團電子報*, 2004.

[18] “詞類 - 維基百科，自由的百科全書”, available at: https://zh.wikipedia.org/wiki/%E8%A9%9E%E9%A1%9E.

[19] 張劍、屈丹、李真, “基於詞向量特徵的循環神經網絡語言模型”, *模式識別與人工智能*, vol. 28, no. 4, pp. 299–305, 2015.

[20] “word2vec - Tool for computing continuous distributed representations of words. - Google Project Hosting,” available at: https://code.google.com/p/word2vec/.

[21] T. Mikolov, K. Chen, G. Corrado, and J. Dean. “Efficient Estimation of Word Representations in Vector Space,” *In Proceedings of Workshop at ICLR*, 2013.

[22] 詞庫小組。「句結構樹中的語意角色」。技術報告 13-01。民 102 年。

[23] A. Louis and A. Nenkova, “What Makes Writing Great? First Experiments on Article Quality Prediction in the Science Journalism Domain,” *Transactions of the Association for Computational Linguistics*, 1, pp. 341–352, 2013.

[24] 卓淑玲、陳學志、鄭昭明, “台灣地區華人情緒與相關心理生理資料庫—中文情緒詞常模研究”, *中華心理學刊*, 55 卷, 4 期, 493–523, 2013.

[25] “文化部中小學生優良課外讀物推介評選活動 - 第 37 次”, available at: http://book.moc.gov.tw/book/.

The 2015 Conference on Computational Linguistics and Speech Processing
ROCLING 2015, pp. 87-99

基於貝氏定理自動分析語料庫與標定文步 *

A Bayesian approach to determine move tags in corpus

張瓊文 Chiung-Wen Chang 、徐嘉連 Jia-Lien Hsu[1]
私立輔仁大學資訊工程學系
Department of Computer Science and Information Engineering,
Fu Jen Catholic University, Taiwan (R.O.C.)

張俊盛 Jason S. Chang
國立清華大學資訊工程學系
Department of Computer Science,
National Tsing Hua University, Taiwan (R.O.C.)

摘要

利用科技幫助語言學習，是一個重要的研究議題，英文是現今人們主要的溝通語言，對於非英語體系的國家，學習英語 (從聽力、閱讀到寫作) 是一件困難的事情。尤其在寫作方面，由於英文文法跟中文文法上的差異，導致在學習英文寫作時，常常會將組成句子的架構搞混，使得在學習寫作有較大的困難。

英文學術論文寫作，不同於一般文章寫作，通常有明確的架構與段落，如「簡介」、「相關文獻」、「方法」、「結果」等，此結構稱為「文步」。此外，學術論文寫作與一般寫作有些許的不同，在寫作的用詞上就有些差異，因此，為了幫助需要寫學術論文的同學們，我們參考學術論文的文步架構，設計文步分類器訓練語言模組，擷取在特定文步使用的字詞。

在語言處理方面，學者們依照文步架構，提出自動化分析，但是在訓練語言模組中通常需要大量人工標註資料，為了降低人工標註的部分，我們將專家整理歸納的詞彙，透過機器學習與迭代 (bootstraping) 的方法達到學習效果，再利用訓練過的語言模型，預測文章句子當中的文步。

在本研究中，我們提出一套系統，以貝氏方法 (Bayesian approach) 做語言文步分析，此系統分為兩部分，一為訓練階段 (Training phase)，另為測試階段 (Testing phase)。在訓練階段中，透過大量的文本 (Corpus) 建立學習模型，採用專門蒐集學術論文簡介的語料集 (CiteSeerX) 與初始規則 (Initial pattern) 做為分析的依據，利用貝氏方法判斷語料庫中每篇簡介裡的句子所屬的文步 (move)，當句子被標定完文步之後，利用迭代的方法更新貝氏模型，達到學習效果。而在測試模型中，將訓練階段得到的結果，給予一篇新的簡介，一樣透過貝氏方法，預測文步，經過測試階段，我們得到文步預測精確率為 56%。

關鍵詞：學術英文寫作、輔助寫作、文步分析

Abstract

English of Academic Writing (EAW) is essential to the research community for sharing knowledge. Research documents using EAW, especially the abstract and introduction, may

*此研究由科技部資助，編號為：MOST-103-2511-S-007-002-MY3
[1]通訊作者：徐嘉連 Jia-Lien Hsu (E-mail: alien@csie.fju.edu.tw)

follow a simple and succinct picture of the organizational patterns, called *move*. This paper introduces a method for computational analysis of move structures, the Background-Purpose-Method-Result-Conclusion in this paper, in abstracts and introductions of research documents, instead of manually time-consuming and labor-intensive analysis process. In our approach, sentences in a given abstract and introduction are automatically analyzed and labeled with a specific move (i.e., B-P-M-R-C in this paper) to reveal various rhetorical functions. As a result, it is expected that the automatic analytical tool for move structures will facilitate non-native speakers or novice writers to be aware of appropriate move structures and internalize relevant knowledge to improve their writing.

In this paper, we propose a Bayesian approach to determine move tags for research articles. The approach consists of two phases, training phase and testing phase. In the training phase, we build a Bayesian model based on a couples of given *initial patterns* and the corpus, a subset of CiteSeerX. In the beginning, the priori probability of Bayesian model solely relies on initial patterns. Subsequently, with respect to the corpus, we process each document one by one: extract features, determine tags, and update the Bayesian model iteratively. In the testing phase, we compare our results with tags which are manually assigned by the experts. In our experiments, the promising accuracy of the proposed approach reaches 56%.

Keyword: Academic English Writing, Assisted Writing, Move Tag Analysis

一、緒論

自然語言處理是近幾年學術所關心的議題，在科技尚未發展以前，語言處理幾乎靠人力檢查與校正拼字與文法錯誤，但是靠人力，則會產生人為的失誤，意思是指並非人工檢查就表示寫作的用詞與語法正確，所以採用機器學習來替代人工的方式，相較於機器學習，人工校正或是處理文字相對花費較多時間。

英文是在學術上主要溝通的語言，所以非英語體系的國家，對於英文寫作這一部分相較之下，發生文法與拼字的錯誤率會明顯提高，因此在資訊發達的世代，學術機構開始收集寫作資料，譬如：英文檢定考的作文 (ETS)、學生寫的作文資料集 (CLEC) 與維基百科的編輯紀錄等等，有這些語料集 (Corpus)，學者們開始從事多方面的語言處理與分析研究。利用語料庫，分析英語的用法 (搭配詞、文法)，運用統計，找出大部分人們所使用的句法，嘗試著從數據當中找到理論，藉此幫助學習，以及提升寫作上的效率。

在學術論文中，簡介此一章節，通常會描述：問題的背景、主要目的、解決方法、結果與結論，此修詞結構的組成稱之為「文步」。在過去的研究中 [1–3]，針對論文簡介定義出四個文步，包括：問題 (Problem)、方法 (Solution)、評估 (Evaluation) 與結論 (Conclusion) 等部分。美國國家標準協會 (American National Standard Institute, ANSI) [4]，審核並規範寫作的文步結構為目的 (Problem)、方法 (Method)、結果 (Result) 與結論 (Conclusion)。Swales [5] 定義在論文寫作依循的三大文步修辭結構 (Creating a Research Space, CARS)，包括：為建立研究領域 (Establishing a research territory)、建立利基 (Establishing a niche)、占領利基 (Occupying the niche)，並在每一個文步修辭結構之下定義細節，藉此幫助描述文章內容。

特別針對學術英文寫作，Glasman-Deal [6] 提出寫作上文步模組，包括：介紹、方法、結果、討論。Weissberg & Buker [7] 定義學術論文寫作文步為 BPMRC，即背景 (Background, *B*)、目的 (Purpose, *P*)、方法 (Method, *M*)、結果 (Result, *R*)、討論 (Conclusion, *C*)。

在本篇論文使用 Weissberg & Buker 提出文章的文步架構 (背景、目的、方法、結果、結論)，利用大量的學術論文資料 (CiteSeerX) 與少量初始規則，訓練貝氏模型 (Bayesian approach)，學習如何判別句子所屬的文步。

為了得知訓練完畢的貝氏模型所提供文步的精確度，則利用單一篇新的學術論文簡介，透過貝氏分類器進行文步標定，最終由人為判別文步的正確性。

本論文接著的部分會先探討相關研究 (Section 2)，進而描敘分類器自動學習標定文步的過程 (Section 3)，與實驗設計、結果 (Section 4)。最後，討論未來的研究方向與結論 (Section 5)。

二、相關研究

隨著資訊發展，為了讓資訊交流快速，關於自然語言處理為相當重要的研究領域，在純文字的應用包括機器翻譯、拼字校正、資料檢索等等。近年來學者對於學術論文或是期刊，有進一步的研究 (Swales & Feak, 2004)。主要針對論文的段落與句子進行人為的分析研究，經過歸納之後提出關於論文修辭的架構規則-「文步」。在本研究中，則是針對論文的「簡介」這一個章節做分析，提出自動化分析論文文步結構的方法。

大部分論文簡介有著簡單文步結構–IMRD [8]，即為介紹 (Introduction)、方法 (Method)、結果 (Result)、討論 (Discussion)，許多學者也定義出不同的論文文步結構，例如 Swales [5] 為簡介此小節提出 CARS(Creating a Research Space) 模組，CARS 主要為 3 大文步並細分為 11 文步，使得許多學者使用 CARS 模組探討寫作上的修辭方法，Weissberg & Buker [7] 整理出 BPMRC 文步結構，即背景 (Background)、目的 (Purpose)、方法 (Method)、結果 (Result)、結論 (Conclusion)，為學者與作者提供研究方向與寫作建議。

近幾年來，有許多學者採用不同機器學習的方式訓練文步分類器，例如 Teufel & Moens [9] 利用簡易的貝氏分類器 (Naive Bayesian Model, NBM) 透過修辭的狀態與關聯針對論文全文進行文步分類。Ling [10] 提出隱馬可夫模型 (Hidden Markov Model, HMM) 利用統計機率去做文步標註，Wu & Jason S. [11] 提出一套系統 (CARE)，利用 HMM 標記文步。Shimbo [3] 透過 MEDLINE，提出一套系統，讓使用者可以搜尋簡介特定的文步，此系統利用支撐向量機 (Suport Vector Machines, SVM)，系統將簡介分為四個部分，為目的、方法、結果、結論，每個句子可以利用位置找出上下文，作為判別文步的依據。Yamamoto & Takagi [12] 將簡介中的句子分為背景、目的、方法、結果、結論，訓練線性 SVM 找出動詞時態與相對的句子位置當作分類依據，進行文步標註。

在本文當中，所採用的機器學習演算法為貝氏定理 (Bayesian)，貝氏定理在自然語言處理上常被用於統計式翻譯 (Statistical Machine Translation, SMT)，在條件機率理論上，預測原文被翻譯為譯文的方式，去做機器訓練 (Jia Xu, 2008) [13]，利用大量的論文資訊，運用貝氏定理採取半監督式分析法，預測一篇簡介的句子，屬於何種文步來做討論。

與本文最相關的研究，為 Guan-Cheng Huang [14] 的論文研究，主要的區別為所採用的分類架構有所不同，Guan-Cheng Huang 提出：背景（領域、缺口、前人研究）、本論文 (目的、方法、結果)、討論（和前人研究的比較與對照）與文節結構（論文組織、圖表的指示、內容的預告與回顧）等四種文步，而本篇所採用的文步為五種 (背景、目的、方法、結果、結論)，在應用上，訓練文步分類器的演算法有些差別，本文是採用貝氏分類 (Bayesian) 而 Guan-Cheng Huang 提出最大熵模型 (Maximum Entropy, ME)，差別在於貝氏在運算的一開始需要先驗機率條件，依據先驗條件推理出文步機率，而最大熵模型則不需先驗條件，所以會平均分佈，不傾向於任何文步，但在訓練過程中接觸到其他訊息，則會調整文步的機率分佈。

相對於前人研究文步分析的文獻，在本文當中提出一套自動學習系統，利用專家已經歸納的文步片語整理成 N-連詞 (n-gram)，以降低人工標示的成本，在訓練的過程中，利用文步特徵，自動將句子標示，使得系統可以分類文步並從中擴充字詞，利用自動化文步標示而得到的字詞，套用到英文輔助寫作系統，幫助學生寫學術論文。

三、方法

為了提供使用者在寫學術論文時，在不同章節 (文步) 可以使用較正確的字詞，我們必須擁有大量已經被標註的文步字詞來做寫作上的提示，而人工自行標註字詞的文步需花費大量的時間，因此，我們採取專家整理過的字詞透過自動學習的方法，省去人工標註所需花的時間，我們將問題定義如下。

我們將句子經過 Genia Tagger 斷字之後，採用三種特徵訓練出貝氏模型 (OW, BF, BPC)，以迭代 (bootstrapping) 的方法擴增貝氏模型，計算之後，將一篇文章當中的句子，單獨觀察一種文步，找出在此文步機率最高的句子進行文步標註，避免一篇文章當中只有一種文步的情形發生，將已被標定文步的句子分為 N-連詞 (S = $\{ng_1, ng_2, ...\}$) 回饋到初始表，藉以達到訓練的效果。

在測試階段，則會選取一篇新的文章簡介，透過訓練完畢的模型結果，評估文步標註的精確率。

在此章節，敘述我們所使用的演算法，包含貝氏定理所需要的先驗機率與文步的挑選，並

問題陳述
給定：以學術文章組成的語料集 (*Corpus*) 與初始訓練規則 (Initial pattern)
我們先計算一個初始模型
給定：一篇學術文章 D ($D \in Corpus$)
目標：為單一篇文章 ($D = \{S_1, S_2, ...\}$) 中每一句子 S_i
判定句子文步
標上文步標籤 (move-tag $= \{B, P, M, R, C\}$)
同時，新增或更新規則

介紹系統架構圖與模組訓練的過程。

3.1 系統架構

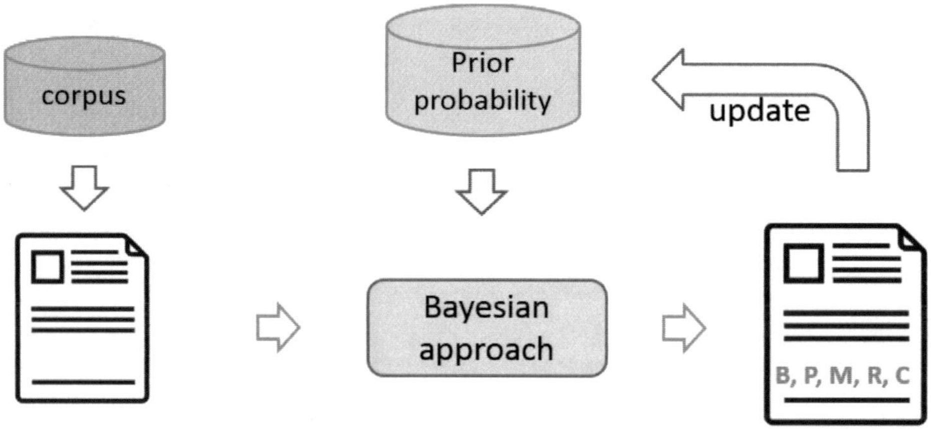

圖 1: 系統架構 (System architecture)

參考系統架構圖 (圖 1)，分為兩大部分: 一部分是利用 CiteSeerX 語料庫，訓練貝氏分類器，另一部分則是使用訓練好的貝氏分類器預測新文章的句子。

在訓練階段，從 Glasman-Deal 此書當中依照文步所提供的資訊，擷取 155 句 N-連詞當作初始文步訓練規則，而在資料方面則是取專門收集學術論文簡介的語料庫 (CiteSeerX)，須先將語料庫逐篇經過 Genia Tagger 進行斷字處理，利用程式將簡介中的句子分割成一句一句，然後再把句子依照 Genia Tagger 提供的詞性標註 (Part of Speech, POS)、字根還原 (Base form) 與語意區塊 (chunk) 做預先處理，將處理過後的句子分為 N-連詞，依照初始文步當作依據，經過分析將語料庫所提供句子字詞進行文步標註，並回饋到初始表當中，經過反覆訓練的過程，擴增已被標記的 N-連詞當作下一次計算的依據。

在測試階段，選取新的一篇文章，一樣使用 Genia Tagger 進行預先處理，將訓練階段得到大量被標記文步的 N-連詞，當作先驗資訊，測試文章經過計算之後，逐句所得的文步標籤是否正確，進而得知方法的效率。

3.2 特徵選取

本文中，挑選 BPMRC 此文步架構當作句子分類類別，從語料庫逐篇處理句子，若篇幅當中的句數少於五句，則會忽略不做處理。

而文章中的句子 (S) 會經過 Genia tagger 處理每個字詞 (W)，Genia tagger 會提供字詞的一些特徵，例如詞性標記 (Part-of-Speech, POS)、意元集組 (Chunk)。例如一篇文章中其中一句 (S_1) 為"*Glyoxysomal citrate synthase in pumpkin is synthesized as a precursor that has one cleavable presequence at its N-terminal end.*" 經過 enia tagger 分析之後 (表 1)，我們依照結果，將句子整理成三種表達方式，分別為

1. 原始資料 (OW: Original word)
   將句子保留原始資料，包含過去式、複數等等，但是捨去部分符號，使得句子只由單字組成，所以原始句子 (S_1)，將會轉成如下：
   "*Glyoxysomal citrate synthase in pumpkin is synthesized as a precursor that has one cleavable presequence at its N-terminal end.*"

2. 字根還原 (BF: Base form)
   將句子包含的單字，還原字根，使得句子被簡化，所以原始句子 (S_1)，將會轉成如下：
   "*Glyoxysomal citrate synthase in pumpkin be synthesize as a precursor that have one cleavable presequence at its N-terminal end.*"

3. 利用意元集合與詞性 (BPC: Base form & POS & Chunk)
   透過 POS 給的規則，將代表數字 (*CD*、*LS*) 或是非英語單字 (*FW*) 的字詞換成標籤 (*one*→*CD*)，而符號 (*SYM*、*$*、*:*) 則是忽略，並考慮 *Chunk*，找出單字的前後屬性是否為一個組合 *Base form* 使得單字可以統一，則句子會轉成如下：
   "*Glyoxysomal citrate synthase in pumpkin be synthesize as a precursor that have CD cleavable presequence at its N-terminal end.*"

表 1: 將 S_1 = "*Glyoxysomal...*" ，經過 Genia Tagger 分析之結果

Original word	Base form	POS	Chunk	Named entity (NE)
Glyoxysomal	Glyoxysomal	JJ	B-NP	B-protein
citrate	citrate	NN	I-NP	I-protein
synthase	synthase	NN	I-NP	O
in	in	IN	B-PP	O
pumpkin	pumpkin	NN	B-NP	O
is	be	VBZ	B-VP	O
synthesized	synthesize	VBN	I-VP	O
as	as	IN	B-PP	O
one	one	CD	B-NP	O
precursor	precursor	NN	I-NP	O
that	that	WDT	B-NP	O
has	have	VBZ	B-VP	O
...	...	...	...	...
. (Period)	. (Period)	.	O	O

3.3 初始規則

針對初始 N-連詞的選用，採用 Glasman-Deal 所撰寫的教科書 [6]，此書歸納出在不同文步上該如何建立一個寫作架構與在文步上所該使用的詞彙，從中挑選，我們將選取出的 N-連詞 (參考表 2，依照文步給予初始值，比如"a basic issue for" 在書中的建議在背景 (*B*) 當中使用，所以代表此 N-連詞在背景出現次數為 1(表 3)。利用被標註分類的 N-連詞，當作訓練資料，運用貝氏定理計算而自動產生大量標註完的論文句子，將句子分為 N-連詞，回饋於初始值，當作下一次訓練資料，而最後將訓練完的結果，進一步的分析。

所以在實驗當中，選出 155 個詞彙片語作為 N-連詞 (N-gram)，當作初始的特徵參數，其初始句數的分布如表 4。

表 2: 從 Glasman-Deal 撰寫的書 [6] 所擷取出部分的初始規則 (Initial pattern)

Pattern
a basic issue for
approach was developed by
majority of the tests
...
in future it is

表 3: 將初始規則給予出現次數，稱之為 *Count table* ($\mathcal{CT}$)

Pattern	B	P	M	R	C
a basic issue for	1	0	0	0	0
approach was developed by	0	1	0	0	0
majority of the tests	0	0	1	0	0
...	...	...	...	...	...
in future it is	0	0	0	0	1

3.4 貝氏方法

首先，貝氏定理需要有先驗機率，才能計算與分析，所以利用書本在文步架構上推薦的寫法，當作貝氏的特徵參數，再來，將一篇文章的簡介當中的字詞經過處理，使得文章當中的特殊符號不影響單字，利用貝氏定理計算文章中的每個句子去預測為背景、目的、方法、結果、結論的機率，當一篇文章的所有句子都計算完畢，才從所有句子當中是關於背景此文步最大值的句子標註為背景，已被標註的句子則不能重複被標註，當句子都被標註完，則將獲得辨識結果，回饋到一開始的先驗特徵參數。

從 *Corpus* 取一篇簡介 (D_1)，因為我們的分類模型為五個文步，若該篇簡介數句少於五，則忽略該篇文章，而句數超過五句，就定為一篇完整的簡介，而進一步分析。如表 5為擷取的一篇完整篇幅，接著將文章當中的一個句子 (S_1) 分別計算出可能為背景 (B)、目的 (P)、方法 (M)、結果 (R)、結論 (C) 的機率。

3.4.1 計算文步機率

以 S_1 為例，我們將分別計算文步的機率值。

$$P(move\text{-}tag|S_1) = \frac{P(move\text{-}tag) \times P(S_1|move\text{-}tag)}{P(S_1)}, \text{ when } move\text{-}tag \in \{B, P, M, R, C\} \qquad (1)$$

句子會計算每個文步的機率，由於每個文步的計算方法都相同，所以在往後的敘述將已背景 (B) 文步做代表。

而本文中給予的先驗特徵參數是給予 N-連詞，因為 S_1 假設為一組獨立 N-連詞所組成 (S_1 is approimated by set of n-grams as follows: $\{ng_1, ng_2, ...\}$) 所以要計算句子的所屬的文步機率，在此將句子劃分為 N-連詞來做運算，例如 S_1 近似為 n 個 N-連詞所組成。

$$S_1 \leftarrow \{ng_1, ng_2, ..., ng_n\} \qquad (2)$$

表 4: 初始規則 (Initial pattern) 中，各種文步的次數分佈

move-tag	B	P	M	R	C
次數	25	34	33	41	22

表 5: 範例文章 $D_1 = \{S_1, S_2, \ldots, S_6\}$

S	Sentence
S_1	Glyoxysomal citrate synthase in pumpkin is synthesized as one ....
S_2	To investigate the role of the presequence in the ....
S_3	Lmmunogold labeling and cell fractionation studies ....
S_4	The chimeric protein was transported to functionally ....
S_5	These observations indicated that the transport of ....
S_6	Site-directed mutagenesis of the conserved amino acids in ....

所以 S_1 的機率定義為

$$P(S_1) \simeq P(ng_1) \times P(ng_2) ... \times P(ng_n) \tag{3}$$

而 $P(S_1|B)$ 的條件機率定義為

$$P(S_1|B) \simeq P(ng_1|B) \times P(ng_2|B) \times ...P(ng_n|B) \tag{4}$$

根據上述的定義，將公式 (1)，定義為

$$P(B|S_1) \simeq \frac{P(B) \times P(ng_1|B) \times P(ng_2|B) \times ...}{P(ng_1) \times P(ng_2) \times ...} \tag{5}$$

3.4.2 計算 N-連詞機率

句子經過分割之後，得到其中一段 N-連詞 (ng_1)，例如為"ng_1: glyoxysomal citrate synthase in"，先計算 ng_1 出現的機率。

	n-gram	B	P	M	R	C
ng_1	glyoxysomal citrate synthase in	B_1	P_1	M_1	R_1	C_1
ng_2	a basic issue for	B_2	P_2	M_2	R_2	C_2
...	...	...	...	...	...	...
ng_m	role of the presequence	B_m	P_m	M_m	R_m	C_m

$$P(ng_1) = \frac{B_1 + P_1 + M_1 + R_1 + C_1}{\sum_{i=1}^{m}(B_i + P_i + M_i + R_i + C_i)} \tag{6}$$

則會判斷此 ng_1 是否存在於初始表 (表 3)，若存在於初始表 ($\mathcal{CT}$)，則會計算 N-連詞在該文步 (B) 次數出現的機率。

$$P(ng_1|B) = \frac{B_1}{\sum_{i=1}^{m} B_i} \tag{7}$$

若該 N-連詞不存在於初始表格或是在未曾出現於某文步，比如"a basic issue for" 此 N-連詞不曾出現於結論 (C)，則會給予極小值 ($\delta = 10^{-8}$) 當作機率。將每個 N-連詞，對照初始規則表 ($\mathcal{CT}$)，因此 S_1 透過運算則會得近似所屬的文步機率值。而各文步的機率，則是依照文步次數做為依據。

由於句子組成單字的多寡，會影響計算上的公平性，所以我們將結果正規化。

$$normalized\,(P(B|S_1)) = \frac{P(B|S_1)}{\#\ of\ n\text{-}gram\ in\ S_1} \tag{8}$$

3.4.3 文步標定

在文步標定上，在本文中，先將一篇文章 (D_1) 中所有句子的各文步機率計算完畢，才逐句標定文步。

而每個文步要標定幾個句子，則是依據給定的比例去做計算，由於句數不能為小數，所以取四捨五入的方法。

表 6: 一篇文章中 (D_1)，文步句數算法。

move-tag	文章句數比例	句數
B	$0.15 \times 6 = 0.9$	1
P	$0.20 \times 6 = 1.2$	1
M	$0.30 \times 6 = 1.8$	2
C	$0.15 \times 6 = 0.9$	1
R	$6 - (1+1+2+1)$	1

為了避免某一文步造成多數制 (Majority rule) 結果，我們根據文步在 *Corpus* 內文寫的比例多寡，依序標定文步 (以表 6為例，先標定 B 往後順序為 $C \to P \to R \to M$)。由於我們是由一篇文章判定句子文步，依照比例，我們先標定為 B 的句子。

$$\begin{aligned} &\because B_2 = max\{B_1, B_2, ..., B_6\} \\ &\therefore S_2 \leftarrow B \end{aligned} \tag{9}$$

若該句 (S_2) 已經被標上標籤 (B)，則將句子移除序列中，經由表 6計算，文章當中為 B 的內容為一句，則換標定下一個文步 C。

表 7: 經過第一次文步標定

Sentence	B	P	M	R	C
S_1	B_1	P_1	M_1	R_1	C_1
~~S_2~~	~~B_1~~	~~P_1~~	~~M_1~~	~~R_1~~	~~C_1~~
S_3	B_3	P_3	M_3	R_3	C_3
S_4	B_4	P_4	M_4	R_4	C_4
S_5	B_5	P_5	M_5	R_5	C_5
S_6	B_6	P_6	M_6	R_6	C_6

反覆標定過程，將文章當中的句子標上文步。

$$\because C_6 = max\{C_1, C_3, ..., C_6\}$$
$$\therefore S_6 \leftarrow C \tag{10}$$

表 8: 經過第二次標定

Sentence	B	P	M	R	C
S_1	B_1	P_1	M_1	R_1	C_1
~~S_2~~	~~B_2~~	~~P_2~~	~~M_2~~	~~R_2~~	~~C_2~~
S_3	B_3	P_3	M_3	R_3	C_3
S_4	B_4	P_4	M_4	R_4	C_4
S_5	B_5	P_5	M_5	R_5	C_5
~~S_6~~	~~B_6~~	~~P_6~~	~~M_6~~	~~R_6~~	~~C_6~~

當一篇文章當中所包含的句子都已經標上文步，而我們也會根據結果，更新 $\mathcal{CT}$ 相對應的規則 (表 3)。假設 S_1 被標定為 B，而句子當中包含一個 N-連詞"ng: glyoxysomal citrate synthase in"，不存在 $\mathcal{CT}$，依照句子被標定的文步，新增 ng 至 $\mathcal{CT}$ 中並在 B 給予初始次數 (表 9)。

表 9: 新增規則

pattern (4-gram)	B	P	M	R	C
glyoxysomal citrate synthase in	1	0	0	0	0
...	...	...	...	...	...

若 ng 存在於 $\mathcal{CT}$ 中，則會依照 S_1 被標定的結果，更新 ng 在該文步出現的次數 (表 10)。

請注意，在這步驟中，我們僅是將前一步驟中、用貝氏方法判定的文步結果（沒有人為介入判定），加回 $\mathcal{CT}$ 中。我們並不立即判定所標定的文步是否為正確，而是以不斷迭代（iterative）的方式，利用貝氏方法，來抓住訓練資料（training data）的特性。

表 10: 更新規則

pattern (4-gram)	B	P	M	R	C
glyoxysomal citrate synthase in	$B_i + 1$	0	0	0	0
...	...	...	...	...	

四、實驗

在本節中，我們將討論實驗設定與結果討論。

4.1 語料庫

本文針對輔助英文學術論文寫作，因此我們採用專門收集發表過的學術論文語料集 (CiteSeerX)[1]。CiteSeerX 是一個關於文獻的搜尋引擎，在 1997 年，由美國普林斯頓大學開發 CiteSeer，建立一個數位圖書館，由於 CiteSeer 只能收集公開的文件，使得所收集文章領域有限，為了克服侷限性，針對系統架構重新定向 (CiteSeerX)，於 2007 年採用機器學習的方法，自動辨識網路上存在的論文，然後依照索引標示文章，透過引文的影響，連接每篇文章。

CiteSeerX 總共擁有 138 萬多篇的文獻，主要的內容為科學領域（包含資工和生醫領域），而這些資料來源通常為 PDF 格式，經過自動辨識轉檔成文字，因此語料庫裏頭包含許多換行連字符號、特殊符號等雜訊，所以在使用資料之前，我們透過文字處理，將冗餘的符號或是日期格式捨去，進而得到較完善的一篇論文。

4.2 實驗設定

參考系統架構圖 (圖 1)，我們利用初始規則 (Initial pattern)，分析語料庫 (CiteSeerX) 提供的文章，逐篇訓練語言模組，每當經過一千篇訓練的語言模組，則會測試精確度，在本論文當中，取兩萬篇當訓練資料。

在測試階段，事先從語料庫隨機提出 20 篇尚未經過訓練的文章，經過專家逐句標註文步，我們透過四個專家針對此 20 篇 (共 185 句) 逐句給予文步標籤，挑出其中三個人以上給予句子的標籤相同來評估資料的準確性 (三人以上相同句數共 142 句)。

我們將 20 篇文章進行測試，將句子標上標籤。之後定義如下精確率，依照 142 句正確答案，找出標上正確文步的句數。

$$Accuracy = \frac{\#\ of\ sentences\ with\ correct\ move\text{-}tag}{142}. \tag{11}$$

4.3 實驗結果

本文利用 CiteSeerX 提供的資料，計算每經過一千篇的訓練後，則會增加多少 N-連詞的先驗規則，因資料經過 Genia Tagger 處理之後會提供資料原始字詞 (Original Word)、字根還原 (Based form)、詞性標記 (POS) 等資訊，則訓練方法給的文字資料為此三種方式，透過運算得到的結果。

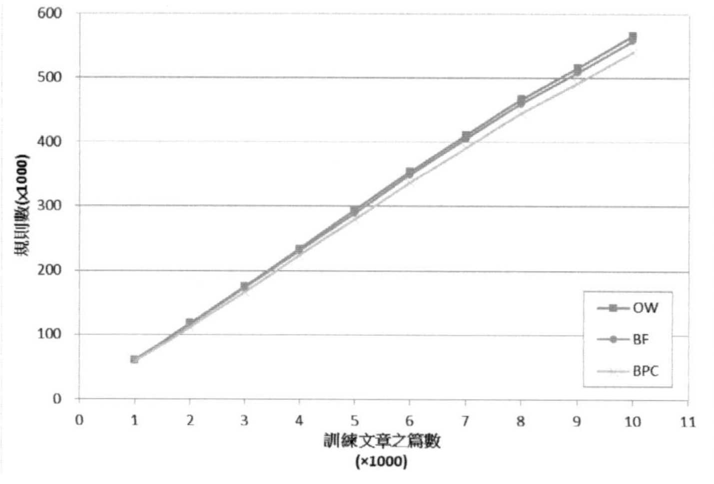

圖 2: 經由訓練，增加的規則數

每經過一千篇的訓練，則 $\mathcal{CT}$ 會增加約六萬的 N-連詞規則，經過測試，並沒有發現收斂的現象，可能是因為文章當中有過多特殊字詞，或者是因為我們設定的 N-連詞太過於長，導致

[1]CiteSeerx: http://citeseerx.ist.psu.edu/about/site

組合過多。

表 11: 專家標註文步的句數 (# of sentence with correct tags)

move-tag	*B*	*P*	*M*	*R*	*C*	Total Sentence
# of sentence	27	10	21	60	24	142

在測試階段，為能了解資料經過訓練的篇數是否影響文步標籤的精確率，所以評估每經過一千篇訓練的 $\mathcal{CT}$ 表，預測句子文步的標註是否正確。

首先評估原始資料經過逐篇訓練而得到的 $\mathcal{CT}$ 資料表，所預測句子文步的精確率。

由圖 3得知評估的結果，可以觀察句子文步標籤的精確率，發現 $\mathcal{CT}$ 資料表每經過一千篇的訓練，得到的結果逐漸改善。

由於 BF 做出的實驗結果與 OW 相似，所以在此只顯現精確率的結果。

再者，評估文章經過詞性標記與意元集組處理的句子所訓練的 $\mathcal{CT}$ 資料表，預測句子文步的精確率。

		結果比較				
		B	*P*	*M*	*R*	*C*
篇數	1000	9	3	9	26	9
	2000	9	4	10	27	9
	3000	9	3	12	27	10
	4000	9	3	11	28	10
	5000	9	3	11	29	10
	20000	10	4	11	30	10

圖 3: 關於 OW 標定句子文步資訊

		結果比較				
		B	*P*	*M*	*R*	*C*
篇數	1000	9	4	9	31	9
	2000	9	5	11	32	9
	3000	10	5	11	32	12
	4000	9	4	11	31	12
	5000	9	4	12	31	12
	20000	10	5	14	38	13

圖 4: 關於 BPC 標定句子文步資訊

由圖 4得知評估結果，相對於原始資料的精確率略為提高，原因為將句子簡單化，避免意思相同的 N-連詞，因為一些數字或是非英語單字而降低文步的特徵計算。

4.4 討論

整體而言，文步預測的正確率為 56%，尚有進步的空間。在訓練規則少的情況下 (155 個規則)，能達到一半的準確率，對於此情形，我們保持樂觀的態度。

而在統計規則新增圖表中，對於規則數持續增加的問題，我們設定三種特徵選取字詞，將句子的字詞變得較抽象，例如不在乎時態與複數、替換符號或數字等等，想藉此將規則的數量減少，但並未達到預期的效果 (表 15)。

我們採取三種特徵訓練得到的結果，由於原始資料 (OW) 與字根還原 (BF) 此兩種特徵所得到的精確率，沒有預期的差距，而在詞性替換 (BPC) 的特徵下，相對於 OW 與 BF，文步的精確率有明顯提升，可能因為提供的規則表達方式比較簡易，在提供計算時的文步特徵較明顯。

表 12: 利用原始資料 (OW) 所得的精確率 (Accuracy)

篇數	1,000	2,000	3,000	4,000	5,000	20,000
Accuracy	39.43%	41.54%	42.95%	42.95%	43.66%	45.77%

表 13: 利用字根還原 (BF) 所得的精確率 (Accuracy)

篇數	1,000	2,000	3,000	4,000	5,000
Accuracy	40.14%	42.25%	44.36%	45.07%	45.77%

表 14: 利用詞性標記與意元集組處理文章 (BPC) 所得的精確率 (Accuracy)

篇數	1,000	2,000	3,000	4,000	5,000	20,000
Accuracy	43.66%	46.47%	49.29%	47.18%	47.88%	56.33%

五、結論

我們設計一套語言訓練方法，專門處理學術論文，逐篇逐句標上適合的文步標籤，將收集到的 N-連詞進而整理，以幫助學生寫作學術論文。我們所使用的方法，是利用專家提供在特定文步常使用的字詞，藉以透過語料庫進行分析並擷取句子的特徵，產生大量已標註的 N-連詞，將得到的訓練資料，應用到文步分類器。

在未來研究中，我們將擷取辨識度高的文步特徵，提升文步辨識的準確率。例如計算 N-連詞之間的相似度，找出屬於文步的句型，找出特殊單字出現的頻率，增強文步屬性的特徵，希望能在學術論文寫作上提供更好的幫助。同時，並考量文步的順序與位置，來調整貝氏規則。在實驗方面，考慮 N-連詞中，不同的 N 值，也將用更多的訓練資料，並與其他的分類方法（例如：SVM, ME）比較。

References

[1] N. Graetz, "Teaching EFL students to extract structural information from abstracts," in *Readings for Professional Purposes: Methods and Materials in Teaching Languages*, J. M. Kline and A. K. Pugh, Eds., 1985, pp. 225 – 335.

[2] F. Salager-Meyer, "Discoursal flaws in medical english abstracts: A genre analysis per research-and text-type," *Text – Interdisciplinary Journal for the Study of Discourse*, vol. 10, no. 4, pp. 365–384, 1990.

[3] M. Shimbo, T. Yamasaki, and Y. Matsumoto, "Using sectioning information for text retrieval: a case study with the medline abstracts," in *Proceedings of Second International Workshop on Active Mining (AM'03)*, 2003.

[4] American National Standards Institute, *American national standard for writing abstracts*, ser. Z39-14. Bethesda, Maryland, USA: NISO Press, 1997.

[5] J. Swales, *Genre analysis: English in academic and research settings.* Cambridge University Press, 1990.

[6] H. Glasman-Deal, *Science research writing: For non-native speakers of English.* Imperial College Press, 2009.

[7] R. Weissberg and S. Buker, *Writing up research.* Englewood Cliffs, NJ, USA: Prentice Hall, 1990.

[8] P. M. Martín, "A genre analysis of english and spanish research paper abstracts in experimental social sciences," *English for Specific Purposes*, vol. 22, no. 1, pp. 25 – 43, 2003.

表 15: 經訓練增加規則的 $\mathcal{CT}$ 表

篇數	1,000	2,000	3,000	4,000	5,000
OW	60,579	117,533	175,520	233,771	294,589
BF	60,111	116,105	174,136	230,741	289,236
BPC	58,354	111,703	166,751	223,436	279,805

[9] S. Teufel and M. Moens, "Summarizing scientific articles: Experiments with relevance and rhetorical status," *Comput. Linguist.*, vol. 28, no. 4, pp. 409–445, 2002. [Online]. Available: http://dx.doi.org/10.1162/089120102762671936

[10] Z.-H. Ling, Y.-J. Wu, Y.-P. Wang, L. Qin, and R.-H. Wang, "USTC system for Blizzard Challenge 2006: an improved hmm-based speech synthesis method," in *Proceedings of Blizzard Challenge Workshop*, 2006.

[11] J.-C. Wu, Y.-C. Chang, H.-C. Liou, and J. S. Chang, "Computational analysis of move structures in academic abstracts," in *Proceedings of the COLING/ACL on Interactive Presentation Sessions*, ser. COLING-ACL '06. Stroudsburg, PA, USA: Association for Computational Linguistics, 2006, pp. 41–44.

[12] Y. Yamamoto and T. Takagi, "A sentence classification system for multi biomedical literature summarization," in *Proceedings of 21st International Conference on Data Engineering Workshops*. IEEE, 2005, pp. 1163–1163.

[13] J. Xu, J. Gao, K. Toutanova, and H. Ney, "Bayesian semi-supervised chinese word segmentation for statistical machine translation," in *Proceedings of the 22nd International Conference on Computational Linguistics - Volume 1*, ser. COLING '08. Stroudsburg, PA, USA: Association for Computational Linguistics, 2008, pp. 1017–1024. [Online]. Available: http://dl.acm.org/citation.cfm?id=1599081.1599209

[14] 黃冠誠, 吳鑑城, 許湘翎, 顏孜曦, and 張俊盛, "學術論文簡介的自動文步分析與寫作提示," *International Journal of Computational Linguistics Chinese Language Processing*, vol. 19, no. 4, pp. 29 – 46, Dec. 2014.

The 2015 Conference on Computational Linguistics and Speech Processing
ROCLING 2015, pp. 100-102

調變頻譜分解之改良於強健性語音辨識

Several Refinements of Modulation Spectrum Factorization for Robust Speech Recognition

張庭豪 Ting-Hao Chang, 洪孝宗 Hsiao-Tsung Hung, 陳柏琳 Berlin Chen
國立臺灣師範大學資訊工程學系
Department of Computer Science and Information Engineering
National Taiwan Normal University
{60247029S, 60047064S, berlin}@ntnu.edu.tw

陳冠宇 Kuan-Yu Chen, 王新民 Hsin-Min Wang
中央研究院資訊科學研究所
Institute of Information Science, Academia Sinica
{kychen, whm}@iis.sinica.edu.tw

摘要

絕大多數的自動語音辨識(Automatic Speech Recognition, ASR)系統常因為訓練與測試環境的不匹配而致使效能嚴重地下降。有鑒於此，語音強健性(Robustness)技術的發展長久以來一直是一個相當重要且熱門的研究領域。本論文之目的在於探索新穎的語音強健性技術，期望透過簡單且有效的語音特徵調變頻譜處理[1-3]來擷取較具強健性的語音特徵。為達此目的，本論文使用非負矩陣分解(Nonnegative Matrix Factorization, NMF)[4-6]以及一些改進方法來分解調變頻譜強度成分，以獲得較具強健性的語音特徵。本論文有下列幾項特色：(1)我們嘗試結合稀疏性的想法[7]，冀望能夠獲取到較具調變頻譜局部性的資訊以及重疊較少的 NMF 基底向量表示；(2)藉助於局部不變性的概念[8]，我們希望發音內容相似的語句之調變頻譜強度成分能在 NMF 空間有越相近的向量表示，以保留兩兩語句之間的關連程度；(3)在測試階段經由正規化 NMF 之編碼向量，更進一步提升語音特徵之強健性；(4)我們結合上述三種 NMF 的改進方法。本論文的所有實驗皆於國際通用的 Aurora-2 連續數字語音語料庫進行[9]；一系列的實驗結果顯示出，相較於僅使用梅爾倒頻譜特徵(Mel-frequency Cepstral Coefficients, MFCC)之基礎系統，我們所提出的新穎語音強健性技術能夠顯著地增進語音辨識效能，最終獲得 63.18%的相對詞錯誤率降低。另一方面，本論文也嘗試將我們所提出的改進方法與一些知名的特徵強健技術做比較和結合，以驗證我們所提出語音強健性技術之實用性。例如，當其與統計圖等化法(Histogram Equalization, HEQ)[10]結合時，能較僅使用統計圖等化法的語音辨識系統有 19.90%的相對詞錯誤率降低；而當其與進階前端標準方法(Advanced Front-End Standard, AFE)[11]結合時，能較僅使用進階前端標準方法的語音辨識系統有 2.73%的相對詞錯誤率降低。

關鍵詞： 語音辨識、雜訊、強健性、調變頻譜、非負矩陣分解

致謝

本論文之研究承蒙教育部－國立臺灣師範大學邁向頂尖大學計畫(104-2911-I-003-301)與行政院科技部研究計畫(MOST 104-2221-E-003-018-MY3, MOST 103-2221-E-003-016-MY2, NSC 103-2911-I-003-301)之經費支持，謹此致謝。

參考文獻

[1] H. Hermansky, “Should recognizers have ears?” Invited Tutorial Paper, in *Proc. ESCA-NATO Tutorial and Research Workshop,* 1997.

[2] N. Kanedera, T. Arai, H. Hermansky and M. Pavel, “On the importance of various modulation frequencies for speech recognition,” in *Proc. European Conference on Speech Communication and Technology*, 1997.

[3] S. Greenberg, “On the origins of speech intelligibility in the real world,” in *Proc. ESCA-NATO Tutorial and Research Workshop on Robust Speech Recognition for Unknown Communication Channels,* 1997.

[4] D. D. Lee and H. S. Seung, “Learning the parts of objects by non-negative matrix factorization,” *Nature,* vol. 401, 788–791, 1999.

[5] W. Y., Chu, Y. C. Kao and B. Chen, “Probabilistic modulation spectrum factorization for robust speech recognition,” in *Proc ROCLING XXIII: Conference on Computational Linguistics and Speech Processing*, 2011.

[6] Y. C. Kao, Y. T. Wang and B. Chen. “Effective modulation spectrum Ffactorization for robust speech recognition.” in *Proc. the Annual Conference of the International Speech Communication Association*, 2014.

[7] A. Pascual-Montano, J. M. Carazo, K. Kochi, D. Lehmann and R. D. Pascual-Marqui, “Nonsmooth nonnegtive matrix facotorization (nsNMF),” *IEEE Transactions on Pattern Analysis and Machine Intelligence*, vol. 28, no. 3, pp. 403–415, 2006.

[8] D. Cai, X. He, J. Han, T. S. Huang, ”Graph regularized nonnegative matrix

factorization for data representation," *IEEE Transactions on Pattern Analysis and Machine Intelligence*, vol. 33, no. 8, 1548–1560, 2011.

[9] H. G. Hirsch and D. Pearce, "The AURORA experimental framework for the performance evaluations of speech recognition systems under noisy conditions," in *Proc. ISCA ITRW ASR,* 2000.

[10] A. D. L. Torre, A. M. Peinado, J. C. Segura, J. L. Perez-Cordoba, M. C. Benitez, and A. J. Rubio, "Histogram equalization of speech representation for robust speech recognition," *IEEE Transactions on Speech and Audio Processing*, vol. 13, no. 3, pp. 355–366, 2005.

[11] D. Macho, L. Mauuary, B. Noé, Y. M. Cheng, D. Ealey, D. Jouvet, H. Kelleher, D. Pearce and F. Saadoun, "Evaluation of a noise-robust DSR front-end on Aurora databases", in *Proc. the Annual Conference of the International Speech Communication Association*, 2002.

The 2015 Conference on Computational Linguistics and Speech Processing
ROCLING 2015, pp. 103-120

融合多種深層類神經網路聲學模型與分類技術於華語錯誤發音檢測之研究

Exploring Combinations of Various Deep Neural Network based Acoustic Models and Classification Techniques for Mandarin Mispronunciation Detection

許曜麒 Yao-Chi Hsu ，楊明翰 Ming-Han Yang ，洪孝宗 Hsiao-Tsung Hung ，
熊玉雯 Yuwen Hsiung ，宋曜廷 Yao-Ting Sung ，陳柏琳 Berlin Chen

國立臺灣師範大學資訊工程學系

中原大學應用華語學系

國立臺灣師範大學教育心理與輔導系

{ychsu, mh_yang, alexhung, sungtc, berlin}@ntnu.edu.tw
ywhsiung@cycu.edu.tw

摘要

錯誤發音檢測(mispronunciation detection)為電腦輔助發音訓練(computer assisted pronunciation training, CAPT)研究中十分重要的一個環節，其目的是回饋給語言學習者是否在其讀誦一段話中的出現錯誤發音。一般而言，錯誤發音檢測流程可分為兩部分：1)前端特徵擷取模組，基於學習者所念誦的音素或語句段落和聲學模型(acoustic model)的比對以擷取對應的具有鑑別性之發音檢測特徵;2)後端分類模組,基於所求得發音檢測特徵,判斷音素或語句段落所歸屬類別(正確發音或錯誤發音)。在本篇論文延續錯誤發音檢測研究而主要有三項貢獻：1)比較並結合當前基於深層類神經網路(deep neural networks, DNN)與摺積類神經網路(convolutional neuron networks, CNN)之先進的聲學模型以產生更具鑑別性發音檢測特徵；2)我們比較並結合不同分類方法，以期能達到更佳的發音檢測表現;3)針對錯誤發音檢測所包括的模組,進行一系列廣泛且深入的實驗分析與討論。從一套以華語做為第二語學習目標語言的大量語料庫之實驗結果顯示,我們所提出融合多種深層類神經網路聲學模型與分類技術的方法的確能較基礎方法有顯著的效能提升。

關鍵字：錯誤發音檢測、自動語音辨識、深層類神經網路、摺積類神經網路

Abstract

Automatic mispronunciation detection plays a crucial role in a computer assisted pronunciation training (CAPT) system. The main purpose of mispronunciation detection is to judge whether the pronunciations of a non-native speaker are correct or not. In general, the process of mispronunciation detection can be divided into two parts: 1) a front-end feature extraction module that generates pronunciation detection features based on an input speech segment and its associated reference acoustic models; and 2) a back-end classification module that determines the correctness of the pronunciation of the speech segment according to the output of a classifier that takes the pronunciation detection features of the segment as the input. The main contributions of this work are three-fold. First, we investigate the use of two state-of-the-art acoustic models, respectively based on deep neural networks (DNN) and convolutional neural networks

(CNN), and compare their effectiveness for the extraction of discriminative pronunciation detection features. Second, we experiment with different types of classification methods and propose a novel integration of DNN- and CNN-based decision scores at the back-end. Third, we provide an extensive set of empirical evaluations on the aforementioned two modules and associated methods based on a recently compiled corpus for learning Mandarin Chinese as the second language. The experimental results reveal the performance utility of our approach in relation to several existing baselines.

Keywords：Mispronunciation detection, Automatic Speech Recognition, Deep Neural Networks, Convolutional Neural Networks

一、緒論

現今全球化的時代裡，精通兩種或兩種以上的語言不僅是優勢更是必要的能力。在十幾年以前，英語還是國際通用的語言；但近年來，由於中國市場的快速發展，全球華語學習熱潮席捲而來，學習華語的人數預估已經超過一億，在許多非華語語系的亞洲、歐洲以及美洲國家，華話已經逐漸成為一種必須學習的語言[1][2]。語言學習又分為聽(listening)、說(speaking)、讀(reading)和寫(writing)等四類學習面向。隨著第二外語學習者(second language learner)的人數與日俱增，華語師資的需求也越來越大；尤其在語言學習中，說與寫的對錯往往需要透過專業的語言教師來評斷，但語言教師的人數遠遠不及華語學習者數量。因此，電腦輔助語言學習(computer assisted language learning, CALL)的研究領域越來越重要，本篇論文將專注此研究領域有關於電腦輔助發音訓練(computer assisted pronunciation training, CAPT)－「說」的技術發展與探討。

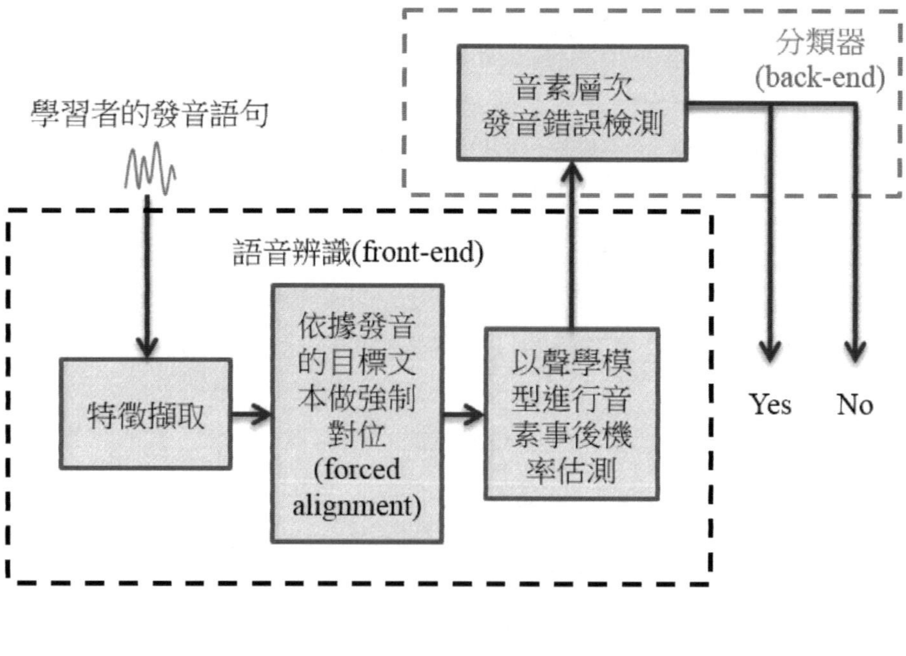

圖一、自動發音檢測之流程

一般而言，電腦輔助發音訓練(CAPT)包括兩個部分：分別是錯誤發音檢測(mispronunciation detection)與錯誤發音診斷(mispronunciation diagnosis)。錯誤發音檢測系統是請學習者讀誦口說教材，針對學習者念誦的錄音，標記學習者的發音是正確發音(correct pronunciation)或錯誤發音(mispronunciation)，標記的目標可以是音素(phone)層次或詞(word)層次；錯誤發音診斷是當系統偵測到使用者的發音出現錯誤時給予有幫助的回饋，假設教材題目為「師範(shi1 fan4)」，但學習者念成「吃範(chi1 fan4)」，系統除了判斷出學習者有錯誤發音之外，還可以回饋學習者念的「師(shi1)」可能念成「吃(chi1)」。而本篇論文將聚焦在如何改善錯誤發音檢測之效能。目前，在錯誤發音檢測的評估方式中，召回率(recall)和精準度(precision)的曲線與接收者操作特徵曲線(receiver operating characteristic curve, ROC)是最常被採用來評估效能之優劣。我們認為相較於正確發音檢測(correct pronunciation detection)，錯誤發音檢測對於學習者而言是較為重要；所以，本篇論文後續在召回率和精準度曲線的評估實驗中，我們將集中討論錯誤發音檢測的效能表現。

自動錯誤發音檢測的研究大部分是基於現有的語音辨識技術而發展，希望能達到像專業語言教師一樣地給予語言學習者所念誦語句適當的發音評估。在本論文中，我們將語音辨識模組視為錯誤發音檢測系統的前端(front-end)，而錯誤發音檢測(分類)模組視為系統的後端(back-end)。前端的語音辨識模組如果能藉由聲學模型的使用，產生音框(frame)或者段落(segment)層次的事後機率來做為具鑑別性的發音檢測特徵，則後端偵測錯誤發音時就能基於這些發音檢測特徵來精準地判斷學習者的發音正確與否。因此，語音辨識模組中聲學模型所產生的回饋將是我們評斷發音好壞與否的重要依據。在語音辨識研究上，有別於傳統使用梅爾倒頻譜係數(mel-frequency cepstral coefficients, MFCC)之語音特徵的高斯混合模型-隱藏式馬可夫模型(gaussian mixture model-hidden markov model, GMM-HMM)的聲學模型，近年來由於機器學習演算法[3][4][5]與電腦硬體的進步，訓練多隱藏層(hidden layers)及大量輸出神經元(neurons)類神經網路的方法也更有效率在學術界與實務界激起了深層學習(deep learning)的浪潮，顛覆了幾十年來的研究生態。許多學者與實務家研究將深層類神經網路(deep neural networks, DNN)當作語音辨識的聲學模型的重要組成，取代傳統 GMM 的角色來計算每個音框所對應 HMM 狀態的觀測機率(observation probability)或相似度值(likelihood)。雖然 DNN 在語音辨識領域已經有相當優異的效果，但也有許多研究指出摺積類神經網路(convolutional neuron networks, CNN)在音素辨識[6]以及大詞彙連續語音辨識[7]的任務上的表現更優於 DNN；這可歸功於 CNN 能從語音特徵中擷取出發音中細微的位移不變(shift invariance)的特性。透過 CNN 來做為發音檢測特徵的擷取模組，期望能夠從不同國家的華語學習者之發音訊號中求取出對發音檢測有幫助、具鑑別性的發音檢測特徵(能提供更具鑑別力的事後機率來幫助錯誤發音檢測)，提升自動檢測錯誤發音的能力。本篇論文對於錯誤發音檢測研究有三項主要貢獻：首先，我們比較並結合當前基於深層類神經網路(DNN)與摺積類神經網路(CNN)之先進的聲學模型以產生更具鑑別性發音檢測特徵；再者，我們比較並結合不同分類方法，以期能達到更佳的發音檢測表現；最後，針對錯誤發音檢測之構成模組，進行一系列廣泛且深入的實驗分析與討論。

本篇論文的安排如下：第二小節將介紹錯誤發音檢測相關研究的發展近況；第三小節則是介紹錯誤發音檢測前端模組的聲學模型，分別有 GMM、DNN 與 CNN 三種模型與 HMM 的結合；第四小節介紹三種錯誤發音檢測的方法，分別是發音優劣程度(goodness of pronunciation, GOP)、支持向量機(support vector machine, SVM)與邏輯迴歸(logistic regression, LR)；第五小節則是分析不同聲學模型(DNN-HMM 和 CNN-HMM)在不同分類器(GOP、SVM 和 LR)中的表現，與將兩種聲學模型經過分類器 LR 所產生的發音檢測分數值作線性組合後的結果，以及基於 CNN 聲學模型在不同分類器所產生的輸出發音檢測分數對應之排序取調和平均做為結合後的分類結果；最後，在第六小節，我們提出結論與一些未來可能的研究方向。

二、相關研究

在大多數的錯誤發音檢測研究中幾乎都是以自動語音辨識為前端，而將後端視為分類問題[8]。例如，Franco 等人[9]使用母語者的 HMM 之對數相似度值(log-likelihood)與非母語者的 HMM 之對數相似度值計算比值，稱為對數相似度比值(log-likelihood ratio, LLR)，該論文的實驗顯示使用對數相似度比值(LLR)對於錯誤發音檢測之表現勝過直接使用對數相似度值。Witt 等人[10]提出 GOP 作為錯誤發音檢測之評估方式，該方法基於聲學模型所產生的事後機率(posterior probability)對音素層次的發音計算評估分數，並訂定門檻值(threshold)來區分正確發音與錯誤發音；陸續也有其它研究是基於 GOP 的方法進行改良[11][12]。另一方面，Huang 等人[8]將鑑別式訓練應用在 GOP 估測，以最小大化 F 度量(F-measure)為目標作鑑別式訓練。Ito 等人[13]使用決策樹(decision tree)的方法並針對不同錯誤發音的情況定義各自的門檻值來進行錯誤發音檢測；該論文的實驗證明其效果勝過所有發音共用相同的門檻值。Truong 等人[14]比較決策樹與線性鑑別分析(linear discriminant analysis, LDA)用於荷蘭語學習者的錯誤發音檢測任務。廣義上來看，GOP 也屬於一種二元分類的方法，但 GOP 只有考慮到目標(正確)音素與它的混淆音素的對數相似度值。有鑒於此，Wei 等人[15]使用目標音素與其它所有音素的對數相似度值做為輸入分類器的發音檢測特徵，並將 SVM 做為分類器來辨認音素特徵對應的輸出為正確發音或錯誤發音標記。但除了每一個音素的對數相似度值來作為發音檢測特徵，Hu 等人[16]不只使用[15]提出的發音檢測特徵，還額外地將目標音素與其它音素的對數相似度比值加入成為額外輸入的發音檢測特徵，並使用特殊結構的邏輯迴歸來進行錯誤發音檢測，該結構透過共享隱藏層來解決部分音素資料稀疏(data sparse)的問題。不同於[16]的貢獻，我們認為藉由良好的聲學模型產生之事後機率而得的具鑑別性發音檢測特徵，應有助於錯誤發音檢測的效果；因此，本論文將聚焦於前端聲學模型的比較與融合。

上述的方法皆是運用聲學模型所擷取的發音檢測特徵進行錯誤發音的檢測，除了將音素或語句分類為正確發音與錯誤發音外，也有研究著重在評斷語句的發音品質。Neumeyer 等人[17]使用 HMM 計算出對數相似度值與強制對位(forced alignment)後的音素發音持續時間(duration)資訊，並據此對非母語學習者語句層次的發音品質進行評估。Chen 等人[18][19][20]提出詞層次的發音品質評估，共分成 5 個等級來區分發音的品質，並使用資訊檢索的排序學習法(learning to rank)來結合不同發音檢測特徵用於發音品質評估；其中，在[20]比較各類發音檢測特徵的影響力與 4 種音素層次轉換到詞層次的發音檢測特徵轉換方法。

而在聲學模型方面，與傳統 GMM-HMM 相比，DNN-HMM 在語音辨識準確率上已被證實能有顯著的效能提升[21][22]，這主要可能歸功於 DNN 能夠模擬任意的函數，能替語音訊號所內含的複雜對應關係建立模型，表達能力比 GMM 更強。優良的事後機率蘊藏豐富的發音鑑別性資訊，使得錯誤發音檢測的效果更好，有許多 DNN-HMM 應用在 CAPT 的效果已被驗證勝過傳統的 GMM-HMM[2][16][23]，因此聲學模型在計算事後機率的任務中扮演著非常關鍵的角色[24]，而基於深層類神經網路的聲學模型計算而得對發音檢測有幫助的事後機率可使 GOP 與其它分類器達到最佳的檢測效果。相較於 DNN，CNN 被視為是另一種更有效率的深層類神經網路，可用於擷取語音訊號中的頻譜變化的位移不變性並且能針對頻譜的相關性建立模型[6][7]。CNN 與 DNN 不同在於：神經元間的連接不是全連接的(fully-connected)以及同一層的某些神經元間會共享連接的權重(weight sharing)。Sainath 等人[7]提出 CNN 作為聲學模型更勝於 DNN 的原因是因為他們認為 DNN 有兩項缺點。首先，DNN 的架構中沒有明確地處理語音訊號中的不變特徵的功能，例如不同語者說話方式不同，在頻譜上會有細微的位移。DNN 需要運用各種語者調適(speaker adaptation)技術來降低特徵的變化，DNN 同時需要巨大的網路規模及大量的訓練樣本(training sample)來達到這件事；但 CNN 能透過摺積核(conventional filter)沿著頻譜的時間與頻率掃描，以較少的參數數量捕捉到頻譜平移的不變性。其次，DNN 忽略了輸入的拓撲(topological)結構，它的輸入特徵可以以任何順序輸入網路，而不影響最後的效能[21]；然而語音訊號所對應的頻譜內容著實含有豐富的關聯性，而能夠善用頻譜的局部相關性而建立模型的 CNN 在許多任務上的效果都明顯優於 DNN[25][26][27][28]。因此，本論文將融合兩者的優點，並探討兩種類神經網路所訓練的聲學模型(DNN-HMM 與 CNN-HMM)對於錯誤發音檢測的效果。

三、聲學模型

3.1 深層類神經網路

傳統語音辨識系統透過 HMM 來處理語音訊號在時間上的變異，並使用生成模型 GMM 來建立聲學模型，但是使用高斯混合模型的問題在於如何選出最佳的混合高斯函數的數量，反而導致 GMM 受到侷限。而近年來，在語音辨識的領域中，取代以往的生成模型(generative model)，透過可視為鑑別式模型(discriminant model)的類神經網路[29]來估測音素層次的 HMM 狀態之事後機率的研究越來越多。

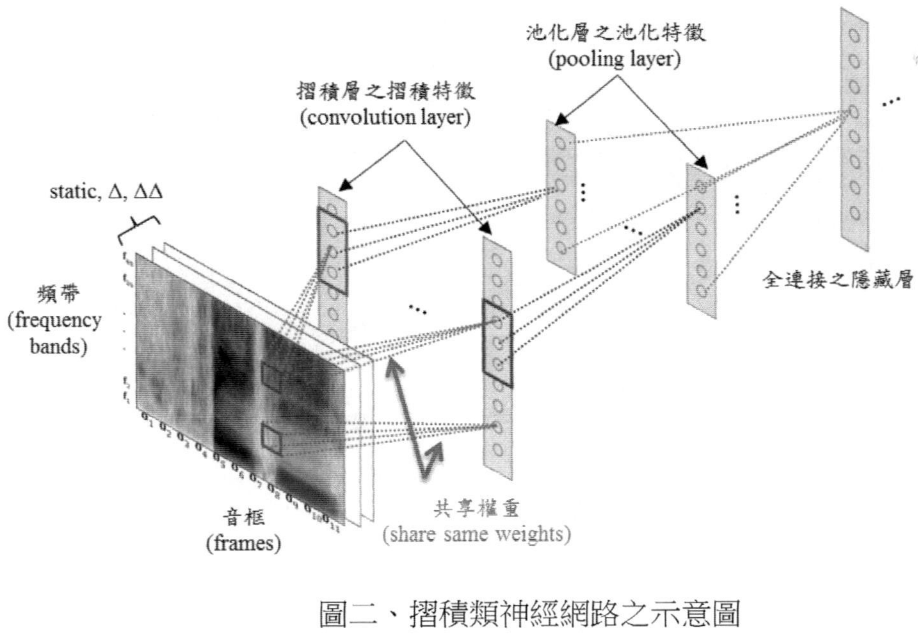

圖二、摺積類神經網路之示意圖

DNN 是一種前饋式(feed-forward)的類神經網路，它的輸入層與輸出層之間包含一層以上的隱藏層[30]，每一個隱藏層的神經元通常使用邏輯函數(logistic function)將輸入映射到上一層，邏輯函數通常使用 sigmoid 函數。假設輸入層表示為第0層，輸出層表

示為第 層，表示有 $+1$層的深層類神經網路，此前饋運算可以表示為：

$$^{\ell} = \ (\ ^{\ell}) = \ (\mathrm{W}^{\ell} \ ^{\ell-1} + \ ^{\ell}), \ (\ell = 0, 1, 2, 3, \ldots, \ ) \quad (1)$$

$$(\ ) = \frac{1}{1 + \exp(- \ )}, \quad 0 < \ (\ ) < 1 \quad (2)$$

式(1)中，$_{\ell} \in \mathbb{N}$，為第ℓ層的神經元數量。$^{\ell} \in \mathbb{R}^{\ \ell \times 1}$，$\mathrm{W}^{\ell} \in \mathbb{R}^{\ \ell \times \ \ell-1}$，$^{\ell} \in \mathbb{R}^{\ \ell \times 1}$，$^{\ell}$為第$\ell$層的輸出向量，$\mathrm{W}^{\ell}$為第$\ell$層的權重矩陣，通常採取隨機初始化(random initial)來當作網路初始的權重W。近年來有學者提出透過限制性波茲曼機(restricted boltzmann machine, RBM)的非監督式預訓練(unsupervised pre-training)[31][32][31][33]，逐層往上預訓練(pre-training)DNN 的參數。待預訓練完畢後，基於預訓練參數再進行監督式訓練，取代傳統隨機初始化參數的方法來改善語音辨識的正確率[34][35][36]，我們每層 DNN 參數皆使用 RBM 來預訓練權重的初始值，$^{\ell-1}$為第$\ell-1$層的輸出向量，$^{\ell}$為第ℓ層的偏移量向量。$^{0} = \quad \in \mathbb{R}^{\ 0 \times 1}$表示為輸入語音音框對應之語音特徵或與相鄰音框對應之語音特徵所串接而成的特徵，$_{0}$為特徵的維度。式(2)中，$(\ )$為 sigmoid 函數，其值域範圍在 0 到 1 之間。

DNN 運用於類別(如音素狀態或更小單位)事後機率預測問題上時，每一個輸出神經元都表示一種類別，總共可分為$\mathcal{H}$類，表示為 $\in \{1, \ldots, \mathcal{H}\}$，則第 個輸出神經元的值 表示輸入語音音框對應語音特徵 對應到類別 的機率 $(\ | \ )$，假設輸出向量 滿足多項式分佈(multinomial distribution)，那麼 需要滿足 ≥ 0及$\sum_{=1}^{\mathcal{H}} \ = 1$，可以透過軟式最大化(softmax)做到，如：

$$= \mathrm{softmax}(\ , \ ) = \frac{\exp(\ )}{\sum_{=1}^{\mathcal{H}} \exp(\ )} \quad (3)$$

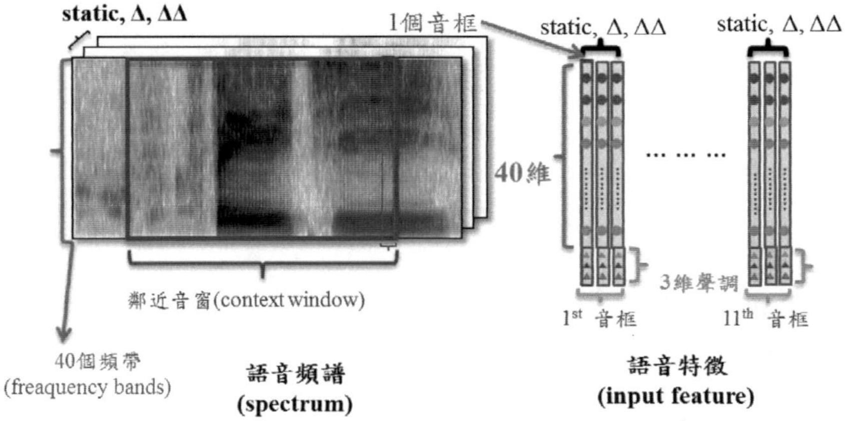

圖三、摺積類神經網路之特徵架構

在訓練階段，首先對每個輸入語音音框對應的特徵做強制對齊，產生狀態標籤(state label)的序列，這些標籤用於監督式訓練來最小化交叉熵(cross entropy)目標函數$-\sum \ \log \ $，意義是要最小化 DNN 預測的 softmax 輸出與其對應的參考標籤 的差異。假設反向傳播演算法(back-propagation)[24]使用隨機梯度下降(stochastic gradient descent algorithm)來最小化目標函數，則每個權重矩陣W的更新可透過式(4)：

$$\Delta W^{\ell} = \cdot (\ ^{\ell-1})'\ ^{\ell} \quad (4)$$

其中 為學習率(learning rate)， $^{\ell}$為第ℓ層的錯誤訊號(error signal)。

3.2 摺積神經網路

CNN 由數組的摺積層(convolution layers)和池化層(pooling layers)所組成，摺積層和池化層的運算分別稱為摺積(convolution)及池化(pooling)。摺積層透過摺積核掃描輸入的特徵圖，摺積核就像是生物視覺神經的感受區[37]，每一個摺積核能夠獲取輸入特徵的局部特徵；而池化目標是將摺積層的特徵做降維。已知輸入的語音特徵序列，當計算音框 時，需左右各取 個音框，所組成的特徵圖(feature maps)矩陣表示為 ，摺積運算後的類別特徵圖表示為Q ($= 1, 2, \ldots,$)，由 個摺積特徵圖所組成，則摺積運算可以視為透過權重矩陣$W_{,}$ ($= 1, \ldots,$; $= 1, \ldots,$)，將輸入特徵 映射到摺積特徵Q 的矩陣乘法，如式(5)表示：

$$\begin{aligned} &= [\ _{-C}, \ldots,\ _{-1},\ , \ldots,\ _{+1},\ _{+C}] \\ Q &= (\ * W_{,} + \ ), \quad (\ = 1, 2, \ldots, \ ) \end{aligned} \quad (5)$$

其中$*$表示為摺積運算，$W_{,}$ 為將第 個輸入特徵映射到第 個摺積特徵的區域權重矩陣， 為偏移量。更多的細節請參考[26]。摺積層中的權重同樣能透過反向傳播來學習[38]。摺積層與全連接隱藏層的差別有兩點：1)摺積層只從局部感受野接收區域的輸入特徵，換句話說，摺積層的每個元素都表示輸入的區域特徵。2)摺積層中的每個摺積特徵可以視為特徵圖，圖中的每個元素都共享相同的權重，但它們各自是濃縮自前一層之不同區域的特徵而來。接下來是池化的部分，池化層是從摺積層產生對應的池化層，每一個池化特徵圖都是由前一層摺積層的摺積特徵圖做池化運算而來，因此池化特徵圖的數量也會與摺積特徵圖的數量相同，也具備摺積特徵所包含的的區域不變性(local invariance)的特性，池化運算分成最大池化(max-pooling)及平均池化(average-pooling)兩種，以最大池化最多人使用[39]。影像處理中所使用的 CNN，其池化窗(pooling window)不會互相重疊，池化窗之間彼此並排沒有空隙；在本篇論文中，我們的池化運算也採取這樣的做法。

四、 錯誤發音檢測

4.1 發音優劣程度(goodness of pronunciation, GOP)

GOP 是替每一詞彙所包含的每一個音素建立一個評估分數，並制定一個門檻值來區分該音素是否發音正確。而我們基於語音辨識聲學模型所給予的對數相似度值來計算 GOP，若已知語音段落的語音特徵序列O在其目標(正確)發音為音素 之對數事後機率 $\log\ (\ |O)$在(本論文中語音特徵序列O是為基於 MFCC 或 mel-filter bank 輸出的語音特徵所構成)，則 GOP 的公式可以定義成：

$$\mathrm{GOP}(\ , O) = \log\ (\ |O) \quad (8)$$

$$= \log \frac{(O|\ )\ (\ )}{(O)} \quad (9)$$

$$= \log \frac{(O|\ )\ (\ )}{\sum_{=1}\ (O|\ )\ (\ )} \quad (10)$$

$$\cong \log \frac{(O|\ )}{\max_{=1,2,\dots,\ ,\ \neq}\ (O|\ )} \quad (11)$$

由於無法窮舉語句對應的所有語音訊號，我們無法對語音段落對應特徵序列O建立機率模型，因此式(8)可藉由貝式定理將事後機率轉換成相似度值 (O|)乘上事前機率 ( )除以特徵序列O的機率，如式(9)所示。而式(9)的事前機率 (O)可以轉換成將所有音素的對數相似度值加總。如式(10)的分母項，常數 表示目標語言中音素的總數量，在錯誤發音檢測的任務中不應受到音素本身在訓練資料中的數量影響，所以我們假設所有音素的事前機率皆相等(( ) = ( ))，且式(10)的分母項約等於音素 的相似度值取最大值，因此式(10)可以被簡化成式(11)。接著在定義門檻值 來預測發音是否正確：

$$\mathrm{GOP}(\ ,O) > \quad \begin{cases} Yes & co\quad ct\,pr\quad ci \\ No & mispr\quad ci \end{cases} \quad (12)$$

其中式(11)的相似度值 (O|)在語句中都會橫跨數個音框，因此我們將音素 的起始時間 到結束時間 取平均，因此音素 的相似度值可以寫成：

$$\log\ (O|\ ) = \frac{1}{-\ \ +1}\sum_{=}\ \log\ (\ |\ ) \quad (13)$$

在 GOP 發音的評估方法中，可以基於聲學模型的事後機率(可視為一種發音檢測特徵)來進行計算，並透過門檻值 來分辨發音正確與否。因此，我們可直覺地將 GOP 看成是一種分類器，但因為 GOP 只有觀測目標發音(正確)的音素 的事後機率，下一小節將透過觀測其它非目標音素的事後機率並使用不同的分類技術來改善 GOP 的不足。

4.2 分類器(Classifier)

此小節將討論兩種分類器(SVM 與 LR)被實際運用於錯誤發音檢測的作法。無論是 SVM 或是 LR 分類器，都需要輸入發音檢測特徵 $_{ui}$與對應的 2 種輸出結果{ ,$\mathcal{M}$}作為訓練的樣本，其中 代表正確發音，$\mathcal{M}$代表錯誤發音， $_{ui}$表示第 個語句的第 個音素的發音檢測特徵， $_{ui}$表示該特徵對應的目標發音的(正確)音素。輸入發音檢測特徵 $_{ui}$由對數音素事後機率(log phone posterior, LPP)[11][17]與對數事後機率比值(log posterior ratio, LPR)[16]所組合而成，我們接續 4.1 小節所提及的事後機率計算式(13)，對於任意音素 $_{ui}$我們將 LPP 定義成：

$$\mathrm{LPP}(\ _{ui}, O_{ui}) = \log\ (\ _{ui}|O_{ui}) \quad (14)$$

除此之外我們還需要知道目標發音(正確)的音素 $_{ui}$與其它任意音素 的比值，也就是 LPR，其公式可以定義成：

$$\mathrm{LPR}(\ ,\ _{ui}, O_{ui}) = \mathrm{LPP}(\ , O_{ui}) - \mathrm{LPP}(\ _{ui}, O_{ui}) \quad (15)$$

接著就可以建立音素層次的音素發音檢測特徵，我們定義目標發音的音素 $_{ui}$所對應的發音檢測特徵 $_{ui}$可以表示為式(16)：

$$_{ui} = [\mathrm{LPP}(\ _1, \mathrm{O}_{ui}), \mathrm{LPP}(\ _2, \mathrm{O}_{ui}), \dots, \mathrm{LPP}(\ \ , \mathrm{O}_{ui}), \\ \mathrm{LPR}(\ _1,\ _{ui}, \mathrm{O}_{ui}), \mathrm{LPR}(\ _2,\ _{ui}, \mathrm{O}_{ui}), \dots, \mathrm{LPR}(\ \ ,\ _{ui}, \mathrm{O}_{ui})] \tag{16}$$

$\mathrm{LPP}(\ _{ui}, \mathrm{O}_{ui})$會等於$\mathrm{LPP}(\ _1, \mathrm{O}_{ui}), \mathrm{LPP}(\ _2, \mathrm{O}_{ui}), \dots, \mathrm{LPP}(\ \ , \mathrm{O}_{ui})$的其中一項，且音素 $(\ = 1, 2, 3, \dots,\ )$的其中一項等於音素 時，$\mathrm{LPR}(\ ,\ _{ui}, \mathrm{O}_{ui})$會為 0。而 4.1 節提到的 GOP 評估值等同於發音檢測特徵 $_{ui}$後半部的其中一個維度之倒數；因此。利用特徵 $_{ui}$訓練出的分類器將會比 GOP 擁有更多關於發音的訊息。接著將介紹本論文嘗試比較的兩種分類器。

表一、單音節語料庫與雙音節語料庫之內容

-	單音節				雙音節			
母語(L1) 第二外語(L2)	L1		L2		L1		L2	
人數(人)	62		63		115		40	
音素層次 正確發音(T) 音素層次 正確發音(F)	T	F	T	F	T	F	T	F
時間(小時)	9.32	1.04	13.79	9.03	3.97	0	0.89	0.94
語句數(句)	37,976	4,827	50,856	32,726	10,384	0	1,994	2,003
音素數量(個)	76,638	4,976	119,512	36,862	38,939	0	12,449	2,539

LR 被廣泛利用在二類分類問題的任務中[16][18]，利用 sigmoid 的特性來表示資料的分佈，但在錯誤發音檢測的任務中，不同音素應該使用不同的 LR 分類器，若將所有音素混在一起進行迴歸分析可能導致過度混淆。以下先介紹分類器 LR 對正確發音、錯誤發音樣本的機率表示如式(17)：

$$(\ |\ \ _{ui}) = \ (\ \ _{ui}\ \ _{ui}) \\ (\mathcal{M}|\ \ _{ui}) = 1 - \ (\ |\ \ _{ui}) \tag{17}$$

$(.)$為 sigmoid 函數，$(\ |\ \ _{ui})$為已知有發音檢測特徵 $_{ui}$下發生 的機率，$(\mathcal{M}|\ \ _{ui})$為已知發音檢測特徵 $_{ui}$發生$\mathcal{M}$的機率，$_{ui}$則是透過學習來更新的權重(weight)，不同語句中相同的音素也會使用相同的權重，接著定義相似度值函數 ：

$$= \prod_{=1} \prod_{=1} \ (\ |\ \ _{ui})^{\ _{ui}} \ (\mathcal{M}|\ \ _{ui})^{1-\ _{ui}} \tag{18}$$

$$= -ln(\ ) \tag{19}$$

其中式(18)的 $_{ui} = \{0, 1\}$，0 表示錯誤發音，1 表示發音正確，$_{ui}$使得發音檢測特徵 $_{ui}$

對應的輸出之機率不會為 1，並定義函數 為最小化交叉熵目標函數如式(19)，接著使用隨機梯度下降法來最小化目標函數 ，如式(20)：

$$\frac{}{_{ui}} = \sum_{=1} \sum_{=1} ((\mid _{ui}) - _{ui}) \cdot _{ui} \tag{20}$$

$$\Delta _{ui} = \cdot \frac{}{_{ui}} \tag{21}$$

式(21)中的參數 為權重 $_{ui}$更新時的學習率，學習率將隨著更新的次數進行調整，經過數次更新後直到權重 $_{ui}$的改變過小則收斂，接著當輸入發音檢測特徵為 $_{ui}$時，該段發音為正確發音的機率則為 $(\mid _{ui}) = (_{ui} _{ui})$。

SVM[15]是一種效能表現良好的分類器，他可以透過將特徵轉換到更高維度的空間來解決資料線性不可分的問題，我們定義函數s(.)用來表示 SVM 給予特徵的 $_{ui}$決策值，並將s($_{ui}$)代入 sigmoid 函數 (.)用以表示正確發音的機率 $(\mid _{ui}) = (s(_{ui}))$。本篇論文使用 python 的現有模組"scikit-learn[40]"所提供的 SVM 與 LR 工具，核心函數為徑向基函數核(radial basis function kernel)。

表二、單音節與雙音節在不同 HMM 的字錯誤率(character error rate, CER)與音素錯誤率(phone error rate, PER)

ASR performance	單音節 (%)				雙音節 (%)			
	CER		PER		CER		PER	
	L1	L2	L1	L2	L1	L2	L1	L2
GMM	66.53	80.16	46.00	58.70	55.83	57.29	39.66	39.45
DNN	22.25	37.11	13.34	24.71	15.62	24.37	10.20	16.46
CNN(a)	21.17	36.32	12.76	24.23	16.06	22.61	10.37	14.95
CNN(b)	20.15	36.05	12.01	24.32	17.16	24.37	11.89	16.08

五、 實驗

每種語言的錯誤可分成三種：替換(substitution)、插入(insertion)、刪除(deletion)[41]。對華語來說，每個字(character)都屬於一個音節，而每個音節又可拆成三個部分：聲母(initial)、韻母(final)、聲調(tone)。對於有華語基礎知識的學習者而言並不易發生插入及刪除的錯誤，但華語是一種聲調語言(tonal language)，聲調的發音相較於聲母、韻母則更容易念錯。[8][42][43] 的研究不探究聲調的影響，而本論文將聲調依附在韻母之後，也就是一個音節可拆成聲母及聲調韻母(tonal final)兩個音素。

5.1 語料庫

我們的語料庫使用臺灣師範大學邁向頂尖大學計畫的華語學習者口語語料庫，分成雙音節語料庫及單音節語料庫兩部分，如表一所示。雙音節語料庫中，男女語料的比例為 2:3，母語為華語(L1)的語料全是台灣語者所錄製，只收錄正確的發音，沒有錯誤的發音，而非母語的華語學習者(L2)的語料包含日本及韓國兩種外國口音，收錄了正確發音與錯誤發音，雙音節每個語句由 2 個中文字組成，意即每個語句可拆解成 4 個音素，但是不代表每個語句的音素都是念錯，因此語句層次的錯誤樣本應該要參考音素層次那欄，同樣的道理也套用在單音節語料庫。單音節語料庫中，男女語料的比例為 21:34，母語為華語(L1)的語料皆為台灣人口音所錄製，非母語的華語學習者(L2)收錄的口音包括美國、瓜地馬拉、越南、韓國、日本、西班牙、阿根廷等 23 國的學習者口音，單音節 L1 及 L2 皆收錄了正確與錯誤的發音，單音節中每個語句都是一個中文字，每個中文字可拆解成 2 個音素。兩種語料庫在訓練聲學模型時，都只使用語句完全正確的樣本來訓練聲學模型，而在訓練錯誤發音檢測模型時則會使用錯誤發音與正確的語句，以音素層次的發音來訓練錯誤發音檢測模型。

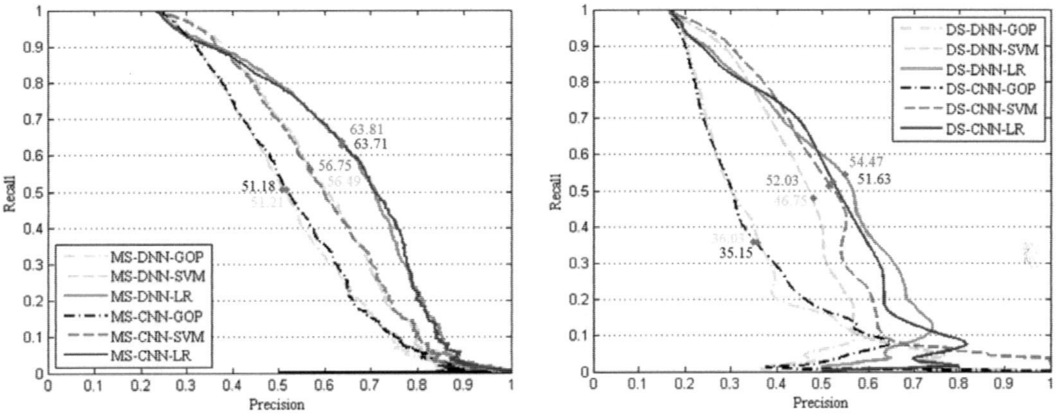

圖四、比較單音節(左側)與雙音節(右側)從不同 HMM 萃取出的特徵使用不同分類器之 Recall-Precision 曲線

5.2 實驗設定

錯誤發音檢測系統的優劣與語音辨識系統的表現息息相關，因此我們先分析語音辨識系統的表現。我們將語料庫中的正確發音分成訓練集(training set)、發展集(development set)與測試集(test set)，使用高斯混合模型針對訓練集來學習語音訊號的分佈，以及基於 GMM-HMM 所校準的文字與音框之對應關係來藉由 DNN-HMM 與 CNN-DNN-HMM 學習語音訊號的分佈，為了描述方便，將聲學模型 GMM-HMM、DNN-HMM 與 CNN-DNN-HMM 簡稱為 GMM、DNN 與 CNN。發展集目的在於類神經網路等相關的模型在訓練時容易發生過度擬合(over fitting)，因此我們切出一塊發展集來引導模型在訓練時不要過度傾向訓練集。接著再使用 GMM、DNN 與 CNN 所訓練出的語音辨識器對測試集進行辨識，辨識結果如表二。

我們基於 Kaldi 語音辨識工具[44]，將華語學習者發音的語音訊號切成音框後，鄰近的數個音框整合成鄰近音窗(context window)，通常採用前後各 5 個音框，總共 11 個音框來當作一個鄰近音窗的大小，從音窗的語音訊號抽取出 13 維的 MFCC 特徵加上 3 維度的音調(pitch)，並對 16 維語音特徵取相對的一皆差量係數(delta coefficient)和二皆差量係數(acceleration coefficient)當作 DNN 的輸入特徵。先透過 GMM 對語音特徵訓練單連音素(monophone)的聲學模型，單音節與雙音節語料庫中皆有 183 個單連音素(聲母有 24 個，聲調韻母有 159 個)，接著保留 GMM 計算出來的初始機率、轉移機率與強制

對齊的資訊，取代 GMM，訓練產生每個音框所對應 HMM 狀態的機率，再根據強

制對齊的資訊取得每個音素所對應到音框數量，來計算每個音素的事後機率，當作 HMM 的觀測機率。在 CNN 的輸入特徵設定方面，我們使用從梅爾頻譜係數(mel-scale

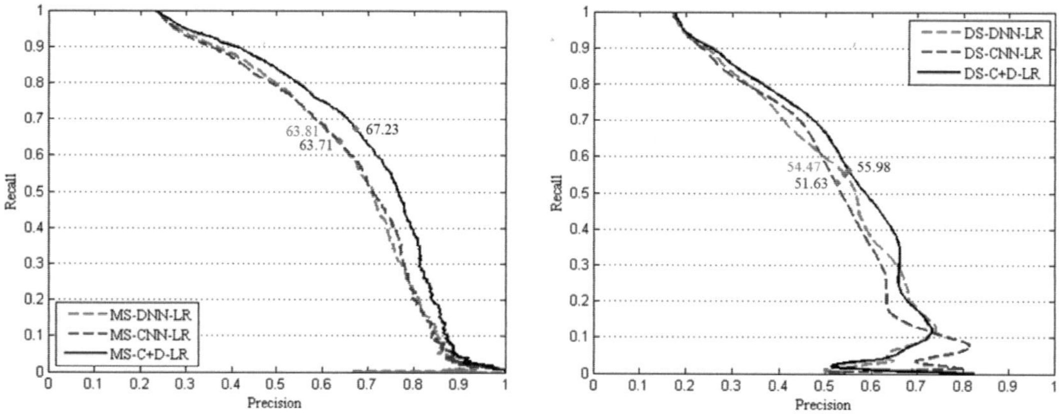

圖五、比較雙音節(左側)與單音節(右側)從不同 HMM 擷取出的發音檢測特徵使用 LR 分類器與不同 HMM 發音檢測之 LR 分類器輸出分數的線性組合(M/DS-C+D-LR)之 Recall-Precision 曲線

frequency spectral coefficients, MFSC)取得的對數能量特徵並透過濾波器組(filter banks)所產生的 40 維輸出作為 CNN 的輸入語音特徵，鄰近音窗我們採用前後各 5 個音框，共含 11 個音框，每個音框皆為 40 維的 filter banks 輸出加上 3 維度音調特徵，並對 43 維語音特徵取相對的一階差量係數(delta coefficient)和二階差量係數(acceleration coefficient)，則輸入的語音特徵就會得到 11 個 129 維的特徵向量。我們讓 CNN 沿著特徵頻率軸做摺積，並使用 2 層的 CNN，取代 DNN 作為特徵抽取的工具，使經過網路得到的事後機率富含發音鑑別力的資訊。

CNN(a)和(b)使用 40 維度 filter banks 特徵加上 3 維度音調特徵。在 DNN 與 CNN 的隱藏層數量與各層神經元數量的選擇中，DNN 使用基本的 4 層隱藏層，各層有 1024 個神經元；CNN(a)使用 2 組 CNN 層加上 2 層各有 512 個神經元的 DNN 隱藏層；CNN(b)使用 2 組 CNN 層加上 2 層各有 1024 個神經元的 DNN 隱藏層。由於本論文的目的為音素層次的錯誤發音檢測，因此我們將選擇對於華語學習者(L2)且音素錯誤率較低的聲學模型做為產生錯誤發音檢測所需的特徵。

5.3 實驗結果

圖四我們比較了聲學模型 DNN、CNN 分別使用 GOP、SVM、LR 等分類器所產生的 6 種結果，每種結果都是由不同分類器所產生的輸出分數並透過調整門檻值來繪製圖四、五與六的 Recall-Precision 曲線，我們將曲線中召回率與精準度相同的點作為評估標準。其中召回率與精準度所顯示的數值是對於錯誤發音的樣本所做的計算，由於發音正確的樣本數多過於錯誤的發音，因此在本論文的實驗中將不額外探討正確發音的 Recall-Precision 曲線。首先分析單音節的部分(圖四左)，在分類器 GOP、SVM、LR 使用不同聲學模型(CNN 與 DNN)所產生的發音檢測特徵上的表現十分接近。若比較在 DNN 聲學模型中不同分類器的改善，LR 則是勝過 GOP 約 12.60%的大幅度改進。在雙音節中整體表現不如單音節來的優秀，GOP 的曲線在 DNN 與 CNN 中只得到 36.03%與 35.15%，是非常不可靠的分類器，但是雙音節(圖四右)的 DNN 聲學模型在分類器 LR 中的表現相較於 GOP 提升約 18.44%，進步的幅度比單音節更為劇烈，因此我們可以從圖

四的實驗中觀察到，若能給予分類器更多的事後機率做為特徵，將可以得到更好的錯誤發音檢測結果。

整體而言，雙音節的表現皆不如單音節，原因有兩點：首先，進行錯誤發音檢測前，必須先透過聲學模型來擷取事後機率做為檢測用的特徵；而聲學模型皆是用發音正確的語句訓練而成，但是強制對位的音素邊界(boundary)是根據正確語句所訓練的聲學模型而得，因此錯誤發音的強制對位結果將無法預期；這樣的情況在單音節中也會發生，且在雙音節或多音節的語句中將會更嚴重。第二個可能的原因則是雙音節的資料量相較於單音節還要少許多，因此一些較特別的錯誤發音並未在訓練資料中出現。

無論是單音節或雙音節中，可以觀察到分類器 LR 的表現皆優於 SVM；我們使用聲學模型 DNN 產生的檢測特徵所訓練的錯誤發音檢測模型在單音節訓練資料中進行測試(test on train set)，會發現分類器 SVM 的模型對於錯誤發音檢測的 Recall-Precision 相同時可以達到 99.49%，而分類器 LR 則是 86.73%，但是換到測試資料時則是 LR 表現勝過 SVM。我們對於 SVM 效果不如 LR 分類器的現象有兩種解釋：1)由上述現象可觀察到 SVM 發生過度擬合的現象，使得轉換到測試資料進行錯誤發音檢測時的表現不如預期；2)我們使用的 SVM 核心函數會將特徵轉換到較高的維度以便進行線性迴歸分析，可能轉換的方法並不完全適用於測試資料。因此，我們在接下來的實驗將探討分類器 LR 在不同聲學模型以及不同檢測模型之輸出分數在線性組合上的表現。

聲學模型 DNN 與 CNN 在分類器 LR 下各自的表現與結合後的錯誤發音檢測之表現如圖五，我們將 CNN-LR 的分類機率函數定義成 ${}^{CN}_{LR}$ (.)，DNN-LR 的分類機率函數定義成 ${}^{DN}_{LR}$ (.)，延續 4.2 小節的特徵 ${}_{ui}$，其中 ${}^{CN}_{LR}$ (${}_{ui}$)、 ${}^{DN}_{LR}$ (${}_{ui}$)可以表示成：

$$ {}^{DN}_{LR}\left({}_{ui}\right) = \left(\left({}^{DN}_{ui} \right) \quad {}_{ui}\right) \tag{22} $$

$$ {}^{CN}_{LR}\left({}_{ui}\right) = \left(\left({}^{CN}_{ui} \right) \quad {}_{ui}\right) \tag{23} $$

權重 會因為聲學模型的不同而使用不同的權重(^{DN} 與 ^{CN})， ${}_{ui}$表示對應音素 ${}_{ui}$的權重，在 4.2 小節有說明 ${}_{ui}$的訓練方式以及提到每個音素應分開訓練，因為各音素的對錯情況各有不同，應避免在同一分類器中產生不必要的混淆。接著我們在定義一個參數λ，其值域為$0 \leq \quad \leq 1$，該參數用來線性結合 ^{CN} 與 ^{DN} 的結果：

$$ \left({}_{ui}\right) = \quad \cdot \; {}^{DN}_{LR}\left({}_{ui}\right) + (1 - \quad) \cdot \; {}^{CN}_{LR}\left({}_{ui}\right) \tag{24} $$

(${}_{ui}$)則為錯誤發音檢測模型 DNN-LR 與 CNN-LR 輸出分數的結合，如同 4.1 小節的式(8)定義門檻值 來決定發音為正確或錯誤，在圖五的實驗中我們將λ設定為 0.5，並調整門檻值 畫出圖五的曲線，從圖五(左)單音節實驗中可以觀察到線性結合兩種特徵所產生的機率值將可以得到不錯的成效，由 DNN-LR 的 63.81%進步至線性結合後的 67.23%約有 3.42%的進步，而雙音節(圖五右)經過線性結合後從 54.47%到 55.98%得到 1.51%的進步。

接著在圖六中我們將探討使用 CNN 聲學模型所擷取的特徵在不同分類器(SVM、LR)結合的效果，由於不同分類器的輸出值域並不一致，所以我們不使用式(24)的結合方式，在此我們基於每個音素在不同分類器之結果的排名，並對排名結果計算調和平均數(harmonic mean)，我們定義iRank(${}^{CN}_{SVM}$(${}_{ui}$)) 表示成特徵 ${}_{ui}$在測試集的分類器 SVM 輸出分數由低到高排名，也就是從錯誤發音排到發音正確，因此定義調和平均函數$h(.)$可表示為：

$$h(\quad_{ui}) = \frac{2 \cdot \mathrm{iRank}(\ ^{CN}_{SVM}(\quad_{ui})) \cdot \mathrm{iRank}(\ ^{CN}_{LR}(\quad_{ui}))}{\mathrm{iRank}(\ ^{CN}_{SVM}(\quad_{ui})) + \mathrm{iRank}(\ ^{CN}_{LR}(\quad_{ui}))} \tag{25}$$

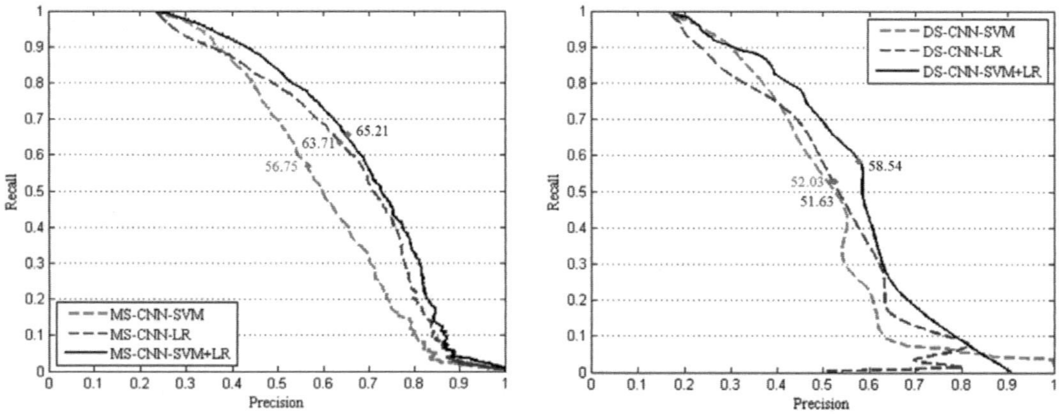

圖六、比較雙音節(左側)與單音節(右側)從 CNN-DNN 萃取出的特徵使用不同分類器(SVM 與 LR)輸出分數的線性組合(M/DS-CNN-SVM+LR)之 Recall-Precision 曲線

因此函數$h(.)$的輸出分數如同函數 (.)和 (.)，越高表示正確發音、越低表示錯誤發音，函數$h(.)$與$\mathrm{iRank}(.)$的值域為$1\sim$ ，常數 表示測試集的音素層次樣本數。從圖六(左)可以發現聲學模型 CNN 之特徵用於分類器 SVM 與 LR 之結合在單音節的表現(65.21%)不如圖五(左)的不同特徵用於分類器 LR 之結合(67.23%)。雙音節的表現則是相反，在分類器 SVM 與 LR 結合的成效勝過模型 DNN 與 CNN 的結合，結果分別為 58.54%(如圖六右)與 55.98%(如圖五右)。

除了探討在 Recall-Precision 曲線的表現外，我們也在圖七與圖八個別列出單音節與雙音節在 ROC 曲線上的表現，而 ROC 空間值個數可分為四種：真陽性(true positive, TP)：系統推測為正確發音，實際上也是正確發音；真陰性(true negative, TN)：系統推測為錯誤發音，實際上也是錯誤發音；偽陽性(false positive, FP)：系統推測為正確發音，實際上為錯誤發音；偽陰性(false negative, FN)：系統推測為錯誤發音，實際上為正確發音，而圖七與圖八皆是藉由調整門檻值得到不同的真陽性率(true positive rate, TPR)與偽陽性率(false positive rate, FPR)所繪製而成的曲線，TPR 與 FPR 的計算方式如式(26)與式(27)：

$$\mathrm{TPR} = \frac{\mathrm{TP}}{(\mathrm{TP} + \mathrm{FN})} \tag{26}$$

$$\mathrm{FPR} = \frac{\mathrm{FP}}{(\mathrm{FP} + \mathrm{TN})} \tag{27}$$

單音節曲線下面積(area under the curve of ROC, AUC)顯示於表三，實驗中的 AUC 是使用梯形法(trapezoid method)求得，從 DNN 結合 CNN 的模型(如表三的 C+D)之表現來看，TP 與 TN 都有所提升，而 FP 與 FN 也有明顯的下降，AUC 的部分相較 DNN 的 84.42%則進步了 2.28%達到約 86.70%，從圖七中可以清楚看到 DNN 與 CNN 結合之聲學模型的表現優於 CNN 與 DNN 各自使用；我們將圖七左上與右下之對角線相連求出

TPR 與假 FPR 相加趨近於 1 的點，該點所表示的 FPR 稱作相等錯誤率(equal error rate, EER)，在表三的 ROC 空間值個數(TP、TN、FP、FN)是利用該點求得；圖七可以發現 DNN 的 EER 為 21.67%，而經過結合的模型(如圖七的 C+D)可降低至 19.94%。在表四與圖八則是顯示雙音節的 ROC 空間值個數、ROC 曲線與 EER，圖八可以發現 DNN 的 EER 為 24.30%，而經過結合的模型(如圖八的 C+D)可降低至 23.08%；表四在 AUC 的部分可以觀察到模型結合後從 CNN 的 80.90%進步到 82.58%。

表三、單音節在分類器 LR 在不同聲學模型的 ROC 空間值(TP、TN、FP 與 FN)與曲線下面積(AUC)之比較

-	TP	TN	FP	FN	AUC (%)
DNN	9,609	2,896	805	2,658	84.42
CNN	9,569	2,880	821	2,698	84.02
C+D	9,821	2,967	734	2,446	86.70

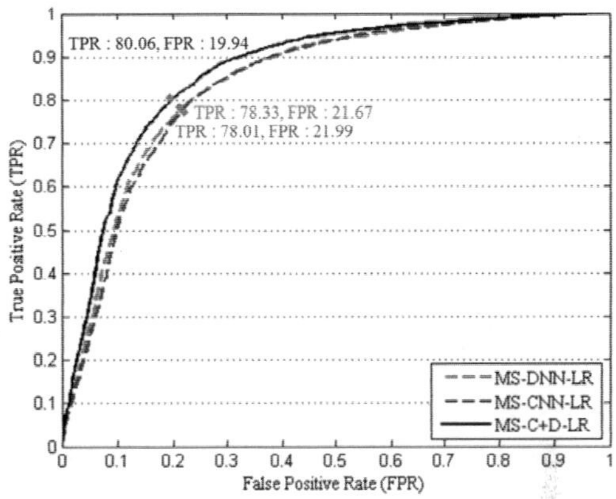

圖七、單音節在分類器 LR 在不同聲學模型的 ROC 曲線

表四、雙音節在分類器 LR 在不同聲學模型的 ROC 空間值(TP、TN、FP 與 FN)與曲線下面積(AUC)之比較

-	TP	TN	FP	FN	AUC (%)
DNN	921	185	61	301	80.90
CNN	925	186	60	297	81.18
C+D	940	189	57	282	82.58

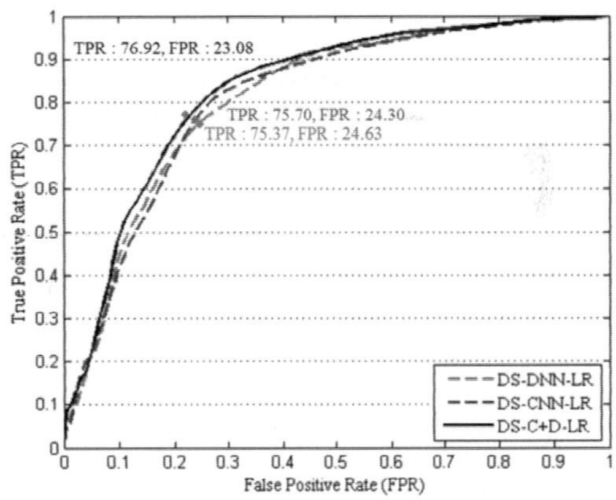

圖八、雙音節在分類器 LR 在不同聲學模型的 ROC 曲線

六、 結論與未來研究展望

本論文探討兩種聲學模型(DNN 和 CNN)以及它們的結合對於發音檢測效能的影響。另一方面，從實驗結果可以發現，本論文所使用的三種分類方法(GOP、SVM 和 LR)中無論是單音節或雙音節皆以 LR 表現最佳。雖然 DNN-LR 與 CNN-LR 兩種錯誤發音檢測模型之表現十分相近，但經過簡單的線性組合後依然可以在單音節錯誤發音檢測的召回率與精準度相同時得到 3.42%的進步並達到 67.23%的表現；同時，在雙音節錯誤發音檢測上，經過線性組合後也得到 1.51%的進步並提升至 55.98%。而 ROC 曲線在單音節

跟雙音節皆因為模型的結合使得 EER 與 AUC 的表現都有所提升。雖然 DNN-LR 與 CNN-LR 各自使用的結果並無明顯的差異，但結合時的效果卻出乎意料，這表示不同的聲學模型產生的發音檢測特徵可能具有互補性。希望在未來的研究中可以使用更好的聲學模型特徵(如鑑別式訓練後的聲學模型所產生的特徵)，除了聲學模型所提供的相似度值特徵外，未來嘗試加入韻律(prosodic)特徵並探討錯誤發音檢測結果的影響；另一方面希望探究不同結合方式與各式分類技術在錯誤發音檢測的表現，並且更詳細與廣泛地探討各種聲學模型所擷取的發音特徵之優缺點。

致謝

本論文之研究承蒙教育部－國立臺灣師範大學邁向頂尖大學計畫(104-2911-I-003-301)與行政院科技部研究計畫(MOST 104-2221-E-003-018-MY3, MOST 103-2221-E-003-016-MY2, NSC 103-2911-I-003-301)之經費支持，謹此致謝。

七、 參考文獻

[1] "40 million people worldwide study Chinese," http://english.people.com.cn/90001/90782/90872/7112508.html .

[2] W. Hu, Y. Qian, and F. Soong, "A DNN-based acoustic modeling of tonal language and its application to Mandarin pronunciation training," in *Proc. ICASSP*, pp. 3230–3234, 2013.

[3] G. Hinton, L. Deng, G.E. Dahl, A. Mohamed, N. Jaitly, A. Senior, V. Vanhoucke, P. Nguyen, T. Sainath, and B. Kingsbury, "Deep neural networks for acoustic modeling in speech recognition," *IEEE Signal Processing Magazine*, vol. 29, no. 6, pp. 82–97, Nov. 2012.

[4] Y. Bengio, "Practical recommendations for gradient-based ttraining of deep architectures," *Neural Networks: Tricks of the Trade*, K.R. Muller, G. Montavon, and G.B. Orr, eds., Springer 2013.

[5] D. E. Rumelhart, G.E. Hinton, and R. J. Williams, "Learning representations by back-propagating errors," *Nature*, 1986, vol. 323, pp. 533–536.

[6] O. Abdel-Hamid, A. Mohamed, H. Jiang, and G. Penn, "Applying convolutional neural networks concepts to hybrid NN-HMM model for speech recognition," in *Proc. ICASSP*, pp. 4277–4280, 2012.

[7] T. N. Sainath, A. Mohamed, B. Kingsbury, and B. Ramabhadran, "Deep convolutional neural networks for LVCSR," in *Proc. ICASSP*, pp. 8614–8618, 2013.

[8] H. Huang, H. Xu, X. Wang, and W. Silamu, "Maximum F1-score discriminative training criterion for automatic mispronunciation detection," *IEEE Trans. Audio, Speech, and Language Processing*, vol. 23, no. 5 pp. 787–797, April. 2015.

[9] H. Franco, L. Neumeyer, M. Ramos, and H. Bratt, "Automatic detection of phone-level mispronunciation for language learning," in *Proc. Eurospeech*, pp. 851–854, 1999.

[10] S. Witt and S. Young, "Phone-level pronunciation scoring and assessment for interactive language learning," *Speech Communication*, vol. 30, no. 2–3, pp. 95–108, 2000.

[11] F. Zhang, C. Huang, F. K. Soong, M. Chu, and R. H. Wang, "Automatic mispronunciation detection for Mandarin," in *Proc. ICASSP*, pp. 5077–5080, 2008.

[12] Y.B. Wang and L.S. Lee, "Improved approaches of modeling and detecting error patterns with empirical analysis for computer-aided pronunciation training," in *Proc. ICASSP*, pp. 5049–5052, 2012.

[13] Ito, A., Lim, Y., Suzuki, M., Makino, S., "Pronunciation error detection method based on

error rule clustering using a decision tree", in *Proc. EuroSpeech*, pp. 173–176, 2005.

[14] K. Truong, A. Neri, C. Cuchiarini, and H. Strik, "Automatic pronunciation error detection: an acoustic-phonetic approach," in *Proc. of the InSTIL/ICALL Symposium*, pp. 135–138, 2004.

[15] S. Wei, G. Hu, Y. Hu, and R. H. Wang, "A new method for mispronunciation detection using support vector machine based on pronunciation space models," *Speech Communication.*, vol. 51, no. 10, pp. 896–905, 2009.

[16] W. Hu, Y. Qian, F. K. Soong, and Y. Wang, "Improved mispronunciation detection with deep neural network trained acoustic models and transfer learning based logistic regression classifiers," *Speech Communication*, vol. 67, pp. 154–166, 2015.

[17] L. Neumeyer, H. Franco, M. Weintraub, and P. Price, "Automatic text-independent pronunciation scoring of foreign language student speech," in *Proc. Int. Conf. Spoken Lang. Process.*, pp. 1457–1460, 1996.

[18] L. Y. Chen and J. S. R. Jang, "Automatic pronunciation scoring using learning to rank and DP-based score segmentation," in *Proc. Interspeech*, pp. 761–764, 2010.

[19] L. Y. Chen and J. S. R. Jang, "Improvement in automatic pronunciation scoring using additional basic scores and learning to rank," in *Proc. Interspeech*, 2012.

[20] L. Y. Chen and J. S. R. Jang, "Automatic pronunciation scoring with score combination by learning to rank and class-normalized DP-based quantization," *IEEE Trans. Audio, Speech, and Language Processing*, vol. 23, no. 11 pp. 787–797, November. 2015.

[21] N. Jaitly, P. Nguyen, A. Senior, and V. Vanhoucke, "An application of pretrained deep neural networks to large vocabulary speech recognition," submitted for publication.

[22] L. Deng, G. Hinton, and B. Kingsbury, "New types of deep neural network learning for speech recognition and related applications: An overview," in *Proc. ICASSP*, 2013.

[23] X. Qian, H. Meng, and F. Soong, "The use of DBN-HMMs for mispronunciation detection and diagnosis in L2 English to support computer-aided pronunciation training," in *Proc. Interspeech*, pp. 775–778, 2012.

[24] Y. Ke. "Acoustic model optimization for automatic pronunciation quality assessment," in *Proc. ICMFI*, 2014.

[25] A. Krizhevsky, I. Sutskever, and G. Hinton, "ImageNet classification with deep convolutional neural networks," *Proc. Neural Information and Processing Systems*, 2012.

[26] O. Abdel-Hamid, A.R. Mohamed, H. Jiang, L. Deng, G. Penn, and D. Yu, "Convolutional neural networks for speech recognition," *IEEE/ACM Trans. Audio, Speech, Lang. Process.*, vol. 22, no. 10, pp. 1533–1545, Oct. 2014.

[27] Y. Le Cun and Y. Bengio, "Convolutional networks for images, speech, and time series," in *The Handbook of Brain Theory and Neural Networks*, M. A. Arbib, Ed. Cambridge, MA: MIT Press, pp. 255–258, 1995.

[28] D. Hau and K. Chen, "Exploring hierarchical speech representations using a deep convolutional neural network," in *Proc. UKCI*, 2011.

[29] D. Yu and L. Deng, "Automatic speech recognition - a deep learning approach", Springer, 2014.

[30] G. Hinton, L. Deng, G.E. Dahl, A. Mohamed, N. Jaitly, A. Senior, V. Vanhoucke, P. Nguyen, T. Sainath, and B. Kingsbury, "Deep neural networks for acoustic modeling in speech recognition," *IEEE Signal Processing Magazine*, vol. 29, no. 6, pp. 82–97, Nov. 2012.

[31] G. E. Dahl, M. Ranzato, A. Mohamed, and G. E. Hinton, "Phone recognition with the mean-covariance restricted boltzmann machine," in *Advances in Neural Information Processing Systems 23*, J. Lafferty, C. K. I. Williams, J. ShaweTaylor, R.S. Zemel, and A. Culotta, Eds. Cambridge, MA: MIT Press, pp. 469–477, 2010.

[32] R. Salakhutdinov and G.E. Hinton, "Deep boltzmann machines," in *Proc. AISTATS*, pp.

448-455, 2009.

[33] H. Lee, P. Pham, Y. Largman, and A. Ng, "Unsupervised feature learning for audio classification using convolutional deep belief networks," in *Advances in Neural Information Processing Systems 22*, Y. Bengio, D. Schuurmans, J. Lafferty, C. K. I. Williams, and A. Culotta, Eds. Cambridge, MA: MIT Press, pp. 1096–1104, 2009.

[34] A. Mohamed, G. Hinton, and G. Penn, "Understanding how deep belief networks perform acoustic modelling," in *Proc. ICASSP*, pp. 4273–4276, 2012.

[35] G. Dahl, D. Yu, L. Deng, and A. Acero, "Context-dependent pretrained deep neural networks for large-vocabulary speech recognition," *IEEE Trans. Audio Speech Lang. Processing*, vol. 20, no. 1, pp. 30–42, Jan. 2012.

[36] A. Mohamed, T. N. Sainath, G. E. Dahl, B. Ramabhadran, G. E. Hinton, and M. Picheny, "Deep belief networks using discriminative features for phone recognition," in *Proc. ICASSP*, pp. 5060–5063, 2011.

[37] D. H. Hubel and T. N. Wiesel, "Receptive fields, binocular in teraction, and functional architecture in the cat's visual cortex," *J. Physiology (London)*, vol. 160, pp. 106–154, 1962.

[38] J. Bouvrie, "Notes on convolutional neural networks," 2006.

[39] D. Scherer, A. Muller, and S. Behnke, "Evaluation of pooling operations in convolutional architectures for object recognition," in *Proc. ICANN*, pp. 92–101, 2010.

[40] Python – scikit-learn. http://scikit-learn.org/dev/index.html

[41] X. Qian, H. M. Meng, and F. K. Soong, "Discriminatively trained acoustic model for improving mispronunciation detection and diagnosis in computer-aided pronunciation training (CAPT)," in *Proc. Interspeech*, 2010.

[42] S. Wei, H. Wang, Q. Liu, and R. Wang, "CDF-matching for automatic tone error detection in Mandarin CALL system," in *Proc. ICASSP*, pp. 205–208, 2007.

[43] J. Cheng, "Automatic tone assessment of non-native Mandarin speakers," in *Proc. Interspeech*, pp. 1299–1302, 2013.

[44] D. Povey, A. Ghoshal, G. Boulianne, L. Burget, O. Glembek, N. Goel, M. Hannemann, P. Motl´ıcek, Y. Qian, P. Schwarz, J. Silovsky, G. Stemmer, and K. Vesely, "The kaldi speech recognition toolkit," in *Proc. IEEE ASRU*, 2011.

The 2015 Conference on Computational Linguistics and Speech Processing
ROCLING 2015, pp. 121-122

透過語音特徵建構基於堆疊稀疏自編碼器演算法之婚姻治療中夫妻互動行為量表自動化評分系統

Automating Behavior Coding for Distressed Couples Interactions based on Stacked Sparse Autoencoder Framework using Speech-acoustic Feature

陳柏軒 (Po-Hsuan Chen)，李祈均 (Chi-Chun Lee)

國立清華大學電機工程學系 (Department of Electrical Engineering, National Tsing Hua University)

人與人之間交談互動，常透過語言傳達彼此的想法，並在這交談過程中得知雙方的行為 反應。利用人為觀察來分析雙方行為反應，這種人為分析方式最早常應用在心理學和精神醫學方面 [2]。人為行為觀察已經相當的成功用於研究親密關係 [3][4]，因為夫妻的互動行為是影響親密關係程度的重要因素之一。然而使用人為觀察行為的方式長年存在根本問題，一方面太消耗時間，另一 面也主觀。 如果能透過電腦工程的方式來幫忙人為觀察將大大提升效率：即透過低層描述映射高層描述來預測與分析人類行為 [5]。這項研究領域是一個新興的領域分。人類行為信號處理 (Behavioral Signal Processing, BSP)目的在幫助連接信號處理技術與行為分析的跨領域學科，建立在 傳統的信號處理研究，如語音識別，面手部追蹤等等。相關顯著 BSP 研究已發產於以人為中心的提取音頻，視頻信號，來分析高階人類行為甚或是情感方面 [6][7]。 本論文利用 BSP 的基本思路應用在婚姻治療資料庫上面 [8]，婚姻治療資料庫會詳細說 明在第二章。這個資料庫紀錄了夫妻在一段對話中談述了他們所選擇婚姻中的問題。觀察評分者在根據他們一段話的種種行為根據兩分精神醫療行為量表進行評分(例如：幽默行為、悲傷行為展現程度等等)。 此篇論文延續上篇論文的研究內容來自動化分析夫妻一段對話的中個別行為分數[1]。一段語音經過訊號預處理，之後進行聲音特徵擷取(acoustic feature extraction)，再使用機器學習來作分類辨識， 得到最後的準確率。其中，特徵擷取和機器學習的算法都會影響最後的準確率，思考如何改進這些影響因素，對整體準確率的提升是一大重要的課題，也是我們提出這篇論文重點。 在特徵擷取方面，我們沿用三種低階語音特徵(Low Level Descriptors, LLDs)，語韻 (prosodic) LLDs、頻譜(spectrum) LLDs、 和音質(voice quality) LLDs。切割三種說話者說話區間(speaker domain)，丈夫說話區間、太太說話區間、和不分人說話區間。再來對應 各區間提取 20%語句，進行 7 種統計函數(functionals)，產生 2940 種低接原始特徵值。最後我們 利用非監督深度學習的做法來降維找出相對關鍵的主要特徵值表現。 深度學習在機器學習領域裡面是最近熱門的話題 [9]。深度學習可看成是一種資訊的表 達方式，利用多層神經網絡，第一層輸入的數據學習之後，產生新的組合輸出，輸出值 為第二層的輸入值，再經由學習產生新的輸出值，依此類推重覆把每層的資訊堆疊下去， 透過這樣多層學習，可以得到對一個目標值好的特徵表示，相對準確率就能有所提升。 至今存在多種深度學習框架如深度神經網路(DNN)、深度信念網路(DBN)和卷積神經網 路(CNN)已被應用在語音 [10]、影像辨識 [11]和手寫識別 [12]等等。我們利用深度學習中的堆疊稀疏自編碼器(stacked sparse autoencoder, SSAE) ，降低特徵 值維度，提升特徵值整體相關性，最後利用簡單 LR 辨識行為分數高低。此初期研究結果顯示整體行為平均準確率 75%較之前研究使用 40479 維特徵值結合支持向量器 (support vector machine) [1]提升了 0.9%。

参考文獻

[1] M. Black, A. Katsamanis, B. Baucom, C. Lee, A. Lammert, A. Christensen, P. Georgiou and S. Narayanan, 'Toward automating a human behavioral coding system for married couples' interactions using speech acoustic features', Speech Communication, vol. 55, no. 1, pp. 1-21, 2013.

[2] O'Brian, M.,John, R.S., Margolin, G., Erel, O., 'Reliability and diagnostic efficacy of parent's reports regarding children's exposure to martial aggression', vol. 9, pp. 45-62, 1994

[3] Karney, B.R., Bradbury, T.N., 'The longitudinal course of marital quality and stability: A review of theory, methods, and research. Psychol', Bull, vol. 118, pp. 3-34, 1995.

[4] Gonzaga, G.C., Campos, B., Bradbury, 'Similarity, convergence, and relationship satisfaction in dating and married couples', J.Personal. Soc. Psychol., vol. 93, pp. 34-48, 2007.

[5] Schuller, B., Batliner, A., Seppi, D., Steidl, S., Vogt, T., Wagner, J., Devillers, L., Vidrascu, L., Amir, N., Kessous, 'The relevance of feature type for automatic classification of emotional user states: Low level descriptors and functionals', In: Proc. Interspeech, Antwerp, Belgium, pp. 2253-2256, 2007.

[6] Burkhardt, F., Polzehl, T., Stegmann, J., Metze, F., Huber, R, 'Detecting real life anger', in: Proc. IEEE Int'l Conf. Acous., Speech, and Signal Processing, Taipei, Taiwan , pp.4761-4764, 2009.

[7] Devillers, L., Campbell, N., ' Special issue of computer speech and language on affective speech in real-life interactions', Comput. Speech Lang., vol. 25, pp. 1-3, 2011.

[8] Christensen, A., Atkins, D.C., Yi, J., Baucom, D.H., George, W.H., 'Couple and individual adjustment for 2 years following a randomized clinical trial comparing traditional versus integrative behavioral couple therapy', J. Consult. Clin. Psychol, vol. 72, pp. 176-191, 2004.

[9] G. Hinton, 'Reducing the Dimensionality of Data with Neural Networks', Science, vol. 313, no. 5786, pp. 504-507, 2006.

[10] G. Hinton, L. Deng, D. Yu, G. Dahl, A. Mohamed, N. Jaitly, A. Senior, V. Vanhoucke, P. Nguyen, T. Sainath and B. Kingsbury, 'Deep Neural Networks for Acoustic Modeling in Speech Recognition: The Shared Views of Four Research Groups', IEEE Signal Process. Mag., vol. 29, no. 6, pp. 82-97, 2012.

[11] E. Smirnov, D. Timoshenko and S. Andrianov, 'Comparison of Regularization Methods for ImageNet Classification with Deep Convolutional Neural Networks', AASRI Procedia, vol. 6, pp. 89-94, 2014

[12] Y. Perwej and A. chaturvedi, 'Machine recognition of Hand written Characters using neural networks', International Journal of Computer Applications, vol. 14, no. 2, pp. 6- 9, 2011.

The 2015 Conference on Computational Linguistics and Speech Processing
ROCLING 2015, pp. 123-135

語音增強基於小腦模型控制器

朱皓駿 Hao-Chun Chu， 李仲溪 Jung-Hsi Lee
方士豪 Shih-Hau Fang， 林志民 Chih-Min Lin
元智大學電機工程學系
Department of Electrical Engineering, Yuan Ze University
david4633221@gmail.com
{eejlee, shfang, cml}@saturn.yzu.edu.tw

張雲帆 Yun-Fan Chang， 曹昱 Yu Tsao
中央研究院資訊科技創新研究中心
Research Center for Information Technology Innovation, Academia Sinica
{she2113, yu.tsao}@citi.sinica.edu.tw

摘要

本文提出了一個小腦模型控制器(Cerebellar Model Articulation Controller, CMAC)應用於語音增強系統(Speech Enhancement System)，所提出的 CMAC 使用歸一化梯度下降法(Normalized Gradient Descent Method) 增加 CMAC 參數的自適應學習速度，具有比傳統類神經網路方法更快的學習速度、體積小且良好的泛化，因此更適合做高速的訊號處理。實驗方面，使用 CMAC 與 MMSE 做比較，為了比較性能，我們用了三種語音評估方法來做 CMAC 消除雜音及 MMSE 消除雜音後的數值比較，分別為(Perceptual Evaluation of Speech Quality, PESQ)、(Segmental Signal-to-Noise Ratio, SSNR)以及(Speech Distortion Index, SDI)。由實驗結果可知，在三種評估方法，CMAC 皆能達到較佳的結果。

Abstract

Traditionally, cerebellar model articulation controller (CMAC) is used in motor control, inverted pendulum robot, and nonlinear channel equalization. In this study, we investigate the capability of CMAC for speech enhancement. We construct a CMAC-based supervised speech enhancement system, which includes offline and online phases. In the offline phase, a paired noisy-clean speech dataset is prepared and used to train the parameters in a CMAC model. In the online phase, the trained CMAC model transforms the input noisy speech signals to enhanced speech signals with reduced noise components. To test the CMAC-based speech enhancement system, this study adopted three speech objective evaluation metrics, including perceptual evaluation of speech quality (PESQ), segmental signal-to-noise ratio (SSNR) and speech distortion index (SDI). A well-known traditional speech enhancement approach, minimum mean-square-error (MMSE) algorithm, was also tested performance for comparison. Experimental results demonstrated that CMAC provides superior performances to the MMSE method for all of the three objective evaluation metrics.

關鍵詞：小腦模型控制器，語音增強，最小均方誤差

Keywords: CMAC, Speech Enhancement, MMSE

一、簡介

語音訊號會由於背景雜音造成語音品質降低，語音增強系統(Speech Enhancement System)主要目的是減少雜音成分，從而提高訊雜比(SNR)。從吵雜語音中估計出乾淨語音是許多實際應用中非常重要的語音技術，如自動語音識別(Automatic Speech Recognition, ASR)和助聽器(Hearing Aids) [1, 2]等應用。語音增強算法大致分為兩類，即非監督(Unsupervised)和監督(Supervised)算法，非監督語音增強算法優點在於需要很少甚至不需要事先準備數據，一個好的非監督語音增強算法是利用頻譜恢復 [3]，頻譜恢復方法的目標是在頻域中估計出增益函數，以用來降低雜音，頻譜恢復的方法包括譜減法(Spectral Subtraction, SS) [4]和溫尼濾波器(Wiener Filtering) [5]，與他們的各種延伸 [6-9]。此外，另一些頻譜恢復的方法是推導出語音訊號和帶雜音訊號的概率模型(Probabilistic Models)，成功的例子包括最小均方誤差(MMSE)頻譜估計 [10-14]、最大事後頻譜振幅(Maximum A Posteriori Spectral Amplitude, MAPA)估計器 [15-18]和最大可能頻譜振幅(Maximum Likelihood Spectral Amplitude, MLSA)估計器 [19, 20]等。目的是用雜訊追蹤法(Noise Tracking)估計出雜訊的功率頻譜，常見的雜訊追蹤法如語音活動檢測(Voice Activity Detection, VAD)、最小統計法(Minimum Statistic, MS) [21, 22]等。得到雜訊功率頻譜後，即可得到事前訊雜比(a priori SNR)與事後訊雜比(a posteriori SNR)，根據這兩種訊雜比可以算出增益函數(Gain Function)，利用此增益函數做語音增強，即可估計出乾淨語音訊號頻譜。而監督語音增強算法需要事先混合雜音和乾淨語料，以便處理在線(Online)語音增強，成功的例子包括 Deep Neural Network(DNN) [23]、Deep Denoising Autoencoder(DDAE) [24]、Sparse Coding [25]及 Nonnegative Matrix Factorization(NMF) [26]語音增強算法等。本文提出的 CMAC 語音增強是採用監督算法。

近年來在語音增強系統(Speech Enhancement System)上有許多機器學習(Machine Learning)方法，如: DNN、Sparse Coding 及 NMF 等。本論文則使用 CMAC，近年 CMAC 較常應用在馬達控制 [27]、倒單擺機器人 [28]、MIMO [29]控制等，而在訊號處理方面，非線性信道均衡(Nonlinear Channel Equalization)以及雜訊消除(Noise Cancellation)系統上均有良好的效果 [30]，我們則研究此方法在語音增強系統(Speech Enhancement System)上的效果。由於在降噪的過程中可能會造成語音訊號失真，這會嚴重降低語音的品質，因此我們使用 SDI 評估方法來決定 CMAC 參數的調整，最後使用 SSNR 與 PESQ 評估語音訊雜比與語音品質。

小腦模型控制器(CMAC)被列為是非完全連接感知機(non-fully connected perceptron-like)聯想記憶網路(associative memory network)重疊接受域(receptive-field) [31]。它可以解決規模快速增長(fast size-growing)的問題，還有現有神經網路學習上的困難。傳統的 CMAC 使用局部性(local)固定二進制接受域(receptive-field)基礎函數，缺點是輸出中每個量化的狀態不變，不保留衍生的信息。學習時 CMAC 的輸入為帶雜訊語音，輸出為增強後乾淨語音，我們會記錄學習完成後的 CMAC 內的所有參數，在測試時直接使用這個 CMAC Model 亦可以把雜音消除。

本論文第二章介紹 CMAC 主架構，第三章介紹 CMAC 參數的自適應學習算法，第四章介紹實驗與評估方法，音檔處理過程以及 CMAC 消除雜音步驟，再探討 CMAC 各參數的設置會造成什麼影響，第五章結論。

二、CMAC 結構

CMAC 架構圖示於圖一(A)，是由一個輸入空間(Input space)，聯想記憶空間(Association memory space)，接受域空間(Receptive-field space)，權重儲存空間(Weight memory space)，輸出空間(Output space)組成，圖一(B)是由一個由二維情況下的圖解法。

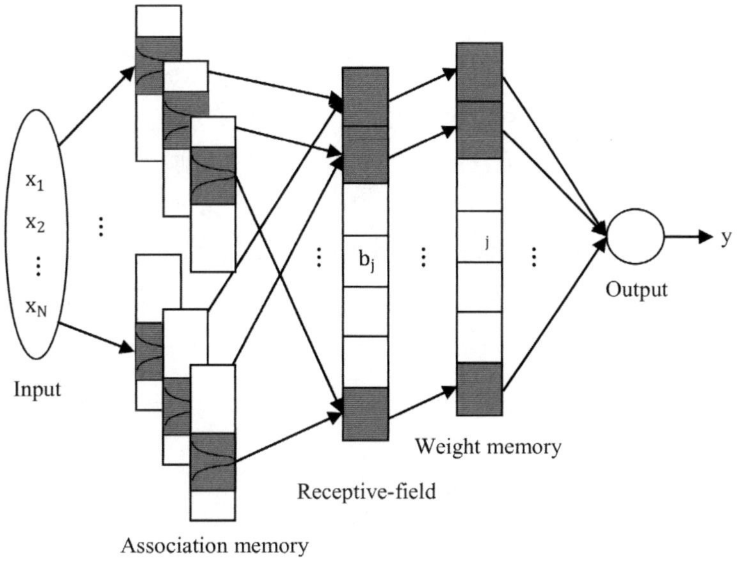

(A)

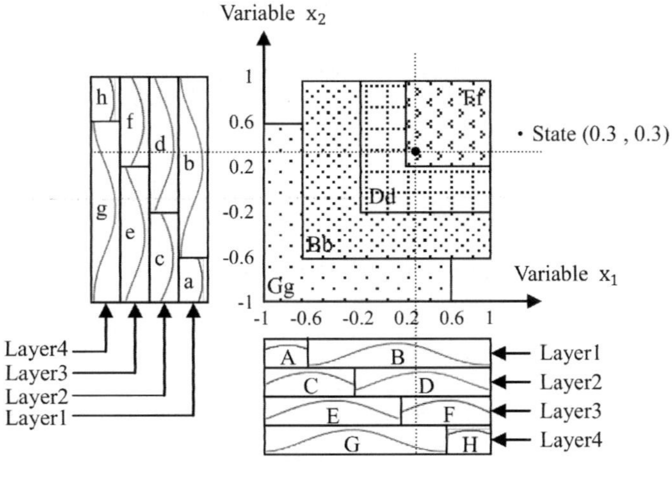

(B)

圖一、(A)CMAC 架構圖 (B)二維 CMAC 示意圖

1. 輸入空間(Input space)：輸入$x_i = [x_1, x_2, \cdots, x_N]^T \in R^N$，其中 N 是輸入維數，在圖一(B)上$N = 2$，$x_i$可以被量化到離散區域$N_e$，$N_e$被稱為元素數(Elements)，也可稱為分辨率，上界(Upper bound) = 1，下界(Lower bound) = -1，N_e在上界及下界中分割成 5 等份({-1, -0.6},{-0.6, -0.2},{-0.2, 0.2},{0.2, 0.6},{0.6, 1})，所以$N_e = 5$。本文 CMAC 架構設計時，元素數(N_e)除層數(Layer)需要餘 1。

2. 聯想記憶空間(Association memory space)：多個元素(Elements)可以累積為一個塊(N_B)，$N_B = \text{ceil}(N_e/\text{Layer})$，ceil 代表餘數無條件進位，通常$N_B \geq 2$，在圖一(B)上$N_B = 8$ (A, B, C, D, E, F, G, H)。N_A表示聯想記憶空間個數($N_A = N \times N_B$)。在每個塊(N_B)空間中，需要放入一個連續有界函數，它可以定義為三角形函數或小波函數或任意連續有界函數，在這裡聯想記憶函數是採用高斯函數，它可以表示為(1)式

$$\varphi_{ij} = \exp\left[\frac{-(x_i - m_{ij})^2}{\sigma_{ij}^2}\right] \quad \text{for} \quad j = 1,2,\cdots,N_B \quad \text{and} \quad i = 1,2,\cdots,N \tag{1}$$

其中m_{ij}和σ_{ij}分別為聯想記憶函數內第 i 個輸入的第 j 個塊的平均值及變異數，c_i是輸入訊號。

3. 接受域空間(Receptive-field space)：多個聯想記憶空間可以組成一個接受域空間，在本文中$N_B = N_R$，如圖一(B)是由兩個聯想記憶空間內相對應的兩個塊(N_B)組成一個接受域(N_R)，如 A 塊和 a 塊組成一個接受域(Aa)。第 j 個接受域函數表示為(2)式

$$b_j = \prod_{i=1}^{N} \varphi_{ij} = \exp\left[-\left(\sum_{i=1}^{N} \frac{(x_i - m_{ij})^2}{\sigma_{ij}^2}\right)\right] \tag{2}$$

接受域函數可以用向量的形式表示，如(3)式

$$\underline{b} = [b_1, b_2, \cdots, b_{N_R}]^T \tag{3}$$

4. 權重儲存空間(Weight memory space)：在接受域空間中的每個位置的權重調節值可表示為(4)式

$$\underline{\quad} = [\ _1,\ _2, \cdots,\ _{N_R}]^T \tag{4}$$

5. 輸出空間(Output space)：CMAC 的輸出是(3)式(4)式內的每個值相乘，最後加總起來，並表示為(5)式

$$y = \underline{\quad}^T \underline{b} = \sum_{j=1}^{N_R} \ _j b_j \tag{5}$$

如圖一(B)中，(State 點)的輸出值是接受域(Bb, Dd, Ff, Gg)乘上相對應的權重的總和。

三、自適性 CMAC 的學習算法

CMAC 的學習算法是考慮如何獲得梯度向量，在每個調節值的學習算法被定義為目標函數(Objective function)相對於輸入參數的導數，目標函數表示為(6)式

$$\mathrm{En}(k) = \frac{1}{2}(d(k) - y(k))^2 = \frac{1}{2}e^2(k) \tag{6}$$

其中誤差訊號$e(k) = d(k) - y(k)$，表示所希望的響應$d(k)$和濾波器輸出$y(k)$之間的誤差。在使用目標函數En時，根據歸一化梯度下降法可以衍生(7)式，使用連鎖律(Chain rule)方法獲得。

$$s(k+1) = s(k) + \mu_s e(k) P_s(k) \tag{7}$$

其中μ_s是學習率(Learning rate)，在(7)式中s可替換成　, m , σ，分別代表是權重、平均值、變異數的更新法，$P_s(k)$在(7)式中可以替換為

$$P_w(k) = \frac{\partial y}{\partial \ {}_{j}} = \left[\frac{\partial y}{\partial \ {}_{1}}, \cdots, \frac{\partial y}{\partial \ {}_{j}}, \cdots, \frac{\partial y}{\partial \ {}_{N_R}}\right]^T \tag{8}$$

$$P_m(k) = \frac{\partial y}{\partial m_{ij}} = \left[\frac{\partial y}{\partial m_{11}}, \cdots, \frac{\partial y}{\partial m_{N1}}, \cdots, \frac{\partial y}{\partial m_{1j}}, \cdots, \frac{\partial y}{\partial m_{Nj}}, \cdots, \frac{\partial y}{\partial m_{1N_R}}, \cdots, \frac{\partial y}{\partial m_{NN_R}}\right]^T \tag{9}$$

$$P_\sigma(k) = \frac{\partial y}{\partial \sigma_{ij}} = \left[\frac{\partial y}{\partial \sigma_{11}}, \cdots, \frac{\partial y}{\partial \sigma_{N1}}, \cdots, \frac{\partial y}{\partial \sigma_{1j}}, \cdots, \frac{\partial y}{\partial \sigma_{Nj}}, \cdots, \frac{\partial y}{\partial \sigma_{1N_R}}, \cdots, \frac{\partial y}{\partial \sigma_{NN_R}}\right]^T \tag{10}$$

最後$P_s(k)$可以推導成以下式子

$$\frac{\partial y}{\partial \ {}_{j}} = b_j \tag{11}$$

$$\frac{\partial y}{\partial m_{ij}} = \ {}_{j} b_j \frac{2(x_i - m_{ij})}{(\sigma_{ij})^2} \tag{12}$$

$$\frac{\partial y}{\partial \sigma_{ij}} = \ {}_{j} b_j \frac{2(x_i - m_{ij})^2}{(\sigma_{ij})^3} \tag{13}$$

四、實驗與評估

(一)、評估方法

在評估方面，我們用了三種語音評估方法來做 CMAC 及 MMSE 消除雜音的數值比較，分別為(Perceptual Evaluation of Speech Quality, PESQ)、(Segmental Signal-to-Noise Ratio, SSNR)以及(Speech Distortion Index, SDI)。

首先將簡單介紹這三種評估方法：

1. Perceptual Evaluation of Speech Quality (PESQ)的評價方法是以國際電信聯盟(ITU-T)標準為基礎，為一套客觀評價語音品質的方法，比較方法是比較"增強後語音"與"原始乾淨語音"之間的差異，PESQ 的分數範圍為 0.5 到 4.5 分，分數越高代表越接近原始乾淨語音。在本實驗是將"增強後語音的 PESQ"與"帶雜訊語音的 PESQ"相減，觀察語音品質的增加量，即分數越高越好。PESQ 可以表示為(14)式

$$\Delta \mathrm{PESQ} = \mathrm{PESQ}_{en} - \mathrm{PESQ}_{noise} \tag{14}$$

   其中PESQ_{en}是增強後語音的 PESQ，PESQ_{noise}是帶雜訊語音的 PESQ。

2. Segmental Signal-to-Noise Ratio (SSNR)為分段式訊號功率與雜訊功率的比，即點對點的差。本實驗是將"增強後語音的 SSNR"與"帶雜訊語音的 SSNR"相減，觀察語音

SNR 增加量，即分數越高越好。SSNR 可以表示為(15)式

$$\Delta SSNR = \frac{P_{clean}}{P_{en}} - \frac{P_{clean}}{P_{noise}} = \frac{A_{clean}^2}{A_{en}^2} - \frac{A_{clean}^2}{A_{noise}^2} \tag{15}$$

其中P_{clean}為乾淨語音功率，P_{en}為增強後語音功率，P_{noise}為帶雜訊語音功率，A_{clean}為乾淨語音振幅，以此類推。

3. Speech Distortion Index (SDI)是比較"增強後語音訊號"與"原始乾淨語音訊號"的能量差值，即計算增強後語音的失真量，本實驗是將"帶雜訊語音的 SDI"與"增強後語音的 SDI"相減，觀察語音失真值減少量，即分數越高越好。SDI 可以表示為(16)式

$$\Delta SDI = \frac{E[(S_{clean}[n] - S_{noise}[n])^2]}{E\,[S_{clean}^2[n]]} - \frac{E[(S_{clean}[n] - S_{en}[n])^2]}{E\,[S_{clean}^2[n]]} \tag{16}$$

其中$S_{clean}[n]$為原乾淨語音訊號，$S_{noise}[n]$為帶雜訊語音訊號，$S_{en}[n]$為增強後語音訊號。

(二)、實驗方法

在音源庫方面，我們用了三種不同的環境配合六種不同的訊雜比(SNR)，環境分別有仿人聲雜音(SSN)、車子雜音(Car)、粉紅雜音(Pink)，訊雜比分別有-5dB,0dB,5dB,10dB,15dB,20dB，總共 18 種不同的環境做語音增強。乾淨語音方面，我們使用 300 個相同語者而不同語音內容的音檔。且帶雜訊語音與乾淨語音每個音檔有 3 秒鐘，取樣率(Sampling rate)均為 8K。在製做語音時，我們把乾淨語音及帶雜訊語音先做正規化，如需 5dB 時，就把乾淨語音能量增強 5dB 與帶雜訊語音做結合；如需 10dB 時，就把乾淨語音能量增強 5dB 與帶雜訊語音能量降低 5dB 做結合。最後有 18×300 個帶雜訊語音音檔及 300 個乾淨語音音檔。

三種雜音類型：

1. 仿人聲雜音(SSN)：能量分佈平均，但在中頻有較高的能量分佈。
2. 車子雜音(Car)：在低頻有較高的能量，越往高頻能量分佈遞減。
3. 粉紅雜音(Pink)：能量分佈平均，但在低頻有較高的能量分佈。

頻譜圖(0dB)			
乾淨語音(Clean)	仿人聲雜音(SSN)	車子雜音(Car)	粉紅雜音(Pink)
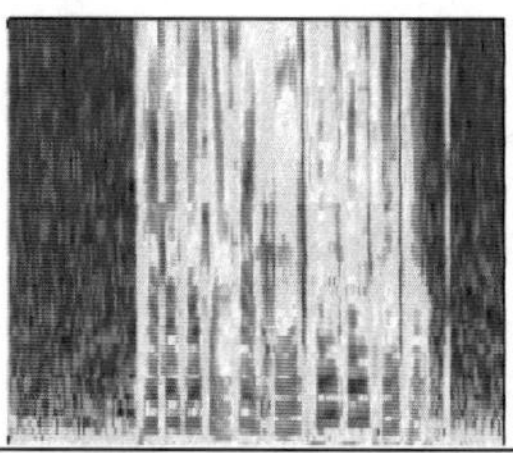	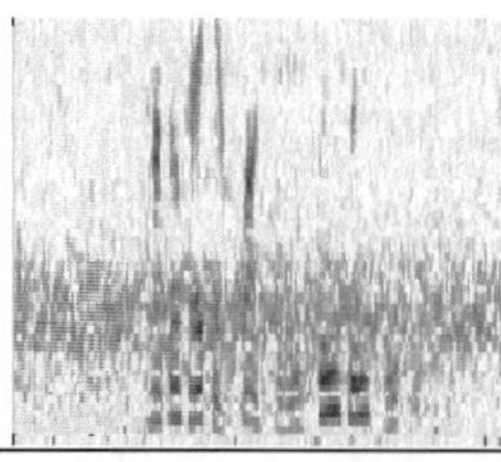	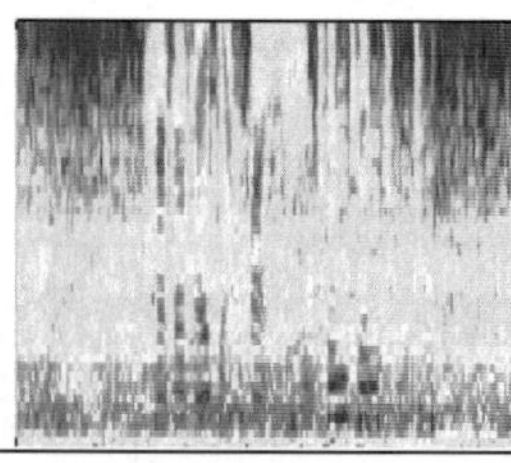	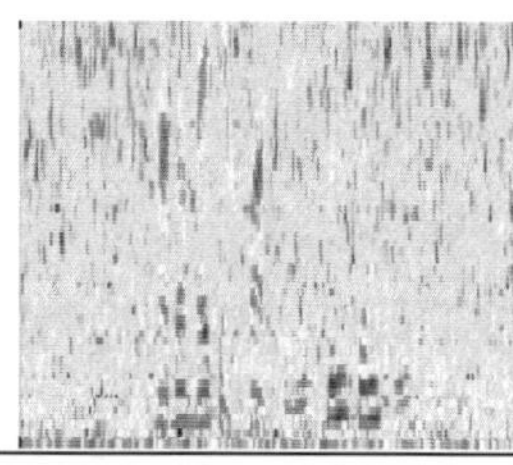

圖二、實驗語音頻譜圖(0dB)，顏色為藍色代表無能量，顏色越紅代表能量越大。

在實驗方面，先把乾淨語音及帶雜訊語音取音框(Framing)，因為語音訊號是連續時變(Time-varying)，取完音框後，可將語音訊號視為一個固定週期的訊號，以利於處理，本實驗中我們的音框是 32 毫秒(256/8K)。而後將每個音框的訊號乘上一個固定長度的視窗(Hamming Window)，主要的目的為強調視窗中間的主要訊號，並壓抑視窗兩側的訊號。之後將帶雜訊語音訊號做快速傅立葉轉換(Fast Fourier Transform, FFT)，得到 256 個值，256 個值再轉到梅爾頻率域(Mel-frequency domain)上壓縮成 80 個值。實驗時，使用其中 250 個帶雜訊語音做訓練語料(Training)，另外 50 個帶雜訊語音做測試語料(Test)。訓練時，將 250 個帶雜訊語音串在一起(同環境且同訊雜比的音檔)成數據庫，而後隨機抽取其中 80000 點當訓練數據，因為語音是二維的，所以總共有 80(頻域)×80000(訓練數據)點的訓練數據，乾淨語音則沒有不同訊雜比的狀況，但處理亦相同，同樣有 80(頻域)×80000(訓練數據)點的訓練數據，帶雜訊語音及乾淨語音的所有點是互相對應，點對點做學習，每一個頻率學習出一組 CMAC Model，總共學習出 80 組 CMAC Model，每一組 CMAC Model 用 80000 筆訓練數據學習，CMAC Model 內的資訊有高斯函數的平均值(m_{ij})、變異數(σ_{ij})以及權重值($_j$)。測試時，50 個帶雜訊語音同樣使用快速傅立葉轉換(Fast Fourier Transform, FFT)，頻域壓縮成 80，而後輸入對應頻率上的 CMAC Model 後將會消除雜音還原成乾淨訊號，再經由快速傅立葉逆轉換(Inverse Fast Fourier Transform, IFFT)轉回時域上，即可得到增強後的乾淨語音訊號。圖三為 CMAC 語音增強系統方塊圖，N (n)為乾淨語音訊號加上雜訊訊號，$\hat{N}$ (n)為帶雜訊語音訊號經由 FFT 後的訊號，y(n)為 CMAC 輸出訊號，e(n) = (n) − y(n)為誤差訊號，如果e(n)為零代表 CMAC 輸出訊號等於乾淨語音訊號，$\hat{y}$(n)為 CMAC 輸出訊號經由 IFFT 後還原的訊號。

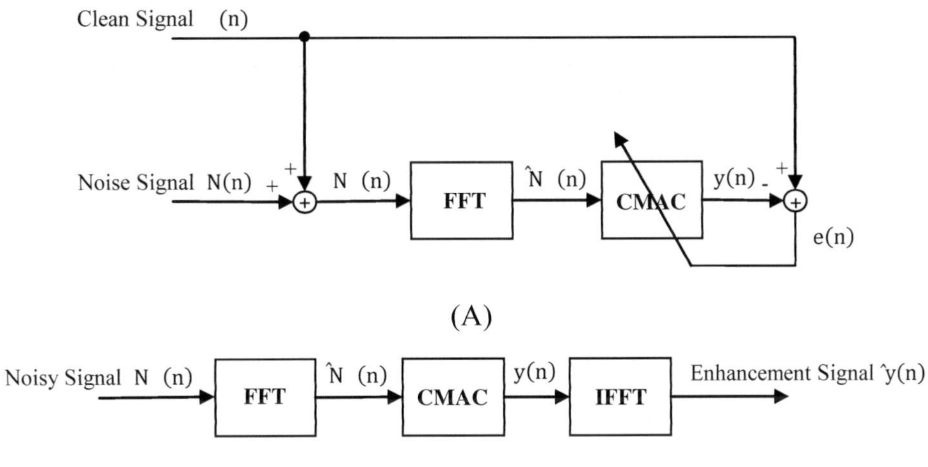

圖三、CMAC 語音增強系統方塊圖 (A)訓練 (B)測試

(三)、CMAC 與 MMSE 方法比較

將實驗中處理效果最好的 CMAC 設定與 MMSE 方法做比較。
在本實驗中 CMAC 特徵如下：

1. 層數(Layer)：3(Layer)
2. 上界(Upper bound)：6；下界(Lower bound)：−6
3. 一層內的塊數(N_B)：$\text{ceil}(106N_e/3\text{Layer}) = 36$
4. 接受域數(N_R)：塊數(N_B)
5. 聯想記憶空間函數：$\varphi_{ij} = \exp\left[-(x_i - m_{ij})^2/\sigma_{ij}^2\right]$ for $i = 1$ and $j = 1, \cdots, N_R$

其中 ceil 代表餘數無條件進位。上界和下界需要包含所有語音訊號參數，事前要先偵測語音訊號參數的範圍。高斯函數的平均值初始值(m_{ij})設置是自動調整在每塊(N_B)的正中間，變異數初始值(σ_{ij}) = 1，權重初始值($_j$) = 0。學習率$\mu_s = \mu_w = \mu_m = \mu_\sigma = 0.05$。表一至表三為 CMAC 與 MMSE 方法使用三種語音評估方法比較效果。

表一、 CMAC 方法及 MMSE 方法的ΔPESQ 效果比較

Evaluations	ΔPESQ					
SNR (dB)	SSN noise		Car noise		Pink noise	
	CMAC	MMSE	CMAC	MMSE	CMAC	MMSE
-5	**0.141**	0.006	**0.492**	0.228	**0.442**	0.061
0	**0.387**	-0.263	**0.511**	0.291	**0.679**	0.329
5	**0.678**	-0.308	**0.552**	0.315	**0.788**	0.467
10	**0.808**	0.041	**0.576**	0.339	**0.800**	0.484
15	**0.852**	0.152	**0.559**	0.352	**0.776**	0.456
20	**0.820**	0.123	**0.532**	0.289	**0.687**	0.415
Ave.	**0.614**	-0.042	**0.537**	0.302	**0.695**	0.369

表二、CMAC 方法及 MMSE 方法的ΔSSNR 效果比較

Evaluations	ΔSSNR					
SNR (dB)	SSN noise		Car noise		Pink noise	
	CMAC	MMSE	CMAC	MMSE	CMAC	MMSE
-5	**14.618**	4.635	**13.221**	7.703	**12.619**	8.021
0	**13.523**	4.344	**12.728**	7.173	**10.919**	7.400
5	**11.550**	3.811	**10.528**	6.262	**8.843**	6.437
10	**9.536**	3.015	**8.806**	5.034	**7.583**	5.066
15	**8.061**	2.020	**7.125**	3.597	**5.957**	3.429
20	**6.228**	0.940	**6.145**	2.014	**4.134**	1.716
Ave.	**10.586**	3.128	**9.759**	5.297	**8.343**	5.345

表三、 CMAC 方法及 MMSE 方法的ΔSDI 效果比較

Evaluations	ΔSDI					
SNR (dB)	SSN noise		Car noise		Pink noise	
	CMAC	MMSE	CMAC	MMSE	CMAC	MMSE
-5	**1.680**	0.110	**1.223**	0.118	**1.008**	0.051
0	**0.717**	0.063	**0.715**	0.046	**0.381**	0.017
5	**0.244**	0.023	**0.216**	-0.008	**0.120**	-0.009
10	**0.070**	0.003	**0.060**	-0.023	**0.030**	-0.022
15	**0.016**	-0.004	**0.012**	-0.022	**0.003**	-0.022
20	**-0.001**	-0.005	**-0.001**	-0.017	**-0.005**	-0.018
Ave.	**0.454**	0.032	**0.371**	0.016	**0.256**	-0.001

頻譜圖(Enhancement 0dB)		
仿人聲雜音(SSN)	車子雜音(Car)	粉紅雜音(Pink)
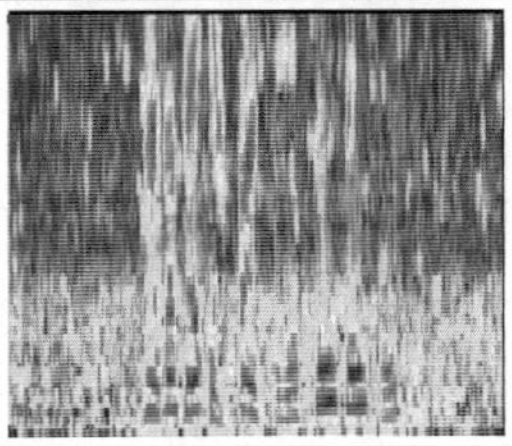	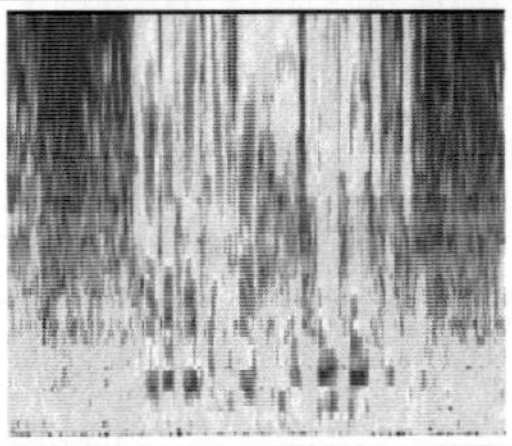	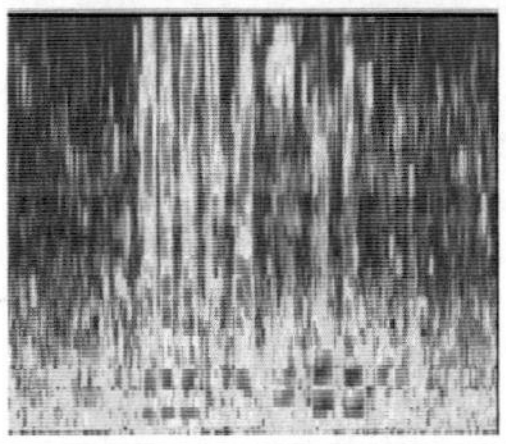

圖四、增強後語音頻譜圖(0dB)

在ΔSDI 評估方法中，可以觀察到三種雜音在 20dB 處有失真量增大的情形，但在ΔSSNR 評估方法中，20dB 處能有效提升訊雜比，由此可知每種評估方法量測的準則不一樣。CMAC 方法皆能達到比 MMSE 較佳的結果，在品質(ΔPESQ)中仿人聲雜音(SSN)平均提升 0.656、車子雜音(Car)平均提升 0.235、粉紅雜音(Pink)平均提升 0.326。在訊雜比(ΔSSNR)中仿人聲雜音(SSN)平均提升 7.458dB、車子雜音(Car)平均提升 4.462dB、粉紅雜音(Pink)平均提升 2.998dB。在失真量(ΔSDI)中仿人聲雜音(SSN)平均減少 0.422、車子雜音(Car)平均減少 0.355、粉紅雜音(Pink)平均減少 0.257。圖四為 SNR 在 0dB 時，語音增強後的頻譜圖，比較圖二可以看出 CMAC 語音增強系統在對付噪音有明顯改善。

(四)、同時學習所有訊雜比

本實驗目的在於實際應用中，我們無法得知當下環境的訊雜比(dB)，所以本實驗是同時學習同個環境中所有訊雜比(dB)的雜音，觀察在三種環境中的語音增強效果。
在本實驗中 CMAC 特徵如下：

1. 層數(Layer)：3(Layer)
2. 上界(Upper bound)：6；下界(Lower bound)：-6
3. 一層內的塊數(N_B)：$\text{ceil}(106N_e/3\text{Layer}) = 36$
4. 接受域數(N_R)：塊數(N_B)
5. 聯想記憶空間函數：$\varphi_{ij} = \exp\left[-(x_i - m_{ij})^2/\sigma_{ij}^2\right]$ for $i = 1$ and $j = 1, \cdots, N_R$

其中 ceil 代表餘數無條件進位。上界和下界需要包含所有語音訊號參數，事前要先偵測語音訊號參數的範圍。高斯函數的平均值初始值(m_{ij})設置是自動調整在每塊(N_B)的正中間，變異數初始值(σ_{ij}) = 1，權重初始值($_j$) = 0。學習率$\mu_s = \mu_w = \mu_m = \mu_\sigma = 0.05$。表四至表六為 CMAC 方法的三種語音評估數據。

表四、三種雜音的ΔPESQ 效果比較

ΔPESQ			
SNR(dB)	SSN noise	Car noise	Pink noise
-5	-0.185	0.570	0.375
0	0.134	0.539	0.568
5	0.299	0.478	0.566
10	0.295	0.333	0.449
15	0.156	0.112	0.284
20	-0.006	-0.169	0.102
Ave.	0.116	0.310	0.391

表五、三種雜音的ΔSSNR 效果比較

ΔSSNR			
SNR(dB)	SSN noise	Car noise	Pink noise
-5	11.919	11.920	9.216
0	12.325	12.196	9.626
5	11.217	9.908	8.637
10	8.932	6.829	6.375
15	5.438	3.183	3.216
20	1.268	-0.825	-0.543
Ave.	8.517	7.202	6.088

表六、三種雜音的ΔSDI 效果比較

ΔSDI			
SNR(dB)	SSN noise	Car noise	Pink noise
-5	1.567	1.197	0.957
0	0.645	0.690	0.362
5	0.198	0.169	0.097
10	0.007	-0.035	-0.014
15	-0.094	-0.125	-0.058
20	-0.165	-0.169	-0.084
Ave.	0.360	0.288	0.210

在 SDI 評估方法中，可以觀察到在較高 SNR 情況下有失真的情形，明顯降低處理效果，因為背景雜音差異量太大，CMAC 無法適應到所有 SNR(dB)均適合的轉移函數，但比較表一至表三中 MMSE 方法的實驗數據，CMAC 方法還是略贏 MMSE 方法。

五、結論

本文我們提出一個 CMAC 語音增強系統，以消除語音訊號的背景雜音，在此我們研究 CMAC 方法在不同類型的環境雜音中的處理能力，以及 CMAC 架構中數值設定的規範。根據歸一化梯度下降法增加了 CMAC 參數學習速度。為了更穩定加快學習速度，如自適性的學習率將是我們今後的研究。在低訊雜比(dB)的情況下，ΔPESQ、ΔSSNR 及ΔSDI 語音頻估方法均可以看出有較佳的處理效能。我們進一步與 MMSE 相比，在不同類型的環境雜音中，CMAC 方法均有較佳的結果。

參考文獻

[1] T. Venema, *Compression for Clinicians*, Thomson Delmar Learning, 2006, Chapter 7.

[2] H. Levitt, "Noise reduction in hearing aids: An overview," *Journal of Rehabilitation Research and Development*, vol. 38, pp. 111-121, 2001.

[3] J. Chen, *Fundamentals of Noise Reduction*, Springer Handbook of Speech Processing, 2008, Chapter 43.

[4] S. Boll, "Suppression of acoustic noise in speech using spectral subtraction," *IEEE Transactions, Acoustics, Speech and Signal Processing*, vol. 27, pp. 113-120, 1979.

[5] P. Scalart and J. V. Filho, "Speech enhancement based on a priori signal to noise estimation," *Proceedings ICASSP*, pp. 629-632, 1996.

[6] Y. Lu and P. C. Loizou, "A geometric approach to spectral subtraction," *ELSEVIER, Speech Communication*, vol. 50, pp. 453-466, 2008.

[7] J. Li, S. Sakamoto, S. Hongo, M. Akagi and Y. Suzuki, "Adaptive β-order generalized spectral subtraction for speech enhancement," *ELSEVIER, Signal Processing*, vol. 88, pp. 2764-2776, 2008.

[8] Y. Ephraim and H. L. V. Trees, "A signal subspace approach for speech enhancement," *IEEE Transactions, Speech and Audio Processing*, vol. 3, pp. 251-266, 1995.

[9] U. Mittal and N. Phamdo, "Signal/noise KLT based approach for enhancing speech degraded by colored noise," *IEEE Transactions, Speech and Audio Processing*, vol. 8, pp. 159-167, 2000.

[10] Y. Ephraim and D. Malah, "Speech enhancement using a minimum mean-square error short-time spectral amplitude estimator," *IEEE Transactions, Acoustics, Speech and Signal Processing*, vol. 32, pp. 1109-1121, 1984.

[11] I. Y. Soon, S. N. Koh and C. K. Yeo, "Improved noise suppression filter using self-adaptive estimator of probability of speech absence," *ELSEVIER, Signal Processing*, vol. 75, pp. 151-159, 1999.

[12] R. Martin, "Speech enhancement based on minimum mean-square error estimation and supergaussian priors," *IEEE Transactions, Speech and Audio Processing*, vol. 13, pp. 845-856, 2005.

[13] J. H. L. Hansen, V. Radhakrishnan and K. H. Arehart, "Speech enhancement based on generalized minimum mean square error estimators and masking properties of the auditory system," *IEEE Transactions, Audio, Speech, and Language Processing*, vol. 14, pp. 2049-2063, 2006.

[14] D. Malah, R. V. Cox and A. J. Accardi, "Tracking speech-presence uncertainty to improve speech enhancement non-stationary noise environments," *Proceedings ICASSP*, pp. 789-792, 1999.

[15] E. Plourde and B. Champagne, "Auditory-based spectral amplitude estimators for speech enhancement," *IEEE Transactions, Audio, Speech, and Language Processing*, vol. 16, pp. 1614-1622, 2008.

[16] T. Lotter and P. Vary, "Speech enhancement by MAP spectral amplitude estimation using a super-Gaussian speech model," *EURASIP, Applied Signal Processing*, vol. 7, pp. 1110-1126, 2005.

[17] S. Suhadi, C. Last and T. Fingscheidt, "A data-driven approach to a priori SNR estimation," *IEEE Transactions, Audio, Speech, and Language Processing*, vol. 19, pp. 186-195, 2011.

[18] Z. Xin, P. Jancovic, L. Ju and M. Kokuer, "Speech signal enhancement based on MAP algorithm in the ICA space," *IEEE Transactions, Signal Processing*, vol. 56, pp. 1812-1820, 2008.

[19] R. McAulay and M. Malpass, "Speech enhancement using a soft-decision noise suppression filter," *IEEE Transactions, Acoustics, Speech and Signal Processing*, vol. 28, pp. 137-145, 1980.

[20] U. Kjems and J. Jensen, "Maximum likelihood based noise covariance matrix estimation for multi-microphone speech enhancement," *Proceedings EUSIPCO*, pp. 295-299, 2012.

[21] R. Martin, "Spectral subtraction based on minimum statistics," *Proceedings EUSIPCO*, pp. 1182-1185, 1994.

[22] R. Martin, "Noise power spectral density estimation based on optimal smoothing and minimum statistics," *IEEE Transactions, Speech and Audio Processing*, vol. 9, pp. 504-512, 2001.

[23] Y. Xu, J. Du, L.-R. Dai and C.-H. Lee, "An experimental study on speech enhancement based on deep neural networks," *IEEE Signal Processing Letters*, vol. 21, pp. 65-68, 2014.

[24] X. Lu, Y. Tsao, S. Matsuda and C. Hori, "Speech enhancement based on deep denoising autoencoder," *Interspeech 2013*, pp. 436-440, 2013.

[25] C. D. Sigg, T. Dikk and J. M. Buhmann, "Speech enhancement using generative dictionary learning," *IEEE Transactions, Audio, Speech, and Language Processing*, vol. 20, pp. 1698-1712, 2012.

[26] K. Wilson, B. Raj, S. Paris and A. Divakaran, "Speech denoising using nonnegative matrix factorization with priors," *Proceedings ICASSP*, pp. 4029-4032, 2008.

[27]R.-J. Wai, C.-M. Lin and Y.-F. Peng, "Adaptive hybrid control for linear piezoelectric ceramic motor drive using diagonal recurrent CMAC network," *IEEE Transactions, Neural Networks*, vol. 15, pp. 1491-1506, 2004.

[28]C.-M. Lin and T.-Y. Chen, "Self-Organizing CMAC Control for a Class of MIMO Uncertain Nonlinear Systems," *IEEE Transactions, Neural Networks*, vol. 20, pp. 1377-1384, 2009.

[29]C.-M. Lin, L.-Y. Chen and C.-H. Chen, "RCMAC hybrid control for MIMO uncertain nonlinear systems using sliding-mode technology," *IEEE Transactions, Neural Networks*, vol. 18, pp. 708-720, 2007.

[30]C.-M. Lin, L.-Y. Chen and D. S. Yeung, "Adaptive filter design using recurrent cerebellar model articulation controller," *IEEE Transactions, Neural Networks*, vol. 19, pp. 1149-1157, 2010.

[31]J. S. Albus, "A new approach to manipulator control: the cerebellar model articulation controller (CMAC)," *ASME Journal of Dynamic Systems, Measurement, and Control*, vol. 97, pp. 228-233, 1975.

The 2015 Conference on Computational Linguistics and Speech Processing
ROCLING 2015, pp. 136-147

類神經網路訓練結合環境群集及專家混合系統於強健性語音辨識

徐家鏞 Chia-Yung Hsu[1]、王家慶 Jia-Ching Wang[1]、曹昱 Yu Tsao[2]

[1] 國立中央大學資訊工程學系
Department of Computer Science and Information Engineering, National Central University
[2] 中央研究院資訊科技創新研究中心
Research Center for Information Technology Innovation, Academia Sinica

摘要

近年來，類神經網路 (Neural Network) 在語音辨識上的研究有著豐碩的成果，有效地減少環境以及語者變異對語音訊號造成的影響，大幅提升辨識率，但系統的語音辨識能力仍有改善空間。本論文即提出新的自動語音辨識系統架構，結合 Environment Clustering (EC)、Mixture of Experts 與類神經網路以進一步提升系統效能。我們將辨識系統分為 Offline 與 Online 兩階段：Offline 階段依據聲學特性將整個訓練資料集分割成多個子訓練資料集，並建立各子訓練資料集的類神經網路(以類神經子網路稱之)。Online 階段則使用 GMM-gate 來控制類神經子網路的輸出。新提出的系統架構保留子訓練資料集的聲學特性，強健語音辨識系統。實驗上，我們使用 Aurora 2 連續數字語音資料庫，依據字錯誤率(word error rate, WER)比較我們提出的語音辨識系統架構與傳統以類神經網路建立的辨識系統，平均字錯誤率進步 5.9% ，由 5.25%降低至 4.94%。

Abstract

Recently, automatic speech recognition (ASR) using neural network (NN) based acoustic model (AM) has achieved significant improvements. However, the mismatch (including speaker and speaking environment) of training and testing conditions still confines the applicability of ASR. This paper proposes a novel approach that combines the environment clustering (EC) and mixture of experts (MOE) algorithms (thus the proposed approach is termed EC-MOE) to enhance the robustness of ASR against mismatches. In the offline phase, we split the entire training set into several subsets, with each subset characterizing a specific speaker and speaking environment. Then, we use each subset of training data to prepare an NN-based AM. In the online phase, we use a Gaussian mixture model (GMM)-gate to determine the optimal output from the multiple NN-based AMs to render the final recognition results. We evaluated the proposed EC-MOE approach on the Aurora 2 continuous digital speech recognition task. Comparing to the baseline system, where only a single NN-based AM is used for recognition, the proposed approach achieves a clear word error rate (WER) reduction of 5.9 % (5.25% to 4.94%).

關鍵詞：Neural Network，強健性語音辨識，環境群集，專家混合系統

Keywords: Neural Network, Robust Speech Recognition, Environment Clustering, and Mixture of Experts.

一、簡介

雖然語音辨識系統在安靜環境下可以達到不錯的辨識率，但是在實際應用上，由於環境噪音(environment noise)產生的加成性雜訊(additive noise)及通道失真(channel distortion)產生的卷積性雜訊(convolutive noise)等情況，造成訓練及測試語料的環境不匹配問題，限制語音辨識系統的效能。

欲解決上述的不匹配問題，在模型空間(model space)的處理中有許多模型調適(model adaptation)的方式，例如最大後驗機率估計(maximum a posteriori estimation)[1]、最大似然線性迴歸(maximum likelihood linear regression)[2]、最小分類錯誤線性回歸(minimum classification error linear regression)[3]等等。

在強健性語音辨識上已經有許多使用研究使用類神經網路，例如，在環境不匹配的情況下使用線性轉換強健模型[4][5]；結合 GMM-HMM 與 DNN-HMM 進行輸出[6]；類神經網路產生分別為目標訊號與干擾訊號的兩個輸出，使用分離的結果進行辨識[7]等等許多方式。在這些相關研究中，都是使用同一個類神經網路來處理所有環境的情況。在整體學習(ensemble learning)的相關研究中，有使用 bagging[8]或是 boosting[9]等等方式，這裡我們使用基於 Environment Clustering (EC)[10]及 Mixture of Experts[11]的架構來訓練多個類神經網路，並在最後選擇一個適當的類神經網路進行輸出。

在接下來的內容，第二章將介紹整個語音辨識的主要流程以及一些相關的研究方法。第三章將介紹本篇論文的系統架構。第四章為實驗的部分，此章節包含介紹實驗語料與實驗設定、baseline 系統以及本論文系統的 Word Error Rate (WER)。第五章為此研究的結論。

二、語音辨識流程及相關研究方法介紹

在此章節中我們將簡單介紹基本的語音辨識流程，及辨識中所使用的高斯混合模型(Gaussian Mixture Model，GMM) 與類神經網路(Neural Network)。

(一)、語音辨識流程

圖一為一個基本的語音辨識流程，可分為訓練及測試階段。首先擷取語音訊號的特徵(feature extraction)，如梅爾倒頻譜係數(Mel-Frequency Cepstral Coefficients, MFCC)；接著利用擷取的語音特徵在訓練階段訓練模型(model training)，或在測試階段解碼(decode)為文字。訓練階段將產生聲學模型(acoustic model)及語言模型(language model)，並供給測試階段解碼使用。此外，目前訓練聲學模型的方式主要為 GMM 與類神經網路，將於下一節介紹。

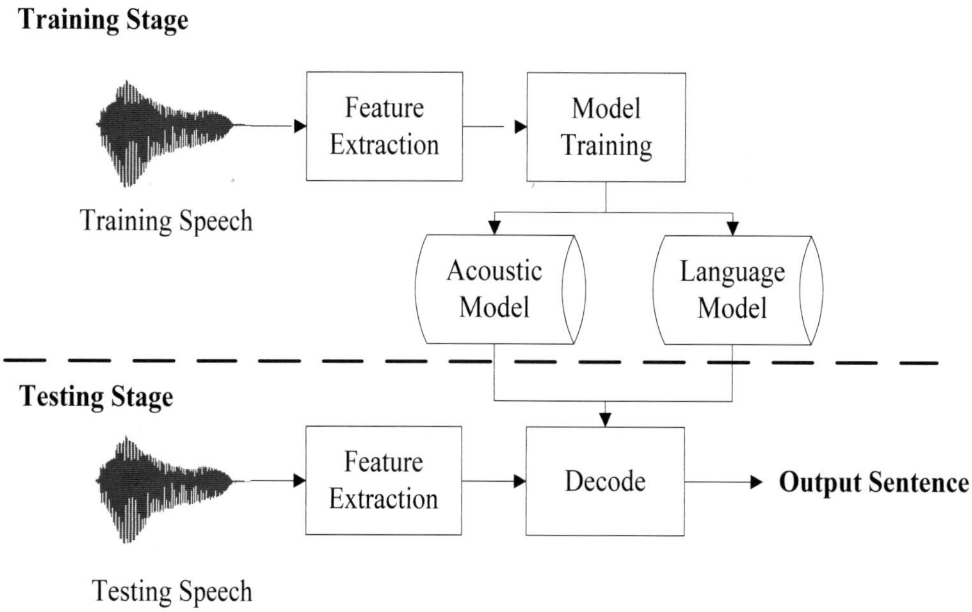

圖一、語者辨識流程圖

(二)、高斯混合模型(Gaussian Mixture Model, GMM)

高斯混和模型是用來模擬複雜資料分布的機率模型。一個高斯混合模型為 K 個高斯機率密度函數的加權總合，如式(1)。

$$p(x \mid \phi) = \sum_{k=1}^{K} \lambda_k N(x \mid \mu_k, \Sigma_k) \tag{1}$$

其中

$$N(x \mid \mu_\mathrm{k}, \Sigma_\mathrm{k}) = \frac{1}{(2\pi)^{\frac{d}{2}} \left|\Sigma_\mathrm{k}\right|^{\frac{1}{2}}} \mathrm{e}^{\frac{-1}{2}(x-\mu_k)^T (\Sigma_k)^{-1} (x-\mu_k)} \tag{2}$$

另外，$\phi = (u_k, \Sigma_k)_{k=1}^{K}$ 為各個高斯的參數，u_k 及 Σ_k 分別為第 k 個高斯成分(Component)的平均(mean)及共變異矩陣(covariance matrix)。λ_k 為第 k 個高斯成分的先驗機率，並且滿足：

$$\sum_{k=1}^{K} \lambda_k = 1 \quad and \quad \lambda_k \geq 0 \tag{3}$$

高斯混合模型的參數，可以使用 EM 演算法(Expectation-Maximization algorithm)，經過 Expectation 步驟及 Maximization 步驟的疊代來進行模型參數的估計。

(三)、類神經網路

類神經網路 (Neural Network，NN)是一種模擬生物大腦的機器學習(machine learning)模型。構成一個類神經網路的基本元素為神經元(neuron)，如圖二所示。一個神經元的結構，是由多個輸入經過線性組合，並經過激發函數(activation function)後產生輸出 y 。

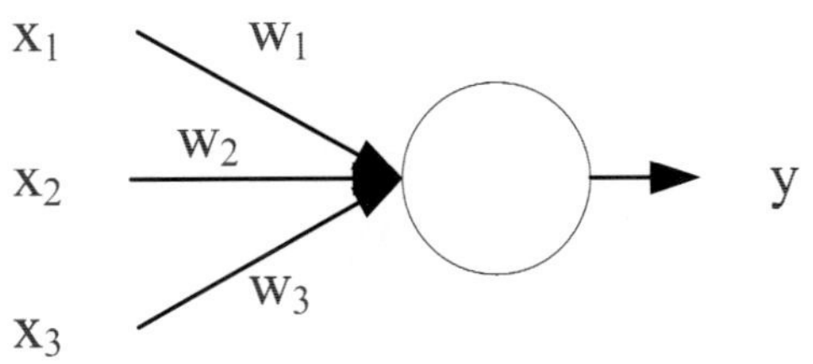

圖二、神經元示意圖

可由式(4)表示：

$$y = f(\sum_i x_i w_i + b) \tag{4}$$

其中 $\{x_i \mid i = 1, 2, ..., n\}$ $\{x_i|i = 1,2,\cdots N\}$ 為輸入資料、$\{\ w_i|\ i=1, 2, ...\ ,n\}$ 為權重值 (weight) ，代表由資料x_i進入神經元的權重；b 為偏移量(bias)，最後， $f(\cdot)$ 為激發函數。

常見的激發函數有：

$$\text{Sigmoid：}\ f(x) = \frac{1}{1+e^{-x}} \tag{5}$$

$$\text{Tanh：}\ f(x) = \frac{e^x - e^{-x}}{e^x + e^{-x}} \tag{6}$$

$$\text{Rectified Linear：}\ f(x) = \max(0, x) \tag{7}$$

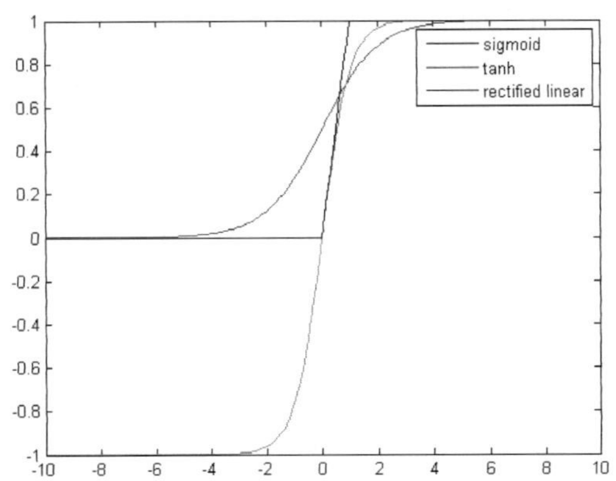

圖三、Sigmoid、Tanh 及 Rectified Linear

此外，一個完整的類神經網路為多個神經元架構而成，如圖五為雙隱藏層（hidden layer）的類神經網路，總共由五個神經元組成(第一層有三個神經元節點，第二層則為兩個神經元節點)。資料輸入至第一層的神經元的，而第二層的輸入則為第一層的輸出。其中的參數$\{w_i \mid i = 1, 2, ..., n\}$與$b$可由倒傳遞(back propagation)訓練而得；詳細的網路訓練流程可參考[12]。

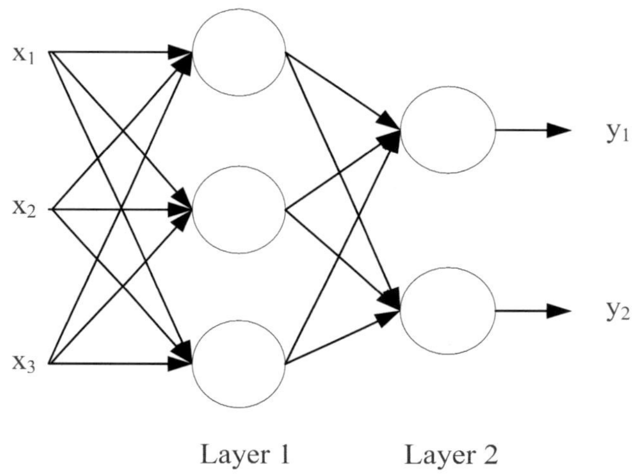

圖四、雙隱藏層類神經網路示意圖

三、本論文系統架構

同一句語音訊號在不同的語者、環境等等情況表現的聲學特性不盡相同，因此可依據不同的聲學分類方式，例如性別、訊噪比(signal-to-noise ratio，SNR)等等，將一份訓練語料庫分割成數種不同的子集，並以類神經網路與 GMM 模型化每一個子集所代表的聲學特性。測試時，首先以 GMM 模型決定測試語料的類別，再依據其結果，選擇相對應的類神經網路模型，最後得到較具代表性的語音特性輸出，進而增進辨識效果。

我們將系統分成 online 與 offline 階段，圖五則為一 online 的流程圖。offline 階段依據不同聲學特性的資料集，各別訓練出對應的類神經網路$\{NN_1, NN_2, ..., NN_n\}$（以類神經子網路稱之），並供給 online 階段使用。另外，在 online 階段使用一個 gating function 來選擇類神經子網路的輸出，並得到最後的辨識結果。最後，我們選擇 GMM 做為 gating function，以 GMM-gate 稱之。

我們提出基於環境群集(Environment Clustering，EC)[10]以及 mixture of local experts[11]的多類神經子網路訓練及結合各子網路輸出之架構，下一節將介紹 offline 的系統建構流程及 online 的測試流程。

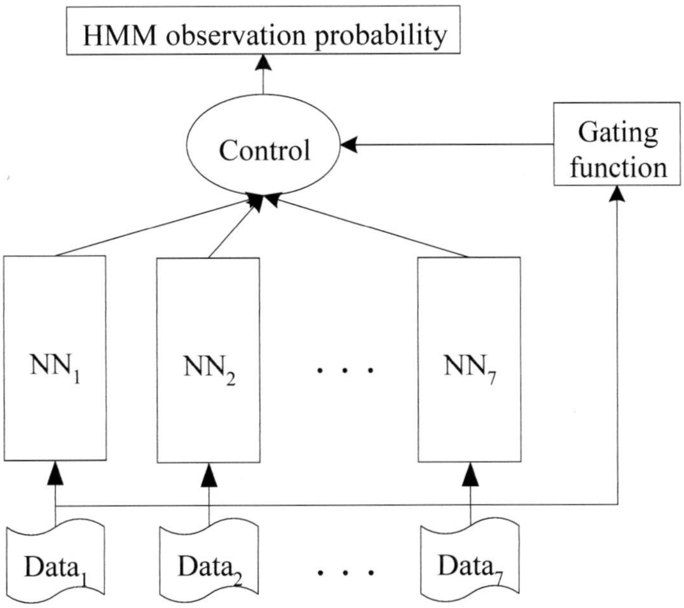

圖五、本論文系統架構示意圖

(一)、Offline 系統建構

在 offline 系統中，我們將訓練資料集依據性別以及訊噪比分成六個子訓練資料集：男性、女性、男性高 SNR、男性低 SNR、女性高 SNR 以及女性低 SNR；如圖六所示：

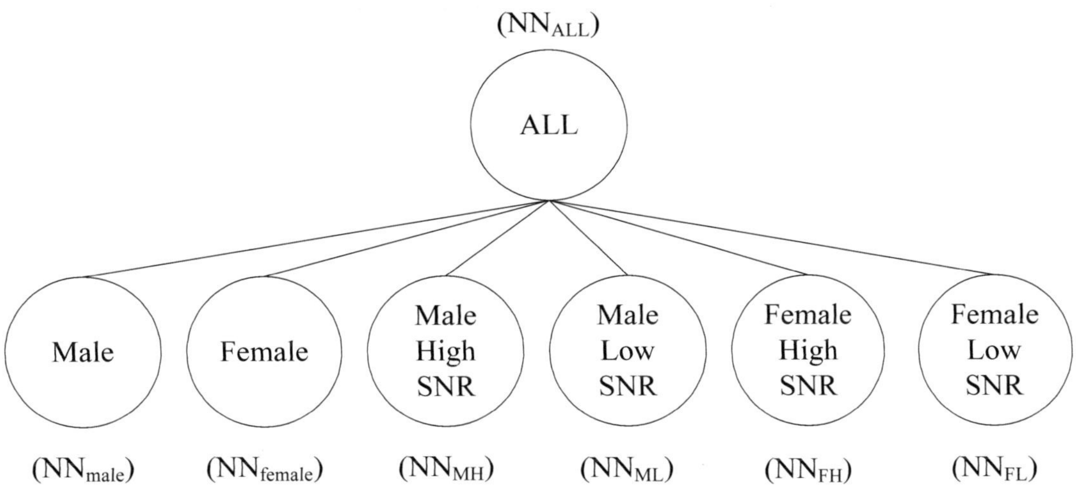

圖六、EC 樹架構

其中，類神經子網路的訓練，首先以訓練資料集訓練出 global 的 NN_{ALL}，接著依據不同的聲學特性分類訓練資料夾為六個子訓練資料集，並分別對 NN_{ALL} 進行倒傳遞調整網路參數，得到六個類神經子網路 NN_{male} 、 NN_{female} 、 NN_{FH} 、 NN_{FL} 、 NN_{MH} 以及 NN_{ML} 。另外，GMM 模型的訓練，首先以訓練資料集依據式(1)，使用 EM 演算法訓練 UBM[13] 模型， GMM_{ALL} ，接著對每一種子訓練資料集以 MAP(Maximum a Posteriori) estimation 調適(adaptation)出六種子集 GMM 模型： GMM_{male} 、 GMM_{female} 、 GMM_{FH} 、 GMM_{FL} 、 GMM_{MH} 與 GMM_{ML} 。

(二)、Online 系統建構

前一小節得到的整體模型及六個子集模型，將提供給 online 階段使用。如圖七所示，在 online 階段時，我們將整句測試資料利用式(1)，分別計算各子集 GMM 模型的七個平均後驗機率，得到七個平均後驗機率 $p_1, p_2, \ldots, p_7$ ，並決定其中的最大值與相對應的第 i 個子集，其中 i 為：

$$i = \arg\max_{k=1,2,\ldots,7} p_k \quad (8)$$

最後，再由第 i 個子集對應的類神經網路的輸出作為 HMM 的觀測機率。

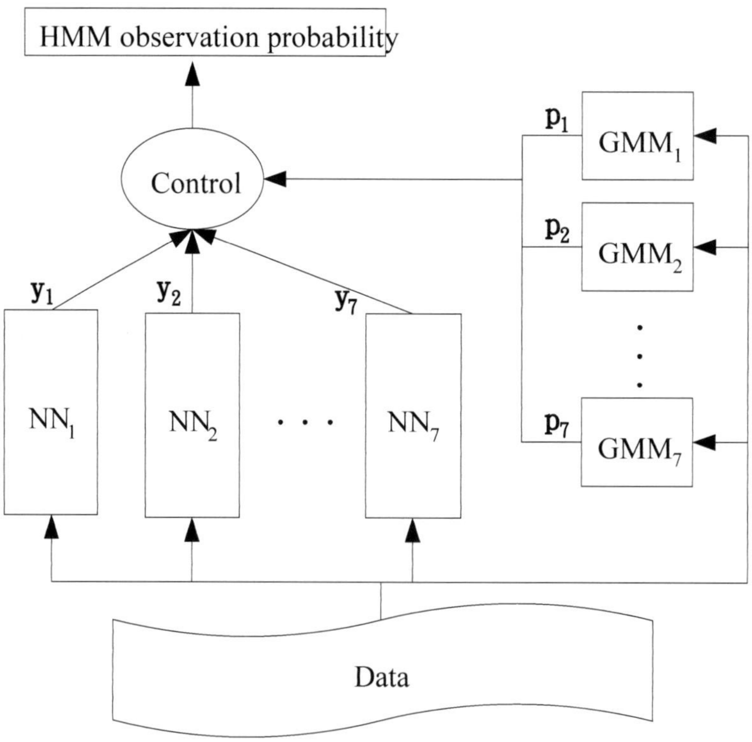

圖七、Online 階段架構圖

四、實驗與結果

在本節，我們將介紹實驗的設定、並分析比較傳統利用類神經網路模型的辨識系統以及本文提出的強健性語音辨識系統的結果。

(一)、實驗語音資料與實驗設定

語音辨識的實驗，我們使用 Kaldi 這套用於語音辨識的開放原始碼工具[14]，並做為我們的 baseline NN-HMM 系統；並以 Aurora 2 資料庫[15] 做為本實驗的語料庫。Aurora 2 為一個英文連續數字語音的資料庫，包含八種不同的加成性雜訊環境(Subway, Babble, Car, Exhibition, Airport, Street, Train Station, Restaurant)、兩種不同的通道雜訊(G712 and MIRS) 與七種不同的 SNR (clean, 20 dB, 15 dB, 10 dB, 5 dB, 0 dB, -5 dB)。語料庫中，含有雜訊的語音為人工添加不同的雜訊環境與 SNR 到乾淨語音上。另外，Aurora 2 語料庫包含訓練與測試的語料集：訓練語料庫包含 clean-與 multi-condition 兩種訓練語料庫，本實驗使用 multi-condition 訓練語料庫。該語料庫包含四種噪音類型 (Subway, Babble, Car, Exhibition) 與五種 SNR (clean, 20 dB, 15 dB, 10 dB, 5 dB)，一共有 8440 句，總長度約為四個小時；測試語料集則分成三個子集 Set A、Set B 及 Set C，各測試子集中皆有不同的 SNR 環境，從 20 dB 至-5 dB 與 clean。Set A 包含與訓練語料相同的四種噪音，Set B 則為包含 Restaurant, Street, Airport 與 Train Station 的環境雜訊，Set C 為兩種噪音 (Subway, Street) 加上通道失真。

我們使用歐洲電信標準化協會 (European Telecommunications Standards Institute, ETSI) 所提出用於進行分散式語音辨識的 AFE (Advanced Front-End)，做為實驗用的特徵。音框長度為 25 毫秒，音框移動長度為 10 毫秒。神經網路的訓練使用 13 維 AFE 加上其一階及二階動態特徵，並前後串接 5 個音框，輸入向量共 429 維。HMM 我們定義靜音為 3 個狀態，數字的聲音為 16 個狀態，共有 179 個狀態。

在實驗中，類神經子網路我們使用 1 層隱藏層，一層有 2560 個神經元。訓練使用 dropout[16]以避免 overfitting。此外，dropout rate 為 0.8；詳細的實驗設定可參考[17]。

(二)、評估方法

實驗結果的評估方面，我們使用字錯誤率(Word Error Rate, WER)來評估實驗結果，其計算方式如下式：

$$WER = \frac{S + D + I}{N} \times 100\% \tag{9}$$

在字串比對中，兩個字串可能會發生插入(Insertion)、刪除(Deletion)以及替換(Substitution)。在(9)式中，S 為替代字數、D 為刪除字數、I 為替換字數、N 為總字數。由式(9)，給定辨識結果字串，我們可以計算出相對應的字錯誤率。

(三)、辨識結果

表一及表二為 baseline 系統在不同層數下的結果。表一列出三個子測試集的平均詞錯誤率，與整體的平均詞錯誤率的結果；表二則列出不同 SNR 下，平均詞錯誤率的實驗結果。從表一及表二的實驗結果可以看出，使用三層類神經網路在 sets B 與 C 測試集、平均的詞錯誤率與不同的 SNR 環境中，有最差的辨識結果；而使用一層類神經網路，則在各種測試集合中有最佳的辨識效能，這可能是因為 Aurora 2 的訓練語料不足以訓練多層的類神經網路。在經過 512、1024、1536、2048、2560 及 3072 個神經元的實驗後，2560 個神經元獲得最好的辨識結果，我們因此將一層神經網路的設定當作我們的 baseline 系統。

表一、Baseline 類神經網路各層之辨識結果

	Set A	Set B	Set C	Avg.
1	**4.65**	**5.83**	**5.28**	**5.25**
2	4.78	6.95	5.76	5.85
3	4.90	7.26	6.08	6.08
4	4.98	6.61	5.80	5.79

表二、Baseline 類神經網路各層於各種 SNR 下之辨識結果

	Clean	20 dB	15 dB	10 dB	5 dB	0 dB	-5 dB
1	**0.72**	**0.69**	**1.03**	**2.16**	**5.50**	**16.87**	**47.28**
2	1.24	0.81	1.25	2.55	6.37	18.24	48.53
3	1.48	0.87	1.39	2.66	6.57	18.90	49.67
4	1.18	0.79	1.19	2.40	6.10	18.49	49.53

我們一開始進行了將整體模型及子集模型使用線性組合的方式組合類神經網路輸出，我們求取一組組合係數 **w**，使得類神經網路的輸出乘上這組係數會與期望輸出的差距越小越好，其目標式如下：

$$\arg\min_{w} \sum_{i} (\mathbf{t}_i - X_i \mathbf{w})^T (\mathbf{t}_i - X_i \mathbf{w}) \quad (10)$$

其中 X_i 為第 i 筆資料經過全部 7 個類神經網路的輸出、$\mathbf{t}_i$ 為第 i 筆資料經過正確類神經網路的輸出、**w** 為欲求得的組合係數。對 **w** 求解並加入一般化項可寫為：

$$\mathbf{w} = (\sum_{i} X_i^T X_i + \delta I)^{-1} (\sum_{i} X_i^T \mathbf{t}_i) \quad (11)$$

則我們可以使用 **w** 線性組合整體模型及子集模型的輸出，其辨識結果如表三。從結果可以看出其效果明顯低於 baseline 系統，我們推測原因為對於每筆測試資料都使用同一組加權值進行組合，沒有考慮到每筆測試資料的獨特性，整個系統只會得到對於各類型資

料平均的效果。

表三、線性組合法與 baseline 比較

	Set A	Set B	Set C	Avg.
Baseline	**4.65**	5.83	**5.28**	**5.25**
Linear Combination	4.78	**5.81**	5.48	5.33

在進行語音辨識的實驗前，我們首先測試使用 GMM 來進行模型選擇的能力。在表四的實驗中，分別為 GMM 分別有 64 個與 128 個高斯成分的性別辨識錯誤率。由結果可以看出使用 128 個高斯成分的錯誤率較低，而且也有著不錯的辨識率，因此在後面的實驗中，我們使用 128 個高斯成分的 GMM 來進行類神經網路的選擇。

表四、GMM 性別辨識之結果

	GMM components	Test Error Rate
GMM	64	7.8
GMM	128	7.3

表五比較本文提出的強健性語音辨識系統與 baseline 辨識系統的系統辨識效能，在三個測試子集中。可以看出在三個測試子集的部分，本文提出的辨識系統，詞錯誤率相較於 baseline 都有明顯的下降，平均的詞錯誤率則降低了 5.9% (從 5.25 到 4.94)，我們相信此辨識結果支持依據聲學結性切割訓練語料庫，並在測試中選擇較佳的聲學模型做為輸出，即能適當的提升語音辨識系統的效能並強健語音辨識系統。

表五、本文方法與 baseline 比較

	Set A	Set B	Set C	Avg.
Baseline	4.65	5.83	5.28	5.25
Proposed method	**4.39**	**5.41**	**5.10**	**4.94**

五、結論

在此篇論文中，我們提出基於 EC 及 Mixture of Experts 的架構來訓練神經網路；依據訓練語料不同的聲學特性，切割並以類神經網路與 GMM 模型化不同的聲學模型；在測試時，將測試語料經由 GMM-gate 得到對每個聲學模型的後驗機率，選擇最佳的聲學模型做為辨識系統的基礎。實驗上，我們以 Aurora 2 做為實驗的語料庫，將訓練語料依據性別以及 SNR 的方式切割訓練語料，並比較了傳統使用 DNN-HMM 架構與本文提出的強健性語音辨識系統。我們提出的語音辨識系統能提升傳統的語音辨識系統達 5.9%。未來我們將探討不同的聲學特性模型與不同的 gate function，並嘗試在大詞彙語料庫中。

參考文獻

[1] J. Gauvain and C.-H. Lee, "Maximum a posteriori estimation for multivariate Gaussian mixture observations of Markov chains," IEEE Transactions on Speech and Audio Processing, vol. 2, no. 2, pp. 291-298, Apr. 1994.

[2] M. J. F. Gales, "Maximum likelihood linear transformations for HMM-based speech recognition," Computer Speech and Language, vol. 12, no. 2, pp. 75-98, Apr. 1998.

[3] X. He and C. Wu, "Minimum classification error linear regression for acoustic model adaptation of continuous density HMMs," International Conference on Multimedia and Expo, vol. 1, pp. 397-400, July 2003.

[4] J. Neto, L. Almeida, M. Hochberg, C. Martins, L. Nunes, S. Renals and T. Robinson, "Speaker-adaptation for hybrid HMM-ANN continuous speech recognition system," In Proceedings of Eurospeech, pp. 18-21, Sep. 1995.

[5] B. Li and K. C. Sim, "Comparison of discriminative input and output transformations for speaker adaptation in the hybrid NN/HMM systems," In Proceedings of Interspeech, pp. 526-529, 2010.

[6] B. Li and K. C. Sim, "On combining DNN and GMM with unsupervised speaker adaptation for robust automatic speech recognition," IEEE International Conference on Acoustics, Speech and Signal Processing, pp. 195-199, May 2014.

[7] Y. Tu, J. Du, Y. Xu, L. Dai, and C.-H. Lee, "Deep neural network based speech separation for robust speech recognition," in International Symposium on Chinese Spoken Language Processing, pp.532-536, Oct. 2014.

[8] L. Breiman, "Bagging predictors," Journal of Machine Learning, vol. 24, no. 2, pp. 123-140, Aug. 1996.

[9] R. E. Schapire, "The strength of weak learnability," Journal of Machine Learning, vol. 5, no. 2, pp. 197-227, Jun. 1990.

[10] Y. Tsao, X. Lu, P. Dixon, T.-y. Hu, S. Matsuda, and C. Hori, "Incorporating local information of the acoustic environments to MAP-based feature compensation and acoustic model adaptation," Computer Speech and Language, vol. 28, no. 3, pp. 709-726, May 2014.

[11] R. A. Jacobs, M. I. Jordan, S. J. Nowlan and G. E. Hinton, "Adaptive mixtures of local experts," Neural Computation, vol. 3, no. 1, pp. 79-87, Spring 1991.

[12] Y. Bengio, "Learning deep architectures for AI," Foundation and Trends in Machine Learning, vol. 2, pp. 1-127, 2009.

[13] D. Povey, S. M. Chu, B. Varadarajan, "Universal background model based speech recognition," IEEE International Conference on Acoustics, Speech, and Signal Processing, pp. 4561-4564, Mar. 2008.

[14] D. Povey, A. Ghoshal, G. Boulianne, L. Burget, O. Glembek, N. Goel, M. Hannemann, P. Motlicek, Y. Qian, P. Schwarz, J. Silovsky, G. Stemmer, and K. Vesely, "The Kaldi speech

recognition toolkit," IEEE Workshop on Automatic Speech Recognition and Understanding, Dec. 2011.

[15] D. Pearce and H.-G. Hirsch, "The Aurora experimental framework for the performance evaluation of speech recognition systems under noisy conditions," in ASR2000 Automatic Speech Recognition: Challenges for the new Millenium ISCA Tutorial and Research Workshop, Sep. 2000.

[16] N. Srivastava, G. Hinton, A. Krizhevsky, I. Sutskever and R. Salakhutdinov, "Dropout: a simple way to prevent neural networks from overfitting," Journal of Machine Learning Research, vol. 15, pp. 1929-1958, Jan. 2014.

[17] B. Li and K. C. Sim, "A spectral masking approach to noise-robust speech recognition using deep neural networks," IEEE Transactions on Audio, Speech and Language Processing, vol. 22, pp. 1296-1305, Aug. 2014.

The 2015 Conference on Computational Linguistics and Speech Processing
ROCLING 2015, pp. 148-163

基於已知名稱搜尋結果的網路實體辨識模型建立工具

A Tool for Web NER Model Generation Using Search Snippets of Known Entities

黃雅筠　Ya-Yun Huang
國立中央大學資訊工程學系
Department of Computer Science and Information Engineering
National Central University
a2425320032002@gmail.com

張嘉惠　Chia-Hui Chang
國立中央大學資訊工程學系
Department of Computer Science and Information Engineering
National Central University
chia@csie.ncu.edu.tw

周建龍　Chia-Hui Chang
國立中央大學資訊工程學系
Department of Computer Science and Information Engineering
National Central University
formatc.chou@gmail.com

摘要

在過去，命名實體辨識（NER）研究都以新聞報導等正式文章中的人名、地名、組織名稱為主，相對地以網路的非正式文章則著墨較少。因此，現有的辨識模組對於網頁內容的辨識效果顯得較差，當需要辨識網頁內容中的命名實體時，勢必要重新訓練辨識模組。然而，訓練一個模型的時間和人力成本非常高，包含前置的大量訓練資料準備、人工收集及標記答案，且為了提升模組辨識效果，必須要為資料做適當切割、符號統一、正規化，以及特徵值的設計、準備已知關鍵詞庫（Dictionary）等，工作非常瑣碎複雜。此外，對於不同語言或不同辨識主題則需重複上述工作。本論文的目的，期能解決上述命名實體辨識工作過於費力耗時的問題，經由給定已知實體名稱的搜尋結果來自動標記訓練資料，並結合 Chou 及 Chang [2]於 2014 年在網頁中文人名的辨識研究之 Tri-training 半監督式訓練架構來產生 NER 模組。實驗證實，使用本工具可以套用在不同語言及類型的命名實體辨識，在中文組織名稱辨識的效能可達到 86.1%，在日文組織名稱辨識的效能可達到 80.3%，在英文組織名稱辨識的效能可達到 83.2%，辨識不同主題的中文地點名稱辨識效能可達到 84.5%，另外，辨識較長的命名實體如中文地址及英文地址辨識效能也可達到 97.2%及 94.8%。

Abstract

Named entity recognition (NER) is of vital importance in information extraction and natural language processing. Current NER models are trained mainly on journalistic documents such as news articles. Since they have not been trained to deal with informal documents, the performance drops on Web documents, which may lack sentence structure and contain colloquial expression. Therefore, the State-of-the-art NER systems do not work well on Web documents. When users want to recognize named entity from Web documents, they certainly have to retrain the new model. Retraining a new model is labor intensive and time consuming. The preparatory work includes preparing a large set of training data, labeling named entity, selecting an appropriate segmentation, symbols unification, normalization, designing feature, preparing dictionary, and so on. Besides, users need to repeat the previous work for different languages or different recognition types. In this research, we propose a NER model generation tool for effective Web entity extraction. We propose a semi-supervised learning approach for NER model training via automatic labeling and tri-training, which makes use of unlabeled data and structured resources containing known named entities. Experiments confirmed that the use of this tool can be applied in different languages for various types of named entities. In the task of Chinese organization name extraction, the generated model can achieve 86.1% F1 score on the 38,692 sentences with 16,241 distinct names, while the performance for Japanese organization name, English organization name, Chinese location name extraction, Chinese address recognition and English address recognition can be reached 80.3%, 83.2%, 84.5%, 97.2% and 94.8% F1-measure, respectively.

關鍵詞：命名實體辨識，協同訓練，Tri-Training

Keywords: Named Entity Recognition, Co-Training, Tri-Training.

一、 緒論

命名實體辨識是自然語言處理的一項重要基礎工作，其辨識正確率對後續的語意分析（Semantic Analysis）、機器翻譯（Machine Translation）等自然語言處理議題具重大的影響。在大量文字資料中，常有人名、地名、組織名等有意義的專有名稱出現，然而因應社會需要及科技發展，這些不斷被創造的詞彙，難以被單一詞庫所收藏，因此需有命名實體辨識以便擴充詞庫。不同類型的命名實體出現於語句中的位置、規則或詞性皆不相同，因此需要的特徵值也都不同。以中文組織名稱辨識為例，目前許多關於組織名稱辨認的研究，主要是從新聞或一些較正式的文章中訓練組織名稱擷取模型[7] [11] [13]，但是網路上商家組織名稱傾向較不正式的命名方式，例如：彼得公雞地中海餐廳、造紙龍手創館等，而新聞等較正式的體裁則容易出現公司行號與正規的組織名稱，如：伊甸基金會、國立中央大學、高鐵公司等，且網路上發表於論壇或社群媒體的文章語句結構與用字遣詞皆與正式文章不同，因此辨識效果不佳。如表一以及表二所示，我們利用 2,000 筆已知地址為查詢關鍵字，於 Google 搜尋結果片段（Search Snippets）中包含關鍵字的句子為測試資料，再使用 Stanford NER[1] (Named Entity Recognizer) 來做組織名稱辨識實驗，F1 效果只能達到 54.3%。另外，我們也利用 200 筆中文地點名稱為查詢關鍵字，利用 Google search snippets 包含關鍵字的句子為測試資料，同樣利用 Stanford NER 來做地點名稱辨識實驗，F1 效果僅達 20.1%。顯示現有的公開 NER 工具對於 Web 上非正式文章的命名實體辨識效果有限，並導致後續的相關研究效能有限。

命名實體辨識可視為序列標記（Sequence Labeling）的問題，故通常使用 Conditional Random Field（CRF）來解決此問題，CRF 為一機率架構的無向圖（Undirected Graphical）模型，常用於標注序列資料。我們利用開放的 CRF++[3]程式進行實驗，為了使 CRF 標記能有好的準確率，我們必須處理原始大量文字資料，包含人工收集答案、標記答案等，同時為了提升模組辨識效果也必須要為資料做適當切割、選擇斷詞工具、統一符號、數

---

[1] http://nlp.stanford.edu/software/CRF-NER.shtml

值正規化，以及準備具有鑑別度的特徵值、或設計已知辭典等。若要辨識不同的語言或不同類型的命名實體，就要重複以上的動作來完成工作，造成了不少人力與時間的浪費，因此在本篇論文中我們將以上的動作模組化，並將其整合成一個命名實體辨識模型的產生工具。

表一、以 Snippets 為測試資料對 Stanford NER 測試效能

	Testing Data	
	Chinese Organization Name	Chinese Location Name
# Queries	2,000	200
# Sentences	38,692	2,638
# Distinct Entities	16,241	600

表二、Stanford NER 對 Snippets 為資料來源之辨識效果

	Task	Precision	Recall	F-measure
Stanford NER	Chinese Organization Name	0.518	0.542	0.530
	Chinese Location Name	0.215	0.188	0.201

使用本工具可方便的訓練不同語言、類型的命名實體辨識模組，我們使用欲辨識的命名實體列表為本工具的輸入，於網路收集大量的 Google 搜尋結果片段，透過自動標記（Automatic Labeling）與特徵值的準備，產生訓練資料。為了減少命名實體標記不完整的問題，以中文組織為例，我們不只利用單一的組織名稱來協助標記（稱之為 UniLabeling），也採用所有已知的組織名稱來進行標記（稱之為 FullLabeling）。因自動標記可能造成訓練資料品質不佳，因此我們採用自我測試（Self-Testing）能進一步改善資料品質，再藉由半監督式學習（Semi-supervised learning）方法，引入 Tri-Training 增加訓練資料量，提升辨識模型之正確率。

實驗顯示系統在中文組織名稱辨識部份以 Tri-Training 演算法確實使得 F-Measure 更進一步提升至 86.1%，而在日文組織名稱、而在英文組織名稱、中文景點名稱也可達到 80.3%, 83.2%, 84.5%效能；另外在長命名實體中文地址以及英文地址的擷取上，F-Measure 辨識效果也分別達到 97.2% 及 94.8%。

二、 相關研究

命名實體辨認屬於資訊擷取與自然語言處理的一個共同分支，也是許多應用領域的重要基礎工具，自非結構化文字中識別具有特定意義的命名實體，如人名、地名、組織名稱，亦或命名實體相關屬性如電子郵件、地址及專有名詞等，目前有許多中文組織名稱及中文人名辨識的研究，利用序列標記配合機率統計模型是主要辨識方式。

● 辨識正式文章中文命名實體

Zhang 等人[13]於 2007 年將多個 CRF 模型串連起來進行組織名稱辨識，採用的特徵值包含是否為前級輸出的各種命名實體、常見的組織名稱開頭、內容與結尾、N-gram。並以中文人民日報新聞稿當作訓練資料，其最終的中文組織名稱辨識 Recall 可以達到 88.78%，Precision 可達到 82.35%。

2011 年 Yao[11]將中文組織名稱分為三個部份包含前置詞(Prefix words)、中間詞(Middle words)、記號詞（Mark words），舉例來說：「中國移動通訊公司」可以拆成「中國+移

動通訊+公司」，考慮中文組織名稱的出現頻率、詞性與長度，並配合自行設計的統計方法。實驗使用了人民網的語料進行訓練，以人民網、新華網和北京郵電大學網站首頁的新聞當作測試資料，其中文組織名稱辨識 Recall 可以達到 87.24%，Precision 可達到 95.9%。

2012 年 Ling 等人[7]將中文組織名稱語料斷詞後拆解為多個修飾詞（Modifiers）+核心特徵詞（Core Feature Word）。在統計訓練資料後，找出常用的核心特徵詞，建立核心特徵詞庫當作組織名稱的結尾，並以特徵判斷組織名稱的起點。取得候選者之後，利用規則式的辨認方法（Rule-based Named-Entity Recognition）進行修正。最後的實驗結果顯示， F-measure 最高可達到 85.7%。

- 辨識非正式文章中文命名實體

目前已經有許多如上述在正式文章中的中文組織名稱辨認（CONER，Chinese Organization Named Entity Recognition）研究[7][11][13]，但用這類訓練資料產生的模型在網頁及社群媒體短文等非正式文章中的辨識效果較不理想。為了解決這個問題，Lin 等人在 2014 年[6]，以中華黃頁網站取得的商家名稱對網頁語料進行自動標記（Automatic Labeling），再利用自動標記後的語料訓練 CRF 序列標記模型。在包含地址網頁以及 Google 搜尋引擎進行查詢所回傳的搜尋結果片段兩種資料中使用所有商家名稱來進行標記（稱之為 Full-Labeling）來建立測試資料。在包含地址網頁中文商家名稱辨識 F-measure 僅達 39.8%；而搜尋結果片段的 F-measure 可達為 79.1%。我們認為前者效能不佳的原因，可能在於不同網頁的文句的變異較大且切割的困難，此外 Lin 等人[6]採用斷詞分析語句，但經過斷詞後邊界錯誤的問題會較為嚴重。在 Google 搜尋為資料來源部分，Lin 等人[6]採用完整 Google 搜尋結果片段進行訓練，過長的結果片段會致使訓練時間拉長，也難有好的辨識效果。

本篇論文延續 Chou 及 Chang [2]於 2014 在網頁中文人名的辨識研究中，為了解決訓練資料過少導致辨識效果不佳的問題，使用網路爬蟲於網際網路上自動收集大量包含中文姓名的資料，並自動標記已知的人名為答案，作為訓練資料之用。由於自動標記答案會有資料品質較差的固顧慮，為提升訓練資料的品質，Chou 等人也引入自我測試 Self-Testing 方法保留可信度較高的訓練資料；同時為了能利用未標記的資料，也改良 Zhou 等人於 2005 發表的原始半監督式 Tri-Training 演算法[12]，使得自未標記資料（U）中選取的新增訓練資料量足以對效能產生影響，以提升辨識正確率，最終 F-measure 可達到 91.3%。

三、 系統架構

我們設計的 Web NER 模組產生系統主要是接受使用者提供的命名實體列表，從 Google 搜尋結果片段中進行自動標記產生標記訓練資料，再藉由關鍵詞庫（Dictionary）建立、特徵值擷取（Feature Extraction），運用 CRF 建模。同時為彌補自動標記之不足，我們採用 Self-Testing 與半監督式 Tri-Training 訓練改善標記錯誤及標記不完全等問題，以達到辨識效能提升的目的。相較於收集訓練語句再由人工標記命名實體，由使用者提供大量命名實體範例再由系統從 Web 收集訓練語句並自動標記的成本相對少很多。系統架構如圖一，主要模組包括訓練資料收集模組、自動標記模組、特徵值擷取模組、Tri-Training 訓練模組及測試擷取模組，將於本章節中詳細描述。

3.1 資料收集與自動標記模組

為減少人工準備資料的負荷，本系統利用使用者輸入的命名實體列表作為 Google 搜尋的查詢詞，收集 Google 搜尋引擎回傳的前 N 筆搜尋結果片段。在本研究訓練資料準備部份使用 Google 搜尋引擎回傳的前 5 筆搜尋結果片段，而測試資料則收集 Google 搜尋引擎回傳的前 10 筆搜尋結果片段。

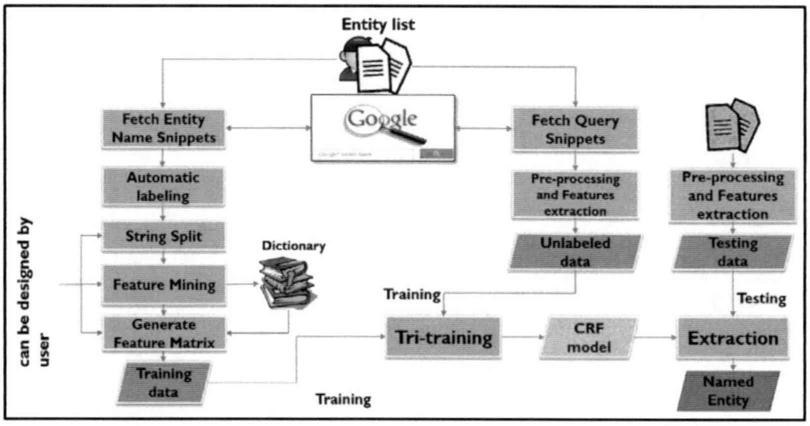

圖一、系統架構圖

- ### 自動標記命名實體

以往 CRF 序列標記模型的訓練資料皆為人工方式產生，雖然資料的品質可以信賴，但需花費大量的時間與人力。由於人工對搜尋結果片段進行答案標記成本過高，為此，本工具使用已知的命名實體作為答案，對搜尋結果片段內容進行自動標記，該標記即為欲擷取的目標，如此可以節省大量訓練資料標記成本。基於 Lin 等人[6]的研究顯示，使用單一的商家名稱來自動標記（稱之為 UniLabeling）的辨識效果較採用所用商家名稱來進行標記（稱之為 FullLabeling）要來的差，原因是在 UniLabeling 模型中，資料含有較多標記不完全的雜訊，使得效能下降；而 FullLabeling 模型使用所有的商家名稱進行標記，因此雜訊大幅減少。為減少雜訊影響，本系統採用 FullLabeling 的方式進行自動標記。

- ### 比對法標記長命名實體

自動標記的挑戰在於對於較長拼音文字的命名實體使用完全相配（Exact Match）並不能有效的標記。這是因為較長拼音文字的命名實體在不正式網頁文章中的書寫方式相較正式文章具有彈性，例如英文地址在正式書寫時會有固定格式、拼寫以及縮寫方式一致等規定。但我們利用"1131 Mountain Rd NW, Albuquerque, NM 87102"在 Google 搜尋時，雖然雙引號（""）能限制搜尋結果都要有包含搜尋詞，但雙引號並不能保證搜尋結果片段內容中的命名實體與搜尋詞完全一致，搜尋結果片段中就算是在搜尋詞中穿插不同標點符號，或是沒有任何標點符號都會被搜尋出來。從圖二可以看到在 Google 搜尋前 10 筆結果片段就有 7 種不同寫法，而它們明顯都是表示此一地址。

```
1131 Mountain Rd NW , Albuquerque , NM 87102
1131 Mountain Rd NW Albuquerque NM 87102
1131 Mountain Rd NW - Albuquerque , NM 87102
1131 Mountain Rd Nw , Albuquerque , NM
1131 Mountain Rd NW Ste 2 , Albuquerque , NM 87102
1131 Mountain Rd. NW , Albuquerque NM 87102
1131 Mountain Rd NW Albuquerque , NM 87102
```

圖二、“1131 Mountain Rd NW, Albuquerque, NM 87102”在 Google 搜尋得到多種寫法

如使用完全相配方式來做自動標記，這些地址將沒辦法被標記出來。為了處理較長命名實體可能因標點及縮寫等問題無法被辨認出來的情形，我們使用排比（Alignment）的方式找出搜尋結果片段內容中可能的名命實體位置。在搜尋結果片段中找尋目標命名實體時，我們希望標記目標的命名實體在搜尋結果片段中與查詢詞相匹配的字越集中相鄰越好，因此我們設計了排比標記法（AlignmentLabeling）標記搜尋結果片段，再以排比搜尋結果片段以及搜尋詞所產生的相配 Match 及間隔 Gap 大小，做為我們判斷此一排比後的結果是否該標記的依據。如搜尋結果片段中與查詢詞經過排比後符合(1)相配字數大於命名實體長度 Len 減去間隔大小的一半，且(2)第一個排比配對到的字 $_1$到最後一個排比配對到的字　與命名實體查詢詞長度差距小於 3，則系統將會標記為出現範例。

$$(Mat\ \ h > \frac{Len - Ga}{2})\ 且(|(\quad - \ _1) - \mathrm{Len}| < 3)$$

然而排比標記法對於非拼音文字如中文應用的效果不如拼音文字。中文不同於英文，中文的縮寫是從長句子中取具有代表性的字出來，並且不會在單一命名實體中隨意加入標點符號。再者本系統在對 Google 搜尋時會使用雙引號，因此能確保搜尋結果片段中的長命名實體會與查詢詞完全一致，如此我們將可利用完全相配標記法（ExactMatchLabeling）正確且有效率的做自動標記。

3.2 字串切割與標記模組

在訓練資料的準備上，雖然可以採用完整Google搜尋結果片段做為樣本單元進行訓練，但過長的句子會致使訓練時間拉長，也難有好的辨識效果。但是搜尋結果片段中的網頁文章會有標點符號混用以及格式架構不嚴謹的問題，直接利用統一的切割方法將造成訓練樣本長度相差過大且品質不良。為準備適當長度的訓練句子，我們移除搜尋結果片段中的空白字元，利用自動標記的答案為基準取前後 W 字元為窗口大小，在我們實驗中，中文及日文設定 W 為 20，而英文則設 W 為 10，將文字切為許多區塊，以區塊為一個訓練樣本，最後去除重複的樣本，如此可使訓練樣本涵蓋命名實體，也能有適當的非命名實體範例。圖三為設定 W 為 20 的切割範例。

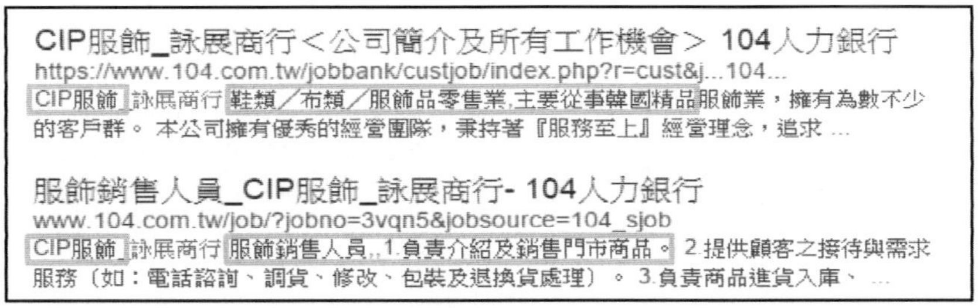

圖三、中文組織名稱辨識搜尋片段，取 N=20, 以詠展商行為基準

本系統採用不斷詞的中文字為基本處理單元 Token，避免樣本因為錯誤斷詞產生命名實體被分割成兩個詞的邊界錯誤的問題，減少錯誤累積。同時對於每一筆搜尋結果片段我們的系統會先將所有全形符號轉換成半形符號，如表三所示。

表三、全形符號轉換成半形符號範例

圓弧括號	非圓弧括號
（（﹙ ==> (	[｛「〔｛〈『《【﹝﹛ ==> [

答案標記方式我們選用 Start/End 標記法，此種標記法共有 5 個標記 B、I、E、S、O，依序表示命名實體的開始、中間、結束、單一序列單元以及非命名實體的序列單元，因為對開始和結束都給予不同的標記，可以提昇邊界的偵測效果。

3.3 特徵值擷取模組

特徵值的提取是訓練資料準備中非常重要的一步，常見的特徵是判定一個字是否為具有某種屬性，例如是否為數字或是百家姓等，因此準備相關詞庫是相當繁瑣的一環。一般說來，在判斷一段文字是否是特定命名實體時，會依靠兩類特徵，第一種是外部特徵（Outside Feature），這種特徵落在命名實體的左右，第二種則是命名實體的內部特徵（Inside Feature）。然而這些特徵往往必須要靠著熟悉語言或對該辨識領域了解的人來逐一產生，如我們要針對中文以外的語言進行辨識，關鍵詞庫就必須要由熟悉該國語言且有足夠背景知識的人員來準備。

為了使得本系統能夠避免這種語言能力及辨識主題上的限制達到通用的目的，我們的做法為統計字詞出現頻率，自動產生常見的關鍵詞庫。實務上，我們統計命名實體中的前一字、兩字及三字的頻率以及最後一字、兩字及三字的頻率，如表四中 ID 4~9。舉例而言，中文商家名稱最後一字常出現「廟」、「莊」、「店」等一字詞，或是「事務」、「數位」等兩字詞，又或是「基金會」、「雜貨店」等三字詞。我們也以命名實體出現在樣本中的位置為基準，統計出現在其前後方字、詞頻率，如表四中 ID 10~15 即為外部特徵值。我們利用自動選擇前 M 個常出現的字或詞來產生關鍵詞庫，在實驗章節將有針對關鍵詞庫大小對辨識效果的影響進行實驗。除上述 12 個自動產生之特徵值外，再加上針對辨識類別特別準備的特徵如縣市名稱及其簡稱、詞性（POS）tagging、是否為標點符號等特徵，此外因為在網頁中命名實體也常有單獨出現的情形，因此一段文字的起點就變成重要特徵，如果是樣本單元的起點或前一個字元屬於符號類，就具有開始特徵（Start Feature），當字元是樣本單元的結尾或下一個字元屬於符號類，就具有結尾特徵（End Feature），共 6 個預設特徵值。在不另外調整的情形本工具總共 18 個特徵值。

3.4 自我測試與協同訓練

我們使用開放且免費的 CRF++[3]程式做為序列標記模型訓練方法。由於本研究採用自動化的技術收集大量非結構化的資料以及自動標記產生的訓練資料，這些大量的訓練資料可能包含錯誤標記，為了提升訓練資料的品質，我們的工具設計在學習過程中可選擇使用 Self-testing 將雜訊移除提高訓練資料的品質。Self-testing 的實作方式是使用訓練完成的模型對訓練資料做測試並輸出機率，若該機率低於門檻值則認定該語句為雜訊，自訓練資料中移除，再以移除雜訊後的資料重新訓練模型，在本研究的實驗中設定機率為 0.7，其值可以視情況調整。

完成初步的資料品質提升後，工具會以 Self-testing 後之資料為基礎，加上 Chou 等人發表的 Tri-Training 演算法之改進[2]，應用未標記資料來改善效能。Tri-Training 的實作方式是在學習過程中使用三個分類器，h_i、h_j 與 h_k ($i,j,k\in$,$1\leq$, , $\leq 3, i\neq$ $\neq$)利用已標記的資料（L）訓練模型，並使用投票（Voting）想法挑選可信度較高的未標記資料（U）放到 L 集合中，稍後以新增資料後的 L 重新訓練分類器，疊代次數增加 L 集合所包含的訓練資料量亦隨之增加，使得分類器的辨識效能更進一步提升。

表四、自動產生的中文組織名稱辨識特徵值

ID	說明	長	範例
...	...	...	...
4	POI 中常見前方字	1	代、茶
5	POI 中常見前方詞	2	事務、數位
6	POI 中常見前方詞	3	多媒體、星巴克
7	POI 中常見倒數字	1	廟、莊、店
8	POI 中常見倒數詞	2	門市、公司
9	POI 中常見倒數詞	3	基金會、雜貨店
10	常見於 POI 前方的字	1	到、的
11	常見於 POI 前方的詞	2	推薦、加盟
12	常見於 POI 前方的詞	3	名稱：、店介紹
13	常見於 POI 後方的字	1	逛、是
14	常見於 POI 後方的詞	2	統編、營業
15	常見於 POI 後方的詞	3	高品質、營業項
...	...	...	...

在每一輪的疊代，Tri-Training 使用兩個模組 h_j 與 h_k 標記 U 中的資料，若兩模型答案一致，我們可以將此答案當作h 第 t 次疊代的新訓練資料 ，h 第 t 次疊代的訓練資料為 L ∪ 。若| |資料量過大，h 第 t 次疊代的錯誤率以 表示，前後次疊代間的錯誤率比例公式 $| \; | < \; ^{-1} | \; ^{-1}|$將無法成立，此時則須對 做取樣動作，由

$$s= \lceil \frac{^{-1} | \; ^{-1}|}{} - 1 \rceil$$

公式計算可以自 隨機挑選 s 筆資料為新增的訓練資料，確保公式 $| \; | < \; ^{-1} | \; ^{-1}|$成立。Chou 等人[2]的改良演算法使得 Tri-Training 可適用於較大的資料集，避免原始 Tri-Training 在大量資料的情況下，僅可自 U 中選取少量資料作為新的訓練資料，對系統效能幾乎沒有影響的問題。

四、 實驗

本論文目的在完成一個不限語言、主題的 Web NER 模型自動產生工具，我們也將從實驗了解自動標記產生的訓練資基本效能（Basic）、透過 Self-Testing 資料過濾、以及 Tri-Training 等方法對於效能的影響。對於本系統所產生的特徵擷取方法，我們也將應用中文商家名稱辨識實驗比較人工準備關鍵詞庫及使用統計出現頻率的方式自動產生關鍵詞庫對於效能的影響。

由於在判定是否為正確答案時，有時會有難以準確定出邊界的可能，例如：「7-ELEVEN（行天門市）」中，「（行天門市）」可以視為包含在商家名稱之中，但若沒有標記出「（行天門市）」只有「7-ELEVEN」也不能算錯，因此對於每個辨識到的命名實體 e 與正確答案的命名實體 a，我們定義 P(e,a)、R(e,a)分數，再取平均值得到整體的 Precision、Recall。其定義如下：

➢ $(\ ,\ ) = \frac{|\ \cap\ |}{|\ |}$

➢ $(\ ,\ ) = \frac{|\ \cap\ |}{|\ |}$

➢ $Pr\ \ cision = \frac{\Sigma\ \ (\ ,\ )}{|\ \ \ ntifie\ \ \ ntitie\ |}$

➢ $ca\ \ = \frac{\Sigma\ \ (\ ,\ )}{|\ \ \ \ ntitie\ |}$

➢ $-Measu\ \ = \frac{2PR}{+}$

依照上述的評分公式，利用模型標記出來的答案（Identified entity）與正確答案（Real entity）間重疊的字數（Overlap tokens），分別除以標記答案長度和正確答案長度來給予部份正確的標記分數，此方法可以避免因為一兩個字的誤差而導致完全沒有分數的狀況。

4.1 實驗資料集

我們測試不同語言以及不同辨識主題的Web NER的辨識正確率，各個資料集如表五。

- ### 中文商家組織名稱辨識

我們透過中華黃頁[2]收集的11,138筆商家名稱，透過Google搜尋引擎進行查詢，取每筆搜尋前5個結果的搜尋結果片段，並以已知的商家名稱對搜尋結果片段中所有句子進行完全相配的FullLabeling標記產生已標記訓練資料（L）。未標記訓練資料（U）則使用50,000筆商家進行查詢，取每筆搜尋排名前10個結果的搜尋結果片段，共提取156,822個句子。測試資料則以另外2,000筆地址為關鍵字，收集排名前10個結果的搜尋結果片段，以人工的方式標記38,692個句子，標記出不重複的商家組織名稱共16,241個，最後使用此人工標記答案進行NER效能評估。

- ### 日文商家組織名稱辨識

我們透過iタウンページ[3]這個日本黃頁網站收集了10,000筆日文商家名稱，取每筆搜尋排名前5的搜尋結果片段，並對搜尋結果片段進行完全相配的FullLabeling標記產生訓練資料（L）。未標記資料（U）使用30,000筆商家名進行查詢，取每筆搜尋排名前10的搜尋結果片段，共提取88,074個句子。測試資料的部份則另外取200筆地址為關鍵字，收

[2] https://www.iyp.com.tw/
[3] http://itp.ne.jp/?rf=1

集每筆查詢排名前10的搜尋結果片段，以人工的方式標記測試資料共809個句子，共標記不重複的日文商家組織名稱438個。

- 英文商家組織名稱辨識

我們透過Yelp[4]收集的10,000筆商家名稱，透過Google搜尋引擎取得進行查詢，取每筆搜尋前5個結果的搜尋結果片段，並以已知的商家名稱對搜尋結果片段中所有句子進行完全相配的FullLabeling標記即為已標記訓練資料（L）。未標記訓練資料（U）則使用30,000筆商家進行查詢，取每筆搜尋排名前10個結果的搜尋結果片段，共提取100,182個句子。測試資料則以另外200筆地址為關鍵字，收集排名前10個結果的搜尋結果片段，以自動的方式標記941個句子，標記出不重複的商家組織名稱共465個，最後使用此自動標記答案進行NER效能評估。

- 中文地點名稱辨識

為了瞭解本工具辨識不同類別的能力，我們透過政府資料開放平台[5]收集了10,000筆臺灣地區地名資料，每筆取Google搜尋排名前5的搜尋結果片段，並以已知的地名對搜尋結果片段中所有句子進行完全相配的FullLabeling標記產生訓練資料（L）。未標記資料（U）使用30,000筆地名進行查詢，取每筆搜尋排名前10個結果的搜尋結果片段，供提取132,486個句子。測試資料另外取200筆地名為關鍵字，收集排名前10的搜尋結果片段，以人工的方式標記測試資料共2,638個句子，共標記不重複的臺灣地區地名600個。

- 中文地址辨識

為了瞭解長度較長的中文命名實體辨識效果，我們透過中華黃頁收集了1,800筆臺灣地址為搜尋關鍵字，每次取Google搜尋排名前5的搜尋結果片段，並以已知的地名對搜尋結果片段中所有句子進行完全相配的FullLabeling標記產生訓練資料（L）。未標記資料（U）使用10,000筆地址進行查詢，取每筆搜尋排名前10個結果的搜尋結果片段，供提取78,177個句子。測試資料另外取200筆中文商家組織名稱為關鍵字，收集排名前10的搜尋結果片段，以自動的方式標記測試資料共1,519個句子，共標記不重複的臺灣地區地址645個。

- 英文地址辨識

為了瞭解長度較長的英文命名實體辨識效果，我們透過Yelp收集了2,400筆美國地址為搜尋關鍵字，每次取Google搜尋排名前5的搜尋結果片段，並以已知的地名對搜尋結果片段中所有句子進行AlignmentLabeling比對並搭配UniLabeling產生訓練資料（L）。未標記資料（U）使用6,650筆地址進行查詢，取每筆搜尋排名前10個結果的搜尋結果片段，供提取49,851個句子。測試資料另外取200筆英文組織名稱為關鍵字，收集排名前10的搜尋結果片段，以自動的方式標記測試資料共652個句子，共標記不重複的臺灣地區地址257個。

---

4 http://www.yelp.com/
5 http://data.gov.tw/?q=node/7063

表五、不同語言與不同辨識主題資料集

Item	Chinese Organization Name	Japanese Organization Name	English Organization Name	Chinese Location Name	Chinese address	English address
Source	中華黃頁	iタウンページ	Yelp	OpenData	中華黃頁	Yelp
Training: L	11,138	10,000	10,000	10,000	1,800	2,400
#Sentence	87,916	29,999	39,798	53,313	28,739	18,198
Training: U	50,000	30,000	30,000	30,000	10,000	6,650
#Sentence	156,822	88,074	100,182	132,486	78,177	49,851
Testing	2,000 addr	200 addr	200 addr	200 loc	200 organ	200 organ
#Sentence	38,692	809	941	2,638	1,519	652
#Distinct Entities	16,241	438	465	600	645	257

4.2 使用不同大小自動關鍵詞庫比較效能

以中文組織名稱為例，我們分別使用50、100、150、200個字或詞的自動產生內部特徵以及外部特徵建立關鍵詞庫，使用Self-testing將雜訊移除提高訓練資料的品質，實驗中假設低於0.7為雜訊將其去除，並以Self-testing後之資料為基礎進行Tri-Training演算法。各別關鍵詞庫大小之效能如圖四、使用不同大小自動關鍵詞庫比較效能，比較各資料集我們可以發現當使用大量字或詞的關鍵詞庫將導致Recall大幅降低。

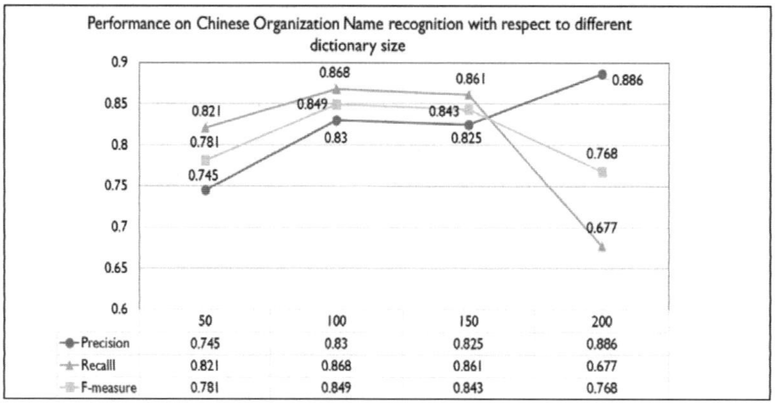

圖四、使用不同大小自動關鍵詞庫比較效能

4.3 多種語言及辨識主題之 NER 效能

接下來的實驗中自動產生關鍵詞庫大小皆設為100，並以Self-testing低於0.7為雜訊去除後之資料為基礎，進行Tri-Training演算法。

- 短命名實體辨識效能

短命名實體辨識效能如表六，相較於中文及英文組織名稱辨識效能，日文的組織名稱辨識的F-measure稍低，我們猜測其原因可能在於日文屬於音節文字（Syllabary）是表音文字的一種，除了部分使用漢字外大部分使用平假名或片假名書寫，當在自動擷取外部與內部特徵時就會遇到僅取到部份拼音而不具有意義的問題。

我們也注意到在中文地點名稱辨識部分有很高的Precision，但Recall卻明顯較低。造成這個結果的原因是我們對於中文地點名稱有較廣泛的定義，例如：「高雄市」、「紫竹寺」、「平林里」、「狗母山」、「東石大橋」、「曹公圳」、「台北火車站」…等。因此我們在標記測試資料答案時的答案定以也較廣泛，但實際模組在標記時雖然能有高的準確率，但卻無法辨識所有類型的中文地點名稱。

表六、短命名實體之辨識效能採用自動產生之關鍵詞庫

	Chinese organization names	Japanese organization names	English organization names	Chinese location names
Precision	0.825	0.845	0.789	0.925
Recall	0.875	0.766	0.881	0.777
F-measure	0.849	0.803	0.832	0.845

- 長命名實體辨識效能

本系統對Google搜尋時雖使用雙引號，確保搜尋結果片段中的長命名實體會與查詢詞之字與字之間順序一致，但並不能保證搜尋結果片段內容中的命名實體與搜尋詞完全相同，因此搜尋結果片段中的搜尋詞中可能穿插不同標點符號。這對於使用ExactMatchLabeling標記出長的拼音文字命名實體是不容易的。因此為了標記出英文地址，我們使用AlignmentLabeling比對並搭配UniLabeling來標記查詢詞所在。但由中文地址在單一命名實體中不會隨意的插入標點符號與縮寫，因此我們可使用ExactMatchLabeling比對並搭配FullLabeling正確標記出中文地址。我們將會在後續實驗中比較AlignmentLabeling與ExactMatchLabeling之標記效果。對於長命名實體如英文地址及中文地址之辨識效能見表七。

表七、長命名實體之辨識效能採用自動產生之關鍵詞庫

	Chinese address	English address
Precision	0.997	0.938
Recall	0.948	0.958
F-measure	0.972	0.948

4.3 人工產生關鍵詞庫之 NER 效能

除自動產生關鍵詞庫之外，我們以中文組織辨識為例採用人工產生關鍵詞庫比較與系統自動產生詞庫效能的差異。特徵值包含人工收集的服務詞、產品詞以及地標詞詞庫，另外觀察常見於商家名稱前後的字詞產生更多詞庫。

表八顯示以Google搜尋結果片段辨識中文組織名為例，比較系統自動產生詞庫、人工產生關鍵詞庫與Stanford NER效能的差異。總體而言，雖然自動產生關鍵詞庫會導致Precision與F-measure降低，但卻能夠維持Recall水準甚至微幅提升。而辨識效果降低主要原因可能在於商家組織名稱屬於變異性較大的一種命名實體，資料能否盡可能的涵蓋各類商家組織名稱的特性是重要因素，而自動產生的關鍵詞庫相對於人工設計的關鍵詞庫包含較多的雜訊，且會有完全針對輸入的訓練資料設計等問題，但當訓練資料量夠大且商家類別多樣化時辨識應能再提升。

表八、以中文組織辨識為例比較系統自動產生詞庫、人工產生關鍵詞庫與 Stanford NER 效能的差異

	Manual Dictionary	Automatic Dictionary	Stanford
Precision	0.8500	0.8249	0.529
Recall	0.8730	0.8753	0.557
F-measure	0.8613	0.8494	0.543

4.4 使用 Self-Testing 及 Tri-Training 後之 NER 效能提升

本實驗旨在了解使用Self-Testing以及Tri-Training產生之新辨識模型對Google搜尋結果片段NER效果的影響。我們以中文組織名稱辨識為例，將訓練資料分為五個資料集如表九。在中文組織名稱辨識人工產生關鍵詞庫的Self-Testing及Tri-Training實驗中，由圖五可以看到利用採用人工產生關鍵詞庫方式在Self-Testing以及Tri-Training的各個資料集大小辨識效果皆有提升，對於DS5提升幅度為4.83%，由0.8130達到0.8613。

表九、中文組織名稱辨識之已標記訓練資料（DS1~DS5）及未標記訓練資料（U）

	DS1	DS2	DS3	DS4	DS5	Unlabeled
Query	1,000	3,000	4,000	6,000	11,138	50,000
Sentence	6,724	19,437	27,198	45,028	87,916	156,822

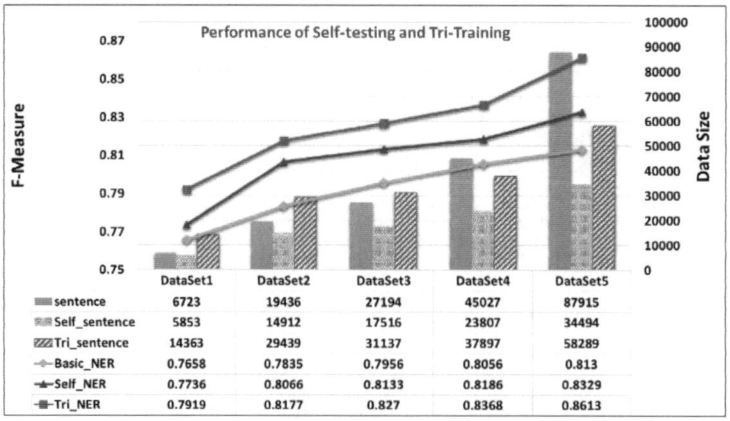

圖五、Basic、Self-Testing 及 Tri-Training 在中文組織辨識人工產生關鍵詞庫之效能

4.5 比較 ExactMatchLabeling 及 AlignmentLabeling 標記效果

圖六顯示英文及中文地址的標記效果。當使用ExactMatchLabeling比對搭配UniLabeling及FullLabeling產生訓練資料時，僅可從86,388筆搜尋結果片段中標記出21,370及22,313個英文地址。但當使用AlignmentLabeling比對搭配UniLabeling產生訓練資料時，共可標記出68,701個英文地址。另外，當使用ExactMatchLabeling比對搭配UniLabeling產生中文地址訓練資料時，已經可從108,435筆搜尋結果片段中標記出95,558個中文地址，若是採用FullLabeling，更可以標記出136,366個中文地址；因此使用AlignmentLabeling比對搭配 UniLabeling 標記出 98,154 個中文地址，未能勝過 ExactMatchLabeling 搭配 FullLabeling的效果。

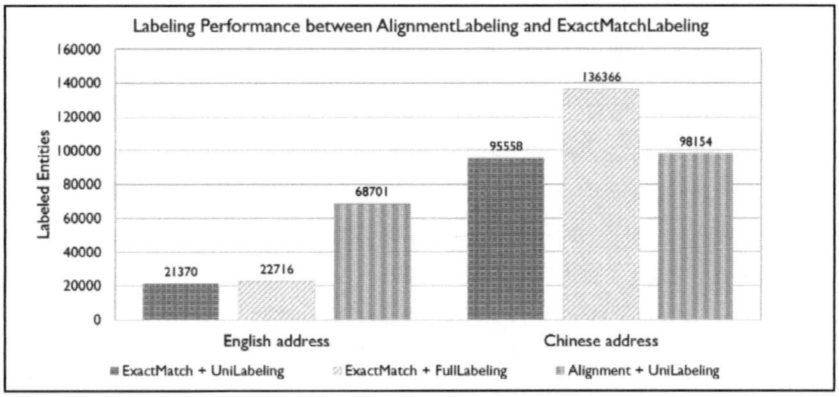

圖六、AlignmentLabeling 與 ExactMatchLabeling 之標記效能

不同於英文，通常中文並不會在單一命名時體中加入標點符號，因此我們可以利用ExactMatchLabeling 標記出大量的長命名實體。除此之外，我們也發現使用AlignmentLabeling容易會在中文搜尋結果片段中標記出類似於中文地址的命名實體。例如，「彰化縣鹿港市場169號」並非是合法的台灣地址，但在AlignmentLabeling仍會被當作是目標給標記起來，此種錯誤會導致較低的準確率。

在表十中我們比較了 Alignment 搭配 UniLabeling 以及 Exact Match 搭配 FullLabeling 對於中文地址及英文地址的辨識影響。我們可以從表十中看出對於英文地址辨識使用 Alignment 搭配 UniLabeling 可以得到較好的 Recall 以及 F-measure(0.948)；然而在中文地址辨識，使用 Exact Match 搭配 FullLabeling 可以得到較好的 Recall 以及 F-measure(0.972)。

表十、長命名實體使用 Alignment + UniLabeling 及 ExactMatch + FullLabeling 之效能

	Alignment + UniLabeling		ExactMatch + FullLabeling	
Type	Chinese address	English address	Chinese address	English address
Labeled Entity	98,154	68,701	136,366	21,370
Precision	0.911	0.938	0.997	0.951
Recall	0.456	0.958	0.948	0.330
F-measure	0.607	0.948	0.972	0.490

五、 結論

訓練一個模型的時間和人力成本非常的高，包含前置的大量訓練資料準備、人工收集答案、標記答案，為了提升模組辨識效果而必須要為資料做適當優化，以及特徵值的設計、關鍵詞庫準備等，工作非常瑣碎複雜，且對於不同語言或不同辨識主題都要再重新設計特徵值。本研究期能設計一個使用Google搜尋結果片段之Web NER辨識模型的產生工具，不僅解決上述命名實體辨識過於耗時費力的問題，也能夠輕易地應用在不同的辨識類型、語言中，並希望達到良好的辨識效果。

在本系統我們使用自動標記的方式標記訓練資料而非使用人工標記答案，並且為了有效標記長的命名實體我們可以使用AlignmentLabeling增加標記到的命名實體數量。雖然自動標記可能包含雜訊，但我們因而能產生大量的已標記訓練資料。

外部特徵是進行命名實體辨認的重要輔助，而內部特徵能提供強烈的判斷資訊，我們利用頻率統計的方式能夠自動產生上述兩種特徵，並利用完整標記已知大量的命名實體與Self-Testing及Tri-Training演算法，使得辨識效能更進一步提升，解決訓練資料品質不佳的問題。

我們以中文之商家組織名稱辨識做測試，實驗顯示在中文組織名稱辨識部份以Tri-Training演算法確實使得辨識效能更進一步提升，F-Measure可由DS1的0.779提升至DS5的0.861，而在日文組織名稱、而在英文組織名稱、中文地點名稱、中文地址以及英文地址的F-Measure辨識效果依序可達80.3%, 83.2%, 84.5%, 97.2% 及 94.8%。

References

[1] D.-M. Bikel, S. Miller, R. Schwartz and R. Weischedel, "Nymble: a High-Performance Learning Name-finder", Applied natural language processing, pp. 194-201, 1997.

[2] C.-L. Chou, C.-H. Chang, S.-Y. Wu, " Semi-supervised Sequence Labeling for Named Entity Extraction based on Tri-Training: Case Study on Chinese Person Name Extraction," Semantic Web and Information Extraction, pp. 244-255, 2014.

[3] CRF++: Yet Another CRF toolkit, http://crfpp.googlecode.com/svn/trunk/doc/index.html 9-1541

[4] J. Lafferty, A. McCallum and F.C.N. Pereira, "Conditional Random Fields: Probabilistic Models for Segmenting and Labeling Sequence Data," ICML Proceedings of the Eighteenth International Conference on Machine Learning, pp. 282-289, 2001.

[5] C. Gu, X.-P. Tian, and J.-D Yu, "Automatic Recognition of Chinese Personal Name Using Conditional Random Fields and Knowledge Base," Mathematical Problems in Engineering, 2015.

[6] Y.-Y. Lin, C.-H. Chang, "Store Name Extraction and Name-Address Matching on the Web," Proceedings of the 26th Conference on Computational Linguistics and Speech Processing, pp. 91-93, 2014.

[7] Y. Ling, J. Yang and L. He, "Chinese Organization Name Recognition Based on Multiple Features," Pacific Asia conference on Intelligence and Security Informatics, pp. 136-144, 2012.

[8] W. Li, A. McCallum, "Semi-supervised sequence modeling with syntactic topic models,"

AAAI'05 Proceedings of the 20th national conference on Artificial intelligence - Volume 2, pp. 813-818, 2005.

[9] A. McCallum, W. Li, "Early Results for Named Entity Recognition with Conditional Random Fields, Feature Induction and Web-Enhanced Lexicons," Proceedings of the Seventh Conference on Natural Language Learning HLT-NAACL 2003 - Volume 4 (CONLL'03), pp. 188-191, 2003.

[10] C.-W. Wu, R. T.-H. Tsai and W.-L. Hsu, "Semi-joint labeling for Chinese named entity recognition," Proceedings of the 4th Asia information retrieval conference, pp. 107-116, 2008.

[11] X. Yao, "A Method of Chinese Organization Named Entities Recognition Based on Statistical Word Frequency, Part of Speech and Length," Broadband Network and Multimedia Technology (IC-BNMT), pp. 637-641, 2011.

[12] Z.-H. Zhou, M. Li, "Tri-Training: Exploiting Unlabeled Data Using Three Classifiers", IEEE Transactions on Knowledge and Data Engineering archive, Volume 17 Issue 11, November 2005, Page 152.

[13] S. Zhang, S. Zhang and X. Wang, "Automatic Recognition of Chinese Organization Name Based on Conditional Random Fields," Natural Language Processing and Knowledge Engineering, pp. 229-233, 2007.

The 2015 Conference on Computational Linguistics and Speech Processing
ROCLING 2015, pp. 164-166

Word Co-occurrence Augmented Topic Model in Short Text

陳冠斌 Guan-Bin Chen
國立成功大學資訊工程學系
Department of Computer Science and Information Engineering
National Cheng Kung University
gbchen@ikmlab.csie.ncku.edu.tw

高宏宇 Hung-Yu Kao
國立成功大學資訊工程學系
Department of Computer Science and Information Engineering
National Cheng Kung University
hykao@mail.ncku.edu.tw

摘要

在網際網路上，大量的文字使得人們難以在有限的短時間內加以吸收並了解，主題模型（如 pLSA 與 LDA）被提出來試圖對這些長文件做摘要與總結成幾個代表性的主題字。近年來，隨著社群網路的興起（如 Twitter），使得短文件的數量也隨之變大，在為數眾多的短文本中如何良好地做摘要與整理也變成一大課題，因而有了應用主題模型於短文本的想法。然而直接應用主題模型到這些短文本上，由於短文本中字數不足以用來良好地統計該主題的字詞共現特性，所以經常會得到一些相干度低的主題。根據我們回顧的文獻，雙詞主題模型（Bi-term topic model, BTM）透過整個資料集中的雙詞（Bi-term），直接對字詞共現特性做建模，能有效改善單一文件中字數不足的問題。然而 BTM 於統計過程中只考慮雙詞的共現頻率，導致產生的主題很容易會被單一高頻字所主導。

本研究提出基於字詞共現性的主題模型來改善 BTM 中主題被高頻字所主導的問題。對於 BTM 的問題，我們提出的 PMI-β-BTM 方法導入點對點交互資訊（pointwise mutual information, PMI）分數於其主題字的事前機率分布中，來降低單一高頻字的影響。實驗結果顯示，我們的 PMI-β-BTM 無論是在正規的新聞標題上或是在雜訊高的 tweet 上皆有較好的主題性。另外，我們所提出的方法不需修改原始主題模型，因此可直接應用於 BTM 的衍生模型上。

關鍵詞：短文本，主題模型，文件分類，文件分群

Keywords: Short Text, Topic Model, Document Clustering, Document Classification.

Topic models learn topics base on the amount of the word co-occurrence in the documents. The word co-occurrence is a degree which describes how often the two words appear together. BTM, discovers topics from bi-terms in the whole corpus to overcome the lack of local word co-occurrence information. However, BTM will make the common words be performed excessively because BTM identifies the word co-occurrence information by the bi-term frequency in corpus-level. Thus, we propose a PMI-β priors methods on BTM. Our PMI-β priors method can adjust the co-occurrence score to prevent the common words problem. Next, we will describe the detail of our method of PMI-β priors.

However, just consider the frequency of bi-term in corpus-level will generate the topics which contain too many common words. To solve this problem, we consider the Pointwise Mutual Information (PMI) [9]. Since the PMI score not only considers the co-occurrence frequency of the two words, but also normalizes by the single word frequency. Thus, we want to apply PMI score in the original BTM. A suitable way to apply PMI scores is modifying the priors in the BTM. The reason is that the priors modifying will not increase the complexity in the generation model and very intuitive. Clearly, there are two kinds of priors in BTM which are β-prior and β-priors. The β-prior is a corpus-topic bias without the data. While the β-priors are topic-word biases without the data. Applying the PMI score to the β-priors is the only one choice because we can adjust the degree of the word co-occurrence by modifying the distributions in the β-priors. For example, we assume that a topic contains three words "pen", "apple" and "banana". In the symmetric priors, we set <0.1, 0.1, 0.1> which means no bias of these three words, while we can apply <0.1, 0.5, 0.5> to enhance the word co-occurrence of "apple" and "banana". Thus the topic will prefer to put the "apple" and "banana" together in the topic sampling step.

Table 1 shows the clustering results on the Twitter2011 dataset, when we set the number of topic to 50. As expected, BTM is better than Mixture of unigram and LDA got the worst result when we adopt the symmetric priors <0.1>. When apply the PMI-β priors, we get the better result than BTM with symmetric priors. Otherwise, our baseline method, PCA-β, is better than the original LDA because the PCA-β prior can make up the lack of the global word co-occurrence information in the original LDA.

Table 1. The Clustering Results on Twitter2011 dataset

Model	β priors	Purity	NMI	RI
LDA	<0.100>	0.4174	0.3217	0.9127
	PCA-β	0.4348	0.3325	0.9266
Mix	<0.100>	0.4217	0.3358	0.8687
	PCA-β	0.3748	0.3305	0.7550
BTM	<0.100>	0.4318	0.3429	0.9092
	PCA-β	0.4367	0.4000	0.8665
	PMI-β	0.4427	0.3927	0.9284

In this paper, we propose a solution for topic model to enhance the amount of the word co-occurrence relation in the short text corpus. First, we find the BTM identifies the word co-occurrence by considering the bi-term frequency in the corpus-level. BTM will make the common words be performed excessively because the frequency of bi-term comes from the whole corpus instead of a short document. We propose a PMI-β priors method to overcome this problem. The experimental results show our PMI-β-BTM get the best results in the regular short news title text.

Acknowledgement

The work reported in this paper was partially supported by the National NEP-II Project MOST 104-3113-F-260-001, 2015.

References

[1] T. Hofmann, "Probabilistic latent semantic analysis," in Proceedings of the Fifteenth conference on Uncertainty in artificial intelligence, pp. 289-296, 1999.

[2] D. M. Blei, A. Y. Ng, and M. I. Jordan, "Latent dirichlet allocation," the Journal of machine Learning research, vol. 3, pp. 993-1022, 2003.

[3] M. Divya, K. Thendral, and S. Chitrakala, "A Survey on Topic Modeling," International Journal of Recent Advances in Engineering & Technology (IJRAET), vol. 1, pp. 57-61, 2013.

[4] D. Mimno, H. M. Wallach, E. Talley, M. Leenders, and A. McCallum, "Optimizing semantic coherence in topic models," in Proceedings of the Conference on Empirical Methods in Natural Language Processing, pp. 262-272, 2011.

[5] X. Yan, J. Guo, Y. Lan, and X. Cheng, "A biterm topic model for short texts," in Proceedings of the 22nd international conference on World Wide Web, Rio de Janeiro, Brazil, pp. 1445-1456, 2013.

[6] K. Nigam, A. K. McCallum, S. Thrun, and T. Mitchell, "Text classification from labeled and unlabeled documents using EM," Machine learning, vol. 39, pp. 103-134, 2000.

[7] W. X. Zhao, J. Jiang, J. Weng, J. He, E.-P. Lim, H. Yan, et al., "Comparing twitter and traditional media using topic models," in Advances in Information Retrieval, ed: Springer, pp. 338-349, 2011.

[8] X. Cheng, X. Yan, Y. Lan, and J. Guo, "BTM: Topic Modeling over Short Texts," Knowledge and Data Engineering, IEEE Transactions on, vol. 26, pp. 2928-2941, 2014.

[9] K. W. Church and P. Hanks, "Word association norms, mutual information, and lexicography," Computational linguistics, vol. 16, pp. 22-29, 1990.

[10] H. M. Wallach, D. Minmo, and A. McCallum, "Rethinking LDA: Why priors matter," 2009.

The 2015 Conference on Computational Linguistics and Speech Processing
ROCLING 2015, pp. 167-179

基於 Word2Vec 詞向量的網路情緒文和流行音樂媒合方法之研究

Matching Internet Mood Essays with Pop-Music Using Word2Vec

溫品竹 Pin-Chu Wen
元智大學資訊工程學系
Department of Computer Science & Engineering
Yuan Ze University
s1026002@mail.yzu.edu.tw

蔡易霖 Yi-Lin Tsai
國立清華大學資訊系統與應用研究所
Department of Institute of Information Systems and Applications
National Tsing Hua University
s102065514@m102.nthu.edu.tw

蔡宗翰 Richard Tzong-Han Tsai*
國立中央大學資訊工程學系
Department of Computer Science and Information Engineering
National Central University
thtsai@csie.ncu.edu.tw
*corresponding author

摘要

我們觀察到很多人在網路上發表與心情有關的文章會附帶一首與文章內容有高度相關性的流行音樂。藉由流行音樂的歌詞內涵及音訊來傳達想要文章中要表達的理念及情緒。本研究藉由機器的運算能力，幫助在撰寫文章的人根據所撰寫文字的內容意義推薦出以代表該篇文章的流行音樂，讓閱讀文章的人可以根據文章中附帶的流行音樂來輔助了解到撰寫文章的人想要表達的內涵。

我們使用了類神經網路語言模型訓練工具 Word2Vec 來實作上述的研究目標，並與基礎方法 Boolean representation、TF-IDF 以及 Okapi BM25 比較效能，我們使用亞洲最大音樂串流服務商 KKBOX 從 2005 年至 2015 年的每月的 TOP-100 華語音樂排行榜作為音樂資料集，結果顯示使用 Word2Vec 的推薦效果 mAP@5 值可達到 0.3185。

實驗數據顯示，顯示若將此系統建置成一般使用者在現實情況下使用的網站或是工具，高達 81%的使用者可以在被推薦五首歌之內得到適合文章內容的流行音樂，顯示本研究若被應用在現實生活中，將會有不錯的表現。

Abstract

Many people share their feeling or story by writing emotional article on the Internet. They also attach a pop music in their text usually. This pop music has high relation with the meaning of the story. As the passed research show that people share their feeling through music all the time. This research use powerful computation power of computers to help people choose music when they are writing emotional article.

We use neural network language model tool word2vec to build our recommender system. We also compare the performance with three baseline method including Boolean representation, TF-IDF, Okapi BM25. We use Chinese TOP-100 popular music monthly rank since 2005 to 2015 from Asia's largest music streaming provider KKBOX as our music dataset. The experiment result scored 0.3185 with mAP@5.

According to our experiment result. 81% of users can get the correct music they want before five music recommended. It will be a usable system if we build a website or application.

關鍵詞：音樂推薦系統, word2vec

Keywords: Music recommender system, word2vec.

一、 緒論

1.1 研究背景與動機

音樂，是人們生活上不可或缺的元素之一，音樂的出現已經有非常長一段時間，從人類出現的五萬年前直到現代，不論在任何的文化以及任何時間及地點，都有音樂以不同的形式出現，並且受到人類生活、文化、科技等不同而漸漸的發展出不同形式的音樂。並且在每首音樂當中，作曲者或是演奏家要傳達的感情或是想法都是不一樣的。

在現代的流行音樂中，音樂往往會有歌詞存在於音樂中，這些歌詞的內容可能是描述一件事情、一段情感、一個故事或是整個社會的縮影，歌詞藉由與伴奏結合的形式，搭配上不同的音調以及節奏加深歌詞所帶有的情緒以及感覺，再藉由歌手以歌唱或是表演的方式，詮釋出整首音樂的意涵，讓聽的人了解音樂所想要傳達的事情，並且進一步的思考音樂所想要表達的理念以及體會音樂的情緒。

另外一方面，現代人生活的壓力大，常常運用各種管道來抒發生活上的壓力，抒發情緒的管道愈來愈多元，從以前的電子布告欄(Bulletin Board System, BBS)及部落格Blog，現在更還有網路上的非常多的討論區，像是 Dcard[1]及 Reddit，人們常常在遇到開心的事情或是難過的事情之後，會在這些討論區上寫出自己的經歷以及心情。但由於每一個人對於文字的理解可能有所不同，寫文章的人想傳達的資訊或心情不一定能準確的傳達給閱讀文章的人，有些發文者為了更準確的表達心中的感覺，會在文章中附帶一首與文章內容有高度相關性的流行音樂讓閱讀者有更深的感受，如下圖 1，藉由流行音樂可以引起大部分人共鳴的特性，來讓閱讀者更請楚地掌握文章中想要表達的概念、主題以及情緒。

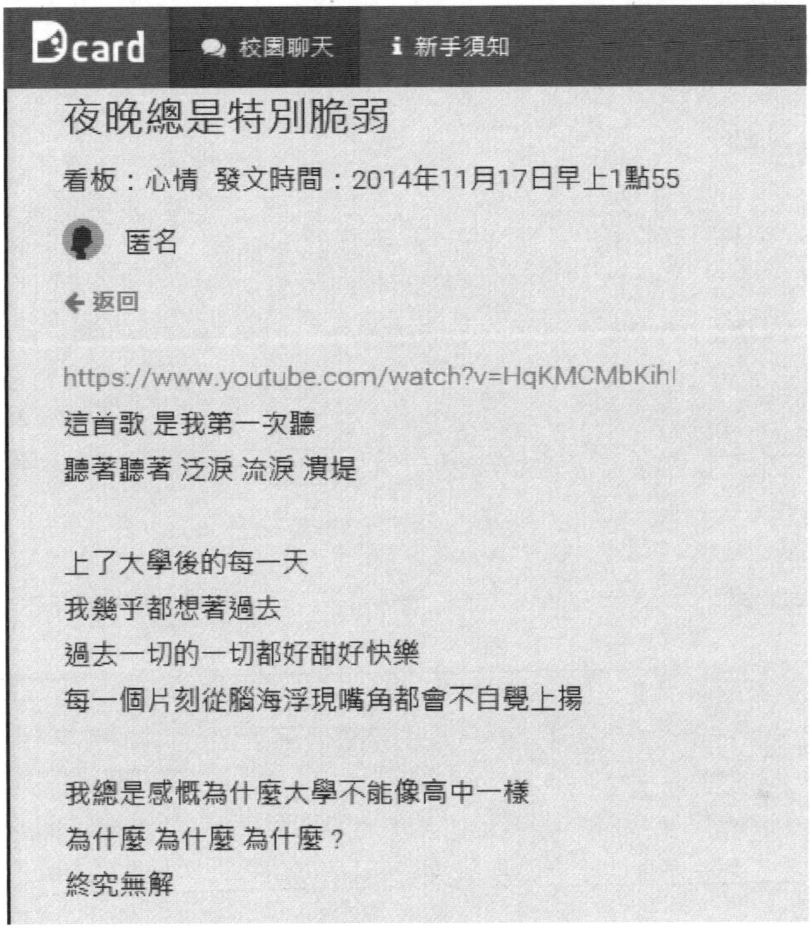

圖 1、文章搭配音樂示意圖

1.2 研究目的

由以上研究動機可知，文章中音樂的選擇會影響到閱讀者對於文章的了解程度，如果文章中的內容是有關於失戀心情的描述，若附帶上一首有關於失戀的流行音樂，便可以讓閱讀的人更了解文章想要表達的情緒。然而，由於每個人聽過的流行音樂數量都不太一樣，或是聽的歌曲種類不太一樣，也有些人可能因為生活忙碌而較少接觸音樂，這些人如果撰寫文章時因為聽過的音樂太少而無法尋找到適合的音樂來給讀者聆聽，便沒有辦法利用音樂可以傳達心情的特性來讓閱讀者更了解文章的內容。

本研究的目的是要藉由電腦強大的運算能力，自動推薦適合的流行音樂，幫助想要在網路上發布抒發心情文章的使用者可以在龐大的音樂資料庫中找到適合的流行音樂作為輔助文章閱讀的音樂，讓其他人在閱讀文章時可以更正確的了解文章內容要傳達的心情。

1.3 問題定義

給予一篇文章以及一組含有歌詞的音樂資料庫，建立一個用於推薦適合該篇文章的流行音樂清單的推薦系統，並且評估不同的演算法用來解決此問題的效能。

二、 相關文獻

2.1 音樂與心靈

在 Storr 的著作[2]中指出，音樂是全世界共同的語言，音樂可以做為一種人與人之間的溝通方式，也可以做為人用來對別人表達自己心情的方式。音樂可以領導聆聽者的情緒，讓別人知道音樂中所要傳達的心情狀況，而且即使是不同文化的人也可以從音樂中感受到情緒。像是如果音樂是較輕快的節奏，就知道這首歌想傳達的心情可能是快樂的，若音樂的聲音慢且低沉，就可以知道這首音樂是一首要傳達悲傷心情的音樂。鑒於前面所說，音樂可以攜帶著情緒，若在加上歌詞的輔助，讓聽的人可以更了解想要傳達的心情及理念，是一個好的研究方向。

2.2 音樂與文章

目前音樂與使用者產生的文章間的研究並不多，與本研究最相近的是 Chih-Ming Chen 等人的研究 [3] ，這個研究認為人在音樂帶有情緒，人們常常藉由撰寫文章來抒發他們的情緒，而且常常會在寫文章一邊聽與文章內容有高度相關性的音樂，根據以上的觀察，他們開發了一個音樂推薦系統，使用 Collaborative Filtering 以及 Factorization Machine 等技術來推薦當使用者在撰寫文章時聽的音樂，其系統的 mAP 值大約在 0.38~0.50 之間。

三、 研究方法

3.1 方法概述

本研究主要將採用 Word2Vec 來做為訓練詞向量的工具，Word2Vec 是 Tomas Mikolov 等人在 2013 年時根據他們的兩篇研究 [5,6]寫出的一個開放原始碼工具，是一個用類神經網路模型來訓練語言模型的工具，其在訓練語言模型的期間會為每個詞產生特定長度的詞向量，我們採用 Word2Vec 的原因有兩點，第一就是其訓練出來的詞向量可以準確的表達詞的意義，第二就是 Word2Vec 比傳統類神經網路有著訓練時間更短、準確度更高的優點，以下會分別說明這兩部份的差異。

根據研究[12]指出，類神經網路模型訓練出來的詞向量會讓地位相似的詞有相近的

詞向量，舉例如下:

我 很 爱 你
我 非常 爱 你

這兩句話中只有「很」以及「非常」是不同的，但整句話在真實的意義上是差不多的，在有些方法中(如:TF-IDF)會根據文件中「很」跟「非常」數量以及分布的不同而給予差異很大的詞向量，進而影響到整個文件的向量表示。而使用類神經網路模型則不會有這樣的問題。在本研究中希望可以真正找到符合文章意義的歌曲，不希望因為文法上的不同而使有相似意義的句子計算出的結果想差甚遠，因此選擇使用類神經網路的方法作為主要的方向。

但傳統的類神經網路模型也不是沒有缺點，在研究[5]中作者將研究[12]使用的傳統類神經網路模型 Neural Net Language Model(NNLM)與 Word2Vec 中的兩種模型做比較，如下圖 2，發現即使 NNLM 訓練的詞向量維度少了 10 倍，但是花費的計算時間卻是 CBOW 模型的 9 倍之多，顯示原本的類神經網路模型有計算量非常大之缺點。

Model	Vector Dimensionality	Training words	Accuracy [%]			Training time [days x CPU cores]
			Semantic	Syntactic	Total	
NNLM	100	6B	34.2	64.5	50.8	14 x 180
CBOW	1000	6B	57.3	68.9	63.7	2 x 140
Skip-gram	1000	6B	66.1	65.1	65.6	2.5 x 125

圖 2、NNLM 與 Word2Vec 的準確度以及訓練時間比較

本研究希望可以在龐大的音樂資料庫中尋找適合的歌曲，因此需要計算快速的詞向量訓練方法，而 Word2Vec 運用 Hierarchical Softmax 最佳化讓計算時間可以縮短非常多倍，且根據上圖 2，Word2Vec 使用的模型有較高的準確度，因此我們決定使用 Word2Vec 作為我們研究目的的解決方案，並且驗證使用 Word2Vec 方法的效果在本研究上會比其他的基礎方法都還要好。

本研究主要由數個步驟完成，一開始我們會將文章內容以及歌詞做斷詞，將句子分離成以詞為單位的片段，接下來我們會使用 Word2Vec 以及其他基礎方法(Boolean representation、TF-IDF 以及 Okapi BM25)來推薦音樂給文章，並且評估系統效能。

3.2 文章內容及歌詞斷詞

在本研究中，使用的歌詞以及文章都是中文的，由於中文不像英文中每一個字詞有空白分開，必須先將句子分離成有意義的單詞，才能將每個詞表示成一個值用來計算。

本步驟主要是要將文章的內容以及歌詞做斷詞，我們採用的斷詞方法是由中央研究院辭庫小組開發的 Chinese Knowledge and Information Processing (CKIP) [7] 中文斷詞系統，CKIP 並且有附加詞類標記之功能。我們將文章內容以及歌詞作為輸入，可以得到每一個分開的詞以及詞性，由於本研究目前沒有用到與詞性相關的東西，我們會將這些詞性資訊先行移除，下面會說明此步驟的輸入以及輸出。

輸入歌詞:　　我懷疑 一直在等待的人 真的就是你

CKIP 輸出:　我(Nh)　懷疑(VK)　一直(D)　在(P)　等待(VK)　的(DE)　人(Na)　真的(D)　就是(Cbb)　你(Nh)

去除詞性:　　我　懷疑　一直　在　等待　的　人　真的　就是　你

3.3 Word2Vec

我們利用前面提到的 Word2Vec 工具，來訓練我們的詞向量，其所給的參數如下表

表 1、Word2Vec 工具參數

命令列參數	值	意義
-cbow	1	使用 Continuous bag-of-words 模型
-size	500	輸出詞向量的維度
-window	10	訓練時包含前後文的長度
-hs	1	使用 Hierarchical Softmax 最佳化
-iter	10	迭代訓練回數

3.4 文章內容與音樂向量計算

在這一個章節中，我們要計算單一文章或是單一音樂的向量，本研究採用最簡易的方法來使用。將音樂或文章經過之前的方法處理過後，把文章或音樂中出現過的詞的向量的每個分量個別相加，但是不計算重複出現的詞，得到的結果作為我們對於單一文章或是音樂的向量。

例如文章或歌詞中只有 A,B 兩個詞
詞 A 的向量為 (0, 0, 1)
詞 B 的向量為 (1, 0, 1)
這篇文章或是這首音樂的向量就是 (1, 0, 1)

3.5 文章與音樂相似度

前面我們得到文章以及所有音樂的向量之後，我們便可以用計算向量相似度的演算法來取得兩個向量間的方向差距，也就是文章及音樂歌詞的差距。我們採用的是餘弦相似度(Cosine similarity)，因為餘弦經常被運用在比較向量空間模型詞或文章的相似度，在自然語言處理中經常被使用。

對於每一篇文章，我們對每一首音樂計算出餘弦相似度，接著將這些音樂排序出一個由相似度高到低的音樂清單作為本系統的推薦清單。

四、 實驗與評估

4.1 文章資料來源

本研究主要是為了推薦音樂給撰寫抒發心情文章之使用者，因此我們挑選了國內受歡迎的大學生社交網站 Dcard 中的文章來做實驗，我們將 Dcard 網站中的校園聊天討論版中的心情分類的從開站以來到 2015 年 4 月 21 日 12 點 14 分前所有文章下載下來，並且利用程式篩選出內文含有 youtube.com 或 youtu.be 的文章，對於被篩選出來的所有文章，以人工的方式去除無實質內文或是只有歌詞之文章，結果留下 275 篇文章。

4.2 音樂資料來源

除了 4.1 中文章中原有包含的音樂之外，我們還加入了其他的音樂來驗證系統的效能，另外加入的音樂是線上音樂串流服務商 KKBOX 的華語單曲每月排行榜中的音樂，收錄的日期範圍自 2005 年 9 月到 2015 年 4 月的所有音樂，由於月排行榜有極高的重複率，扣除掉所有重複的音樂後加入文章原有的音樂總共有 2,220 首音樂，這些音樂的歌詞是由 KKBOX 的使用者所自願填寫給 KKBOX 系統而產生的，因此可能會有一些特殊符號或是無意義的字或句子留在歌詞中，必須先去除歌曲以及歌手資訊，而這些無意義的字詞已經由程式自動預先除去。

4.3 相關性判斷

為了可以準確的評估推薦系統的效能，我們必須要知道哪些流行音樂適合哪些文章以及哪些不適合，在一般的推薦系統評估中，我們必須要針對每一篇文章對於每一首音樂的適合程度以人工的方式判斷出適不適合，假設一篇文章與一首音樂的相關性需要用 30 秒來做判斷(這是非常快的速度)，做完整個資料集完整的判斷需要用上大約五千個小時，這是一個非常不實際且沒有效率的做法。

為了讓系統評估做的快速又有相當可靠準確度的情況下，我們採用了與 Text REtrieval Conference(TREC) 2007[8]一樣的相關性判斷方法:pooling[10]，這個方法已經在 TREC 被採用很多年了。在 pooling 方法中，我們會從每一個推薦方法對於每一篇文章推薦出來的音樂清單取一定數量的歌曲，將不同推薦系統對於每一篇文章所推薦出來的音樂組合成該篇文章的 pool，pool 中重複的音樂只留下一次，當我們在做相關性判斷的時候，每一篇文章中只有這些已經被加到 pool 中的音樂需要做人工的判斷，其他所有不在 pool 中的音樂都視為與文章無關的音樂。

對於這些在 pool 中的音樂，我們撰寫了一個線上標記正確解答的網站，系統會固定給予一篇文章的內容以及一首音樂的歌詞，讓標記者決定這一篇文章與這一首音樂是否相配，並且按下"適合"或是"不適合"回傳給系統。這些成對的問題來自於每一篇文章以及該篇文章 pool 中的音樂組合而成。我們總共有 4290 組題目，有 23 人參與了標記，這些人都是會使用網際網路的一般使用者。

另外為了讓本研究更能貼近真實世界中的運用情況，我們將每一篇文章中原本就有的音樂強制規定為與那篇文章有相關性。

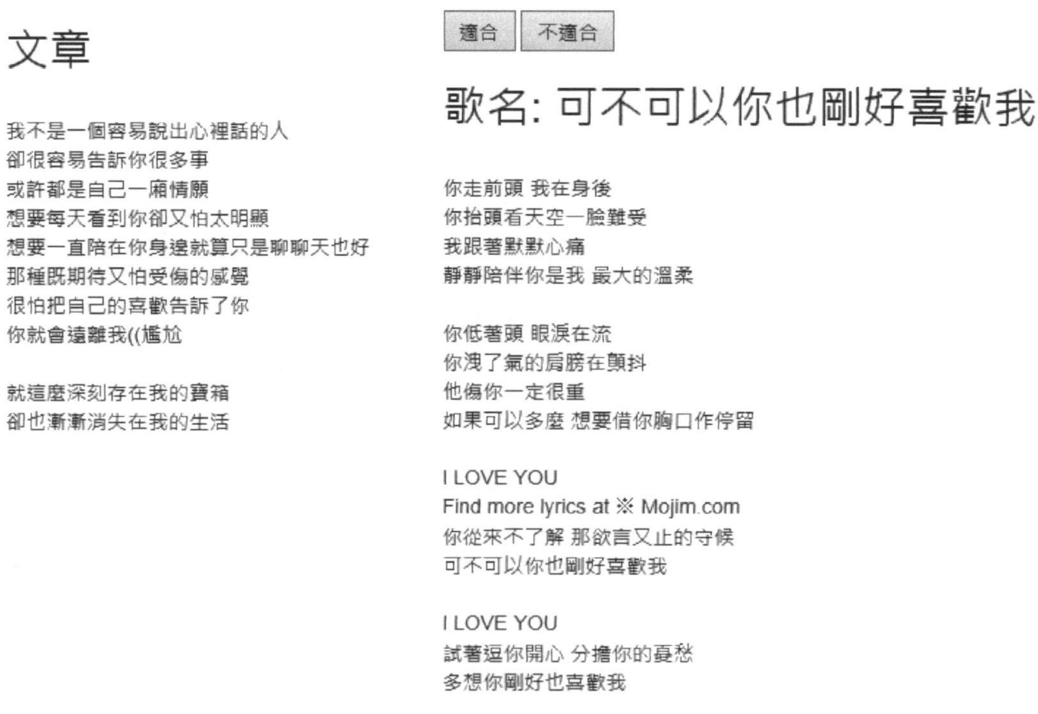

圖 3、線上相關性判斷標記系統

4.4 實驗流程評估方法

在本實驗中，我們要比較第三章中 Boolean representation、TF-IDF、Okapi BM25 及本研究中主要的方法 Word2Vec 三種演算法對於推薦音樂給文章的準確度，我們將每一種演算法算出的音樂相關性結果清單與答案做比較，並且使用 Mean Average Precision(mAP)作為我們的效能指標，使用 mAP 的原因是因為 mAP 經常被用在評估推薦系統，除了評估推薦的準確度之外，推薦的順序也會影響到分數，在很多的推薦系統競賽中被作為效能評估的唯一指標，如 Million Song Dataset Challenge 以及 KDD Cup 都是使用 mAP 作為評估的指標。

4.5 實驗結果

本研究的實驗結果如下，我們除了使用 Word2Vec 之外，也使用其他基礎方法來檢視系統的效能，並用 mAP@5 來呈現，結果如下表:

表 2、實驗結果數據表。

Method	mAP@5
Boolean rep.	0.2530
TF-IDF	0.2645
Okapi BM25	0.2854
Word2Vec	0.3185

4.6 實驗其他統計

本研究為了更了解若此系統運用於真實世界對於使用者帶來的感受，我們還計算了若一個使用者要使用本系統，在特定的歌曲數內可以找到滿意的流行音樂的機率。

表 3、特定歌曲數內找到適合音樂的機率表。

Method	第 1 首內	第 3 首內	第 5 首內
Boolean rep.	41.67%	61.68%	69.71%
TF-IDF	37.32%	63.50%	78.10%
Okapi BM25	44.20%	66.67%	75.72%
Word2Vec	43.12%	70.07%	81.39%

4.7 實驗結果討論與分析

由表 2 可看出，以 mAP@5 的評估方式來說，Word2Vec 分數為 0.3185，是表現最好的推薦方法。其我們認為原因如下，在一般的搜尋引擎或是文件檢索中，我們通常要檢索的目標可能是一個名詞，或是一個可以清楚用語言表示的詞彙，我們可以利用 Boolean representation、TF-IDF 以及 BM25 這三種方法直接的對要檢索的字詞做加權並且根據文件中也有出現的檢索文字依照權重做分數的計算，只要我們找到了檢索字串以及文件中的關鍵字，便可以獲得非常準確的結果。但本研究與文字檢索或文件查詢是不一樣的，對於一篇心情文章來說，我們必須要先了解其中的「意義」，在尋找音樂資料庫中歌詞「意義」最為相近的歌曲，將其作為要被推薦的音樂。一篇心情文章所要表達的意義不見得是可以用語言形容的，而 Word2Vec 這個使用類神經網路模型運作的工具而言，其特色為所產生的詞向量有機會代表詞的真正意義，因此在推薦心情文章的配樂上，有較好的表現是可以預期的。

另外由表 3 可以看出，使用 Word2Vec 方法的系統使用者可以有 43.12%的機會在第一首歌就找到最適合的音樂，而分別有 70.07%或 81.39%的使用者可以在被推薦前三、五首歌曲內，若將本研究的方法實作出來給一般大眾使用，相信可以滿足大部分人的需求。

4.8 錯誤分析

我們分析了一些可能造成實驗結果有誤差的因素，分別於以下討論。

標記者對於文章內容認知不同

在標記的過程中，我們將曾一篇心情文章給予不同的標記者閱讀，不同的人偶爾對於不同的文章內容會有不同的認知及見解，可能會造成標記的答案有所誤差，但是對於大部分的文章，不同標記者還是會有相同見解，因此不會對於實驗結果有非常大的影響。

原始文章中附帶的音樂與內文不一定相關

我們在少數的文章中發現，其原作者附帶的音樂不一定與文章的內容意義有關，有時可能只是作者當時正在聽的音樂或是作者喜愛的音樂，但大多數的音樂還是與文章內容是有相關的。在我們的實驗中，我們將所有文章原本就附帶的音樂強制列為與文章有相關性，可能是造成實驗誤差的原因。

斷詞系統的準確度

本研究使用的斷詞系統的品質可能會些許影響到實驗的結果。

五、 結論與未來展望

5.1 結論

在本研究中，我們提出了一個創新的研究方向，我們觀察到很多人在網路上發表與心情有關的文章會附帶一首與文章內容有關的流行音樂。接著我們先藉由閱讀之前的文獻，得知人們在聽音樂時心情會有所被影響，音樂可以藉由歌詞及音訊來傳達想要表達的理念，接著藉由另一個研究得知在寫文章的人通常會聆聽一些流行音樂，而這些音樂會與文章的內容有高度的相關性。因此我們便想要藉由機器的幫助，幫助在撰寫文章的人根據他所撰寫文字的內容意義推薦出足以代表該篇文章的流行音樂，讓閱讀文章的人可以根據文章中附帶的流行音樂來輔助了解到撰寫文章的人想要表達的內涵。

另外在本研究中，我們使用了四種不同的推薦演算法來實作本研究所想要達成的目的，分別為最簡易的表示方法 Boolean representation、一般自然語言處裡研究中最常被使用的 TF-IDF、使用類神經網路架構訓練語言模型的 Word2Vec 以及 Okapi BM25 四種方法，結果顯示使用 Word2Vec 的效果在推薦系統常用的評估 mAP 中比其他兩種方法還要好，符合我們的預期。

另外若本系統做成可以讓一般使用者在現實情況下使用的網站或是工具，高達 81% 的使用者可以在被推薦五首歌之內得到適合文章內容的流行音樂，顯示本研究的成果若被應用在現實生活中，將會有不錯的表現。

5.2 未來展望

在這個章節中，我們會提供一些未來可以研究增強的方向，包含了資料的蒐集、實作適合一般人使用的系統介面以及結合音訊資料做推薦，會將這些未來可以研究的方向分別在下面的小節敘述。

資料的蒐集

首先就是資料的蒐集，由於目前使用的資料集來源不是每個人寫文章都會附上音樂，因此可以研究的數量就相對少了一點，尤其是還要人工過濾掉不適合的文章要花上不少時間，之後加入龐大的音樂庫之後還需要再標記音樂與文章是否相關，需要花費非常龐大的時間。未來可以在尋找看看是否有其他適合的資料集可以使用，可以省下很多花在資料前處裡的時間。或是研發更好的文章品質過濾方法。

適合一般使用者使用的推薦系統實作

本研究目前只有實作了各種演算法，僅用在評估研究成果上，還沒有一般使用者可以使用的系統介面，未來如果可以將這個系統做成網站，例如讓使用者輸入文章的內容，然後推薦給使用者一手流行音樂，便可以運用在一般生活中，這個系統若做出來也可以讓資料的蒐集變得比較容易。

結合音訊資料做推薦

音樂是由音訊以及歌詞所組成，目前我們只有用到歌詞的部分，若除了歌詞之外，多使用了音訊來分析與文章的情緒是否相合，相信可以讓本研究的結果在更上一層樓。

最後，雖然本研究沒有真正的做出一個推薦系統，但是結果指出這個系統若用在實際應用上，是可以有不錯的效果的。

參考文獻

[1] https://www.dcard.tw/

[2] Storr, A. (1997). Music and the Mind.

[3] Chen, C.-M., et al. (2013). Using emotional context from article for contextual music recommendation. Proceedings of the 21st ACM international conference on Multimedia. Barcelona, Spain, ACM: 649-652.

[4] Salton, G. and C. Buckley (1988). "Term-weighting approaches in automatic text retrieval." Inf. Process. Manage. 24(5): 513-523.

[5] Tomas Mikolov, K. C., Greg Corrado,Jeffrey Dean (2013). Efficient Estimation of Word Representations in Vector Space. International Conference on Learning Representations.

[6] Mikolov, T., et al. (2013). "Distributed Representations of Words and Phrases and their Compositionality." CoRR abs/1310.4546.

[7] Wei-Yun Ma, K.-J. C. (2003). Introduction to CKIP Chinese Word Segmentation System for the First International Chinese Word Segmentation Bakeoff. Second SIGHAN workshop.

[8] Voorhees, E. M. "Overview of TREC 2007."

[9] Robertson, S. and H. Zaragoza (2009). "The Probabilistic Relevance Framework: BM25 and Beyond." Found. Trends Inf. Retr. 3(4): 333-389.

[10] K. Sparck Jones and C. van Rijsbergen. Report on the need for and provision of an "ideal" information retrieval test collection. British Library Research and Development Report 5266, ComputerLaboratory, University of Cambridge, 1975.

[11] K. Hevner, "Experimental studies of the elements of expression in music," American Journal of Psychology, vol. 48, no. 2, pp. 246–267, 1936.

[12] Bengio, Y., et al. (2003). "A neural probabilistic language model." J. Mach. Learn. Res. 3: 1137-1155.

The 2015 Conference on Computational Linguistics and Speech Processing
ROCLING 2015, pp. 180-195

基於 Web 之商家景點擷取與資料庫建置

Points of Interest Extraction from Unstructured Web

高霆耀 Ting-Yao Kao
國立中央大學資訊工程學系
Department of Computer Science and Information Engineering
National Central University
kao800208@gmail.com

莊秀敏 Hsiu-Min Chuang
國立中央大學資訊工程學系
Department of Computer Science and Information Engineering
National Central University
showmin1205@gmail.com

張嘉惠 Chia-Hui Chang
國立中央大學資訊工程學系
Department of Computer Science and Information Engineering
National Central University
chia@csie.ncu.edu.tw

摘要

隨著行動裝置的普及，區域搜尋成為了一項新興的熱門服務。然而區域搜尋要能提供完整的服務，必須要讓使用者能夠準確地搜尋到附近的興趣點(Point of Interest, POI)，如餐廳、旅館、巴士站、卡拉 OK、圖書館、藥局等包含食衣住行育樂的地點。為此我們要建構一個完整的 POI 資料庫供使用者查詢。另外由於網際網路的盛行，越來越多的使用者會在他們的部落格或是社交網路上分享旅遊經驗或是 POI 的資料，同時也有更多的商家或組織建立官方網頁，並且在網頁上詳細的介紹他們的資料。隨著這類型網頁的數量累積，整個網際網路成為了最大的 POI 資訊來源。

在本篇論文中我們提出一個基於 Web 資訊的 POI 建置系統，系統可以分為兩大部分，第一部分為包含地址網頁(Address-bearing Page, ABP)的爬取，目的在透過網頁中的地址找尋可能的 POI 以及可用來做為檢索的 POI 相關描述訊息。第二部分為 POI 擷取系統，透過條件隨機域(Conditional Random Field, CRF)作為學習演算法產生的中文組織名稱辨識模型及中文地址辨識模型，找出網頁中所有出現的地址和組織名稱，接著再將地址與組織名稱配對成 POI 資料，最後再為每一個 POI 擷取其相關資訊。

Abstract

With the increased popularity of mobile devices, local search has become a new popular service. Therefore, we need a powerful POI (Points of Interest) database to support local search. In recent years, the web has become the largest data source of POIs. With the prevalence of Internet, people will share their travel experience and information of POIs that they had been visited on social network, their blogs, and even check-in post. Besides, many companies and organizations publish their business on their own websites, resulting a large number of POIs.

In this paper, we propose a POI database construction system from the immense data of the Web. Our system consists of two parts: the query-based crawler, and the POI extraction system. The goal of query-based crawler is to collect address-bearing pages (ABP) from the web as address is a good indicator of POIs. The second part is POI extraction system. We use CRF (Conditional Random Field) to train a Chinese postal address recognition model and a Chinese organization recognition model. After the extraction of addresses and POI names from ABP with these two CRF models, we then leant a model to pair an address and a POI name as a POI. Finally, we extract POI associated information for each POI to construct a complete POI data.

關鍵詞：電子地圖、網路爬蟲、資訊擷取、POI 資料庫

Keywords: electronic map, web crawler, information extraction, POI database.

一、 緒論

電子地圖不僅是數位化後的地圖，因為不受限於有限的空間，可以根據瀏覽者的需求，整合其背後資料利用圖層疊加的特性對社會經濟資料進行標記與分析，所以產生了相當多新穎的服務，如買屋租屋搜尋、景點搜尋等等。另者，由於近年行動裝置的進步與普及，連帶使得行動定位與目的地導航成為一項新興的熱門服務，現今的電子地圖大多整合了以上的功能，提供了完整的適地性服務(Location-based Service)，使得地圖搜尋成為日常生活不可或缺的功能。

雖然電子地圖能夠提供給我們諸多的便利，但除了基本的地理資訊外，電子地圖還必須要仰賴其系統後方豐富且充沛的資料庫，才能更加突顯其功效。多數地理資料庫都是依靠人工編輯，但是要將所有的 POI 都使用人工的方式加入資料庫是一件耗時費力的事情，因此也限制了現今地點資料庫的地點數量與內容。然而在網際網路盛行的現今，雖然政府工業局或商業司有企業登記資料，但企業登記名稱與店家名稱往往不一致，例如嘟嘟房停車實由中興電工經營，因此即使有政府開放資料，商家 POI 資料仍然不夠完整，但是除了政府機構的網站，POI 亦經常伴隨其描述出現在其他網頁中，如連鎖商店的網頁、部落格的餐廳介紹及景點介紹，甚至於社群網站的打卡資訊等，這些網頁中或多或少都包含了 POI 的描述訊息，因此若能有效率地找到上述這些含有 POI 資料的網頁，並由程式自動將其擷取出可用的 POI 資料，便可有效地擴展資料庫的地點數量與內容。

根據 W3C 的定義，一個 POI 會包含許多資訊，像是名稱、位置、電話以及相關資訊等等，其中位置用於定位標記到地圖上，可用地址或經緯座標表示。由於地址的識別率較高相對其他 POI 資訊更容易擷取，因此本篇論文中，我們提出一個 POI 資料庫的建置系統，以地址擷取做為 POI 辨識策略，並且從包含地址的網頁中擷取與地址相對應的 POI 名稱和相關資訊，用來建立一個 POI 資料庫，提供 POI 搜尋服務，POI 資料範例如圖 一。

```
<?xml version="1.0" encoding="UTF-8"?>
- <data>
    <size>1</size>
    <address>97068花蓮縣花蓮市富國路134號</address>
    <title>狀元書局</title>
    <tel>03-8579655</tel>
    <cateory>事務文具</cateory>
    <type>書店</type>
    <longitude>121.5940187</longitude>
    <latitude>23.9896082</latitude>
    <abstract> 狀元書局 營業時間：星期一~星期日 早上 08：00 到 晚上 22：00 新聞文化、圖
    <http/>
</data>
```

圖 一、POI範例

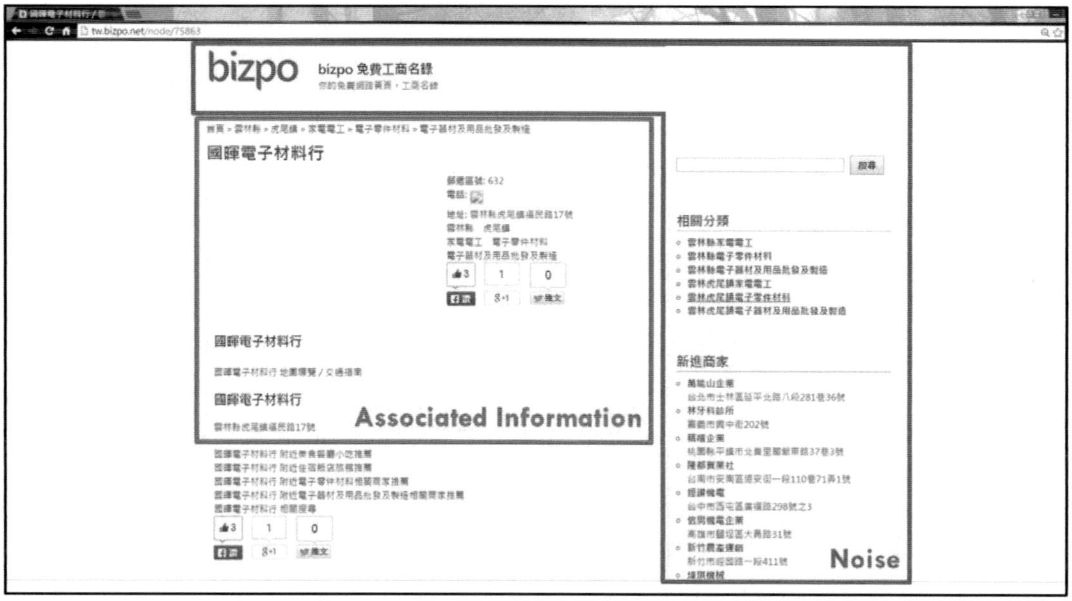

圖 二、網頁中的POI相關資訊與雜訊

本系統包含三個模組。第一模組是網頁的爬取(Crawler)，我們首先以地址為關鍵字串來蒐集包含地址的網頁(Address-bearing Pages, ABP)，我們引入 Chang 等人在 2012 年[5]和 Lin 等人在 2014 年[10]所提出的兩種模型來從 ABP 中擷取出地址；第二個模組則是 POI 擷取模組，我們使用 Huang 等人在 2015 年[8]提出的中文組織名稱辨識模型來擷取 ABP 當中的 POI 名稱。最後我們會將辨識出的 POI 名稱以及地址組成許多筆 POI，並透過 POI 配對驗證模組將正確的 POI 資料放入資料庫當中。

另外，因為大多數使用者是由關鍵字或是類別反查商店在地圖上的位置，因此用以描述地址的相關資訊是否足夠，會大幅影響查詢系統的檢索效能，為此我們提出了 POI 相關資訊擷取模組，為每個 POI 擷取相關描述來解決此問題。如圖 二所示，網頁中包含許多地址的描述，但同時仍有許多與地址不相關的內容。在本篇論文中我們將應用中文組織名稱辨識模組來加強這類型網頁的地址相關資訊擷取。

本論文共分成五個章節，第一章為緒論，說明研究的動機與目的並簡單的介紹本篇論文；第二章為相關研究，介紹和本論文相關的研究；第三章為系統架構與研究方法，詳述如何從網路中找尋 ABP，並由程式自動擷取出 POI；第四章為實驗，評估系統的效能及 POI 資料的正確性；第五章為結論，總結本論文的貢獻。

二、 相關研究

近幾年來，由於網路上巨量資料的累積與行動裝置的普及，地理資訊檢索(Geographic Information Retrieval)以及區域搜尋開始受到重視。國際間地理資訊檢索領域的研究以 ACM SIGSpatial workshop on GIR 較負盛名，自 2004 年起收錄相關領域的研究報告，相關研究主題包括了地理資訊系統的發展模式、地理數據庫的存取與網路內容與多媒體的分析、基於文字與地理資訊系統整合的方法(如資訊擷取、自然語言處理、空間資料的索引與搜尋等)、以及地理術語的識別與時空(spatio-temporal)的概念。

另外則是從2008開始與WWW同時舉辦的Workshop on Location and the Web(LocWeb)，後續也在 CHI、IoT、CIKM 等會議舉行，某種層次來看，LocWeb 與 Web 的關係更為緊密。而國內研討會則以台灣地理資訊學會舉辦的研討會為主，主題包含了地理空間數據可視化、地理資訊系統技術發展與整合應用、開放資料與群眾外包(Crowdsourcing)、防救災與資通技術整合、以及自然環境資源管理與環境監測相關研究。

相對於學界的小數量蒐集、特定專業性的問題探討，業界對於地理資訊與跨領域整合的潛在商 機與經濟效應上更為積極。例如 Google 在地圖、街景上的投資，同時持續「免費」開放使用其服務，吸引了全球使用者的力量「零成本」貢獻大量的使用者標記，累積了目前任一個國家無能與之匹敵的大數據資料。無論是在地圖、地理數據、網頁文字、圖片及使用者查詢詞紀錄，都讓其他 LBS 應用服務難望其項背。而其他商業巨擘如 Bing Maps、Yahoo! Maps、Apple Maps、Facebook 的地理資料庫所擁有的數據亦不容小覷，甚至是全球性非營利組織的地理位置資訊，如：OpenStreetMap[1]、Wikimapia[2]等也都具備了數千萬的 POI 資訊。

Ahlers 與 Boll 在基於地點的網頁搜尋研究中[1]，提出了一個從網頁中擷取地點的系統架構，主要分為 crawling、斷詞與索引網頁，以及搜尋與排序等三個子系統，其中他們所採用的 crawling 策略又可分為兩種：以地點字典為主和以關鍵字為主的方法[2]，透過自適應化(adaptive)的學習與預測可能包含地點的網頁來有效提升整體召回率(recall)，該研究主要針對德國多個城市進行網頁爬取與索引。

在本篇論文中，我們從網際網路中找出包含地址網頁，並且利用命名實體辨識(Named Entity Recognition, NER)從網頁中擷取地址以及 POI 名稱並且將其配對，在得到 POI，再為其找出相關的描述，使得該筆 POI 資料能夠在資訊檢索系統中被檢索。因此本研究的主要技術可以分為如何有效地爬取目標網頁、命名實體辨識、地址和 POI 名稱的配對以及相關資訊擷取。

我們採用的中文地址擷取方法是 Chang 等人於 2012 年所提出的模型[5]，使用機器學習法中序列標記的 CRF 做為其訓練及測試模型，配合台灣地址的特性建立了 17 種地址特徵並且使用 Start/End 標記法，接著再配合極大分子序列演算法(Maximal Scoring Subsequences)，其準確率約在 94%至 99%之間。

而中文組織名稱擷取模組的建置則是使用 Huang 等人於 2015 年提出的方法[8]，同樣是使用 CRF 做為其訓練及測試的模型，利用組織名稱中常出現的詞彙(e.g., 店、公司)以及組織名稱前後常出現的詞彙等總共建立了 18 種特徵，並且使用 Self-Testing 以及 Tri-Training 等方法再更進一步地提升準確率，最終其準確率可以在非結構化的網頁中達到 86.13%。

---

1 http://openstreetmap.tw/
2 http://wikimapia.org/

在相關資訊擷取的部分，雖然 Li 等人[7]與 Chang 等人[5]的研究中都有提到此部分，但其效能並不佳。在 2012 年 Su[12]發現他們的做法過度理想化各筆紀錄(Record)的儲存標籤皆是採用同一規格標準，若是標籤的樣式稍有例外出現，就會發生連鎖錯誤，導致擷取失敗。為了解決此問題，Su[12]將 2010 年 Wei Liu 所提出基於視覺的資料紀錄擷取演算法[9]套用在地址相關資訊擷取的研究中，並重作 Li[7]的實驗，將 F-measure 由 79.12%提昇至 95.04%。

三、 系統架構

我們的系統架構圖如圖 三所示。本系統的第一部分是利用關鍵字以及地址 pattern 組合而成的查詢詞透過 Google 搜尋引擎來搜集包含地址網頁(ABP)，並使用代理伺服器提升搜尋效率。本系統的第二部分則利用地址辨識模組以及中文組織名稱辨識模組找出網頁中的地址以及 POI 名稱，接著再用這些地址及組織名稱組成 POI 名稱與位置的基本配對。第三部份則為每一個 POI 配對擷取其相關資訊。最後將每一組配對和配對的相關資訊整理成一筆 POI，並放入 POI 資料庫中供使用者查詢。

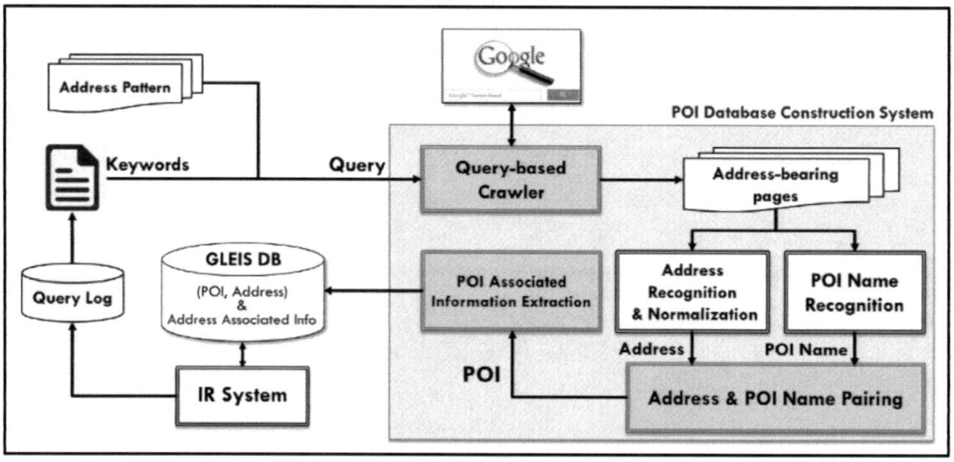

圖 三、POI 資料庫建置系統架構圖

3.1 Query-based 爬蟲

在本論文中，我們設計一個 Query-based 爬蟲取得 ABP。我們之所以收集 ABP 的原因是因為地址相較於其他相關資訊特徵較為明顯，因此使得地址相對容易辨識，此外每一筆 POI 都需要有經緯度的資訊才能定位在電子地圖上，而地址能夠透過許多工具轉換為經緯度。因此我們選擇以地址為基礎，為每一筆地址擷取其名稱和相關資訊並將其整理成 POI。

- 查詢關鍵字

為了使搜尋到的網頁盡可能包含地址，我們使用”關鍵字+地址 pattern”做為我們的查詢詞模型，其中我們使用(路 OR 街 OR 段 OR 巷 OR 弄)* 號做為地址 pattern。再根據關鍵字的類型，分以下兩種作法：

1. 類別：以 26 個縣市加上地址 pattern 以及類別關鍵字(e.g., 餐廳、服飾、交通)做為查詢詞，接著取回搜尋結果的前 500 個網頁。

2. POI 名稱：以地址 pattern 加上 POI 名稱關鍵字(e.g., 怡客咖啡、星巴克)做為查詢詞，接著取回搜尋結果的前 20 個網頁。

另外，由於多數的連鎖商店都會在自己的官方網站上介紹分店資訊，但是如果我們直接使用連鎖商店名稱搜尋的話，Google 搜尋引擎大多只會回傳官方網站的首頁，因此若我們僅使用上面兩種查詢關鍵字的話，將會漏掉這一類型的網頁。為此我們設計了第三種類型的查詢關鍵字來解決這一問題：

3. 連鎖商家名稱：以連鎖商家名稱及"門市 or 分店"做為查詢詞，接著取回搜尋結果的前 10 個網頁。

圖 四、Query-based 爬蟲所使用的關鍵字

- 搜尋效率的改善

由於 Google 搜尋引擎對於一般使用者的查詢使用量限制，在免費的情況下我們沒有辦法連續使用相同的 IP 對 Google 搜尋引擎做查詢，根據我們的觀察，若要長時間穩定的查詢，兩次查詢間大約需要間隔 120 秒鐘，否則該 IP 就會被封鎖。如此一來會大幅增加搜尋的成本，因此我們使用 Heroku 代理伺服器來解決這一問題。

我們的作法如圖 五所示，首先我們透過 Heroku 代理伺服器取得 Google 搜尋引擎的搜尋結果，接著發出指令讓 Heroku 代理伺服器重新啟動並且進入等待，重新啟動後的 Heroku 代理伺服器會得到一個新的 IP 同時也會喚醒爬蟲程式，重複以上的步驟。

根據我們的觀察，若使用一般的方法查詢，一個小時約獲得 20 次搜尋結果。若使用 Heroku 代理伺服器的作法，一個小時能夠查詢 70 次，相較之下效率提高了 3.5 倍。

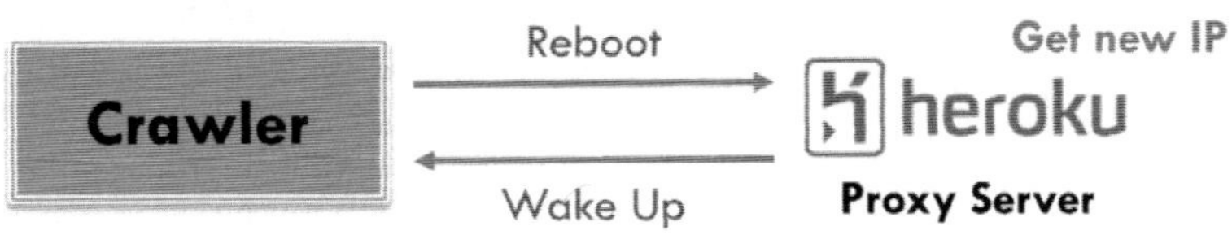

圖 五、使用代理伺服器的爬蟲運作流程圖

3.2 POI 擷取模組

透過 Query-based 爬蟲蒐集了大量 ABP 後，我們分析這些 ABP 並從中擷取出 POI 名稱、

地址和 POI 相關資訊等資料。由於地址是一筆 POI 資料中最基礎的資料，因此我們使用 Chang 等人提出的中文地址辨識模型[5]，從 Query-based 爬蟲蒐集回來的 ABP 中擷取出地址。

POI 名稱是人們指稱 POI 必要的資訊，因此在擷取 ABP 中的地址後，我們進行 POI 名稱辨識。POI 名稱辨識可以視為實體名稱辨識(Named Entity Recognition)中的公司組織名稱辨識，其做法主要採用 CRF 做為學習演算法來建立擷取模型。在本篇論文中，我們則使用 Huang 等人提出的中文組織名稱辨識模組[8]進行擷取。

從 ABP 中擷取 POI 的範例如圖 六所示，首先找出網頁中的地址，接著從地址前後固定字數的範圍內(Window Size)辨識出 POI 名稱後和該地址組合產生配對。

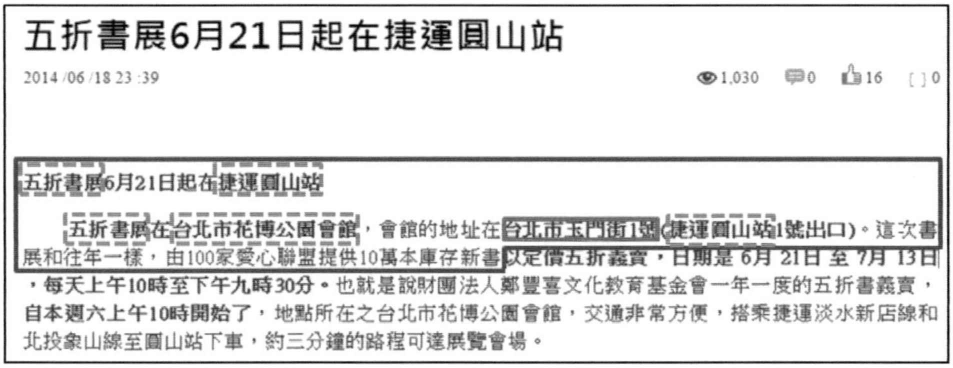

圖 六、地址以及 POI 名稱擷取示意圖，藍色實線為窗框範圍、紅色實線為擷取出的地址、虛線為擷取出的 POI 名稱

- POI 名稱和中文地址之辨識與配對

由於每筆地址可能對應到多個 POI 名稱，因此必須藉由計算所有 ABP 中各筆地址與 POI 名稱配對的相關度，找出最可能的地址與 POI 名稱配對。配對的方法如下，首先我們利用 POI 名稱和地址間的文字距離倒數做為權重，計算該配對的相關分數，分數越高表示該筆配對越有可能存在。接著對於每一個地址我們都選相關分數前三高的 POI 配對作為候選 POI 配對。接著我們將 POI 配對問題視為候選 POI 配對的分類問題，因此計算完相關分數後，我們用 POI 配對驗證模組來判斷候選 POI 是否正確。

在 POI 配對模組的訓練中，我們使用 21,899 個 POI 配對做為訓練資料，對於每一個 POI 配對我們分別使用地址、POI 名稱，及其組合做為查詢詞，透過 Google 回傳頁面中一些較強的指標做為 POI 配對驗證模組的特徵(Features)，最後我們使用 LibSVM[4]並且搭配 Chuang 等人[6]的方法使用 27 個特徵訓練出一個 POI 配對驗證模組，詳細的特徵及說明如表 一所示。我們所用到的特徵大致可以分為以下八類：搜尋結果的數量(F1~F5)、地址和 POI 同時出現在單筆 Google 摘要中的比例(F6~F8)、用皮爾森相關係數計算地址及 POI 分別與 Google 摘要的相關度(F9~F11)、Google 摘要間的餘弦相似性(F12~F14)、各別 Google 摘要的排序分數(DCG)(F15~F17)、網頁的最新修改日期(F18~F20)、Google 摘要中的語意詞(Semantic word)(F21~F22, F26)、地址和 POI 間的文字距離(F23~F25)、該筆 POI 配對是否存在於 Google Map 中(F27)。

表 一、POI 配對驗證模組的特徵

F	Name	Descriptions
1	logC(a)	# of search results for query a in log scale
2	logC(s)	# of search results for query s in log scale
3	logC(a, s)	# of search results for query a+s in log scale
4	R($a + s\|a$)	the ratio of C(a+s) to C(a)
5	R($a + s\|s$)	the ratio of C(a+s) to C(s)
6	P($a + s\|T_a$)	the percentage of top 10 snippets from Q_a that support POI pair (a,s)
7	P($a + s\|T_s$)	the percentage of top 10 snippets from Q_s that support POI pair (a,s)
8	P($a + s\|T_{a+s}$)	the percentage of top 10 snippets from Q_{a+s} that support POI pair (a,s)
9	Corr($a, s\|T_a$)	Correlation of a and s in T_a
10	Corr($a, s\|T_s$)	Correlation of a and s in T_s
11	Corr($a, s\|T_{a+s}$)	Correlation of a and s in T_{a+s}
12	cos(T_a, T_s)	the cosine similarity for snippet T_a and T_s
13	cos(T_a, T_{a+s})	the cosine similarity for snippet T_a and T_{a+s}
14	cos(T_s, T_{a+s})	the cosine similarity for snippet T_s and T_{a+s}
15	NDCG($s\|T_a$)	the rank of s in top 10 snippets from T_a
16	NDCG($s\|T_s$)	the rank of s in top 10 snippets from T_s
17	NDCG($s\|T_{a+s}$)	the rank of s in top 10 snippets from T_{a+s}
18	Date(a, $a + s$)	D_a - D_{a+s} in log scale
19	Date(s, $a + s$)	D_s - D_{a+s} in log scale
20	Date($a + s$)	Today - D_{a+s} in log scale
21	W(p, T_{a+s})	# of true words in snippet T_{a+s}
22	W(n, T_{a+s})	# of false words in snippets T_{a+s}
23	Lenmin(T_{a+s})	the minimum word count of string between a and s in snippets T_{a+s}
24	Lenmax(T_{a+s})	the maximum word count of string between a and s in snippets T_{a+s}
25	AvgLen(T_{a+s})	the average word count of string between a and s in snippets T_{a+s}
26	W(Dict, T_{a+s})	the average count of connection words (e.g., address is, TEL is, located on) for each middle string in snippets T_{a+s}
27	MarkMap	whether the pair is marked on Google Maps or not

* a 為地址、s 為 POI 名稱、T 則表示 Google 摘要

3.3 POI 相關資訊擷取

多數的時候使用者會用關鍵字或是類別來查詢商家，因此我們必須有描述 POI 的相關資訊來使得這類型的查詢能夠成立。本論文中的 POI 相關資訊來源可以分為以下兩類：

1. 包含地址網頁

對於含有多筆地址的網頁，Su 提出的相關資訊擷取方法[12]可以找出每一筆地址的相關資訊範圍，但是這一演算法並不適用於僅包含單一地址的網頁，同時因為 HTML 的正規化的失敗，造成不少多筆地址的網頁無法處理的問題。因此我們在本篇論文中提出新

的做法，透過加入中文組織名稱來幫助我們從地址網頁中找出地址的相關資訊範圍。

本論文中的 POI 相關資訊擷取模組的輸入是一對組織名稱和地址的配對。首先我們會先將網頁轉換成文件物件模型(Document Object Model)架構，並將網頁視為樹狀結構，接著找出地址所在樹葉節點的位置以及組織名稱所在樹葉節點的位置(如圖 七所示)，最後以地址節點和離地址節點最近的組織名稱節點之最小共同祖先節點做為新的根節點，並將該子樹(圖 七中虛線部分)視為此配對的相關資訊。

2. 搜尋結果片段

POI 的相關資訊來源除了網頁本身之外，Google Snippets 也是我們考慮的項目，因為網頁中出現的地址未必與該網頁的主題性相同，因此若資料來源僅使用網頁內容，可能會造成部分配對的相關資訊完全錯誤的問題。為此我們使用配對中的“名稱”+“地址”做為查詢詞(地址與名稱皆加上雙引號)，取回 Google 搜尋引擎回傳前十筆網頁的 Snippets 做為該配對的相關資訊。

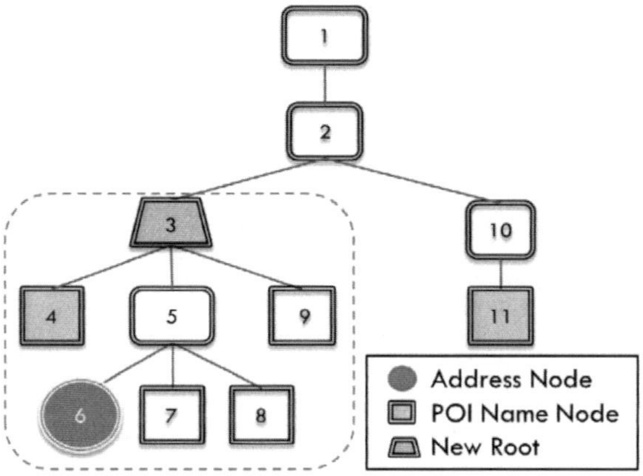

圖 七、ABP 中的相關資訊子樹

● 相關資訊摘要

經過 POI 相關資訊擷取後，對於每一個配對我們都有許多的描述訊息，但有些描述訊息可能是與該配對無關或是描述不夠精確的句子，因此我們使用資訊檢索模型來計算給定一個 POI 名稱 *poi* 做為查詢關鍵字這些候選相關資訊所產生的句子與查詢的相關分數 $(\ |poi)$，以便選出最相關的句子 *s* 做為地址相關資訊。也就是說，將相關資訊句子視為文件，而 POI 名稱視為查詢詞：

$$(\ |poi) = \frac{(poi|\ )\ (\ )}{(poi)} \propto \ (poi|\ )$$

我們使用貝式定理來估計 $(\ |poi)$，對同一個查詢詞 *poi* 而言， (poi)是固定的，所以可以省略不計。假設每一個文件的機率 $(\ )$都是一致的，因此 $(\ )$亦可以省略。

為了整合句子的相關分數與主題模型以有效萃取出代表性的摘要，我們使用詞頻與倒詞頻來估計 $P(poi|s)$，並藉由 Latent Dirichlet allocation (LDA)[3] 產生的語言模型來做為 $P(poi|s)$ smoothing 的方法，再加入λ係數調整權重，公式如下：

$$(poi|\ ) = \lambda(tf * idf) + (1\text{-}\lambda)P_{da}(poi|\ )$$

對於每一個文件 s，我們使用 LDA 取得其多項式分布θ ，並利用潛藏主題 z 計算 $(poi|\ ,\Phi_k)$做為 LDA 產生的語言模型 $P_{lda}(poi|s)$的估計，公式如下：

$$P_{da}(poi|\ ) = \ (poi|\theta\ ,\Phi_k) = \sum \quad (poi|\ ,\Phi_k)\ (\ |\theta\ )$$

(這裡的Φ_k是主題 k 中的詞分布，而Θ 是文件 s 的主題分布)

我們利用此公式算出的 $(poi|\ )$，為每一筆 POI 相關資訊中的所有句子給予一個分數並排序，最後選擇分數較高的句子做為該 POI 的相關資訊。

四、 結果實驗

本論文中我們進行了三個實驗，分別針對系統的多個模組進行效能與效率的評估。第一個實驗是爬蟲的搜尋效率，第二個實驗是 POI 配對的準確率評估，最後第三個實驗是相關資訊擷取的評估。本研究的實驗中，我們定義了以下兩個測量值：

- 地址包含率(ABR)
  ABR = 包含地址的網頁 / 拜訪的網頁數量
- 投資報酬率(ROI)
  ROI = 不重複的地址數量 / 拜訪的網頁數量

4.1 Query-based 爬蟲搜尋效率

我們分別以地址 pattern 的效能、Heroku 代理伺服器的搜尋效率和 ABP 的搜尋效率這三個實驗來評估 Query-based 爬蟲的效能。

● 地址 pattern 的效能評估

在這個實驗中我們比較了兩種不同的地址pattern的效能：

1. <城市名稱> * 號
2. <城市名稱> * (路 OR 街 OR 段 OR 巷 OR 弄) * 號

為了分析不同的地址pattern在不同深度下所抓取回來的網頁的地址包含率(ABR)，我們分別比較前100、200、300、500、750及1000筆搜尋結果的ABR。從圖 八中我們可以觀察到不論對於哪一種深度，第二種地址pattern的ABR都高於第一種地址pattern，因此我們最後選擇使用第二種地址pattern做為查詢字串。另外值得注意的是，這兩種地址pattern在過了前500筆搜尋結果後其ABR都大幅降低，因此為了有效率地蒐集ABP，我們的搜尋深度設定為前500筆網頁。

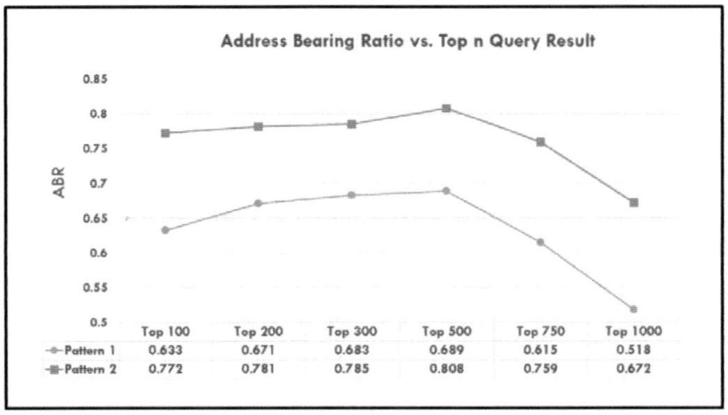

圖 八、不同的地址 pattern 的 ABR 比較圖

- Heroku 代理伺服器搜尋效率

在這個實驗中，我們使用傳統搜尋爬蟲做為基本方法，與Heroku代理伺服器的改進方法比較ABP的爬取效率，並且觀察搜集到的地址數量持續3周，圖九為效能比較結果。從圖九中可以看出使用Heroku代理伺服器的方法的搜尋效率比基本方法還要好上許多，因此利用代理伺服器的方法可以明顯的增進抓取的效率。

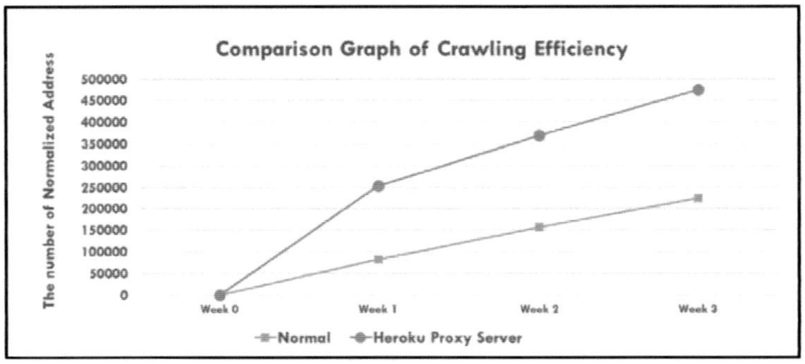

圖九、代理伺服器方法和基本方法的爬取效率比較

- ABP 搜尋效率

在這個實驗中，我們比較了三種不同爬蟲的ABP搜尋效率，Baseline是一般的廣度優先爬蟲，黃頁爬蟲是專門爬取各種黃頁資料的爬蟲，例如：中華黃頁[3]、愛評網[4]，Query-based爬蟲則是本論文設計的爬蟲，比較結果如表 二所示。

[3] https://www.iyp.com.tw/
[4] http://www.ipeen.com.tw/

表 二、三個爬蟲搜尋 ABP 的效能比較結果

Items		**Baseline**	**Yellow Page Crawler**	**Query-based Crawler**
# Visited Webpages	(a)	132,628,290	105,727	652,693
# Address-Bearing Pages	(b)	508,038	105,693	488,036
# Extracted Address	(c)	1,034,402	944,864	6,359,283
# Distinct Address	(d)	190,180	693,868	888,838
ABR	(b)/(a)	0.004	0.999	0.748
ROI	(d)/(a)	0.001	6.563	1.362

從表 二中可以看出雖然Baseline的方法因為沒有Google搜尋引擎的限制，因此能夠爬取相當大量的網頁，但Baseline所找到的地址數量仍然非常的少而且投資報酬率和地址包含率都相當低。Query-based爬蟲的投資報酬率和地址包含率都比Baseline還要高上許多，但是比黃頁爬蟲還要來的相對低一些，其原因是因為Query-based爬蟲的資料來源並不像黃頁一樣侷限在某些特定的網頁和領域，也因此Query-based爬蟲能夠更找到更為普及的網頁中所包含的地址，同時從表 二中也可以觀察到Query-based爬蟲確實能找到比黃頁爬蟲更多的地址。

此外為了瞭解Query-based爬蟲能夠找到多少存在於黃頁以外的地址，我們先將兩種方法所擷取的地址進行正規化後，比較Query-based爬蟲和黃頁爬蟲所擷取到的地址重疊數量。然而根據我們的統計結果，Query-based爬蟲所擷取到的88萬筆地址當中有超過50萬筆是黃頁爬蟲中所沒有的，因此若僅使用黃頁中的商家資料做為電子地圖的POI，會有相當多的POI沒有辦法被電子地圖所查詢到。這個實驗說明了Query-based爬蟲可有效地補充黃頁爬蟲所不足的POI。

4.2 POI 配對準確率

在擷取88萬筆地址後，我們使用黃頁中一對一的POI做為正確答案，計算Query-based爬蟲所搜尋到的50萬個網頁分別以不同的窗框大小(Window Size)所產生的POI配對的準確率。對於每一個地址，我們將直接選用相關分數最高的配對為正確的POI的方法做為Baseline方法，在此實驗當中我們比較了使用Baseline做法在不同的窗框大小下所產生的POI的涵蓋率與準確率，詳細結果如表 三及圖 十所示。

1. $\text{Coverage Ratio} = \frac{\text{\# Overlapping addresses containing correct POI pairs}}{\text{\# Overlapping addresses with yellow pages addresses}}$

2. $\text{Accuracy} = \frac{\text{\# of addresses that are predicted correct}}{\text{\# Overlapping addresses containing correct POI pairs}}$

表 三、Baseline 方法在不同窗框大小下的效能比較

Items	Window Size 50	Window Size 100	Window Size 150
# Recognized POI names	10,773,585	20,539,371	30,144,909
# Distinct POI names	702,793	844,165	934,896
# Pairs	4,406,985	7,630,332	11,062,343
# POI	694,730	743,555	764,840
# Overlapping addresses with yellow pages	264,342	264,342	264,342
# Overlapping address containing correct POI pairs	107,257	121,932	129,913
# of addresses that are predicted correct	52,222	53,536	54,031

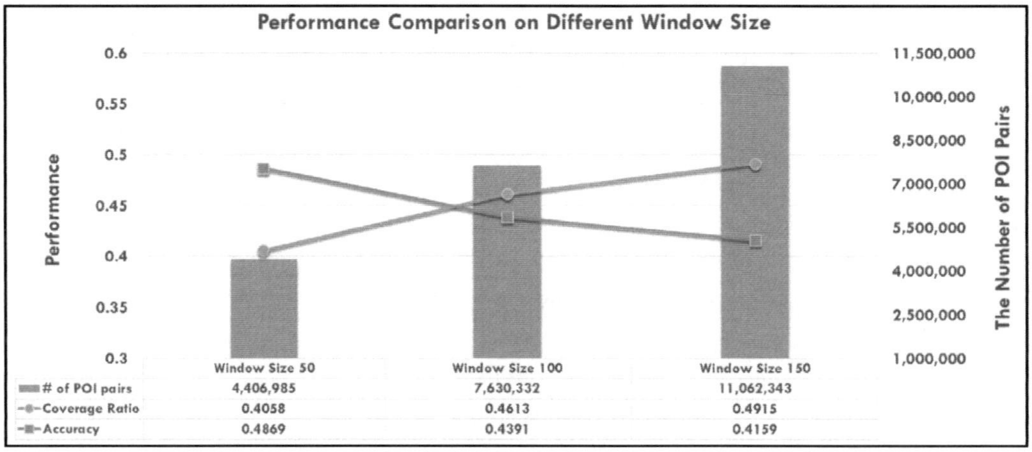

圖 十、Baseline 在不同窗框大小下的 POI 配對效能圖

從圖 十中的結果可以看出在窗框大小為100時有平衡的涵蓋率與準確率，因此後續的實驗我們都選用100個字的範圍做為我們預設的窗框大小。為了評估POI配對驗證模組的效能，我們隨機選取7500個地址並產生了21,899個POI配對(對於每一個地址我們都取3個候選POI配對)做為我們的訓練資料，接著我們做3-folds cross-validation來評估我們的POI配對驗證模組的效能，實驗結果如圖 十一所示。

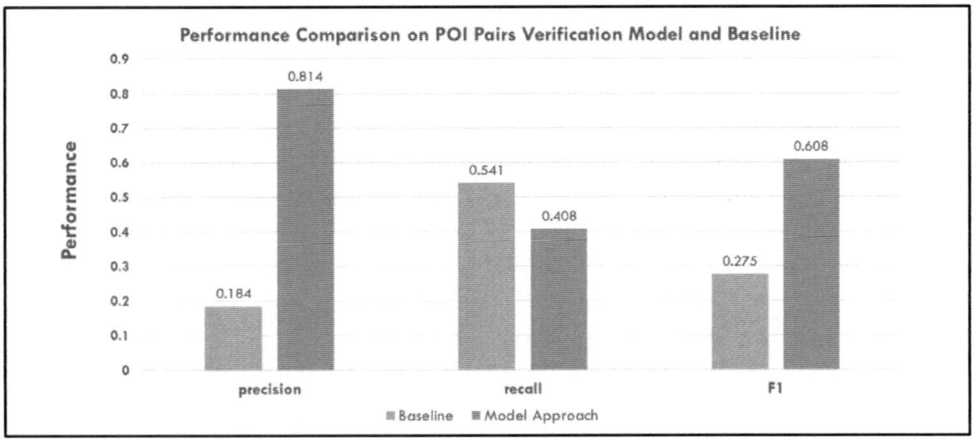

圖 十一、使用不同大小自動關鍵詞庫比較效能

從圖 十一的結果中我們可以看出，雖然在 recall 方面 POI 配對驗證模組的效能略低於 Baseline，但是在 precision 方面卻遠高於 Baseline。我們認為原因是 Baseline 的做法對於每個地址都一定能找到一個 POI 名稱做配對，因此導致雖然有較高的 recall 但 precision 卻相對的非常低，然而透過 POI 配對驗證模組的做法因為判斷較為嚴謹，因此造成 recall 的部分稍低但在 precision 的部分可以有非常好的效果。我們認為在 POI 配對這項任務上 precision 的重要性遠高於 recall，因為我們不能夠提供錯誤的 POI 資料給使用者，因此要盡可能的確保 POI 資料庫中的資料的正確性。

4.3 相關資訊擷取效能評估

因為相關資訊的正確與否較難以判定，因此為了有效評估相關資訊的效能及實用性，我們設計了一個 IR 實驗，透過 POI 檢索系統來測量 POI 相關資訊的品質。在本實驗中，我們透過上個實驗中敘述的Baseline作法設計了兩個POI檢索系統POIDB_AI和POIDB，其中 POIDB_AI 是由包含相關資訊在內的 POI 資料庫建置的 POI 檢索系統，POIDB 則是由除了相關資訊以外的 POI 資料所建置的 POI 檢索系統。我們透過兩個 POI 檢索系統回傳的 POI 的正確性(Average Precision@10)及數量來測量相關資訊正確性以及實用性。我們選擇了 9 個地點做為檢索中心點，其中包含了市中心、市中心旁的地區以及離市中心較遠的地區，然後每個中心點再各自配合 200m、500m、1000m 三種不同的檢索半徑，共形成 27 種組合。對於每一種組合，我們再分別使用 18 個與日常生活較為相關的查詢詞，如：餐廳、服飾、電影等來進行查詢，實驗結果如圖 十二所示。從實驗結果中可以看出 POIDB_AI 所能查找到的 POI 數量是 POIDB 的兩倍以上，而且 POIDB_AI 的 AP@10 在非常小的檢索半徑中依然可以維持在 80%以上。從本實驗的結果讓我們可以確信 POI 相關資訊擷取模組所擷取的相關資訊可以真正的幫助 POI 的檢索。

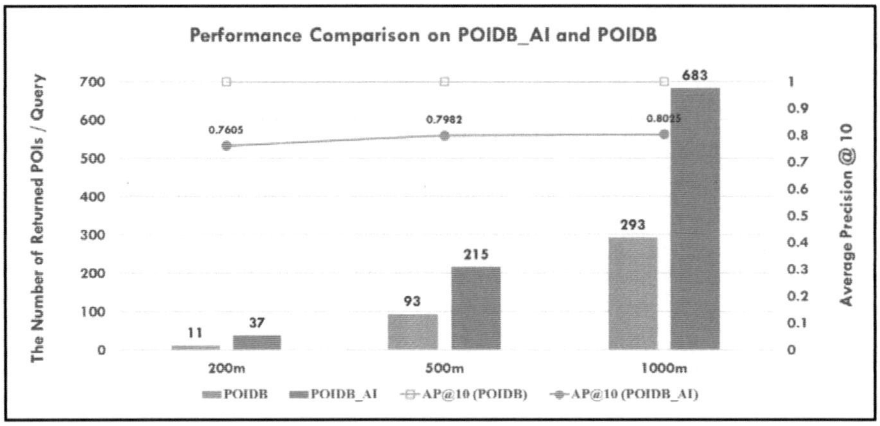

圖 十二、POIDB_AI 和 POIDB 的效能比較圖

五、 結論與未來研究

電子地圖的發展大大改變了現代人的生活習慣，且已經在我們日常中扮演了不可或缺的重要角色。在智慧型手機普及的現代，只要在能連接網路的地方隨時都能夠透過電子地圖獲取任何地點的資料，甚至還有路線規劃和即時導航等附加功能，讓人們不會在前往陌生的地點時感到不便。雖然這樣莫大的改變確實影響了我們的日常生活，但是要倚靠人工的方式來建立出含有極大量POI的電子地圖是一件相當艱難的任務。不過歷史較電子地圖悠久的網際網路，其實早已累積了大量的地理資訊可供我們使用。

本論文透過Query-based爬蟲在網際網路中找出含有地址的網頁(ABP)，並藉由命名實體(NER)辨識找出其中的地址以及組織名稱，接著透過地址與組織名稱配對系統找出正確的配對，然後從網頁中或是Google Snippets中摘要每一組配對的相關資訊，最後將這些資料做為電子地圖中的POI來使用，如此就能快速增加電子地圖中POI的資料量。

此外，為了瞭解藉由我們的系統自動化所產生的地址相關資訊是否能真實應用到電子地圖的檢索上，我們藉由資訊檢索的實驗結果顯示，Query-based爬蟲搜集而來的網頁中擷取出的POI資料，確實具有相當的實用性。

在未來我們會專注在如何整合我們擷取的POI以及現有POI資料庫中的POI，如此一來不僅僅是利用網路上的資料創建一個全新的POI資料庫，同時也能夠利用現有的POI資料庫再進一步的豐富我們POI資料庫中的資料。此外我們也希望系統除了定期爬取新的POI之外，同時能夠定期檢查我們的POI資料庫中現有的資料，並將過期的POI過濾掉，以確保POI資料庫能夠隨時提供給使用者正確的POI。

References

[1] D. Ahlers and S. Boll, Location-based Web Search. The Geospatial Web, pp. 55-66, Springer, 2007.

[2] D. Ahlers and S. Boll, Adaptive Geospatially Focused Crawling. CIKM, China, Nov. 2–6, 2009.

[3] D. M. Blei, A. Y. Ng, and M. I. Jordan, Latent Dirichlet allocation. Journal of Machine

Learning Research, 993–1022, 2003.

[4] C.-C. Chang, C.-J. Lin, LIBSVM: a library for support vector machines. ACM Transactions on Intelligent Systems and Technology, 2(27):1-27, 2011.

[5] C.-H. Chang, C.-Y. Huang and Y.-S. Su, Chinese Postal Address and Associated Information Extraction. The 26th Annual Conference of the Japanese Society for Artificial Intelligence, 2012.

[6] H.-M. Chuang, C.-H. Chang and T.-Y. Kao, Effective Web Crawling for Chinese Addresses and Associated Information. EC-Web, Munich, Germany, 2014.

[7] Chia-Hui Chang, Shu-Ying Li, MapMarker: Extraction of Postal Addresses and Associated Information for General Web Pages. Web Intelligence, 2010.

[8] Y.-Y. Huang, C.-L. Chou, C.-H. Chang, Web NER Model Generator Tool based on Google Snippets, submitted for publication, 2015.

[9] Wei Liu, Xiaofeng Meng, Weiyi Meng, ViDE: A Vision-based Approach for Deep Web Data Extraction. Transactions on Knowledge and Data Engineering, IEEE, 2007

[10] Yu-Yang Lin, Chia-Hui Chang, 網頁商家名稱擷取與地址配對之研究 (Store Name Extraction and Name-Address Matching on the Web). ROCLING, 2014.

[11] G. Stirling. "Study: 78 percent of local-mobile searches result in offline purchases", Search Engine Land. Apr. 9, 2014.

[12] Y.-S. Su, Associated Information Extraction for Enabling Entity Search on Electronic Map, National Central University, 2012.

The 2015 Conference on Computational Linguistics and Speech Processing
ROCLING 2015, pp. 196-205

運用關聯分析探勘民眾關注議題與發展方向:以環保議題為例

王界人　Chieh-Jen Wang
工業技術研究院巨資中心
Computational Intelligence Technology Center
Industrial Technology Research Institute
chiehjen@itri.org.tw

沈民新　Min-Hsin Shen
工業技術研究院巨資中心
Computational Intelligence Technology Center
Industrial Technology Research Institute
mshen@itri.org.tw

摘要

關聯分析近年來被應用於許多不同研究領域，在巨量資料中，探勘資料間之相互關係與規則。本研究目標在於運用關聯分析，從巨量非結構化資料中，探勘民眾關注之議題，並分析未來可能發展方向。我們以環保領域資料為研究樣本，建構環保議題偵測模型，探勘民眾目前關注之議題與未來可能討論風向。分析結果顯示，探勘 PTT 電子佈告欄之文章，可有效瞭解民眾關注議題，以及準確預測未來議題發展方向。透過此環保議題偵測系統，不但可以讓環保機關精準掌握輿情焦點，提高施政品質，也可強化政策宣導內容，大幅涵蓋與解答民眾所關注之議題。此分析系統也可以應用在不同領域，例如：產品市場調查與口碑分析。

Abstract

Association analysis has attracted considerable attention recently in many research fields, mining data relations and rules from huge volume of data especially. This study aims at mining issues of public concern and analyzing its relations from massive of unstructured data. The main resource of this study is environmental related documents from PTT bulletin board system. A model is constructed via the collected environmental documents for predictions of issues of public concerns and possible future directions. The experimental results show that mining information from documents of PTT bulletin board system can effectively understand the public concerns and predict possible future directions. The reports from the prediction system may be used as a reference for environmental authorities. The prediction model we propose not only precisely masters of opinions from public to improve the administrative quality of environmental authorities, but also strengthens the content of press release to cover and answer the significant important issues of public concerns. The prediction system can be also applied to different applications, such as market investigation and opinion analysis.

關鍵詞：關聯分析，意見探勘，議題偵測

Keywords: Association Analysis, Opinion Mining, Topic Detection

一、緒論

近年來社群網路的使用者來越多，根據 eMarketer 調查指出，2015 年全球使用社群網站的人數預估將突破 21 億 8000 萬人[1]，不同種類的討論話題都可能會出現在各大社群網站中。網路將人與人之間的距離拉近，不同來源的資訊也隨著網路的便利性以及社群網站的發達，快速地將資訊傳播開來。而網路上的資訊來源不只來自新聞媒體，民眾個人經驗、小道消息更是有別於新聞媒體儘量保持客觀的態度，主觀的陳述與透過社群網路的公開討論，使得訊息的面向更加豐富多元，因此，社群網路使用者討論資料已經成為文字探勘與議題分析之重要素材來源。

批踢踢實業坊(PTT)是一個電子佈告欄系統(Bulletin Board System, BBS)，於 1995 年創立，目前在批踢踢實業坊與其分站批踢踢兔註冊總人數約 125 萬人，兩站尖峰時段超過 15 萬名使用者同時上線，擁有超過 2 萬個不同主題的看板，每日約 4 萬篇新文章被發表，是非常好的文字探勘與議題偵測素材來源。

文字探勘是近年來隨著人工智慧和自然語言處理技術發展的一門新興技術。主要從大量文字資料中自動化辨識與挖掘有用的資訊，萃取出隱含的或過去不為人知，但可信與有效的訊息。並且依據使用者文字表達特徵，在一群未經處理的資料中找到使用者可能感興趣的資訊。其中關聯法則分析就是文字探勘中一種重要的分析模型，利用關聯分析探勘出有用的資訊，可做為政府決策的參考依據[1] [2]。

政府單位發布政策資訊給民眾，常使用新聞稿的形式向民眾宣達，因此，如何加強政策溝通對政府機關十分重要。一般而言，公部門擬稿人是憑藉個人經驗與蒐集過去歷史資訊來撰寫文稿。然而，擬稿人可能會受限於個人迷思或因特定領域知識不足，對於議題焦點之掌握程度，有參差不齊的現象。現今社群網路的出現，使得任何人都可以透過社群網路取得資訊，並且透過巨量網民的討論資訊，發掘目前大眾所關注的議題與輿情焦點。透過對巨量社群網路資料進行文字探勘即可以達到上述的目標。建立議題預測模型，協助公部門擬稿人撰寫新聞稿之方向；運用巨量資料，分析民眾關注之議題，作為政策研擬與新聞發布後之輿情蒐集，可以即時回應或加強政策溝通，應是可行之有效方式。

本研究架構共分為五章，包含「緒論」、「文獻探討」、「實驗資料」、「預測模型」與「結論」，內容分別說明如下：

第一章「緒論」說明研究背景與動機以及論文架構。 第二章「文獻探討」則回顧整理過去文字探勘方法與應用、關聯分析演算法理論及我國政府對於文字探勘與巨量資料分析之策略。第三章「實驗資料」說明資料取得來源與統計資訊。第四章「預測模型」介紹本研究預測模型設計與參數設定，以及系統分析流程。第五章「實驗結果與分析」探討與分析實驗結果。第六章「結論」總結所有分析資訊、研究貢獻以及未來可能研究方向。

二、文獻探討

文字探勘(Text Mining)主要是針對半結構化(Semi-structured)或非結構化(Unstructured)儲存格式的文件資料進行探勘，這些非結構化資料隱藏著許多重要的資訊，是近年來重要的研究領域之一[3]。透過分析文本中的文字特徵，從中萃取出隱含性資訊，轉換成

---

[1] http://www.emarketer.com/Article/Social-Networking-Reaches-Nearly-One-Four-Around-World/1009976

為有價值的訊息。近幾年文字探勘技術越臻成熟，除了可以將文本資料有效擷取，且可以利用語意分析（Semantic Analysis）技術偵測資料內容的屬性。目前已經廣泛應用在不同研究主題，包含文件分類（Document Classification）[4]、文件分群（Document Clustering）[5]和網頁探勘（Web Mining）[6]。

隨著行動通訊及網路的發展，社群網路平台如 Facebook、Plurk 與 PTT 等相繼興起，加上智慧手機的普及，使用者可以隨時隨地透過網路發表自己的意見，網路使用者主動將各種不同的意見與評論資訊上傳網路，如果能利用自動化文字分析技術，就可以把這些巨量的社群網路資料，轉換成有用的資訊，協助政府單位與各集團公司之決策參考[7][8]。近年來我國政府也感受到社群資料的重要性，著手研究利用「開放資料」、「巨量資料」與「群眾外包」，協助政府運用網路媒體與科技技術創造「有感施政」[2]。

巨量資料（Big Data）的議題在我國從 2012 年開始持續發燒，許多應用也隨之而生，其中巨量資料是指對海量資料進行分析與探勘，而獲取深入、有用且有價值的訊息。巨量資料的特性包括：資料多、速度快、變化多，以及真實性，所以巨量資料的分析演算法是決定最終產出資訊是否具有價值的重要因素[3]。關聯分析（Association Analysis）是巨量資料中重要的分析演算法之一，特徵為可以產生法則，用來描述資料間的關聯性。這種方法具有簡潔、易懂的分析結果，常常使用在購物籃分析(Market Basket Analysis)、交叉比對、預測、分群、分類等研究領域[9]。最早的關聯分析是 1994 年 IBM Almaden Research Center 的學者 Agrawal[10][11]所提出 Apriori 演算法，主要針對市場購物籃問題加以探討，其演算法透過反覆產生候選項目集合(Candidate Item Set)，以找出所有高頻項目集合，並藉由最小支持度與最小信心度之篩選後，推導出所有的關聯法則。但 Apriori 演算法有一個先天上的問題，就是需要產生大量候選項集和需要重複地檢視資料。Han 等學者提出的 FP-growth 演算法[12]，有效地克服了這方面的問題。FP-growth 將大量的資料壓縮成一種緊密的樹狀結構 FP-tree，這種做法可以大量減少候選項目集合的個數，並且只需檢視兩次資料庫，可以改善 Apriori 需要大量時間計算的問題，顯著提升執行效能。

關聯分析已經被廣泛應用在不同領域，在一般商業應用上，藉過去客戶購買行為之關聯，分析客戶的消費習性，進而變更規劃產品銷售、擺設、推出有競爭力的商品促銷方案與評估搭配銷售模式[13]。在信用卡市場中，可有效且準確地分析持卡人的信用狀況，預防呆帳與惡意倒帳的行為，減少發卡銀行損失[14]。在電子商務應用上，分析使用者進站瀏覽及購物行為，其關聯性可提供網站經營者很好的銷售決策與商品推薦之參考[15]。在證券投資應用上，股票投資的領域中，常使用技術指標分析來評估股票交易策略。技術指標很多元，利用關聯分析產生許多可供判斷之投資進出場規則，協助制訂股票投資交易策略[16]。在數位學習應用上，利用教學網站，從學生的學習特徵中，探勘學生的學習行為，藉以掌握學生的學習狀態[17]。在災害防治應用上，經由分析溼度、溫度、風力等各種不同氣象特徵，可更詳細準確預測氣象[18]。在醫學應用上，分析醫療資料庫，進行疾病類別與病人特徵之預測，顯示疾病與病人特徵之關聯性，如性別、年齡與血型等，可以作為醫師診斷時輔助參考[19]。

三、實驗資料

本研究主要使用兩種不同來源資料，分別為社群文章資料與環保關鍵字資料，資料內容

[2] http://technews.tw/2014/12/24/taiwan-new-the-prime-minister-talks-about-tech-policy/
[3] http://www.npf.org.tw/post/2/14788

說明如下：

社群文章資料集：

此資料集是利用網路爬蟲蒐集 2002 到 2014 年在 PTT/Ecophilia 環境板共 12,412 篇與環保議題有關之文章，文章內容包含：作者 ID、標題、時間、文章內容、圖片等，此 12,412 篇將用來建立社群文章資料集(PttForumDB)。此資料集是由網路爬蟲（Web crawler）自動抓取，網路爬蟲是一種「自動化瀏覽網路」的程式，也是一種網路機器人。網路爬蟲被廣泛用於網際網路搜尋引擎或資料蒐集網站，用以取得或更新網站的內容。網路爬蟲可以自動收集所有頁面內容，供文字探勘演算法做探勘（分析處理下載的頁面），然後進一步得到隱含在網頁內容中之資訊。現今的網路爬蟲包提供者有開源軟體與商用服務廠商，開源軟體包含：Apache Nutch、Heritrix、Aperture、Grub 等；國內商用服務廠商包含：意藍資訊、碩網資訊、磐古數位、威知資訊、i-buzz 亞洲指標數位行銷等；國外商用服務廠商則有 80legs 等。此外由 PTT 抓取文章原始格式為 HTML，無法直接進行文字探勘與分析，所有抓取文章都經過剖析與清潔處理，將 HTML 轉換成純文字檔的格式，如： 轉為空格、"轉為雙引號"“"、刪除所有的 STYLE 設置等步驟。

環保關鍵字資料集：

透過與環境保護領域專家學者多次討論，分析新聞資料與環保署新聞稿，擬定重要環保關鍵字共 97 組。

四、預測模型

環保議題預測模型，主要係透過關聯法則學習法，分析長期的網路社群（PTT/Ecophilia 環境板）資料，據此建立網民討論環保關鍵字的關聯法則，以了解民眾關注之環保議題。資料分析流程如圖 1 所示，主要分為三個階段：資料蒐集、關鍵字比對、關鍵法則集合建立。此環保議題預測模型適用之兩種情境：（一）政策研擬階段之輿情蒐集和（二）新聞發布後之即時回應。

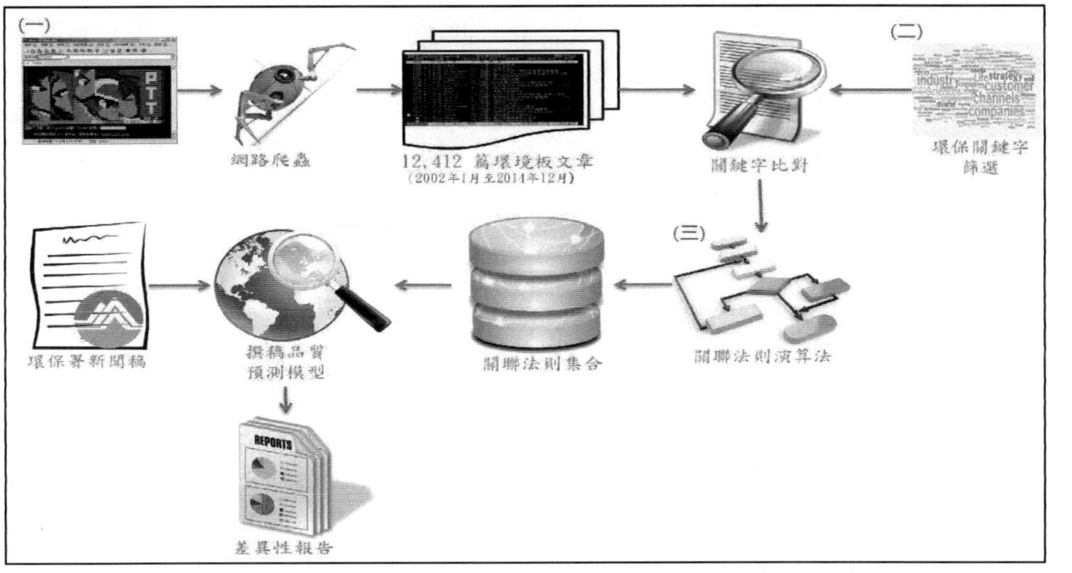

圖 1、議題預測模型分析流程

（一）政策研擬階段輿情蒐集

新聞稿為環保相關單位對外發布政策重要管道。當各級環保單位因應政策須發布新聞稿時，可自動分析新聞稿內容包含的關鍵字，並經由關鍵字關聯法則，由歷史社群資料中分析出網民會同時討論的關鍵字進行比對，列出此新聞稿中未包含在關聯法則中的關鍵字列表，代表須關注之焦點。

透過關聯法則學習法，分析長期的網路社群(PTT/Ecophilia 環境板)資料，據此建立網民討論環保關鍵詞的關聯法則。當環保相關單位將發布新聞稿時，自動分析新聞稿內容所包含的關鍵詞，並經由關鍵詞關聯法則分析與比對，列出此新聞稿中未包含在關聯法則中的關鍵詞列表，這些是由歷史社群資料中分析出網民會同時討論的關鍵詞，因此可以預先提示新聞稿中所欠缺網民關切的關鍵詞。

分析架構如下述步驟：

（1） 以欲發布新聞稿之時間為啟始時間，從社群資料集(PttForumDB)中取出前一個月的文章，建立社群資料集子集合(PttForumDB')

（2） 比對社群資料集子集合(PttForumDB')與手動設定欲發布新聞稿之關鍵字資料集(EpaKeyword)，找出社群資料集子集合(PttForumDB')中所包含的關鍵字集合(EpaKeyword')。

（3） 分析包含的關鍵字集合(EpaKeyword')所隱含的詞彙關聯，建立關聯法則集合(AssociationRuleSet)，並依據法則信心值排序。

（4） 比對新聞稿與關鍵字資料集，找出新聞稿中所包含的關鍵字集合(EpaPressKeyword)。

（5） 比對新聞稿中所包含的關鍵字集合(EpaPressKeyword)與社群關鍵字關聯法則集合(AssociationRuleSet)的差異程度，依照法則信心值，排序列出所研擬新聞稿中未關注到之議題。

（二）新聞發布後之即時回應

環保相關單位發布新聞稿之後，透過關聯法則學習，分析網路社群（PTT/Ecophilia 環境板）在新聞發布後的時間區段內，網民討論關鍵字的關聯性。進而比對新聞內容所包含的關鍵字與此段時間內的關鍵字關聯法則，追蹤掌握環保相關單位發布的新聞稿與網民關切的關鍵字之間是否出現差異，以便即時因應處理或加強政策溝通。

分析架構如下述步驟：

（1） 以新聞稿發布時間為起始時間，從社群資料集(PttForumDB)中取出後一個月的文章，建立社群資料集子集合(PttForumDB')。

（2） 比對社群資料集子集合(PttForumDB')與環保關鍵詞資料集(EpaKeyword)，找出社群資料集子集合(PttForumDB')中所包含的關鍵詞集合(EpaKeyword')。

（3） 分析該筆關鍵詞集合(EpaKeyword')所隱含的詞彙關聯，建立關聯法則集合(AssociationRuleSet)，並依據法則信心值排序。

（4） 比對新聞稿與關鍵詞資料集，找出新聞稿中所包含的關鍵詞集合(EpaPressKeyword)。

（5） 比對該筆關鍵詞集合(EpaPressKeyword)與社群關鍵詞彙關聯法則集合(AssociationRuleSet)的差異程度，依照法則信心值，排序列出已發布新聞稿中未包含的關鍵詞彙。

五、實驗結果與分析

（一）政策研擬階段之輿情蒐集

2014 年 11 月，高雄市爆發嚴重的登革熱疫情[4]。假設環保相關單位將發布一篇與登革熱疫情相關的新聞稿，撰稿輔助系統執行與分析的過程如下：

（1） 假設環保相關單位欲發布新聞稿包含了 2 個環保關鍵字，分別為：廢水、廢棄物。

（2） 利用議題偵測系統，分析關鍵詞集合所隱含的詞彙關聯，建立關聯法則集合如下，信心值越高代表法則越強健，也就是說產生的關鍵字關聯度非常高。關聯法則集合如表 1，以第 1 條法則為例，可以發現「水污染」會跟「廢水」的關聯度非常高。表 1 中斜體字表示原本已知之關鍵字，粗體字表示新發現之關鍵字。

（3） 經過比對欲發布新聞稿關鍵字集合與社群關鍵詞彙關聯法則集合，可以得到環保關鍵字差集並為「水污染」、「環保局」、「資源回收」、「戴奧辛」、「水質」、「環保署」、「地下水污染」、「廢清法」和「飲用水」。此方式可以協助擬稿者，當撰寫有關登革熱防疫的新聞稿時，可以知道網民通常也會關注「水污染」、「環保局」、「資源回收」、「戴奧辛」、「水質」、「環保署」、「地下水污染」、「廢清法」和「飲用水」等議題，協助擬稿人撰寫新聞稿時，可納入參考，提高新聞稿內容廣度與關注議題涵蓋率，以此評估是否跨單位合作發布新聞稿，以及拉近與網民的距離。

（二）新聞發布後之即時回應

假設以環保相關單位在 2014 年 11 月 5 日所發表的新聞稿為例[5]，標題為「廢食用油回收管理工作推動情形及未來規劃」，根據上述分析架構得到分析結果如下：

（1） 環保相關單位發布新聞稿擷取關鍵字共有 4 個，分別為：環保局、廢食用油、廢棄物、環保署。

（2） 設定分析資料來源時間區間：本研究使用新聞發布後 1.5 個月(2013.11.06~2014.12.21)，此為動態設定參數，可依據需求調整。

（3） 利用議題偵測系統，分析關鍵詞集合所隱含的詞彙關聯，建立關聯法則集合如表 2，以第 1 條法則為例，可以發現「廢棄物」與「水污染」跟「水質」的關聯度非常高。此外，因為 2014 年 11 月 6 日到 2014 年 12 月 5 日在 PTT/Ecophilia

4 http://www.chinatimes.com/newspapers/20141109000258-260102

5 http://enews.epa.gov.tw/enews/fact_Newsdetail.asp?InputTime=1031105164404

環境板之文章，都沒有提到關鍵字「廢食用油」，所以沒有產生與關鍵字「廢食用油」有關之法則。表 2 中斜體字表示原本已知之關鍵字，粗體字表示新發現之關鍵字。

（4） 經過比對新聞稿關鍵字集合，與社群關鍵字關聯法則集合，可以得到關鍵字差集為「水質」、「水污染」、「地下水污染」和「戴奧辛」。故當廢食用油的議題在網路傳開後，PTT 網民閱讀的文章除了包含與環保相關單位新聞稿相同的關鍵字外，通常也會關注或討論與「水質」、「水污染」、「地下水污染」和「戴奧辛」等相關議題之文章，可提供相關單位參考因應。另一方面新聞稿關鍵字「廢食用油」並沒有被網民討論，也可思考是否加強政策宣傳。

表 1 政策研擬階段關聯法則分析結果

廢水← 水污染
廢水← 環保局
廢水← 環保局 水污染
水污染← 環保局 廢水
水污染← 環保局
環保局← 水污染 廢水
環保局← 水污染
水污染← 廢水
環保局← 廢水
廢棄物← 環保局
廢棄物← 環保局 廢水
廢棄物← 環保局 水污染
廢棄物← 環保局 水污染 廢水
資源回收← 環保局
資源回收← 環保局 廢水
資源回收← 環保局 水污染 廢水
資源回收← 環保局 水污染
戴奧辛← 環保局 廢水
戴奧辛← 環保局 水污染 廢水
水質← 環保局 廢水
水質← 環保局 水污染 廢水
環保署← 環保局
地下水污染← 環保局 廢水
地下水污染← 環保局 水污染
地下水污染← 環保局
廢清法← 環保局 廢水
廢清法← 環保局 水污染
廢清法← 環保局
飲用水← 環保局 廢水
飲用水← 環保局 水污染 廢水

表 2 新聞發布即時回應關聯法則分析結果

水質 ← 廢棄物 水污染
水污染 ← 廢棄物 水質
水質 ← 環保署
環保署 ← 水質
水質 ← 環保局
水質 ← 環保局 環保署
環保署 ← 環保局 水質
環保署 ← 環保局
水質 ← 水污染
水質 ← 水污染 環保署
環保署 ← 水污染 水質
環保署 ← 水污染
水質 ← 水污染 環保局
環保局 ← 水污染 水質
水質 ← 水污染 環保局 環保署
水質 ← 廢棄物
水質 ← 廢棄物 環保署
環保署 ← 廢棄物 水質
環保署 ← 廢棄物
水質 ← 廢棄物 環保局
環保局 ← 廢棄物 水質
地下水污染 ← 水污染 水質
環保局 ← 環保署 水質
戴奧辛 ← 環保局 環保署 水質
戴奧辛 ← 環保局
地下水污染 ← 環保局 環保署 水質
廢棄物 ← 環保局 水質

六、結論與未來研究方向

本研究以環保領域資料為研究樣本，建構環保議題偵測模型，探勘民眾目前關注議題與未來討論方向。分析結果顯示，採用 PTT 電子佈告欄之文章，經過實驗證明，能有效瞭解民眾過去關注議題及準確預測未來議題發展方向，可作為環保機關之參考資訊。然而，經由分析結果可發現，環保相關單位所發布之新聞稿與網民所關注的議題焦點仍有些微差異。若能及早處理與補強新聞稿未提到之議題，能降低民怨，提升人民對政府施政效率與滿意度。

未來研究方向可分為以下 3 點：

（一） 本研究使用 PTT 為主要分析資要來源，網路上還有許多不同態樣資料來源可當成未來分析資料目標，例如 Facebook、Plurk 與政府單位的市民信箱等，透過多種不同來源資料交叉比對，應可有效提升分析資料的廣度與面向。

（二） 資料所使用的時間區段可能會直接影響分析結果，如使用較多的資料（時間區段設定拉長）可以分析較多的資料樣本，但是有可能會提高雜訊包含率；使用較少的資料（時間區段設定減短），可降低雜訊被包含的機率，但是可能會影響到分析資料豐富性。如何拿捏最佳的分析區段，需要時間經驗累積來調整。

（三） 本研究使用關聯法則演算法，可嘗試不同的機器學習演算法，並將不同的預測結果加以合併整理，應可再提升分析系統之效能。

參考文獻

[1] X. Hang, J. N. K. Liu, Y. Ren, and H. Dai, "An incremental FP-growth web content mining and its application in preference identification," in *Proceedings of the 9th international conference on Knowledge-Based Intelligent Information and Engineering Systems - Volume Part III*, Melbourne, Australia, 2005, pp. 121–127.

[2] L. Peipeng and R. T. T. Sim, "Research experience of big data analytics: the tools for government: a case using social network in mining preferences of tourists," in *Proceedings of the 8th International Conference on Theory and Practice of Electronic Governance*, Guimaraes, Portugal, 2014, pp. 312–315.

[3] M. W. Berry, *Survey of Text Mining*. Springer-Verlag New York, Inc., 2003.

[4] H. Guo and L. Zhou, "Segmented document classification: problem and solution," in *Proceedings of the 17th international conference on Database and Expert Systems Applications*, Kraków, Poland, 2006, pp. 538–548.

[5] Q. Luo, "Dynamic Fluzzy Clustering Algorithm for Web Documents Mining," in *Proceedings of the 2010 International Conference on Computational Intelligence and Security*, 2010, pp. 64–67.

[6] W. Chung, "An automatic text mining framework for knowledge discovery on the web," The University of Arizona, 2004.

[7] H. Alvarez, S. Sebastián A., F. Aguilera, E. Merlo, and L. Guerrero, "Enhancing social network analysis with a concept-based text mining approach to discover key members on a virtual community of practice," in *Proceedings of the 14th international conference on Knowledge-based and intelligent information and engineering systems: Part II*, Cardiff, UK, 2010, pp. 591–600.

[8] M. M. Mostafa, "More than words: Social networks' text mining for consumer brand sentiments," *Expert Syst Appl*, vol. 40, no. 10, pp. 4241–4251, 2013.

[9] R. Kosala and H. Blockeel, "Web mining research: a survey," *SIGKDD Explor Newsl*, vol. 2, no. 1, pp. 1–15, 2000.

[10] R. Agrawal and R. Srikant, "Fast Algorithms for Mining Association Rules in Large Databases," in *Proceedings of the 20th International Conference on Very Large Data Bases*, 1994, pp. 487–499.

[11] R. Agrawal, T. Imieliński, and A. Swami, "Mining association rules between sets of items in large databases," in *Proceedings of the 1993 ACM SIGMOD international conference on Management of data*, Washington, D.C., USA, 1993, pp. 207–216.

[12] J. Han, J. Pei, and Y. Yin, "Mining frequent patterns without candidate generation," in *Proceedings of the 2000 ACM SIGMOD international conference on Management of data*, Dallas, Texas, USA, 2000, pp. 1–12.

[13] Z. Huang, X. Lu, and H. Duan, "Mining association rules to support resource allocation in business process management," *Expert Syst Appl*, vol. 38, no. 8, pp. 9483–9490, 2011.

[14] D. Sánchez, M. A. Vila, L. Cerda, and J. M. Serrano, "Association rules applied to credit card fraud detection," *Expert Syst Appl*, vol. 36, no. 2, pp. 3630–3640, 2009.

[15] Z. Xizheng, "Building Personalized Recommendation System in E-commerce Using Association Rule-based Mining and Classification," in *Proceedings of the Eighth ACIS International Conference on Software Engineering, Artificial Intelligence, Networking, and Parallel/Distributed Computing - Volume 03*, 2007, pp. 853–857.

[16] P. Paranjape-Voditel and U. Deshpande, "A stock market portfolio recommender system based on association rule mining," *Appl Soft Comput*, vol. 13, no. 2, pp. 1055–1063, 2013.

[17] S. B. Aher, *Recommendation System in Education: An Association Rule based Approach*. LAP Lambert Academic Publishing, 2012.

[18] Z. Zhang, W. Wu, and Y. Huang, "Mining Dynamic Interdimension Association Rules for Local-Scale Weather Prediction," in *Proceedings of the 28th Annual International Computer Software and Applications Conference - Workshops and Fast Abstracts - Volume 02*, 2004, pp. 146–149.

[19] K. R. Kumar, *Association Rule Mining - A Research: In Medical Perspective*. LAP Lambert Academic Publishing, 2012.

The 2015 Conference on Computational Linguistics and Speech Processing
ROCLING 2015, pp. 206-217

. 代汉语语义词典多义词词库的校正和再修订

摘要

本文依据面向汉语信息处理的词语义 区分的 完备性 和 操作性 原 则，基于 代汉语语义词 （SKCC 和 代汉语语法信息词 （GKB）的词 对 ，以语料 依托并结合 代汉语词 、 义词词林 和 代汉语搭配词词 等词 资源进行 代汉语语义词 的多义词词 校 工作 。首先 SKCC 和 GKB 的词 对 入手 ，设 了候选拟修改多义词的 取算法 ，对 取出来的 1605 个多义词进行了义 补录 合并 删除，补充释义，修改翻译和示例等工作， 时针对 类特殊的 食物+作物类 多义词建立了义 的树形结构以满足 粒度的词义消歧任 要求 。 方便 续的修改工作 ，本文开发了 SKCC 和 GKB 之间的词 映射 ，在 的基础 进行了多义词映射工作

关键词 义 区分 代汉语语义词 多义词映射 多义词修改

New editing and checking work of the Semantic Knowledge base of Contemporary Chinese (SKCC)

Abstract:

This paper is rooted in the two principles and methods that should be followed by sense discrimination for Chinese language processing: Completeness and discreteness. Built on the comparison of Semantic Knowledge-base of Contemporary Chinese (SKCC) and Grammatical Knowledge base of Contemporary Chinese (GKB), supported by large scale corpus, we conducted our new editing and checking works. Firstly, we designed a novel multi-sense lexicon candidate abstraction algorithm based on lexicon comparison between SKCC and GKB. For all 1605 candidate multi-sense lexicon, we conducted editing work on the senses, explanation, and its translation。 Then, we built a tree structure to process a special food and plant lexicon. Thirdly, a mapping platform between SKCC and GKB has been built to help us built mapping relationships between multi-sense lexical between SKCC and GKB. Finally, we finished mapping work for all multi-sense lexicon in SKCC.

Key words: Distinguish word sense; SKCC; Multi-sense word mapping; Multi-sense word editing

一、引言

代汉语语义词 （Semantic Knowledge-base of Contemporary Chinese，以 简称 SKCC） 是 个 面向汉英机器翻译的大规模汉语语义知识 ，目的是在语法分析的基础上，给自然语言处理提供更加全面、深入的语义信息。[1]作 国家科技进步二等奖获得项目“综合型语言知识库（Comprehensive Language

Knowledge Base，以 简称 CLKB）"的 部 分， SKCC 被广泛 用于 算词汇语义学的基础研究和 用研究之中，例如魏雪 袁 林 2014 以 SKCC 为依托建立了 词语义 类组合模式 [2]，张仰森（2012）利用 SKCC 进行了词汇语义相似度的计算[3]等 来 计算词汇学特别是词义划分理论领域取得了较大的进展，吴云芳、 士汶 （2006） 出 了 实际操作性的面向汉语信息处理的词语义 区分原则和方法 [4]，而 SKCC 自 2003 第 版发布以来 直没 进行 大规模更 因 ， 必要结合自 SKCC 发布以来语义词 编纂和词义划分理论的 果，对 SKCC 的多义词词 进行 修 ，使 更好地 自然语言处理服务。

本文首先建立了 SKCC 和 GKB 的多义词映射平台， 据映射的结果 确定拟进行修改的多义词词条，然 结合 SKCC、《现代汉语语法信息词典》（Grammatical Knowledge-base of Contemporary Chinese，以 简称 GKB） [5]、 义词词林 [6]、 代汉语搭配词 词 [7]和 代汉语 词 [8]等多部词 资 源，以 2000 年 1-3 的 人民日报 语料 和 京大学 CCL 语料 语料资源进行 SKCC 多义词词 校 和 修 工作 工作包括对 1356 个 SKCC 多义词词条的校 和 1508 个多义词的映射，经过校 和 修 工作 的 SKCC 在多义词部分规模和质量方面有了较大提高，可以为计算语义分析和词义消歧等任务提供更好的支持

二、 SKCC 改进的理论分析

义 划分是 SKCC 编制的 心问 ，也是词义消歧等自然语言处理任 的基础性工作 Palmer（2001）[9]指出自然语言处理技术的瓶颈之 在 于 算机 确辨析词义。吴云芳、俞士汶（2006）[4]提出了作为自然语言处理任务的多义词词义划分的 个原则

(1) 般限定 词类 的多义词而 包括跨词类的多义 象

(2) 将 形异义词和词语的 义 在 个 面 考察而 追求 形和多义的 格区分

(3) 消歧处理的对象 要是词汇义而 是在词语或固定组合中出 的语素义

基于 个原则 ， 出了 "完备性"和"离散性"的要求，并 出 基于语料 实证进行词语义 粒度划分的准则

"完备性"的要求 据词 语的义 区分 ，操作者 以 利对语料中的每 个目标词标注出义 。SKCC 中部分词条 符合 "完备性"的要求，例如 SKCC 对"大小"区分了 个义

〖大小〗 (1) 量 属性，物体的 大小

(2) 身份，大人和小孩

但 遇到 人民日报 语料 中 列词组时 ，上述 2 个义 显然无法 之对

大小领 /大小领 /没大小

就需要添 个义 ：表述关系类的"大小"，释义 "表示关系的尊卑或长幼"。

"离散性"是指意义分析系统中 义 的内涵 重合 ，SKCC 中 部 分词义 之间存在着义 重合甚 蕴含的 象，例如 SKCC 中对"驾驶"区分了四个义

〖驾驶〗 (1) 操纵 载工

(2) 操纵车 船等 载 工 行驶

(3) 操作 他工 作业

(4) 操纵航空器

四个义 中 ，义 2、3、4 仅释义 以包含在义 1 中 ，在 文 境 中 体 体论元角色和语义类 也完全

除了"完备性"和"离散性"的要求外，词 划分 粒度 是 SKCC 中的 问 ， Ide(1998) 指出，传统辞书中的义 划分过于细微， 对 这些义项进行归并[10]，对于 并的 粒度， 基于语料 实证并 持词 内部的 性 。然而，在 SKCC 中部分词条之间 粒度划分存在 ，例如， 语义类 使用领域和联系的谓词来区分，单音节词"纲"在 代 汉语中 3 个义

〖纲〗 (1) 物的关键部分

(2) 生物学分类的 种 类别

(3) 统治者认 维持 常秩序的必 少的行 规范

义 1 的语义类是" 件 "，常用于 府文告 例如 ："学好文件抓住 ")；义 2 的语义类是自然物，常用于科学领域，和生物类别相搭配；义 3 语义类是人工物，常和" 件 "语义类的 词搭配 但是 SKCC 仅 个义 人工物

外 ，SKCC 多义词词库 部分条目 存在着翻译 、用例、释义 者 对 的 象，本文将在义 过程中 并进行修改 。

三、 候选修改多义词的 取 和子 集成

经统 ，SKCC 中共 多义词 3052 个，分布在 21 个子 之中 ，用逐 阅对 的方法会耗费大量的人力物力，而 在总 中的修改难以 映到各个分 中 。为了 影响总 和子 的 性 ，并使对总 的修改 映到子 ，本文将各个子 集 到总 中，集 的总 字段是集 前各子 字段的并集，包括 21 个字段 表)。集 工作完 所 的对 修改工作都 以在总 中进行

表一：集成后总库字段

序号	字段	长度	备注
1	词语	8	收录 1~4 个字的词语
2	拼音	24	每个词语的汉语拼音
3	词类	2	词语所属词类的代
4	子类	2	词语所属词类的子类代码
5	同形	2	词语的同形词
6	兼类	4	该词语兼属的词类代码
7	义项	2	对"同形"字段相同的词条进 步加以区分
8	释义	10	该词语的简明释义

9	语义类	20	该词语的语义类别名称
10	WORD	40	该词语对应的英语译词或短语
11	Ecat	40	该词语的英语译词的词性代码，或短语组成结构
12	备注	20	填写词语用法的简明说明(仅用与古汉语标注填写‘G’,仅用于方言标注填写‘F’)
13	配价数	2	（动词）说明一个动词能支配多少名词性成分/（名词）要求与之共现的从属名词个数/（形容词）要求与之共现的名词性成分个数
14	例句	20	简要提出几个该义项的示例
15	主体	20	动作主体所属的语义类名称
16	客体	20	二价和三价动词的客体语义类名称
17	与事	20	三价动词的与事所属的语义类名称
18	参照体	20	（名词）写一价和二价名词参照体（配项成分）的语义类名称
19	对象	20	（二价名词）二价名词的对象的语义类名称/（二价形容词）关涉对象的语义类名称
20	直接上位	20	（名词）直接上位的概念
21	主体	20	（形容词）主体的语义类名称

由于现代汉语语法信息词典（GKB）自发布以来经过了反复的修改和校正，其多义词部分的义 划分 已较 合理 ，本文使用开发较 完备的 代汉语语法信息词 GKB）为参照词典，通过两部词典多义词比对 取 需要进行审订和修改的候选多义词，多义词的 较在集 的 SKCC 总 和 GKB 总 之 间进行，通过词 对 取候选多义词的算法流程如 图一：

图一：提取问题候选词流程

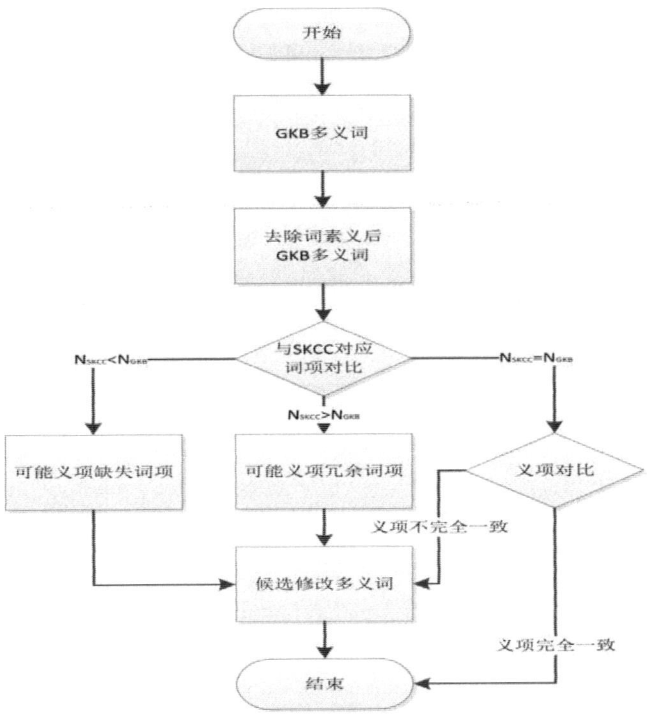

图二：补充未收录义项流程

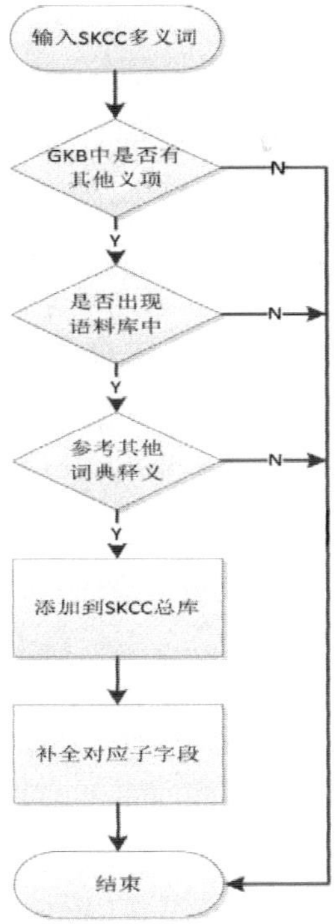

对 取算法旨在将 SKCC 和 GKB 多义词进行 较 首先去除掉 GKB 中收录

的词素义，去除词素义 的 GKB 多义词和 SKCC 中的对 词汇进行 义 对 ，如果 SKCC 对 词 义 数少于 GKB 的，认 能存在义 缺失的情况 ；SKCC 对 词 义 数多于 GKB 的，则 能存在义 划分过细的情况 如果 部词 义 数相 但义 的 ，则 能义 遗漏 或划分过细的问 兼而 之 ，以 部分构 了候选修改多义词词表 共 取出 97 个 SKCC 和 GKB 义 数相 但 义 的词 ，SKCC 义 数多于 GKB 对 义 的词 1448 个，SKCC 义 数目少于 GKB 的词 18 个和 SKCC 未收录的 GKB 多义词 42 个，共 1605 个校对修改候选多义词词

四 对 SKCC 的修改工作介绍

（一） 补录未收录词和未收录义

部分工作旨在使 SKCC 中多义词的义 划分接 "完备性"的要求，义 的补充建立在语料 实证基础之 ， 要以 2000 年 1-3 个 已标注的人民日报语料 和 京大学 代汉语 CCL 语料 语料 资源 对于 GKB 收录但 SKCC 未收录的义 ，本文参考了 代汉语词 第 版 》和 代汉语搭配词 ，以补录 对于 GKB 以"规范" 例， GKB 中收录了 个义

〖规范〗 (1) 动词，谓使合乎模式

(2) 词，约定俗 或 明文规定的标准

(3) 形容词，符合标准的

SKCC 中仅收录了义 (1)和(2)，在决定是否将义 (3)补录到 SKCC 中前，本文在 个 已标注人民日报语料 中查找得知"规范"共出 493 例，其中符合义 (3)的"规范"词条共 123 例，占 24.9%。 时 ， 代汉语词 第 版 》也收录了"规范"的形容词义 本文将 GKB 中第 个义 入 SKCC 总 中，整个补录未收录义 工作 2。

在补录未收录义 ，本文共对 264 个多义词进行了补充义 ，补充义 的词类分布 表 2， 个工作是补录 SKCC 未收录的多义词，由于 SKCC 编辑的时候难免 遗漏的词条 ， 们选取了 断进行修 增改的 GKB 作 补录 多义词的来源，通过对 共补录 42 个 SKCC 第 版未收 录的多义词

表二：补充义项的词类分布

	词类	词条数
实词	名词	48
	动词	33
	形容词	23
	量词	42
	代词	2
	区别词	40
虚词	介词	14
	连词	16
	副词	46
总计		264

图三：'苹果'的树形结构图

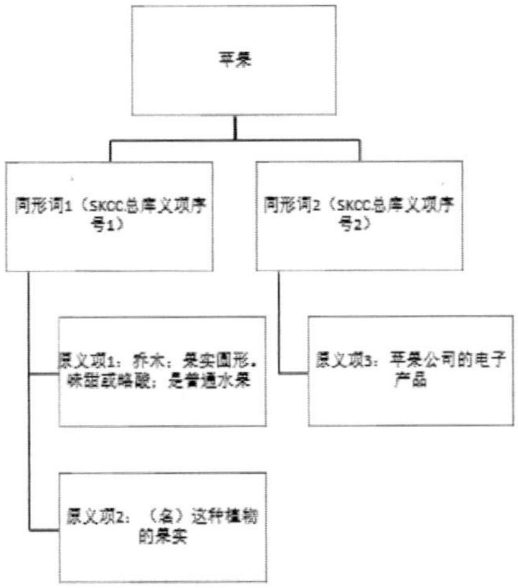

（二） 原 义 的 并和备注标

对 SKCC 中的多义词义 进行合并和备注标 要基于 个 原则，第 是虽然“完备性”是义项收录的重要要求之一，但是目前的自然语言处理现状决定义项“完备性” 要限于共时 和书面的 代汉语 通话语料 。因 ，对于词语的 些历时意义 予以标明 ，根据自然语言处理的 体任 决定是否使用 。第二，面向自然语言处理任 的词语义 区分 是 “实证型”的，也就是说 算机 依据词所在的 文关系 找出清 辨析 词 的 ，进行形式 述的 法行 。 就要求面向自然语言处理的词 在义 选取时 据 形的标准 例如 论元结构、 法框架和选择限制 而 能基于世界知识区分意义 ，王惠（2004）也指出[12]，词语组合对词语义 划分 重要的影响 。因 ， 格地 按照词语的 法行 并基于语料 的实证来区分义 更容易取得较 的结果

解决第 个问 ， 们对 SKCC 中多义词词 数大于 GKB 的 1448 个词收录的义 进行逐 校 。在 校过程中对被认 能是仅存在 代汉语或者部分方言地区的词汇义 ，本文在 个 人民日报语料 和 京大 学 CCL 代汉语语料 中进行查找，查得 义 确系未出 在 述语料 中或虽然出 但基本 引用 代文献用法的，本文在 SKCC 中的“备注”字段添 备注说明 如 SKCC 中，“山陵”共 以 3 个义

〖山陵〗 (1) 词，山川丘陵等 地貌

(2) 词，对帝王的代 称

(3) 词，指帝王的陵 墓

GKB 中对“山陵”只收录了第 个义 ，在 个 人民 日报语料 中 个义 均未出 ，在 CCL 代 汉语语料 中 “山陵”三个义 共出 32 次， 中义 1 出现 5 次，义 2 和 3 共 出 27 次，义 2 和 3 全部 代人在谈话或文章中引用 籍 因 ， 们在修改 SKCC 中对原 的第 个义 予以 留，在义项 2、3 添 了表示 义 仅用于 代汉语的备注 。对于部分常用于 代汉语 ，

在相义在代汉语中然留的，们将义合并到代汉语然留的义中，例如 SKCC 中“参”词以 3 个义：

〖参〗 (1) 词，参的人

(2) 词，府官职

(3) 动词，参

义 (2)是古代中国、日本常用的官职名，在现代汉语中已经不再使用，但是义项(1)的用法在些企业和社团中经常使用，在 CCL 语料机抽取的 500 条含“参”的录中，有 18 条是义 1 的用法，因们将义 1 和 2 进行合并

解决第个问，们依据词语在文语境中的法行，对于义意义虽然在世界知识细微差异，但没明确的法的差异的，们将进行义合并合并的依据要据 GKB 各子中列出的法差异例如，前文中到过的“驾驶”，们将 4 个义均尝试填入 GKB 中的语法述框架之发，4 个义都以接词都以做动趋式都以搭配“着了过”和“在”，共的接分，所以将 4 个义合并个义部分共对 247 个多义词的义进行了备注添和合并

（三）“食物+作物”类词汇的树形结构处理

外类特殊的词部分植物和果实在 SKCC 中的释义和语义类，在代汉语语法信息词和代汉语词典》中也将作物和果实食物区分个的义。但是在词义消歧过程中，由于个义的内涵重叠部分，区分作物和果实较困难，时个义在文中的法能和搭配境也高度相似以“苹果”例，在 CCL 语料中要 3 个义项：

〖苹果〗 (1) 词，乔木果实圆形味甜或略酸是通水果

(2) 词，种植物的果实

(3) 词，苹果的电子产品的总称

中义 1 和义 2 是作物和果实食物的区分，义 2 的外延蕴含在义 1 的外延之中对于这类词语，我们在校订过程中建立了该类词的树形义项结构：在总中将义 1 和义 2 进行合并，然将原的义 1 和义 2 存储在建的子中，用“词语”、“形”、“词类”进行链接，构上图三所示的树形结构

针对粗粒度的词义消歧任，们以直接调用总中的个形词，区分作植物或食物的苹果和作电子产品的“苹果”，对于进一步要求区分作为植物的“苹果”和作果实的“苹果”，们以使用分中的个义进行进区分本文共对 152 个作物/食物果实类多义词建立了如的树形结构

四 修改释义示例和翻译

在基于语料的词义辨析模型中，依据语料中的词语列进行义是重点和

心 Kilgarriff(1997) [12]），而词语义 的释义 较少的被 及 。 们在 利用词语的 法特征进行词语义 的增删改并工作之 ，也 以利用 法特征来完善词 的释义。因 ， 们在义 修改的基础 对释义 空缺的多义词词 进行填充 。 释义的填充以语义类和子表中的相关字段作 选择对 释义的判断依据 ，参考 代汉语词 中对 的释义 ，并结合 义 在 文搭配中 的 法特征填写 的释义。例如：多义词"地道"在原 SKCC 中 3 个义 ，释义均未填写，但是 SKCC 中给出了每个义 的语义类， 们 据语义类判断出义 3 语义类 建筑物 在 代汉语词 中解释 "地 的道路或坑道 "。义 1 和义 2 的语义类都是"性质"，但是 们 以通过英文翻译（WORD 字段 得知，义 1 对 "技能、工作或材料的质量够标准 以重叠 ， 语是技能或物体 "，义 2 解释 "为人合乎 定的道德规 范 重叠， 语是人或行 等 "。

本着更好地配合释义、体 用法以及扩大词汇信息量的原则 ，对例词、例 做了相 的修改 ，特别是对释义和示例 能对 的情况 ，本文结合 代汉语词 和 代汉语搭配词词 ，删除了部分重复示例，并对示例进行修改，示例选择 述 部参考词 中相 义 列出的示例以进 确 示例的准确性 。在校正过程中， 们共 对 449 个多义词进行了义 释义添 ，在义 释义 添 的 基础 ， 对 100 个多义词的错误示例进行了修改

在对义 释义补全 修 改释义之 ， 们对 468 个多义词的英文翻译进行了修订。修 时依照 《柯林 高阶英汉 解词 [13]，查找得出对 的 多义词义 的翻译，和原 的人工 翻译进行 对 。对部分 多个英文翻译的单音节词 ，依照修改 的 SKCC 示例，查找在线英语语料 中对 SKCC 示例的翻译，经人工 对给出多义词的翻译 。选取英文翻译时，本文尽量选择单词而 是短语 ，对人 、地 等 词 的翻译 据 世界人 翻译大辞 [14]和《外 地 译 手 [15]。对 喻意义的多义词 ，本文在查阅相关资料发掘出 喻意义后，在 柯林 高阶英汉 解词 [16]中 找 多义词义 对 的翻译 。例如多义词'清流' 以 两个义

〖清流〗 (1) 词，清澈的流水

(2) 词，喻指德行高 洁负 望的士大夫

第二个义项是'清流'的 喻义，在 柯 林 高阶英汉 解词 》中 以 下平行例

中文例 他们都是明朝著 的清流 。

英文例 They are all famous virtuous scholars of the Ming Dynasty.

据例 的翻译 ，'清流'的第 个义 对 'virtuous scholars'，字面翻译 '有德行的士大夫'， 释义基本对 ，被选 对 翻译

五 SKCC 和 GKB 映射 的开发和多义词映射工作

了对所 修改结果统 管理 ，并 满足日 多人 时操作修改词 的需要 ，本文在卞 峰 2015）[17]的基础 建立了 SKCC 和 GKB 的映射 能够自动查找待映射词语在 部词 中的词义解释 ， 需 要人工逐个查找；同时，

能够快 建立映射关系 ，将建立的映射关系存储到映射关系数据库中，减轻了词 映射的工作量 。映射 要分 个模块 ：词语查询，建立、存储映射关系，查询映射结果，映射工 行流 程如流程 4。

词语查询 浏览器输入待映射词语并发送给服 器端，服 器端通 过 SQL 查询语 词 数据 中查找，返回查询结果，显示到浏览器中 对于 GKB 的查询由于分 的存在需要 入额外的查询 骤 ：服 器接收到查询词语时 ，首先需要先 GKB 总 中找出 所查词语的所 词性 然 ， 据词类分别 对 分 中 查找相 词语信息 将各分 结果汇总 返回给浏览器端进行显示

建立 存储映射关系 SKCC 数据 中 “词语”、“词类”、“义 ”、“ 形 ”字段提供了词 的唯 标识 ，在 GKB 数据 中， “词语”、“词类”、“ 形 ”等字段也能够作 唯 标识 由于 每次查询结果的 序都 是变 的，因 在存储 映射结果时，本文选择 部词 的唯 标识进行存储 。在建立映射关系时，为了减轻人工映射的工作量， 将 查询结果进行编 ，映射时只需要进行编 的填写 。填写完 ，向服 器端 交映射结果 ，服 器端 据编 将对 标识存储到数据 中，存储结果如表四所示

表四：映射关系在数据库中存储结果

id	word	sem_tag	sem_no	sem_tongxing	gkb_tag	gkb_tongxing
4	南瓜	n	1	1	n	1
5	南瓜	n	2	2	n	2
6	照会	v	1	None	v	None
7	照会	n	1	None	n	None
8	清爽	a	1	None	a	None
9	清爽	a	2	None	a	None
10	预见	v	1	None	v	None
11	预见	n	1	None	n	None
12	内线	n	1	None	n	None
13	内线	n	2	None	n	None
14	血脉	n	1	None	n	None
15	血脉	n	2	None	n	None
16	成就	v	1	None	v	None
17	成就	n	1	None	n	None
18	熔炼	v	1	None	v	None
19	熔炼	v	2	None	v	None
20	收敛	v	1	None	v	None
21	收敛	v	2	None	v	None
22	年收入	n	1	None	n	None
23	年收入	n	2	None	n	None

在表四中，“id”属性为数据库自动创建，“word”表示多义词语，“sem_tag”、“sem_no”和“sem_tongxing”分别表示 SKCC 中词语的词类、义 、 形标 ，这 个属性信息 “word”能够在 SKCC 中唯 标识 个词 ，而 “gkb_tag”、“gkb_tongxing”表示 GKB 中词语的词类 形标 ，在 GKB 中 个属性 “word”能够唯 标识 个词 ， 便组 了 条映射关系

查询映射结果：映射结果的查询 词语的查询是 时进行的 ，若查询的词语已经进行了映射，在结果显示时就会将词语的映射关系 时显示出来 。由于存储的映射关系是以 部词 的唯 标识进行存储的 ，因 在显示映射关系前 需要将唯 标识转换 词语查询结果的编 。对于映射过程中出 映射错误的情况 ，平台 以对 问 的映射关系进行增删改操作

在映射 的基础 ，本文 完 了修改 SKCC 全部 3282 个多义词和 GKB 中对 词条的义 映射工作。映射工作 要依据 释义和示例，如表五的“翻译”，在经过第四章的修改操作 SKCC 中收录的 个 义

〖翻译〗 (1) 动词，用 种语言 文字来表达 种语言文字

(2) 词， 翻译的 人

(3) 词，把 种语言 译 种语言 的文本

GKB 中“翻译”有 3 个义 义 释义空缺 ：

〖翻译〗 (1) 动词

(2) 词，职业

中， GKB 中“翻译”的第 个义 和 SKCC 中义 1 词性对 ， 据词性 建立起 SKCC 中义 1 和 GKB 中义 1 的映射， 据词性和示例 SKCC 中义 2 则对 GKB 中义 2，SKCC 中义 3 在 GKB 中没 对 义 ，映射结果如表五所示

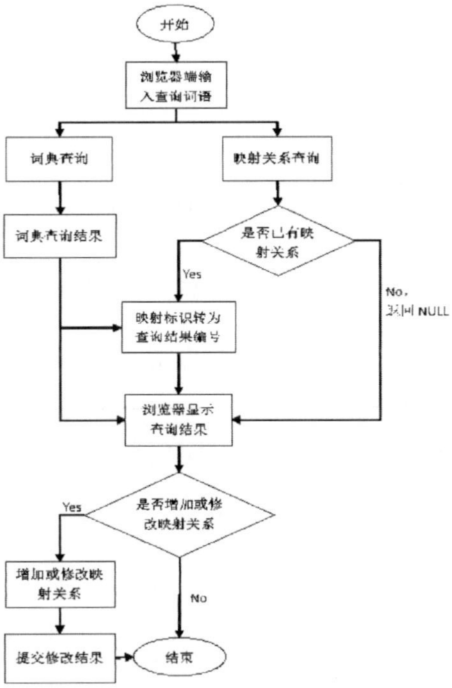

图四：映射平台工作流程图

表五：多义词"翻译"的映射结果

《语义词典》

序号	词	拼音	词性	义项标号	同形	释义	语义类	示例	WORD
1	翻译	fanlyi4	v	1	None	用一种语言文字来表达另一种语言文字	创造	翻译小说/翻译名著/现场翻译	translate
2	翻译	fanlyi4	n	1	None	从事翻译的人	职业	随行翻译/两位翻译/俄语翻译	translator
3	翻译	fanlyi4	n	2	None	把一种语言译成另一种语言后的文本	创作物	一篇翻译/一种翻译	translation

《语法信息词典》

序号	词	拼音	词性	义项标号	释义	示例
1	翻译	fanlyi4	v	None	None	~日语/~质量/对论文的~不满意
2	翻译	fanlyi4	n	None	None	随行~/两位~/俄语~

语义词典序号	语法信息词典序号	
1	1	删除
2	2	删除

总结 展望

本文依据 SKCC 和 GKB 的词 对 ，以语料 依托并结合 代汉语词 、

义词词林 和 代汉语搭配词词 等词 资源，完 了对 1605 个 SKCC 多义词词条的校 和 3282 个多义词的映射工作 依据 "完备性"和"离散性"原则，对 SKCC 和 GKB 义 的词 进行了 和校 ，并针对 类特殊的 "食物+作物 植 物 "类多义词建立了 层 义 的树 形结构以满足不 粒度 的词义消歧任 要求 。方 便 续的修改工作，本文开发了 SKCC 和 GKB 映射 ，在映射 的基础 进行了多义词映射工作

本文的工作仅限于在原 语义词 的框架 进行修改 ，了完全实 义 划分的 "完备性"和" 操作性 "原则， 们需要基于 文聚类技术 ，在大规模语料 中进行词类义 划分 。 时 ， 们注意到对利用统 模型概率 词语属性的方法对 GKB 的概率 改 在进行 吴林 张仰森 2011）[18]），对 SKCC 进行概率 改 ，得到并完善能广泛 用于词 义消歧、查错等领域的词汇知识 是 们的 个目标

参考文献：

[1] 王惠,詹卫东, 士汶 . 代汉语语义词 规格说明书 [J]. 汉语语言 算学报, 2003, 13(2): 159-176.

[2] 魏雪,袁 林 . 基于规则的汉语 组合的自动释义研究 [J]. 中文信息学报, 2014,28(3).

[3] 张仰森,钟鼎. 基于 SKCC 统 相结合的 词语相似度 算方法 [J]. 京信息科技大学学报, 2012,27(6): 8-12

[4] 吴云芳, 士汶 .信息处理用词语义 区分的原则和方法 [J]. 语言文字 用 , 2006,2: 126-133

[5] 士汶 ,朱学锋.《 代汉语语法信息词 的 进展 [J]. 中文信息学报, 2001, 15(1): 59-64.

[6] 梅家驹、竺 鸣 、高蕴琦、殷鸿翔编 1984. 义词词林 [M]，香港：商 印书馆· 海辞书出版社

[7] 梅家驹. 代汉语 搭配词 [M]. 京 :中 人民出版社,1994

[8] 吕叔湘, 声树 ,江蓝生等. 代 汉语词 第 版 [M]. 京 :商 印书馆,2012.

[9] Palmer, M. Consistent criteria for sense distinctions [J]. Computers and the Humanities,1997,31:91-113.

[10] Ide, N. and Veronis, J. Introduction to the special issue on word sense disambiguation: the state of art [J]. Computational Linguistics, 1998, 24(1):1-40.

[11]王惠. 代汉语 词义位的组合分析研究 [M]. 京 : 京大学出 版社,2004.

[12] Kilgarriff, A. I don't believe in word senses [J]. Computers and Humanities, 1997, 31:91-113

[13] 梅家驹. 代汉语 搭配词 [M]. 京 :中 人民出版社,1994.

[14] 华通 社译 室 . 世界人 翻译大辞 [M]. 京 :中 对外翻 译出版 司,2007.

[15] 周定 等 . 外 地 译 手 [M]. 京 :商 印书馆 ,1993.

[16] 姚乃强. 柯林 英 汉 解词 [M]. 京 :汉语大词 出版社 ,1999.

[17] 卞 峰 . 面向全文标注的中文消歧研究 实 [D]. 硕士学位论文,南京师范大学,2015.

[18]吴林,张仰森,王璐. 代汉语语法信息词 的概率 改 及 用 [J]. 北京信息科技大学学报, 2011,26(6): 57-61.

The 2015 Conference on Computational Linguistics and Speech Processing
ROCLING 2015, pp. 218-232

以語言模型判斷學習者文句流暢度

陳柏霖 Po-Lin Chen, *吳世弘 Shih-Hung Wu
朝陽科技大學資訊工程系
Department of Computer Science and Information Engineering
Chaoyang University of Technology
streetcatsky@gmail.com
*shwu@cyut.edu.tw (contact author)

摘要

因應自動化作文教學系統之需求，我們將開發多種中文自然語言處理功能。本文將以作文句子的通順程度偵測為目標，我們提出基於語言模型（language model）結合國中生作文語料知識庫的方法，並且使用資訊檢索的技術來改善系統效能，開發出第一套針對句子通順程度的偵測系統，能更快更正確偵查學生文章內容不通順的地方。系統分為二個部份：語言模型訓練模組和中文語料擷取測試模組。我們的實驗證明了以語言模型理論為基礎的句子通順度自動偵測系統能夠有效偵測不通順的句子。提供本國學生或外籍學生學習作文時的輔助工具。

關鍵詞：中文，作文，語言模型，N 元語言模型，句子流暢度

一、緒論

由於現代科技以及 3C 產品的普及，使得孩子頻繁的接觸電視、網路、手機…等，因此容易缺乏與人之間互動、溝通以及情感的表達，相對的，學生寫的作文常常是以流水帳交代經過，有的學校甚至不考作文，但隨著教育政策的變動，國中教育會考加入了作文評量的項目，使的作文再度受到學生及家長的重視。可是受限於學校教學時數，作文較弱的學生容易缺少補救的機會。我們認為未來自學作文以及在家練習，可以藉由自動化的作文教學系統輔助。而本系統開發作文教學系統之句子流暢度偵測，經由系統回饋的診斷結果可以讓學生對詞句組合的理解力有所提升，幫助學生寫出較流暢的句子，藉此提高他們的作文分數。系統所依賴的 N-gram 語言模型，它的特性是計算字詞間組合的機率，機率越高的話字詞組合的正確性越高也就是越流暢，而語言模型效果相當依賴大型的訓練語料，這是語言模型然能待克服的缺點，例如資料稀疏(Data sparseness)的問題，可以使用平滑(smoothing)的方法解決；以及跨領域的問題，只要訓練語料的性質越不同於測試的文章，我們所建立語言模型的效果就越差，因此語料庫也要跟著改變。

二、研究動機

要幫助學生寫好的作文首先要讓系統知道如何判斷出一篇是好的作文，國中基測作文的評量主要以四個範疇為主:”基測寫作測驗雖然採用整體性評分方法，但評分的時候仍

然已考慮立意取材、組織結構、遣詞造句、錯別字、格式及標點符號等四項核心技巧為主軸”(陳滿銘 2007，396)。這四個作文評量範疇並不是任意規定的，而是依照作文的構成過程中所需要的元素決定這些評量範疇的。因此這些作文評量範疇不容易被變更。以下說明如何將作文評量為 6 種不同的等級(如表一 [1])，而本系統針對四個面向中-遣詞造句的句子流暢度進行研究。

表一、國中生基本學力測驗作文測驗評分規準[1]

級分	國民中學學生基本學力測驗寫作測驗評分規準一覽表
六級分	六級分的文章是優秀的，這種文章明顯具有下列特徵： ※遣詞造句：能精確使用語詞，並有效運用各種句型使文句流暢。
五級分	五級分的文章在一般水準之上，這種文章明顯具有下列特徵： ※遣詞造句：能正確使用語詞，並運用各種句型使文句通順。
四級分	四級分的文章已達一般水準，這種文章明顯具有下列特徵： ※遣詞造句：能正確使用語詞，文意表達尚稱清楚，但有時會出現冗詞贅句；句型較無變化。
三級分	三級分的文章在表達上是不充分的，這種文章明顯具有下列特徵： ※遣詞造句：用字遣詞不太恰當，或出現錯誤；或冗詞贅句過多。上的錯誤，以致造成理解上的困難。
二級分	二級分的文章在表達上呈現嚴重的問題，這種文章明顯具有下列特徵： ※遣詞造句：遣詞造句常有錯誤。
一級分	一級分的文章在表達上呈現極嚴重的問題，這種文章明顯具有下列特徵 ※遣詞造句：用字遣詞極不恰當，頗多錯誤；或文句支離破碎，難以理解。
零級分	使用詩歌體、完全離題、只抄寫題目或說明、空白卷

(一)、立意取材

這裡主要評量所寫的作文內容是否符合主題，就如蔡英俊(2006，1)提到”立意取材:主要在評量學生是否能切合題旨並選擇合適的素材”。

(二)、結構組織

目前國中作文修改系統少了針對連接詞錯誤的處理:林素珍分析國中作文的錯誤中，結果顯示:”在行文佈局方面所犯錯誤的統計:有 45.3%的作品在文意的承接上不連貫，是比較嚴重的問題”(林素珍 2007，158)。蔡英俊(2006，2)提到”在結構組織上的基本要求，則是意念前後一致(首尾連貫)和結構勻稱。

(三)、遣詞造句

我們初步分析了一百份國中作文的結果顯示，如果作文平鋪直敘很少用修飾詞的作文大概是三到四級分。洪美雀(2013， 279-280)建議學生使用「敘事加描寫」取代「單純敘事」而且將修飾詞分級，如下表二。我們使用國中三年的國文課本裡面的詞彙以及國中作文語料庫裡面的詞彙，這些詞彙不僅府和國中生的使用程度也不會有艱澀以及少用詞彙的發生。

表二、修飾詞分級表(洪美雀 2013， 81)

四級分用語	五級分用語	六級分用語
很累	疲累	疲憊
很吵	吵鬧	喧囂

由於國中三年的各色國文教材仍然有難易度的分別，通常三級分以下的作文使用的詞彙都停留在國二以下，沒有達到國三的等級。所以分類國中國文課本的詞彙等級是具有意義的。文獻中依照各級分作文詞彙的程度不同，相同意思但表達方式不同，依照等級由低到高分類，例如:3 級分:我肖想能考第一名，4 級分:考第一名對我來說真是非分之想，5 級分:我妄想能考到第一名，6 級分:覬覦著第一名寶座的我(洪美雀 2013， 70)，以及 4 級分:遇到，5 級分:相逢，6 級分:邂逅(洪美雀 2013， 81)，我們這裡主要針對冗贅詞的偵測來處理。

(四)、錯別字、格式與標點符號

錯別字部分系統可以藉由正確作文的語料庫來尋找、比對新作文的錯別字，因此我們可以偵測錯別字。將作文格式轉變成電腦可以辨識的格式，國中生作文在書寫時是由上而下，由右至左，此外抄寫標題時要空 4 格，每段前面空兩格。作文長度常常會影響作文的等級就如洪美雀(會考的核心老師)提到:”作文考題的導文後面均出現「文長不限」，「文長不限」是為了怕人批評以字數論文章優劣，不過不要被騙了，學測至少寫六百字，指考至少寫五百二十字，沒有這樣的分量，都不可能得到高分! ”(洪美雀 2013， 102)。作文的分段也會影響到評分，一級分大都是一到三行寫成段或兩段(依據修改國中作文的老師之專家判斷)，行數 4 行以上約 6、7 行以下但不包含抄綠題目引導的句子，且有兩段大概是二級分。如果只有三段大部分最高是三級分，通常是七到十二行。至少寫 4 到 6 段，不要超過 6 段通常是四級分以上。內文空白的話就是零級分。根據林素珍的研究顯示標點符號錯誤的比例很高”32.9%的作品標點使用不當，26.5%的作品斷句不當或誤置標點，兩者占了將近六成的比重自然是不容忽視的” (林素珍 2007，159)。

(五)、研究目的

綜合上述的說明，本論文主要的研究在於句子流暢度的偵測，正確判斷句子是否通順，系統設計於可解決一般性問題，可隨著訓練集的增加，而增強對句子的判斷。雖然這只是一小起步，此系統未來將會整合到電腦作文自動評分系統，電腦自動評分系統能 24

小時不間斷地提供服務，隨時提供學習的機會，而且學校的老師一次面對許多的學生，學生難以獲得即時的評價回饋。學生寫的作文經由分散式的診斷模組(本系統為其中一個診斷模組)分別診斷個別面向的優缺點，之後產生一份可擴展的作文診斷清單。這個清單裡整合各面向最後的診斷結果，提供後面評分模組以及雷達圖的產生。在四個面向裡面，「錯別字、格式與標點符號診斷模組」技術上是目前最成熟的，如有明顯的錯誤將均會被診斷出來並且糾正。當作文各個的診斷結果產生後(立意取材診斷模組、遣詞造句診斷模組、結構組織診斷模組等)，我們就可以給作文評定等級。依照作文在四個面向的表現，機器學習程式可以訓練出穩定的分類器，將作文分為零到六級分，產生對應的雷達圖，接著評語依照各別面相診斷的結果產生，然後合併一起呈現特徵細節，但是電腦可以詳細地將各種特，這些知識的檢測需要搭配自然語言處理的工具程式以及語言資源，最基礎的前處理就是斷詞以及標註詞性(POS tagging)，然後依照各模組需求來增加處理的知識。最後，說明實驗結果與評估的分析討論，藉以驗證本論文擷取之效能。

三、研究架構

下圖一是中文作文流暢度偵測系統運作的流程圖，首先將測試的資料，包括手工設定的句子以及中文作文輸入到句子流暢度偵測系統，系統會自動偵測計算分數，之後分數若

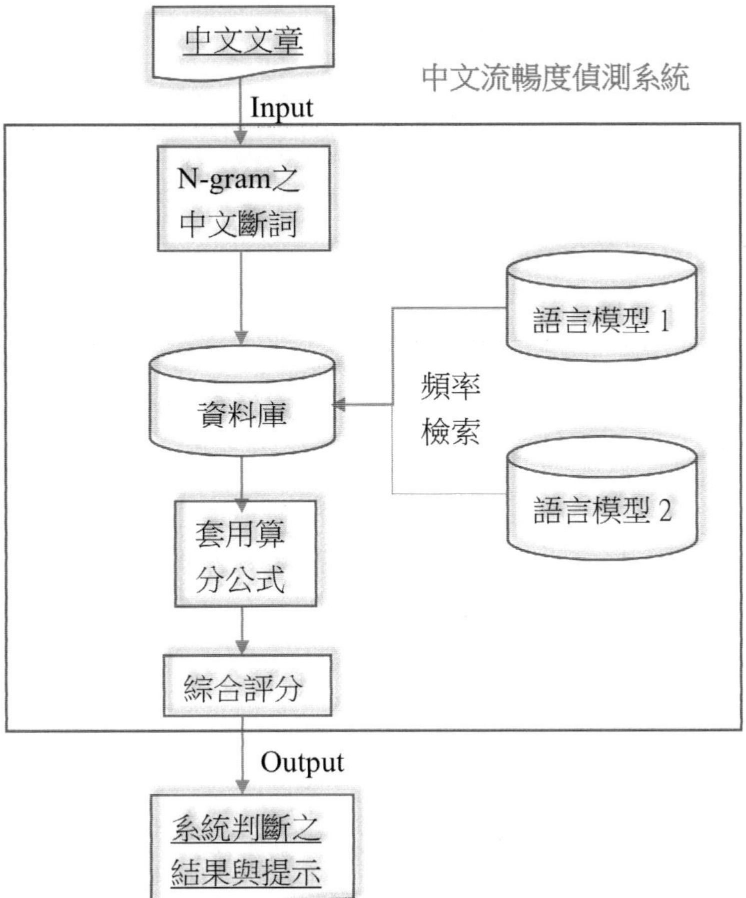

圖一、中文作文流暢度偵測系統運作的流程圖

高於一定的門檻值將會提示這可能是個不通順的句子，評估系統的效能的部分，我們把測試結果經由中文流利人是來進行檢閱，接著使用 Recall 與 Precision 評估系統偵測能力。我們將分析本系統的實驗結果，並且根據系統缺失，來一步一步提出改善的方法，希望未來更新版本的系統，能改善實驗結果、提昇效能，並且觀察特殊案例，包括系統誤判為不流暢的句子以及錯放不流暢的句子，進一步分析錯誤的原因，設法改善系統。

自然語言處理(Natural Language Processing, NLP)的領域包含了語音辨識[7][8]、資訊檢索[2][3]、文件分類、手寫辨識以及機器翻譯[4] [5]…等等，而語言模型（Language Model, LM）是自然語言處理重要的技術之一[6]，語言模型統計並且紀錄了大量語料庫的詞頻及機率，它特性就是可以依據過去的訓練資料，也就是曾經出現的字，預測下一個字出現的機率，因此也能藉此計算出一個句子的機率，機率越大代表這句子越常出現，也就是越為通順，反之如果機率越低，代表這句子的寫法很少出現，如果不是創新，極有可能是寫出了不通順的句子，所以語言模型也能應用在中文句子流暢度偵測的方面。語言模型規模相當依賴大型訓練語料，訓練語料的性質越接近測試的文章，所建立的語言模型效果越好，所以語料庫也要跟著改變與適應。

語言模型會基於使用方法的不同而有所改變，例如： mixing 語言模型，使用混合多種不同的語言模型來改善中文斷詞的效果[9]，圖二舉例說明非斷詞 bigram 使用單字建立語言模型，圖三舉例說明斷詞 bigram 先斷詞後建立語言模型。而本實驗中分別使用了新聞語料庫以及國中生作文語料庫來建立語言模型。

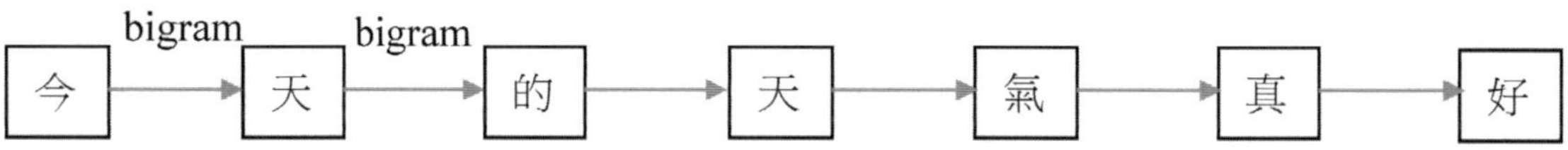

圖二、舉例說明非斷詞 bigram 示意圖

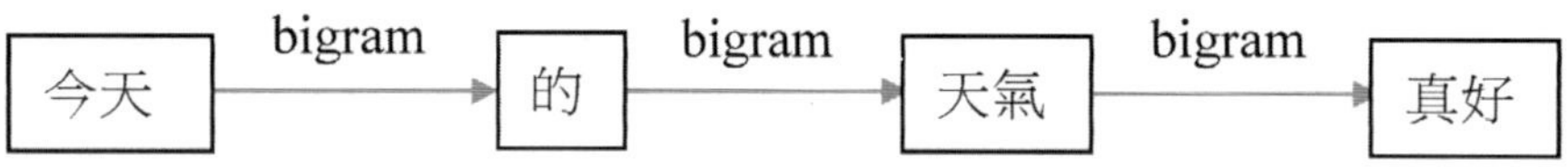

圖三、舉例說明斷詞 bigram 示意圖

(一)、N-gram 語言模型

語言模型是由大量語料庫經過訓練、斷詞、計算詞頻等建立而成的統計資料，文集中每個單字詞的計算方式是使用 Maximum Likelihood Estimation (MLE) [10]來計算每個字出現的相對頻率並藉此計算機率，如下式：

$$P(W_n|W_{n-N+1}^{n-1}) = \frac{\mathrm{C}(W_{n-N+1}^{n-1}W_n)}{\mathrm{C}(W_{n-N+1}^{n-1})} \tag{1}$$

其中 C 代表某個字 W 出現的頻率。

一個句子是由 n 個字所組成，所以一整個句子的機率就可以計算如公式(2)：

$$P(W_1^n) = \mathrm{P}(W_1, W_2, \dots, W_n) \tag{2}$$

其中W_n表示句子中第 n 個字。$P(W_1^n)$ 表示 1 到 n 個字出現的機率值。

我們假設詞彙的機率為獨立的條件之下，根據[11]可以得知句子依據條件機率可定義如公式(3)所示：

$$P(W_1^n) = P(W_1)P(W_2|W_1)P(W_3|W_1^2) * \dots * P(W_3|W_1^{n-1}) = P(W_1)\prod_{k=2}^{n} P\left(W_k \middle| W_1^{k-1}\right) \quad (3)$$

公式(3)改成(4)是由於無法從過去的語料中來做無限字的預測：

$$P(W_n|W_1^{n-1}) \approx P(W_n|W_{n-N+1}^{n-1}) \quad (4)$$

代表依據前(n-1)個字出現的機率來預測目前第 n 個字所出現的機率，而所謂的 N-gram 就是當 N=2 時，稱為 bigram，如公式(5)：

$$P(W_n|W_{n-1}) \quad (5)$$

在本實驗中所建立的語言模型採取 bigram 以及 unigram 的模式以及是否先經過 CKIP[12] 斷詞，簡單來說 bigram 語言模型就是統計完語料之後，紀錄詞彙中每一個字出現的條件下，下一個字接在此字後面的機率，也因為中文字中兩兩字的組合比例較高，因此我們實驗使用 bigram。如圖二表示，此圖舉例說明，以“今” 與“天”為例，由“今 ”出現的情況下，推測“天”出現的機率，就稱為 bigram，同理“天”與“的”；“天”與“氣”也都是 bigram…依此類推，而如果句子先經由斷詞我們就會以詞為單位，bigram 的情況就會變成以“天氣”與“真好”為例，由“天氣”出現的情況下，推測“真好”出現的機率，也因此我們就能從語言模型中推算出某一個句子的機率。

“Entropy”是很重要的評估標準之一，它也被廣泛的使用在測量資訊上[13]，“Entropy”被定義為下列的式子(6)：

$$\mathrm{H}(X) = -\sum_{x \in T} P(X) \log_2 P(X) \quad (6)$$

其中隨機變數 X 涵蓋的範圍包含可預測的 T 集合(例如字母,字詞或部分的語音)。P(x)、P’(x)都是 MLE 所計算出來的機率值，實際使用時則是套用下列改寫過的公式(7)：

$$\mathrm{H}'(X) = -\sum_{x \in T} \log_{10} P'(X) \quad (7)$$

另外再定義 Perplexity，如下式(8)：

$$\text{Perplexity} = 2^H \quad (8)$$

實際計算時亦套用改寫過的公式：

$$\text{Perplexity}' = 10^{H'/W} \quad (9)$$

其中 W 是一個句子的單字數除以 W 的目的是避免當句子越長時機率越低的情況發生。Perplexity 越低代表句子中字詞的組合機率很高，也就是說這個句子是比較多人這樣寫的當然也會較為通順。但是 N-gram 語言模型還是有缺點必需要克服：語言模型在不夠龐大時財無法涵蓋所有可能的字詞組合，也就是資料稀疏的問題，即有些字詞的組合沒有被訓練到，使的在查詢頻率時會有零的問題發生，導致無法正確算分的錯誤狀況。因此為了解決這個問題我們還需使用平滑(smoothing)的方法來改善機率為零的例外情況。

(二)、Smoothing

Smoothing 的方法可分成模式結合的方法[14]以及折扣的方法，模型結合的方式就是利用內插法和補插法，bigram 無效時，使用 unigram；而折扣的方法就是調整機率，將機率較高者把值分配給機率為零者。實驗是用 Interpolated Kneser-Ney smoothing。而

Good-Turing(GT) [14]與 modified Kneser-Ney (mKN) [15]的演算法效果不錯，以下將會簡單介紹 GT 與 KN 的演算法。

1、 Good-Turing Discounting(GT)

Good-Turing 的演算法是調整從"r" (r: 表示出現 r 次的字數)至"r*"，依據它是二項式分布的假設 ，如公式(10)。

$$r^* = (r+1)\frac{N_{r+1}}{N_r} \quad r < M \tag{10}$$

其中 r N 是 N-gram 中出現 r 次的字數，M 是界限值通常都小於 5。特別需要注意的是 r =0 時，代表 N-gram 中出現 0 次的字數：

$$r^* = \frac{N_1}{N_0}$$

其中 0 N 是表示從未出現過， 因此折扣過後改寫成下式(11)：

$$P_{GT}(W_1 \dots W_n) = \frac{r^*}{N} \tag{11}$$

Good-Turing 僅適用於 r < 5，而且必須重新標準化以確保機率總和為 1。如此調整過後，原本出現頻率為 0 的字，將會被調整提昇成為小數位數，所以避免了機率為零的而導致無法計算整個句子機率的錯誤情形。

2、 Modified Kneser-Ney discounting (mKN)

Kneser-Ney 利用內插法的方式，例如 trigram 無法計算時，改以用 bigram，若依然無法使用，再改 unigram 的方式，則一定可以找出其出現的機率值，因此可以提供正確的估計值，mKN 的方法是由 Chen 與 Goodman 共同提出。mKN 的 smoothing 方法有 3 個參數 ：D1，D2，和 D3，這三個參數是分別用來對應於 unigram，bigram 與 trigram。 mKN 折扣方法的演算法如下式(12)：

$$P_{mKN}\left(W_i \middle| W_{i-n+1}^{i-1}\right) = \frac{C\left(W_{i-n+1}^{i-1}\right) - D\left(C\left(W_{i-n+1}^{i-1}\right)\right)}{\sum_{wi} C(W_{w-n+1}i)} + \gamma(W_{i-n+1}^{i-1}) P_{mKN}\left(W_i \middle| W_{i-n+2}^{i-1}\right) \tag{12}$$

其中 $D(c) = \begin{cases} 0 \ if \ c=0 \\ D_1 if \ c=1 \\ D_2 \ if \ c=2 \\ D_3 \ if \ c\geq 3 \end{cases}$

$$D_1 = 1 - 2\frac{N_1}{N_1 + 2N_2} * \frac{N_2}{N_1}$$

$$D_2 = 1 - 3\frac{N_1}{N_1 + 2N_2} * \frac{N_3}{N_2}$$

$$D_3 = 1 - 4\frac{N_1}{N_1 + 2N_2} * \frac{N_4}{N_3}$$

3、 Interpolated Kneser-Ney smoothing

Interpolated Kneser-Ney smoothing 其公式(13)：

$$P_{\text{interpolated}}(W|W_{i-1}W_{i-2}) = \lambda\, P_{\text{trigram}}(W|W_{i-1}W_{i-2}) + (1-\lambda)[\mu P_{bigram}(W|W_i) + (1-\mu)P_{unigram}(W)] \tag{13}$$

本篇實驗也是使用 Interpolated Kneser-Ney smoothing 的公式，但是實驗是 bigram 語言

模型，因此我們將公式改寫成(14):

$$P_{\text{interpolated}}(W|W_{i-1}) = (1-\lambda)[\mu P_{bigram}(W|W_i) + (1-\mu)P_{unigram}(W) \qquad (14)$$

雖然此方法較 Modified Kneser-Ney discounting 的方法簡單一點，但是卻較易執行，更重要的是效果略比 Modified Kneser-Ney discounting 還要好。[11]

語言模型是大量語料庫經過訓練所建立的，語料庫與測試的資料彼此間是有所關聯的，性質越相同的語料庫偵測的效果越好，例如受測的資料是以國中生的作文為主，我們就加入以國中生作文到所建立的語言模型中，由於系統使用了混合式語言模型概念，語言模型的規模分別為新聞語料加上作文語料建完索引檔有 303MB，這個語言模型新聞語料佔了大多數因此我們特別又建立了一個只含國中生作文的語言模型建完索引檔有 7.21MB，前者語料庫沒有經過斷詞後者純作文的部分則是先經過 CKIP 斷詞處理，所以必須加權計分，權重計分的公式如(15)：

$$PPL = (1-\alpha)PPL_1 + \alpha PPL_2 \qquad (15)$$

其中 PPL 是 Perplexity，PPL1 是語言模型 1 計算的結果，PPL2 是後來的語言模型 2 計算的結果，α 介於 0 到 1 之間，α 是可以調整的，隨著測試資料不同以及使用者設定的不同而改變 α，使系統能調節不同語言模型產生的偵測結果來提高準確度。

四、實驗內容

國中生作文語料庫的部分我們所蒐集的學生作文是來自於某國中七、八年級手寫的考試作文蒐集而成如圖四，並且每篇作文皆由教師訂正過錯別字，最後將這些作文輸入成電腦可處理的 XML 格式如圖五。

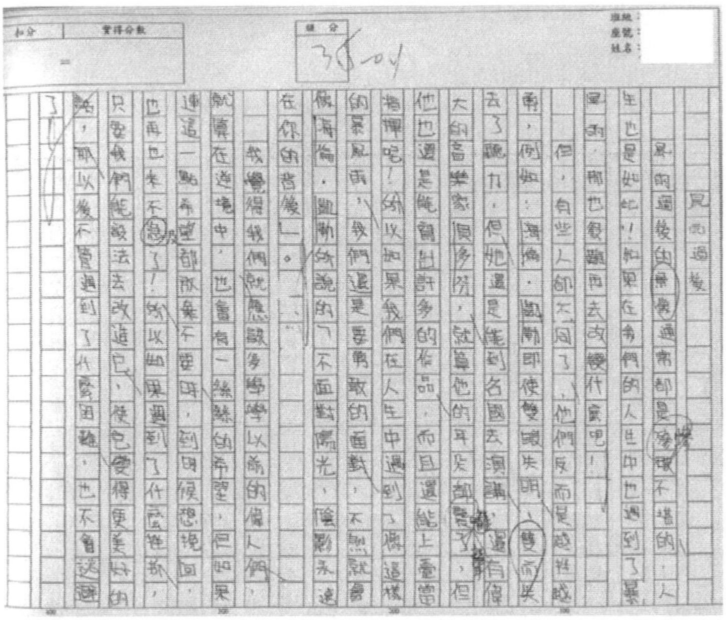

圖四、學生作文原文

```
<doc>
<class>八年四班</class>
<number>11</number>
<title>走出青春的光彩</title>
<score>5</score>
<essay>
<p>此刻，正在考場中振筆疾書的我，感受到教室中有股青春的氣息在空氣中
<revise><wrong>瀰漫</wrong><correct>瀰漫</correct></revise>著，裡面有著大家的
夢想、有著光明的未來。</p>
<p>正值青春年華的我們，應保有一顆堅強以及積極的心，去面對各個關卡，大家心
中熱血<revise><wrong>沸鶱</wrong><correct>沸騰</correct></revise>，正朝著自己
的目標努力著，為了自己的未來所奮鬥著。</p>
<p>其實用心體會生活中的微小事物，幫助別人，使自己心情開朗，和同學
<revise><wrong>分賞</wrong><correct>分享</correct></revise>快樂的事情，聽見同
學們的歡笑聲，也能使自己開心，和爸媽訴說在學校所發生的喜怒哀樂，不只能增
進親子間的<revise><wrong>觀係</wrong><correct>關係</correct></revise>，也讓他
們的生活多了些趣味性，這樣的生活不也是多彩多姿嗎？這樣的生活不也是許多人
所嚮往的嗎？</p>
…
</essay>
</doc>
```

圖五、學生作文電子檔

而學生作文電子檔的 Tag 我們定義如下：

<doc></doc>： 文件的貣始與結束，一篇文件包含下列的資訊。
<class></class>： 學生的班級。
<number></number>： 學生的座號。
<title></title>： 作文的標題。
<score></score>： 學生的得到的級分。
<essay></essay>： 學生的文章內容。
<p></p>： 段落。
<revise></revise>： 老師批改到的錯別字以及老師更正的結果。
<wrong></wrong>： 錯誤字詞。
<correct></correct>： 老師所提供的正確的字詞。

而我們把其中五級分以及六級分一共 833 篇的作文來做斷詞建立語言模型。而訓練過程如下列圖片所示:

此刻
正在 考場 中 振筆 疾書 的 我
感受到 教室 中 有 股 青春 的 氣息 在 空氣 中 瀰漫 瀰漫 著
裡面 有 著 大家 的 夢想 、 有 著 光明 的 未來
正值 青春 年華 的 我們
應 保有 一 顆 堅強 以及 積極 的 心
去 面對 各 個 關卡
大家 心 中 熱血 沸騰
正 朝著 自己 的 目標 努力 著
為了 自己 的 未來 所 奮鬥 著
其實 用心 體會 生活 中 的 微小 事物
幫助 別人
使 自己 心情 開朗
和 同學 分賞 分享 快樂 的 事情
聽見 同學 們 的 歡笑聲
也 能 使 自己 開心
和 爸媽 訴說 在 學校 所 發生 的 喜怒哀樂
不只 能 增進 親子 間 的 觀 係 關係
也 讓 他們 的 生活 多 了 些 趣味性
這樣 的 生活 不 也 是 多彩多姿 嗎
這樣 的 生活 不 也 是 許多 人 所 嚮往 的 嗎

圖六、文件經過去除 Tag、分割句子與 CKIP 斷詞

句首單字頻率.txt - 記事本

檔案(F) 編輯(E) 格式(O) 檢視(V) 說明(H)

打	6	0.0001516070
溫室	2	0.0000505357
送別	1	0.0000252678
秉持	3	0.0000758035
紙屑	1	0.0000252678
直立	1	0.0000252678
昔日	2	0.0000505357
深刻	1	0.0000252678
藝術家	2	0.0000505357
那麼	102	0.0025773196
台塑	2	0.0000505357
到頭來	8	0.0002021427
出生	3	0.0000758035
厲志	1	0.0000252678
箭袋	1	0.0000252678
眼睜睜	1	0.0000252678
跳出	1	0.0000252678
育幼院	1	0.0000252678
用功	4	0.0001010714
蒙古	2	0.0000505357
青澀	1	0.0000252678
用力	2	0.0000505357
找	17	0.0004295533
出售	1	0.0000252678
著實	1	0.0000252678

圖七、統計各字詞詞頻，計算其句首及各詞條件機率，建立成 unigram

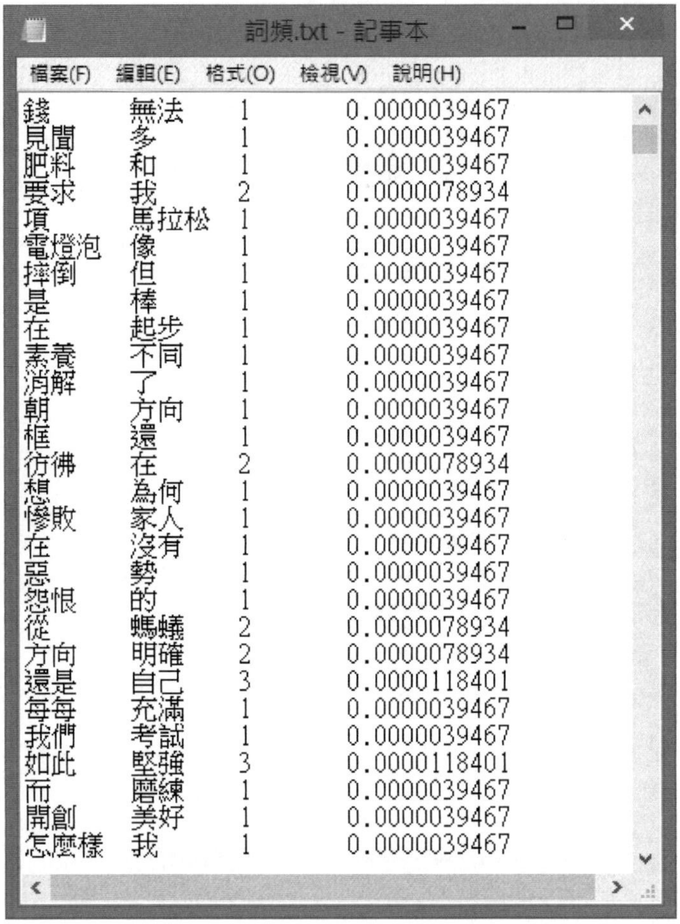

圖八、統計各字詞詞頻，計算其條件機率，建立成 bigram

（一）、實驗一測試國中生所寫的作文

我們擷取了跟訓練集同樣的國中生所寫的作文來測試，我們從五級分和六級分作文中一共一百個句子，我們預設如果算出來的加權分數超過 50 分就有可能是不通順的句子，根據測試結果在 90 句 50 分以下的句子有 5 句經由中文流利人事審查為不流暢，10 句 50 分以上句子其中 6 句是判斷正確 4 句為誤判的，整體的效率評估達 89%，而偵測不流暢句子的 Recall 則有 60%而 Precision 54.5%。

表三、實驗一測試結果

實驗一		已知分類		Results			
		不通順	通順	Precision	Recall	F–measure	Accuracy
預測分類	不通順	6	4	60%	54.5%	57.11%	89%
	通順	5	85	94.4%	95.5%	94.99%	

（二）、實驗二測試外國人所寫的作文

我們從 NLP-TEA1[17] Testing Data 收集語料(圖九)，我們依照文件的標籤收集 843 筆正確的句子以及 273 筆含有冗詞的句子，這個實驗主要是測試希望在正確的句子中分數都能很低而在包含冗詞的句子中分數是高得，可是由於這是由外國人所寫的中文句子，或許句子是被歸類在正確的那一類，可是他們用詞的習慣多少還是跟本國人有些差距，所以我這邊預設如果算出來的加權分數超過 100 分就有可能是不通順的句子，根據測試結果在 843 句正確的句子當中有 450 句認為是通順的，在 273 句包含冗詞的句子中有 139 句正確判斷為不通順的，整體的效率評估達 52.77%，而偵測不流暢句子的 Recall 則有 51%而 Precision 26%。

```
<ESSAY title="不能參加朋友找到工作的慶祝會">
<TEXT>
<SENTENCE id="A2-0003-1">我以前知道妳又很聰明又用功</SENTENCE>
</TEXT>
<MISTAKE id="A2-0003-1">
<TYPE>Redundant</TYPE>
<CORRECTION>我以前知道妳又聰明又用功</CORRECTION>
</MISTAKE>
</ESSAY>

<ESSAY title="不能參加朋友找到工作的慶祝會">
<TEXT>
<SENTENCE id="A2-0005-1">我替你很高興</SENTENCE>
<SENTENCE id="A2-0005-2">我們應該找時間可以好好地聊聊</SENTENCE>
</TEXT>
<MISTAKE id="A2-0005-1">
<TYPE>Redundant</TYPE>
<CORRECTION>我替你高興</CORRECTION>
</MISTAKE>
<MISTAKE id="A2-0005-2">
<TYPE>Redundant</TYPE>
<CORRECTION>我們應該找時間好好地聊聊</CORRECTION>
</MISTAKE>
</ESSAY>

<ESSAY title="不能參加朋友找到工作的慶祝會">
<TEXT>
<SENTENCE id="A2-0010-1">最近找到工作很難</SENTENCE>
</TEXT>
<MISTAKE id="A2-0010-1">
```

圖九、語料來源格式

表四、實驗二測試結果

實驗二		已知分類		Results			
		包含冗詞句子	正確的句子	Precision	Recall	F–measure	Accuracy
預測分類	包含冗詞句子	139	393	26%	51%	34.44%	52.77%
	正確的句子	134	450	77%	53.3%	62.99%	

五、結論

在本實驗中我們使用混合式的語言模型來實作中文句子的流暢度偵測系統，經由實驗結果顯示本系統對於不流暢的句子有一定的識別度，未來我們也會繼續做各式各樣的實驗，想辦法改善系統效能讓它能確實應用在作文教學系統上輔助學生學習，表六為正確判斷的句子範例，我們根據下表五分析了幾個錯誤的原因並提出解決的方法:

1. 句子中夾雜英文以及人名，未來我們應該要把英文字母去除以及如果是人名的話應該用其他標籤取代以降低它的誤判。
2. 句子中包含標點符號，未來我們應該也要把頓號以及其他的標點符號去除再來算分應該可以大大提升準確度。
3. 由於句中包含了少見的專有名詞" 釙和鐳"使的分數大大的提高，為啥我們可以考慮建立一個專有名詞辭典來改善這個問題。

表五、誤判句子範例

句子	新聞語料模型	純作文模型	加權分數
例如 google 公司的大老闆布林和佩吉	215394.11	127.08	100760
我曾在這打鬧、嬉戲、悲傷、難過、歡樂、憤怒	200086	70	100078
因而找到新元素釙和鐳	58493.4	140.4	29316

表六、正確判斷的句子範例

句子	新聞語料模型	純作文模型	加權分數
我才在五歲時	60.79	41.05	50.92
也又有自己才能決定	61.7	40.28	50.99
甚至是有些人希望自己當個太空人	59.98	52.75	51.37

表六為正確判斷的句子範例，未來我們會持續實驗改進系統效能，並且增加語言模型的質量。句子流暢度偵測於作文當中遣詞造句的範疇，是目前各級升學考試作文評分四個面向之一。開發另外三個面向同樣需要的各種自然語言處理的功能將是我們未來研究的方向。像是使用邏輯連接詞(例如:因為…所以)以及組織文章的連接詞(例如:首先…之後)的出現率，來評估文章的組織結構。藉由語言學的 Isotopie 理論讓電腦辨識文章是否合乎主題。因為組成文章的句子不會是彼此都沒有相關的句子，Isotopie 可以分析句子是

否相互呼應且具有聚合力。且由於一篇文章的撰寫會根據主題選用同一辭彙場域的詞，所以我們可以利用辭彙的詞場來測試作文是否合乎主題。

參考文獻

[1] 教育部,"評分規準表" http://www.bctest.ntnu.edu.tw/writing.htm, 2015.

[2] Dequan Zheng, Feng Yu, Tiejun, Sheng Li, "Documents Ranking Based on a Hybrid Language Model for Information Retrieval" *IEEE International Conference on Information Acquisition*, Aug. 2006, pp: 279-283.

[3] Fei Song, W. Bruce Croft , "A general Language Model for Information Retrieval", Proc. of Eighth International Conference on Information and Knowledge Management, 1999, pp: 316-321.

[4] Brown, Peter E; Cocke, John; Della Pietra, Stephen A.; Della Pietra, Vincent J.; Jelinek, Frederick; Lafferty, John D.; Mercer, Robert L.; and Roossin, Paul S., "A statistical approach to machine translation ." Computational Linguistics, Volume 16 , Issue 2, 1990, pp: 79-85.

[5] Jason S Chang, David Yu, Chun-Jun Lee, "Statistical Translation Model or Phrases" In Processing of Computational Linguistics and Chinese Language, Vol. 6, No. 2, August 2001, pp: 43-64.

[6] Ronald Rosenfeld, "Adaptive Statistical Language Modeling: a Maximum Entropy Approach" Ph.D. Thesis Proposal, Carnegie Mellon University, September 1992.

[7] Lalit R. Bahl, Peter F. Brown, Peter V. De Souza, Robert L. Mercer, "ATree-Based Statistical Language Model for Natural Language Speech Recognition", IEEE Transactions on Acoustics Speech and Signal Processing, Vol. 37, No. 7, July 1989, pp: 1001-1008.

[8] Sergios Theodoridis and Konstantion Koutroumbas, "Pattern Recognition(Third Edition) ", Academic Press. pp 13-19

[9] Wu, A.-D., and Z.-X. Jiang, "Word Segmentation in Sentence Analysis,"International Conference on Chinese Information Processing, 1998, Beijing,China, pp: 169-180

[10] Slavam. Katz, "Estimation of Probabilities from Sparse Data for the Language Model Component of a Speech Recognizer ", IEEE Transactions on ACOUSTICS, SPEECH, and SIGNAL PROCESSING, VOL. ASSP-35, NO.3, MARCH 1987, pp 400-401

[11] J. Goodman, "A Bit of Progress in Language Modeling, Extended Version," Microsoft Research, Technical Report MSR-TR-2001-72, 2001.

[12] National Digital Archives Program , "CKIP" http://ckipsvr.iis.sinica.edu.tw/, 2015.

[13] Adam L. Berger, Vincent J. Della Pietra, Stephen A. Della Pietra, "A maximum entropy approach to natural language processing", Computational Linguistics, Volume 22, Issue 1, March 1996, pp: 39-71.

[14] S. F. Chen, Joshua Goodman "An Empirical Study of Smoothing Techniques for Language Modeling", Proc. of the 34th annual meeting on Association for Computational Linguistics ,Santa Cruz, California, 1996, pp:310-318.

[15] J. Goodman, "A bit of Progress in Language Modeling", Microsoft Research, Aug. 2001.

[16] Adam L. Berger, Vincent J. Della Pietra, Stephen A. Della Pietra, "A maximum entropy approach to natural language processing", Computational Linguistics, Volume 22, Issue 1, March 1996, pp: 39-71.

[17] Ru-Yng Chang, Chung-Hsien Wu, and Philips Kokoh Prasetyo (2012). Error Diagnosis of Chinese Sentences Using Inductive Learning Algorithm and Decomposition-Based Testing Mechanism. ACM Transactions on Asian Language Information Processing, 11(1), article 3, March 2012.

The 2015 Conference on Computational Linguistics and Speech Processing
ROCLING 2015, pp. 233-247

The word complexity measure (WCM) in early phonological development: A longitudinal study from birth to three years old

Li-mei Chen[1] and Yi-Hsiang Liu[2]

Abstract

Word Complexity Measure (WCM, Stoel-Gammon, 2010) is a system of phonological assessment for children's speech productions, a method that focuses on the complexity rather than accuracy. With its flexible parameter program, the assessment can be adjusted to the phonological properties of different languages. In the current study, the WCM was used to assess speech production of three Mandarin-learning children from birth to three years old. In addition to the original parameters in Stoel-Gammon (2010), the Chinese version of WCM made some adjustments, including incorporating productions of fricatives, affricates, /ʐ/, /y/, and the late acquired vowels and consonants, to examine the complexity of speech productions. Major findings in the developmental changes of the first 3 years are: 1) the complexity of the intelligible words increased, with individual differences in the stability of changes; 2) the complexity of the unintelligible syllables also elaborated; 3) the percentage of simple words/syllables decreased in both intelligible and unintelligible productions.

Keywords: Production complexity, Mandarin-learning children, Phonological development, Word complexity measure

1. Introduction

Word Complexity Measure (WCM, Stoel-Gammon, 2010) is a measurement for developmental phonology and disorder. WCM focuses on the complexity and is based on point-giving process. Comparing with Percentage of Consonant Correct (PCC, Shriberg & Kwiatkowski, 1982) and the measurement of whole-word productions (Ingram, 2002), WCM demonstrates advantages in describing the development of speech production because the parameter in WCM was designed to mirror the properties of child phonology. The PCC also calculates points in children's speech for measuring intelligibility. However, in PCC only the accurate speech sounds are given points in the process, and those unintelligible utterances are not scored because they are not real words. Namely, the PCC examines and quantifies the accuracy of the sounds that is articulated correctly. However, children produce not only the intelligible words but many non-word sounds, especially in the early ages. By means of the WCM, those unintelligible utterances can also be scored and quantified. Children with

[1,2] Department of Foreign Languages and Literature, National Cheng Kung University

small vocabulary can also be inspected. For example, children with language disorders can also be examined with this measurement. This may provide a useful tool for clinical assessment. Moreover, WCM provides phonological development scales with which phonological changes can be tracked. In addition, children's forms can be compared with target forms with WCM measures. Namely, both independent and relational analysis can be done with WCM. The whole-word production (Ingram, 2002) proposed four measures to estimate speech production of children: 1) the phonological mean length of utterance (PMLU); 2) the proportion of whole-word proximity; 3) the proportion of whole-word correctness; 4) the proportion of whole-word variability. The core lies in the PMLU, which gives points to each word based on two factors: 1) the number of segments in a word; 2) the number of correct consonants. The former factor demonstrates the independent analysis, and the later the relational analysis. In this aspect, the measurement of whole-word production is close to the WCM. However, the WCM can further provide a more comprehensive picture by accounting for both qualitative and quantitative nature in phonological development (Stoel-Gammon, 2010).

Furthermore, the prevailing advantage of the WCM is the flexible parameters that can be adjusted to target languages. This measurement was initially designed for English-speaking children, while in the present some of the parameters of WCM were adjusted to observe Chinese phonological system. The recorded speech productions were divided into two groups: intelligible words and unintelligible utterances. Each group was scored separately to prevent improper comparison of speech sounds in non-words and real words. Based on the phonological parameters, each sample was awarded a 'complexity score' and was calculated to get a ratio which mirrored the nature of error and accuracy. In general cases, first words emerge at the age of 12-15 months (Stoel-Gammon, 1989). The longitudinal speech productions analyzed in the present study started from about 2 months of age to better observe the transition from pre-speech vocalization to real-word productions.

2. Methodology

2.1 Participants

Data of 3 typically developing boys (Child A, B, and C) were analyzed from 2 to 36 months of age. This longitudinal data is part of a larger scale of longitudinal observation of phonetic development in Mandarin-learning children.

2.2 Procedure

A wireless AKG microphone system was linked to a SONY DAT recorder with a signal-to-noise ratio above 91 dB for audio recording. The mini-microphone was pinned on infants' shirt, or placed close to infants' mouth. Each recording session lasts for approximately 50 minutes. The caregiver and an experimenter were presented in each of the recording session. Spontaneous infant vocalizations were elicited in natural interaction. The sample words were collected based on natural conversation among the observers, participants, and the parents, and the picture-naming task (after approximately 18 months of age). Twelve recordings for each participant were analyzed in the study, and nearly 50 speech samples were included in each recording.

Each speech sample was awarded a score. Higher scores denote the presence of complex or later acquired phonological parameter. The adjusted parameters in the present study are listed below:

Word patterns

(1) Productions with more than two syllables receive 1 point.

Syllable structures

(1) Productions with a word–final consonant receive 1 point.

(2) Productions with a triphthong receive 1 point for each triphthong.

Sound classes

(1) Productions with a velar consonant receive 1 point for each velar.

(2) Productions with a rhotic vowel /ɚ/ sound receive 1 point for each /ɚ/.

(3) Productions with a fricative or affricate receive 1 point for each fricative and affricate.

(4) Productions with a /ʐ/ sound receive 1 point for each /ʐ/.

(5) Productions with a /y/ receive 1 point for each /y/.

(6) Productions with any of the late acquired sounds /ɨ/, /ɪaʊ/, /ɪo/, /ɪaŋ/, /tɕʰ /, /tɕ/, /ts/, or /ɕ/ receive 1 point for each of the late acquired sounds.

In this version of the WCM, the complexity indexes are modified. In word patterns, instead of words used in English, utterances (non-words) or phrases (intelligible meaningful units) were the units for analysis in Chinese version. In rule 1 in the current study, the distinction between a phrase and a fragment were made first. A phrase may include more than two words with a complete meaning (for example 'ping guo' apple in Chinese), while a fragment is a unfinished phrase that expresses incomplete meaning due to the sound quality or noise interruption. A fragment may contain only one word or more. Either a phrase or a fragment is counted as one unit. In syllable structures, the consonant cluster in the original WCM in rule 2 is replaced by triphthongs.

In sound classes, the syllabic liquid sound in the original WCM is deleted, and the only rhotic vowel in Chinese /ɚ/ is counted in rule 2. The voiced fricative /ʐ/ and the rounded high front vowel /y/ were added in rules 4 and 5 respectively. In rule 6, the late acquired sounds /ɨ/, /ɪaʊ/, /ɪo/, /ɪaŋ/, /tɕʰ /, /tɕ/, /ts/, and /ɕ/ were extracted from those acquired in the later stages of the longitudinal observation, according to the order of emergence and stabilization of vowels and consonants from birth to 36 months of age.

This parameter acts as an indicator of phonological development. The higher scores reflect more advanced level of phonological development. Furthermore, the collected data were organized into two sets. The identifiable words and unintelligible utterances were scored separately. The speech children made were grouped together as a phrase or a fragment according to the contexts and then were given points through the parameters. Each unit was scored a total point to reflect the quantified level. Furthermore, the points given by each parameter can also show the qualitative level of development. Table 1 presents the process of scoring for intelligible words.

Table 1. *The 9 parameters and scoring*

子音	母音	聲調	國字	group	Phrase Fragment	> 2 syl	Final C	Triphthong	Velar	Fr, affri	zr	rho V	y	Late acquired sound	Total points
5	23	4	掉	1	p	1	0	2	0	1	0	0	0	1	5
5	16	4	到	1											
21	29	5	水	1											
8	12	8	了	1											

The speech children made were classified as either a phrase or a fragment according to the contexts and then were given points according to the parameters. Table 1 presents the process of scoring for intelligible words. The corresponding target form was separately scored. The same process was also applied to the unintelligible utterances. The WCM assesses developmental phonology through the independent analysis and the relational analysis. The independent analysis records children's productions to track their phonological development, as shown in Table 2. The WCM score presents the complexity of speech production to show the developmental level of different ages. Hence, the independent analysis can demonstrate the long-term phonological development of a child. Both quantitative and qualitative information can be revealed through the independent analysis.

Table 2. *The independent analysis: children's phonological development*

		WCM	WCM range	Words with 0 point
Child (months;days)	Sample words	child	child	Words scored 0/sample words (%)
A(15;09)	1	0	0	1/1 (100%)
A(18;22)	1	0	0	1/1 (100%)
A(21;01)	48	0.91	0-4	25/48 (52%)
A(24;02)	50	1.2	0-5	22/50 (44%)
A(27;18)	50	1.56	0-6	13/50 (26%)
A(30;23)	50	2.44	0-9	7/50 (14%)
A(33;03)	50	2.2	0-7	11/50 (22%)
A(36;09)	50	2.94	0-8	10/50 (20%)

Sample words: the number of words the child produced in this recording session.
WCM: the average WCM scores of the child's production in this recording session.
WCM range: the range from the lowest WCM scores to the highest WCM scores.
Words with 0 point: the percent of no-point words in all the sample words.

Other than the independent analysis, the WCM provides a relational analysis to observe the accuracy of speech production. The process provides the details and properties of the errors in child's production in comparison with the target forms. The scoring process is identical, and the outcomes can be better observed and compared, as Table 3 shows. The scores were given respectively to reflect the deviation of sample words from the corresponding target words. The process provided details concerning the children's productions and properties of their errors. Namely, the qualitative information can be revealed.

Table 3. *Relational analysis: accuracy of children's speech productions*

		WCM		WCM ratio	WCM range		Words with 0 point	
Child (months;days)	Sample words	child	target	child/target	child	target	child (%)	target (%)
A(33;03)	50	2.2	2.6	0.85	0-7	0-9	11/50 (22%)	6/50 (12%)
A(36;09)	50	2.94	3.06	0.96	0-8	0-8	10/50 (20%)	9/50 (18%)

Sample words: the number of words the child produced in this recording session.
WCM (child): the average WCM scores of the child's production in this recording session.
WCM (target): the average WCM scores of the corresponding target forms.
WCM range: the range from the lowest WCM scores to the highest WCM scores.
Words with 0 point: the percent of no-point words in all the sample words.

The WCM scores include scores of the child's production and the target words, and the two scores are compared to get a ratio. The higher the ratio is, the more consistent child's productions are with the target words. The WCM range covers the lowest point and the highest point scored in a single recording to show the distribution. In the last column, 'words/syllables with 0 point' denotes those words/utterance receiving no point, the simple words. The percentage of simple words/syllables helps to display the macro aspect of phonological development because WCM scores may lead the focus onto the accuracy of production. An outstandingly high score does not necessarily reflect the high level of phonological development. For instance, if the child keeps repeating one word 'mother' accurately for many times, the score will be high. However, the word 'mother' (with 0 point) is a simple word so that the phonological development of the child is not actually at a high level.

3. Results and Discussion

3.1 The WCM applied to three children in the intelligible words

Table 4 is the outcome of Child A's intelligible words. The data were mainly collected from spontaneous interaction, especially at young ages. Before 15 months of age, no intelligible word was recorded. In the observation session, Child A seldom produced speech even for the unintelligible utterances. He concentrated on playing his toys and did not interact much with the experimenter and his mother. In the recordings at 15 and 18 months of age, Child A produced only one word respectively.

Table 4. *The analysis of Child A's intelligible words*

		WCM		WCM ratio	WCM range		Words with 0 point	
Child (months;days)	Sample words	child	target	child/target	child	target	child	target
A(15;09)	1	0	0	0	0	0	1/1 (100%)	1/1 (100%)
A(18;22)	1	0	0	0	0	0	1/1 (100%)	1/1 (100%)
A(21;01)	48	0.91	1.67	0.54	0-4	0-8	25/48 (52%)	19/48 (40%)
A(24;02)	50	1.2	1.9	0.63	0-5	0-9	22/50 (44%)	13/50 (26%)
A(27;18)	50	1.56	2	0.78	0-6	0-12	13/50 (26%)	10/50 (20%)
A(30;23)	50	2.44	2.5	0.98	0-9	0-9	7/50 (14%)	6/50 (12%)
A(33;03)	50	2.2	2.6	0.85	0-7	0-9	11/50 (22%)	6/50 (12%)
A(36;09)	50	2.94	3.06	0.96	0-8	0-8	10/50 (20%)	9/50 (18%)

Sample words: the number of words the child produced in this recording session.
WCM (child): the average WCM scores of the child's production in this recording session.
WCM (target): the average WCM scores of the corresponding target forms.
WCM range: the range from the lowest WCM scores to the highest WCM scores.
Words with 0 point: the percent of no-point words in all the sample words.

At 21 months old, the data included repetitive 'father', which caused high WCM score to target words but low to sample words. Similarly, at 24 months old, data displayed lower WCM ratio because the data included repetitive number-counting that Child A did not articulate consistently. In 33 months old, his production contained less late acquired sounds. That is, Child A had difficulty in producing those sounds. This contributed to the higher percentage of simple words. Generally, Child A displayed a model of growing complexity in speech productions: higher complexity scores, wide complexity range, and low percentage of simple words.

Table 5 shows Child B's WCM analysis. Almost similar to Child A at the early stage, Child B did not produce real words before his 12 months of age. In addition, the data at 12 and 18 months comprised few intelligible words. However, the data at 18 months of age consisted of 5 words, noticeably showed correspondence to the target words in the WCM range and the percentage of simple words. Furthermore, the WCM ratio was also high. The main difference between his production and the target words lied in the late acquired sounds. The 21-month-old data displayed a perfect WCM ratio. A closer inspection suggested that the sample words comprised many repeated words and most of them were family titles such as 'father' and 'mother'. These family titles were well articulated by Child B so that the WCM ratio reflected the high consistency between the sample words and the target words.

Table 5. *The analysis of Child B's intelligible words*

		WCM		WCM ratio	WCM range		Words with 0 point	
Child (months;days)	sample	child	target	child/target	child	target	child	target
B(12;13)	1	0	0	0	0	0	1/1 (100%)	1/1 (100%)
B(18;22)	5	1.6	2.2	0.73	0-4	0-4	1/5 (20%)	1/5 (20%)
B(21;08)	50	0.4	0.4	1	0-4	0-4	41/50 (82%)	38/50 (76%)
B(24;25)	50	1.78	2.56	0.7	0-6	0-11	15/50 (30%)	8/50 (16%)

B(27;07)	50	1.42	1.98	0.72	0-7	0-8	18/50 (36%)	7/50 (14%)
B(30;01)	37	1.49	2.14	0.7	0-5	0-5	15/37 (41%)	9/37 (24%)
B(33;10)	50	1.52	2.18	0.7	0-7	0-8	22/50 (44%)	18/50 (36%)
B(36;15)	50	1.44	1.7	0.85	0-8	0-7	23/50 (46%)	18/50 (36%)

Sample words: the number of words the child produced in this recording session.
WCM (child): the average WCM scores of the child's production in this recording session.
WCM (target): the average WCM scores of the corresponding target forms.
WCM range: the range from the lowest WCM scores to the highest WCM scores.
Words with 0 point: the percent of no-point words in all the sample words.

At 27 months of age, the target words were highly scored in final consonant and the emergence of fricative/affricate sounds, while productions of Child B were poorly scored in these two parameters. The point for final consonant in target words was 16 but sample words got no point for final consonant. The percentage of simple words also showed a gap between the sample words and the target words. In general, the phonological development of Child B seems slightly slower but stable, and the percentage of simple words decreases as age grows.

As shown in Table 6, Child C produced his first real words at a relatively young age, and the word was a repeated simple word. On average, Child C presented a slow phonological development in WCM ratio, a slight expanding of WCM range, and a downward and upward growing percentage of simple words. The 24-month-old data scored higher than the target words. Child C was scored remarkably high in the production of fricative/affricate sounds and high in the production of /ʐ/ sound. This was due to the repetition of the same words and the substitution of /ʐ/ for /l/. At the age of 29 months, there was a decline in the WCM ratio. A closer examination revealed that Child C seemed immature to produce final consonants, triphthongs, velar sounds, and fricative/affricate sounds because he received low points in the four parameters. Moreover, he also performed poorly in the later acquired sounds. As for the unusual growth of the simple words, the 27-month-old data revealed that Child C's production received low points in three parameters: final consonant, triphthong, and velar. This phenomenon caused no points for some of the sample words and thus the percentage of simple words increased.

Table 6. *The analysis of Child C's intelligible words*

		WCM		WCM ratio	WCM range		Words with 0 point	
source	sample	child	target	child/target	child	target	child	target
C(8;26)	2	0	0	0	0	0	2/2 (100%)	2/2 (100%)
C(15;07)	25	0.44	0.64	0.69	0-4	0-4	20/25 (80%)	19/25 (76%)
C(18;12)	50	1	1.48	0.68	0-8	0-8	26/50 (52%)	18/50 (36%)
C(21;24)	50	1.66	2.16	0.77	0-6	0-8	16/50 (32%)	13/50 (26%)
C(24;01)	50	2.04	2.02	1.01	0-7	0-6	11/50 (22%)	11/50 (22%)
C(27;02)	50	2.04	2.66	0.77	0-7	0-13	9/50 (18%)	4/50 (8%)
C(29;27)	50	1.58	2.2	0.72	0-8	0-8	20/50 (40%)	12/50 (24%)
C(34;05)	50	1.92	2.2	0.87	0-8	0-9	17/50 (34%)	13/50 (26%)

C(35;24)	50	1.72	2.16	0.8	0-9	0-10	21/50 (42%)	16/50 (32%)

Sample words: the number of words the child produced in this recording session.
WCM (child): the average WCM scores of the child's production in this recording session.
WCM (target): the average WCM scores of the corresponding target forms.
WCM range: the range from the lowest WCM scores to the highest WCM scores.
Words with 0 point: the percent of no-point words in all the sample words.

3.1.1 Summary and the analysis: the intelligible words

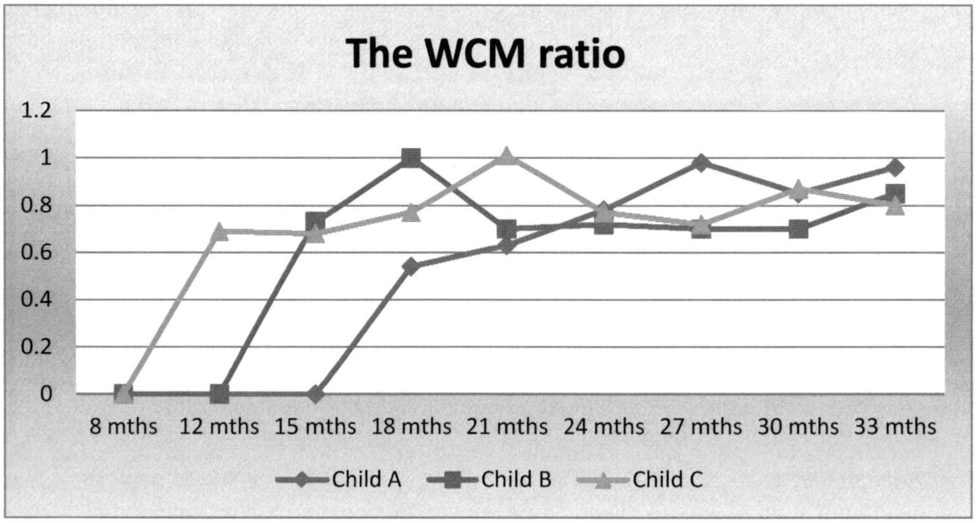

Figure 1. *The WCM ratios of intelligible words among three subjects*

Figure 1 compares the WCM ratio throughout 10 age stages of the three children. As seen in the figure, child A started his speech later than the other two but the phonological development seemed more stable and kept growing. Child C started his first words the earliest but the phonological development seemed unstable with irregular up-down pattern. Child B's WCM ratios arouse and dropped, and then came in plain, and rose in the later stage. Figures 2, 3, 4 present the percentages of simple words in the productions of the three children respectively.

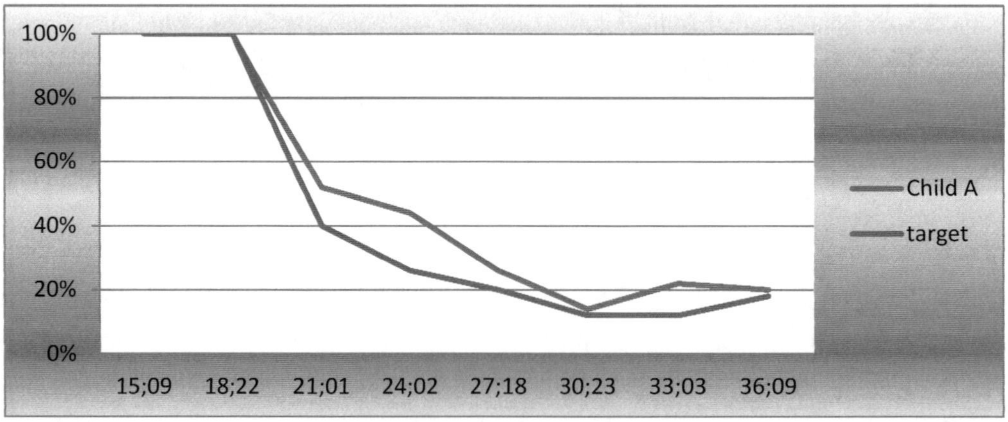

Figure 2. *The simple words in the production of Child A*

The percentage of simple words in Child A was close to that in the target words, as seen in Figure 2. There was not obvious deviation from the target words. Therefore, not only the WCM ratio comparison accounted for Child A's stability in phonological development but also the percentages of simple words can account for the stable development.

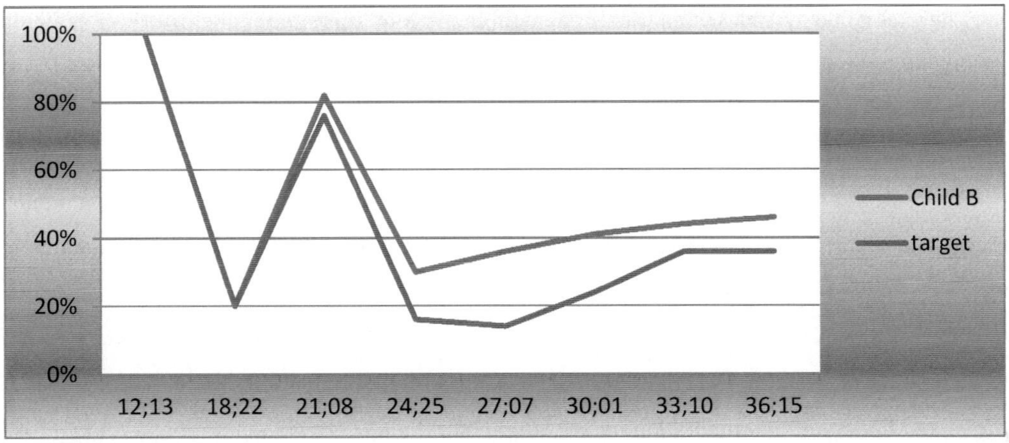

Figure 3. *The simple words in the production of Child B*

Although there was a fierce rise and fall in the percentage of simple words in Child B before 27 months of age, the two lines still accorded with each other. No obvious difference existed in the sample words and the target words. However, the deviation emerged from 27 months to 33 months of age, which mirrored the instability when Child B received low points due to the difficulty in producing final nasal consonants and fricative/affricate sounds. In the last stage, the deviation turned narrow and smooth, which could indicate the phonological development became more stable and closed to the target forms.

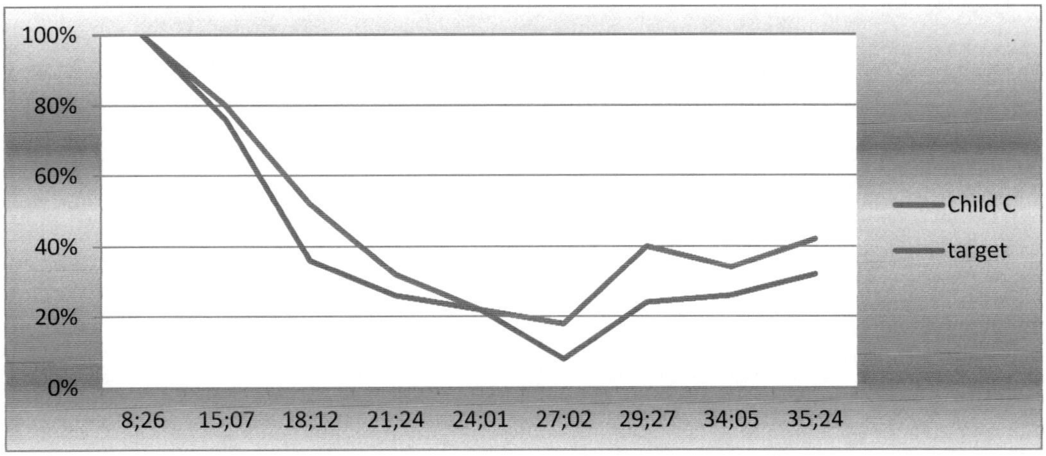

Figure 4. *The simple words in the production of Child C*

Similar to Child A, the percentage of simple words in Child C was close to that in the target words. However, in the later phases, after 27 months, the simple words increased in both the sample words and the target words. The reason was that Child C poorly performed in final consonant sounds, triphthongs, and velar sounds. This phenomenon caused no points for some of the sample words and thus rose the percentage of simple words.

3.2 The WCM applied in the unintelligible syllables

Although unintelligible syllables cannot be examined in terms of correctness, they still can show the complexity of phonological development, especially in early stages of production. Compared with intelligible words, unintelligible syllables mainly mirror children's phonological properties rather than the natures of errors.

In Child A, the low scores at 12 months and 15 months were due to single syllable and simple sounds, e.g., /ə/ or /ɑ/ sounds. The 21-month-old data received points in almost every parameter, but the emergence of those indexes was infrequent. The 36-month-old data received very high scores. At this stage Child A was good at articulating velar and fricative/affricate sounds because he got high scores in these two parameters. Moreover, the late acquired sounds also appeared more frequently at the age of 36 months. In general, Child A demonstrated a growing trend of phonological complexity with gradually higher WCM scores, an expanding of WCM range, and a decreasing percentage of simple syllables as shown in Table 7.

Table 7. *The analysis of Child A's unintelligible syllables*

		WCM	WCM range	syllables with 0 point
source	sample	child	child	child
A(2;13)(3;05)	50	0.72	0-4	34/50 (68%)
A(4;03)(6;03)	50	1.04	0-4	25/50 (50%)
A(9;8)	50	0.94	0-4	27/50 (54%)
A(12;19)	42	0.52	0-2	31/42 (74%)
A(15;09)	50	0.24	0-4	43/50 (86%)
A(18;22)	50	0.92	0-4	27/50 (54%)
A(21;01)	50	0.38	0-3	39/50 (78%)
A(24;02)	41	1.83	0-8	15/41 (37%)
A(27;18)	50	1.96	0-6	15/50 (30%)
A(30;23)	50	1.82	0-9	24/50 (48%)
A(33;03)	50	1.84	0-8	19/50 (38%)
A(36;09)	50	3.12	0-12	11/50 (22%)

Sample words: the number of words the child produced in this recording session.
WCM: the average WCM scores of the child's production in this recording session.
WCM range: the range from the lowest WCM scores to the highest WCM scores.
Syllables with 0 point: the percent of no-point syllables in all the samples.

Table 8 is the analysis of Child B's data. He produced 46 syllables at 14 months of age, less than any other recordings. Nevertheless, the WCM score of the 14-month-old data was in the average of all of his 12 recordings, and the data did not contain high percentage of simple syllables. Child B had an obviously high and a relative low WCM scores in his 4-to-5-month-old data and 12-month-old data. In the former, Child B articulated phoneme /h/ in almost every syllable, which contributed to a very high score in the velar sounds. The latter, the points almost gathered in the parameters 'velar' and 'fricative/affricate' which suggested that Child B was mature in articulating velar sounds and fricative/affricate sounds. Only one point was respectively given to the final consonant sounds and the utterances containing more than two syllables. Generally speaking, the WCM scores in Child B were quite high, yet the percentages of simple syllables were high.

Table 8. *The analysis of Child B's unintelligible syllables*

		WCM	WCM range	syllables with 0 point
source	sample	child	child	child
B(2;13)(3;04)	50	1.3	0-11	28/50 (56%)
B(4;04)(6;05)	50	2.22	0-8	17/50 (34%)
B(9;05)	50	1.26	0-7	28/50 (56%)
B(12;13)	50	0.68	0-4	33/50 (66%)
B(14;28)	46	1.3	0-4	19/46 (41%)
B(18;22)	50	0.92	0-3	23/50 (46%)
B(21;08)	50	1.22	0-5	20/50 (40%)
B(24;25)	50	1.14	0-5	22/50 (44%)
B(27;07)	50	0.96	0-6	28/50 (56%)
B(30;01)	50	0.92	0-5	32/50 (64%)
B(33;10)	50	0.82	0-7	32/50 (64%)
B(36;15)	50	0.82	0-5	29/50 (58%)

Sample words: the number of words the child produced in this recording session.
WCM: the average WCM scores of the child's production in this recording session.
WCM range: the range from the lowest WCM scores to the highest WCM scores.
Syllables with 0 point: the percent of no-point syllables in all the samples.

Child C's data analysis is shown in Table 9. The data that consisted of less than 50 samples were at 8, 15, and 24 months of age. Child C generally displayed a stable phonological development, except for the two data that received relatively low WCM scores. The data at 15 months and 18 months included much more simple syllables. Conversely, the 24-month-old data included low percentage of simple syllables. The late acquired sounds emerged frequently at this stage.

Table 9. *The analysis of Child C's unintelligible syllables*

		WCM	WCM range	syllables with 0 point
source	sample	child	child	child
C(2;15)(3;02)	50	1.46	0-4	19/50 (38%)
C(4;08)(6;09)	50	1.2	0-4	26/50 (52%)
C(8;26)	43	1.35	0-4	18/43 (42%)
C(12;19)	50	1.04	0-4	28/50 (56%)

C(15;07)	44	0.68	0-4	31/44 (70%)
C(18;12)	49	0.98	0-4	30/49 (61%)
C(21;24)	50	1.36	0-7	23/50 (46%)
C(24;01)	39	1.33	0-4	12/39 (31%)
C(27;02)	50	1.08	0-7	25/50 (50%)
C(29;27)	50	1.44	0-10	23/50 (46%)
C(34;05)	50	1.62	0-9	21/50 (42%)
C(35;24)	50	1.6	0-6	18/50 (36%)

Sample words: the number of words the child produced in this recording session.
WCM: the average WCM scores of the child's production in this recording session.
WCM range: the range from the lowest WCM scores to the highest WCM scores.
Syllables with 0 point: the percent of no-point syllables in all the samples.

3.2.1 Summary and the analysis: the unintelligible syllables

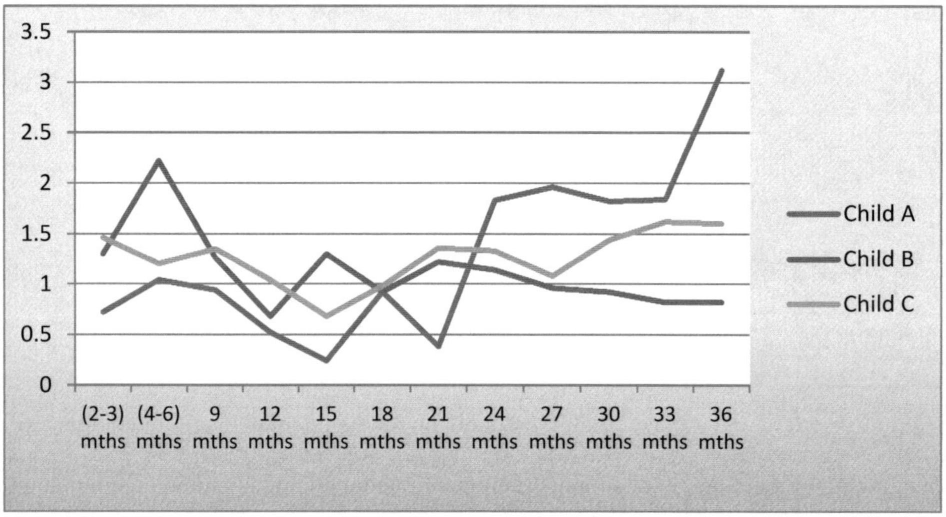

Figure 5. *The WCM scores of the three subjects in the unintelligible syllables*

The phonological complexity of the three children can be displayed and compared and shown in Figure 5. Child A presented an evidently progressing phonological complexity since his WCM scores developed and rose. Child C did not show a remarkable progressing, and his developmental complexity proceeded slowly. Child B, however, performed a slightly regressing development. His phonological complexity seemed to grow unstably.

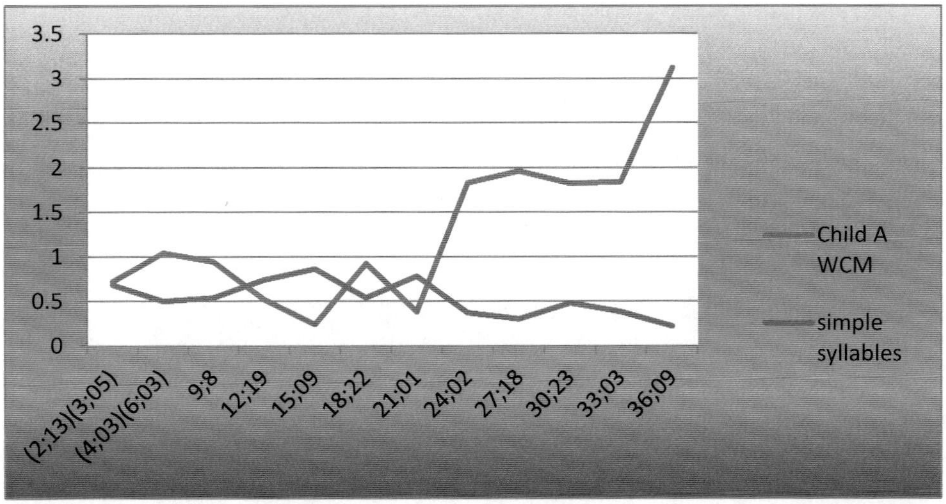

Figure 6. *The relation between Child A's WCM scores and the simple syllables*

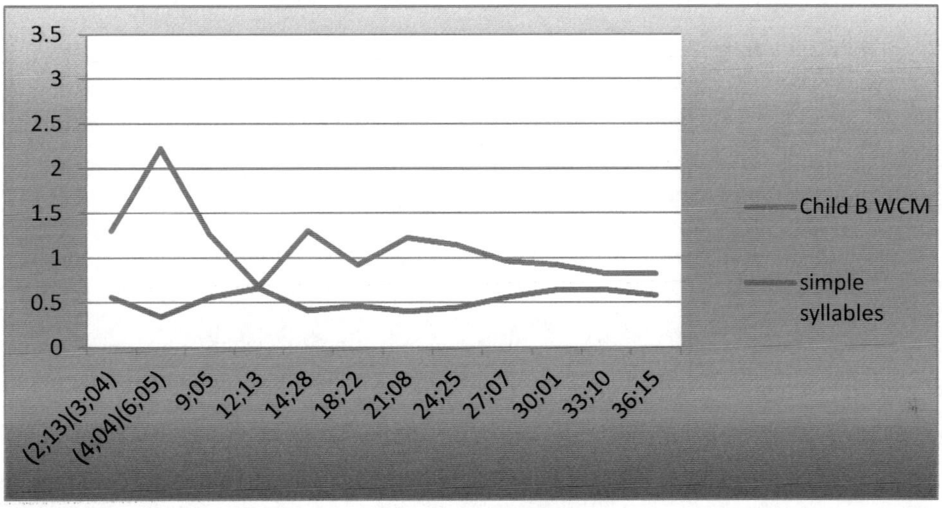

Figure 7. *The relation between Child B's WCM scores and the simple syllables*

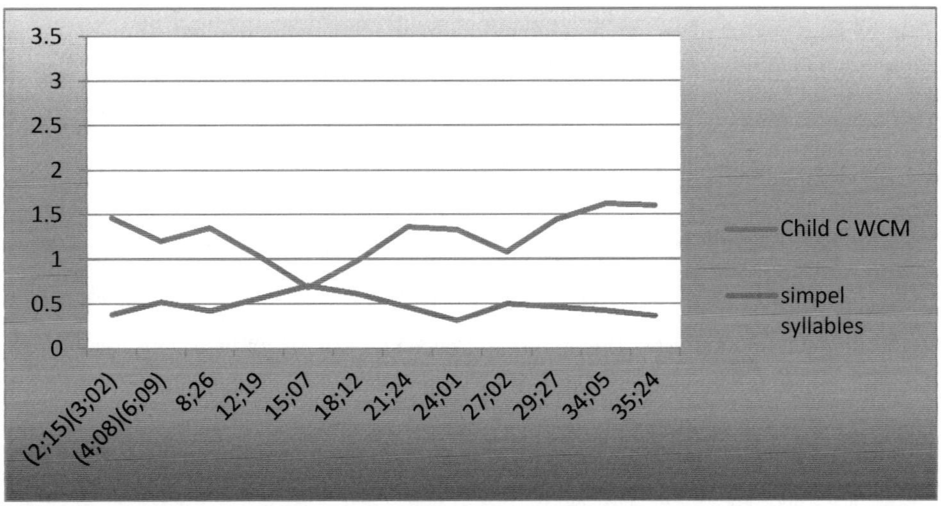

Figure 8. *The relation between Child C's WCM scores and the simple syllables*

The relation between WCM scores and the percentage of simple syllables can also explain the level of phonological complexity. Figures 6, 7, 8 illustrate the relation of WCM scores and the simple syllables in three children respectively. Once the WCM scores rose, the percentage of simple syllables went downside, and vice versa.

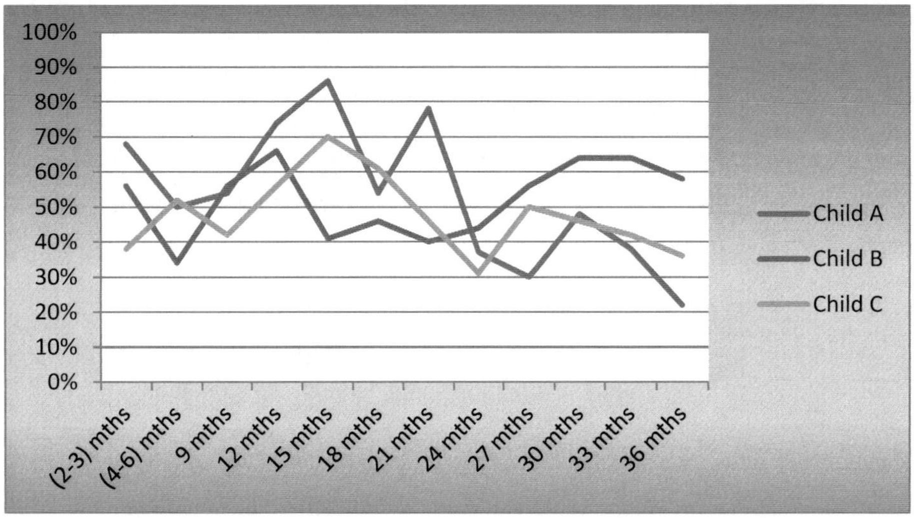

Figure 9. *The simple syllables in the productions of the three subjects*

Child A and Child C displayed a decreasing percentage of simple syllables over time, whereas Child B presented a rise trend in the later stages. The percentage of simple words/syllables, together with the scoring process, seemed to be efficient to observe the data set thoroughly. Simply a quantified information (the WCM scores) cannot represent the whole event. This is one of remarkable advantages that the WCM offers to assess children's phonological development.

4. Suggestion of further studies

The Word Complexity Measure (WCM) version used in this study further adjusted the original parameters to better fit Chinese phonology. The following features were added: production of fricatives, affricates, /ʐ/, /y/, and the late acquired sounds. However, the newly added parameter, the late acquired sounds, does not seem to reflect in the outcome effectively. It worked just as one of the point-giving indicators in the scoring process, and thus the core value of the parameter was mot prominent. In future studies, the parameter can be set up as an additional index, like the percentage of simple words, to efficiently observe and analyze the data. That is, the late acquired sounds can be counted as an index indicating advanced phonological complexity and can reflect the developmental milestone.

References

Carson, P. C., Klee, T., Carson, K. D., & Hime, K. L. (2003). Phonological profiles of 2-year-olds with delayed language development predicting clinical outcomes at age 3. *American Journal of Speech-Language Pathology*, 12, 28-39.

Ingram, D. (2002). The measurement of whole-word productions. *Journal of Child Language*, 29(4), 713-733.

Moeller, M. P., Hoover, B., Putman, C., Arbataitis, K., Bohnenkamp, G., Peterson, B., Wood, S., Lewis, D., Pittman, A., & Stelmachowicz, P. (2007). Vocalizations of Infants with Hearing Loss Compared with Infants with Normal Hearing: Part I - Phonetic development. *Ear & Hearing*, 28(5), 605-627.

Moeller, M. P., Hoover, B., Putman, C., Arbataitis, K., Bohnenkamp, G., Peterson, B., Wood, S., Lewis, D., Pittman, A., & Stelmachowicz, P. (2007). Vocalizations of Infants with Hearing Loss Compared with Infants with Normal Hearing: Part II - Transition to words. *Ear & Hearing*, 28(5), 628-642.

Morris, R. S. (2009). Test-retest reliability of independent measures of phonology in the assessment of toddlers' speech. *Language, Speech, and Hearing Services in Schools*, 40, 46-52.

Paul, R., & Jennings, P. (1992). Phonological behaviors in toddlers with slow expressive language development. *Journal of Speech and Hearing Research*, 35, 99-107.

Shriberg, L., Austin, D., Lewis, B., McSweeny, J., & Wilson, D. (1997). The Percentage of Consonants Correct (PCC) metric: extensions and reliability data. *Journal of Speech, Language, and Hearing Research*, 40, 708-722.

Stoel-Gammon, C. (1989). Prespeech and early speech development of two late talkers. First Language, 9, 207-224.

Stoel-Gammon, C. (2010). The word complexity measure: Description and application to developmental phonology and disorders. *Clinical Linguistics & Phonetics*, 24(4-5), 271-282.

The 2015 Conference on Computational Linguistics and Speech Processing
ROCLING 2015, pp. 248-262

Learning Knowledge from User Search

Yen-Kuan Lee, Kun-Ta Chuang
Dept. of Computer Science and Information Engineering,
National Cheng Kung University
E-mail:yklee@netdb.csie.ncku.edu.tw,
ktchuang@mail.ncku.edu.tw

Abstract

In this paper, we introduce the concept of a novel application, called Knowledge Learning from User Search, aiming at identifying timely new knowledge triples from user search log. In the literature, the need of knowledge enrichment has been recognized as the key to the success of knowledge-based search. However, previous work of automatic knowledge extraction, such as Google Knowledge Vault, attempt to identify the unannotated knowledge triples from the full web-scale content in the offline execution. In our study, we show that most people demand a specific knowledge, such as the marriage between Brad Pitt and Angelina Jolie, soon after the information is announced. Moreover, the number of queries of such knowledge dramatically declines after a few days, meaning that the most people cannot obtain the precise knowledge from the execution of the offline knowledge enrichment. To remedy this, we propose the SCKE framework to extract new knowledge triples which can be executed in the online scenario. We model the 'Query-Click Page' bipartite graph to extract the query correlation and to identify cohesive pairwise entities, finally statistically identifying the confident relation between entities. Our experimental studies show that new triples can also be identified in the very beginning after the event happens, enabling the capability to provide the up-to-date knowledge summary for most user queries.

Introduction

The technology of Knowledge Bases, abbreviated as KB, is recently highlighted by

Internet giants such as Google, Yahoo and so on. For example, the Knowledge Graph project 1 , announced by Google at 2012, attempts to integrate the semantic information from KB into the search engine, enabling the capability of Question-Answering for specific queries. Currently, when we issue 'Avatar Director', the exact answer 'James Cameron' will be revealed as the conspicuous block in the search result. As the evolution of the interactive interface moving toward small screens (such as smart phones or wearable devices), the search content with lots of relevant URLs is no longer considered as an effective manner. It is believed that the QA-based search engine is the key ingredient of the next-generation information technology.

However, the public large-scale knowledge bases, such as crowd-based Dbpedia [1], Freebase [3], NELL [4], and YAGO [26], have been reported to encounter the progressively slow growth of content [27]. The bottleneck implies that the human editing is no longer the effective manner for knowledge maintenance. Since the size of knowledge in current KBs still deviates far from completion, Google recently devotes to develop a systematic solution, called Knowledge Vault [9] (called KV for short), for the purpose of knowledge enrichment. As the full scan of Google-indexed pages, the KV framework is able to annotate new relation between two known entities such as people or movies. The design of KV is based on the fact that some relations, such as nationality of people, should be innate so that such relations are likely to be discovered after exhaustive search on the whole web. After the content match of entities, corresponding to Zappa and Rose in this case, the 'parent' relation can be further identified by the technology of text understanding. As their evaluation, the knowledge size is finally enlarged by 100 times as compared to the current knowledge base. Knowledge Vault highlights the necessity of knowledge enrichment. Unfortunately, the strategy of exhaustive scan of the whole web is not scalable to capture the daily updated knowledge, which is believed to be of interest to most

[1] http://googleblog.blogspot.co.uk/2012/05/introducing-knowledge-graph-thingsnot.html

people.

Motivated by this, we explore in this paper a novel problem, called Knowledge Evolution, to discover the daily variant knowledge. The problem of Knowledge Evolution specifically consider two kinds of knowledge triples which cannot be properly identified in previous work: (1) triples with timely updated relations; (2) triples with a newly identified entity and relation.

However, the identification of knowledge in the evolutional sense, although very promising to search engine, still poses a significant challenge to current methodologies. The first challenge results from the noise in the source content. Furthermore, the knowledge in web pages may only be temporally true. For example, most web contents state the 'partner' relation between Pitt and Jolie, but however, only a few news-based pages start to describe their 'spouse' relationship after 2014, leading to temporally inconsistent knowledge.

Essentially, systematic knowledge discovery, such as Google KV, pursues the knowledge enrichment, and may finally overcome the aforementioned challenges by sophisticatedly re-designing the framework. Unfortunately, as we discussed, the computational overhead of KV cannot timely identify the presence of new triple at the moment close to the time that the event was first revealed.

The nature of capricious user interest is critical to the system design, but also inspires us to develop the framework of Search Correlation Knowledge Evolution, abbreviated as SCKE, to incorporate user intention into the identification of new knowledge triples. Generally, human issue queries of interest, and check news, blogs, twitter or facebook page for the desired answer. Their search intention may come from word-of-mouth communication, knowing some information about entities. For example, fans of Angelina Jolie once hear her marriage information. They may issue "Angelina Jolie" or "Angelina Jolie marriage", searching the content in news. On the other hand, fans of Brad Pitt may issue "Brad Pitt", and also check the identical page for the detailed information.

In this paper, we explore the keyword temporal correlation phenomenon from the daily query log of search engine, which contains the user query and the URL list of clicking. We model the 'Query-Click Page' bipartite graph to extract the query correlation and to identify cohesive pairwise entities, which correspond to the pair of entities having new knowledge with high probability. The second step of relation identification will statistically identify the confident relation between entities, constructing the new knowledge triples. The SCKE framework is designed with high efficiency since the search space of knowledge identification from search log is significantly pruned. In our internal use, the flow of SCKE can be finished within two hours in the hadoop farm, daily extracting more than 500 new knowledge triples. The new triples can also be identified in the very beginning after the event happens, enabling the capability to provide the up-to-date knowledge summary for most following queries.

The remainder of this paper is organized as follows. Section 2 gives related works. In Section 3, the design of the SCKE model and algorithms are discussed. The experimental results are shown in Section 4. Finally, this paper concludes with Section 5.

Related Work

Knowledge bases has been comprehensively developed for a while in the literature, including the public Dbpedia [1], Freebase [3], NELL [4], and YAGO [26]. These public KBs, most collected from human editing knowledge, are usually utilized as the basis to construct the specific knowledge representation. In this section, we discuss relevant methodologies which aim to automatically identify the knowledge structure. Specifically, knowledge bases can be modeled as a graph, in which the node denotes as an entity and the edge is used to represent the relation between two entities. In the literature, a relevant research topic, called link predication, is to identify whether a link, or relation, exists between two given nodes [18][20][25]. The works of link prediction utilize the network traversal manner to predict the confident link that should exist in the network. Note that the link prediction problem is orthogonal to our work. For the knowledge evolution problem, the necessary information of new triples, which usually comes from external sources, is not embedded in the network. So that the solution of link prediction is difficult to be extended to detect updated knowledge as our need.

In [28], Jun Zhu et al. proposed a method to predict whether it exist a relationship between two entities by using the discriminative Markov logic network [8]. Unlike the traditional relation extraction methods, the work is used to predict whether a token is a relation keyword instead of pre-specifying relations between entities. The input of their system is an initial model formed by the input webpages, and a small set of augment seeds is composed of two entities and zero or one relational keyword. By applying an on-line learning model to compute the probability of two entities with a relation, denoted by $p(R(e_i,e_j)|O)$, where e_i and e_j represent two different entities. R represents a relation and O denotes the observations which can be predicted. In such a way that they can decide the relation between two entities in a maximum likelihood estimator. They finally developed a working entity relation search engine named Renlifang. However, as reported in [9], the work with the method of Open IE inherently faces the issue of data fusion and cannot deal with the timely data source, and thus fails to accommodate to the issue of knowledge evolution.

The other category of algorithms utilizes the random walk approach to traverse the graph and retrieve the knowledge [2][5][16]. Among them, Ni Lao et al. [16] proposed an association rule mining on knowledge base to identify associative rules between entities. Afterward, they apply a random walk strategy and the Path Ranking Algorithm[15] to update the missing triples. Similar to the methods of link prediction, the solution of random walk needs the network traversal and cannot refer to outside knowledge for updated information.

The knowledge vault [9] was proposed at 2014 for enriching annotated triples in the knowledge base. The motivation of the knowledge vault is that there are many knowledge which are unannotated when users wrote the content of knowledge, such as wikipedia. For example, there are 71% of people in Freebase have unknown place of birth, and 75% have unknown nationality. Knowledge Vault is a web-scale probabilistic knowledge base which combines the existing knowledge repositories with the knowledge extracted from web content. The method of the knowledge vault is building a enormous E x P x E three dimensional binary matrix G, which E represents the number of entities and P represents the number of relations (or said as predicates) coming from the fixed ontology such as YAGO. In KV, the value of G(S,P,O) is 1 when a triple S,P,O exists. In contrast, the value of G(S,P,O) is 0.

Knowledge vault employs supervised machine learning methods to fit probabilistic binary classifiers which can compute the probability of a triple and the correctness of a triple. The feature of the classifier is extracted from the whole web. There are four types of the webpages: Text documents, HTML trees, HTML tables, Human Annotated pages. Knowledge vault implements different ways to extract the features from each type of the webpages. After running the classification model, the system retrieves the triples (s,p,o) which the probability of (s,p,o) is higher than the threshold so that the triples can be regarded as the candidate triples. The candidate triples are then inserted to the existing knowledge base. It is possible that some candidate triples conflict with the prior triples in the knowledge base, and so that the system computes the probability of the candidate triples, based on agreement between different extractors and priors to decide whether adding the candidate triples to the knowledge base.

However, as they also mentioned in their work, some critical limitations still needs further justification:

How to choose the correlated sources from the web to extract the daily knowledge. Some facts are not always true but changeable, such as the team of an athlete.

The system builds the fixed size three dimensional binary matrix for the classifiers, so it is a challenge to add new entities and relations in this method. Motivated by resolving these limitation, we propose in this paper the knowledge evolution system, to complement the current offline-based automatic methodology for knowledge enrichment.

The SCKE Framework and Algorithms

The Search Correlation-based Knowledge Evolution

To achieve the goal of knowledge evolution, we propose the system which is based on user logs. The system can be mainly divided into two parts. First, we want to find out the possible cohesive pairwise-entities which indicate that there is some relationship between two entities. We then name this step as Cohesive Pairwise-entities Generation. After finding the possible Pairwise-entities, we need to figure out what kind of the relationship is between two entities by analyzing the content of the related web-pages. The second step is named as Relation Identification. The following algorithms in this paper are under the framework of Map-Reduce, so we list the procedure Mapper and the procedure Reducer in each algorithms.

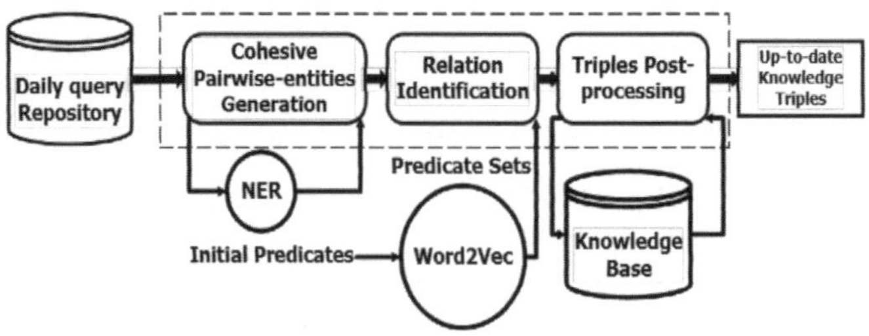

Figure 1: System flow chart of the SCKE framework

Cohesive Pairwise-entities Generation

A cohesive pairwise-entity is composed by two entities if we believe that there is relation between these two entities. When people try to search for something, it is likely that they would make different queries to search for the same information. That is to say, for users who gave queries, if most of the links they clicked are identical, we can assume that there is a relationship between two queries. After processing the query to the entity type, we can consider that these two entities can form an cohesive pairwise-entity. And, just like the link prediction problem, we tend to generate as many as possible cohesive pairwise-entities in step one.

Predicate Set Generation

In the knowledge base graph, an edge between two nodes represent the relation of these two entities. We called it predicate. Predicate is a label of the edge in the knowledge base. There are many kinds of predicates which are predefined by some organization, such as Yago, Dbpedia. There are hundred of predicates in Freebase now, such as "spouse", "cast", "parent", "partner" and so on.

After indexing the web-pages, we start to work on the important part of this process, which is to extract the predicate from the content of the webpages. It is intuitive that we might find out that there are lots of alias to represent the same predicates. For example, people can describe the relation between Brad Pitt and Angelina Jolie in many expression, like "spouse", "wife", "husband", "mate"... and so on. To solve the aforementioned problem, we have to enrich the existing predicate word to a predicate set which is composed of many synonyms. We apply the technology named Word2Vec to deal with the predicate expansion.

Word2Vec [6][24][23][12] provides an efficient implementation for the continuous bag-of-words and skip-gram architectures. It uses vector to compute the similarity of words. It is trained by millions of articles. For each word in the article, we compute the cosine distance between one word and the other words. The return score would be the similarity between two words.

For each words in an article, skip-gram means a word will span others words before and after this word in the distance n like the concept of projection. Now, we have two words in the articles, and we want to know if these two words are similar. If the text before or after these two words are very similar in the training articles, the projection of skip-gram of these two words should also similar. Then we can get the high score between these two words. After training the model, we can send a word as the input, and the system will return K words which have the highest score with the input word.

In our system, we use the Word2Vec library which is provided by Apache Spark. The model is trained by using approximately 100 billion words in parallel. And, we use the predicates which are predefined by Freebase as the input. For each input predicate, we retain top 30 highest score words, and choose the suitable words for predicate expansion. Finally, we collect the input predicate and others words expanded by Word2Vec as a set. Then, we named the result as "Predicate Set".

Relation Identification

We want to find the most suitable predicate set to represent the relation between entity A and entity B.

In the previous section, we introduced the process of distinguishing the subject and the object in a cohesive pairwise-entity. Suppose that entity A is the subject, and entity B is the object. In an article, it is intuitive that the subject is mentioned more times than the object because the article might also refer other relations between the subject and other entities. So, it's difficult to determine the relation through observing the subject. Instead, we observe the object to find its relation to subject.

We consider the predicate set which contains w is likely to be the relation between the subject and the object. Also, the relation is considered to be the main message that the article wants to convey. It is said that the closer distance between w and the object, the more likely w is the precise relation between the subject and the object.

Triples Post-processing

By applying the current knowledge base, we can split the output triples into two types. The first type of the output triple is that the triples are already existed in the knowledge base and there are some recently events which lead user to query them. We called it "the reconfirm triple". For instance, we retrieve many reconfirmed triples which are the spouse relationship between two idols. The reason of the reconfirmed triples appearing in the hot query again is that there might be some new events related with these two idol like they have a new baby or else.

The second type of the output triple which does not exist in the currently knowledge base, we named it "the updated triple". The Updated triple means the relationship detected by our system is distinct or not existing in the knowledge base. However, there are some situations should be treated differently. Based on the different situations, We categorize the update triples into the following cases. (1) The cohesive pairwise-entity is in the knowledge base, but the relation is different from the output of our system. We then update the relation to the current knowledge base.

The cohesive pairwise-entity is in the knowledge base, but there is no relation between them. We will first check if the relation is suitable for those two entities. After checking the correctness, we update the relation we found into the knowledge base.

If there is one of the entity not in the knowledge base, we will apply the NER system to recognize if it is a new entity. If so, the entity will be added ,then, combined with the other entity and their relation to form a new triple.

The applications of the two type triples are different. The reconfirm triples represent the trending of the cohesive pairwise-entities which are popular with many users, and it can be applied to the search engine. For some famous search engine, it will return the "knowledge graph" when user query an entity. The knowledge graph regarded the entity as the subject entity, and show some of the predicates and the correspond object entities from the knowledge base. Those search engine websites would apply some algorithms to determine which attributes or predicates related to other objects should be displayed on the knowledge graph.

By those triples which need to be reconfirmed, we can know what people want to know recently. That is, reconfirmed triple means it is popular. This message could be the reference of whether this triple should be displayed in the knowledge graph. Nowadays, if you use the mainstream search engines to query the subject entity and its predicate at the same time, the search engine would show the knowledge graph of the subject entity. For example, if user queries "Director of Avatar", it will return the knowledge graph of "James Cameron". To complete the above task, the search engine uses the triggering list to index the map of the "subject predicate" and the "object" rather than traversing the knowledge base in real-time query to find the precise subject entity. Because it would take a long time for browsing through all of the knowledge base to find the corresponding subject. Though looking up the result from the triggering list is more efficient than directly finding the target entity relation, it need lots of time to re-compute the relation. So, the information in knowledge base is lack of flexibility and the data might not be the latest information. The website spend lots of time to compute those data to find all the relation between those entities. But, the truth is that people care little things. The website maintains a thoroughly knowledge base but we know that people often query the same popular entities and they are just a small part of the knowledge base. To make the query more efficient, we use the reconfirmed triples to construct a small world knowledge base graph. With that knowledge base graph, people can get the result in a short time by traversing small graph and it also provide multiple predicate searching that it is not possible to do so in the aforementioned triggering list.

Experimental Results

We signed a contract with Yahoo! and use the user query log for out experiment. After the execution of named entity recognition, we transform the user query terms to the correspond entities. We count the type of the entities and show the statistic result in Table 1.

Type of entities	count
People	1,993,606
Movie	592,351
tv-show	141,250
event	25,550
other	198,843

Table 1: Entity types distributed in the March 2015 user query log

In Table 1, type "People" is accounted for 68% except the unknown type entities. We know that the entity type "People" is numerous search in the query log. The type "People", "Movie" and "tv-show" are totally accounted for 92%, which are highly association with the type "People" to compose to a triple. In the other words, the type "People" is very frequent and must be an important source to enrich from the knowledge base. For these reasons, we will control one of the entity type in one triple must be "People" in our experiment.

We generate 10 predicate sets which is used to describe the relation between the entity type of "People" and "People", "Movie" or "tv-show". In the 10 predicate sets, it contains the generally existing predicates are predefined in the knowledge base including "spouse", "cast", "parent and child", "brother and sister", "family", "friend" and "partner" and the user-interested predicates like the "affair", "break up" and "bad relation" which are found by our observation in the query log.

After the execution of our system, the system would return the score of each predicate sets of each pairwise entities. In our experiment, we set the parameter D = 10 and n = 5 of the function "RID". To reduce the error rate, we give a strict condition that if the predicate score is accounted for more than 80% of the total score, we return this predicate set as the relation of the pairwise-entities.

The following figure shows the distribution of the reconfirmed triples and the updated triples. The horizontal axis represents the the date and the vertical axis represents the number of the triples for each types. As an output of the system execution, we get hundreds of the triples which are qualified by the constrains we set everyday. These output triples represent a feature

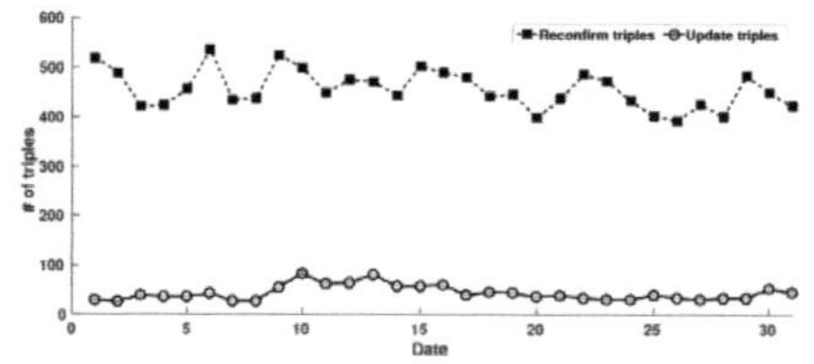

March 2015

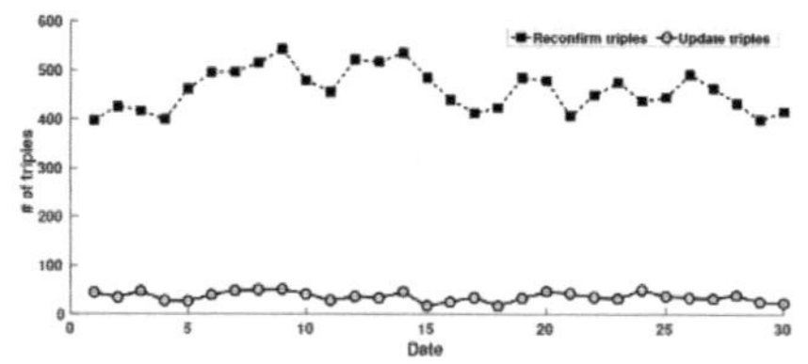

April 2015

Figure 2: Reconfirm and update triples

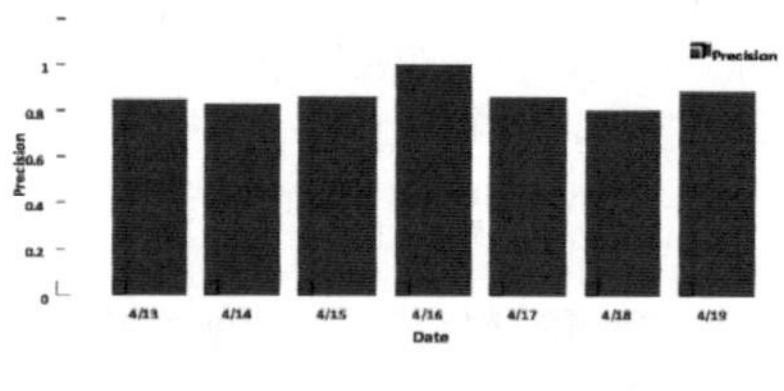

Figure 3: One week precision of the update triples

After checking not only by current knowledge base but also by the strict condition of the post-processing of 4, the precision of the re-confirm triples are almost 100% in our observation. We compute the precision of the update triples in one week showed in the previous figure. The precision of each days are all more than 0.8. Conclusions

Conclusions

In this paper, we first explore a novel problem, called Knowledge Evolution, to identify timely knowledge triples. While previous work all focus to extract knowledge triples by matching the web-scale content, we first attempt to apply the user search intention into the knowledge extraction. The SCKE framework is devised to figure out the clue of new knowledge triple from user search log. Our experimental studies show that new triples can be identified in the very beginning after the event happens, enabling the capability to provide the up-to-date knowledge summary.

Acknowledgement

This paper was supported in part by Ministry of Science and Technology, R.O.C., under Contract 104-2221-E-006-050. In addition, the authors especially thank the Taiwan Ministry of Economic Affairs and Institute for Information Industry for financially supporting this research : "Plan title : Fundamental Industrial Technology Development Program (3/4)".

References

[1] S. Auer, C. Bizer, G. Kobilarov, J. Lehmann, R. Cyganiak, and Z. G. Ives. Dbpedia: A nucleus for a web of open data. In *SEMWEB*, 2007.

[2] L. Backstrom and J. Leskovec. Supervised random walks: predicting and recommending links in social networks. In *WSDM*, 2011.

[3] K. D. Bollacker, C. Evans, P. Paritosh, T. Sturge, and J. Taylor. Freebase: a collaboratively created graph database for structuring human knowledge. In *ACM SIGMOD*, 2008.

[4] A. Carlson, J. Betteridge, B. Kisiel, B. Settles, E. R. H. Jr., and T. M. Mitchell. Toward an architecture for never-ending language learning. In *AAAI*, 2010.

[5] H. Chen, W. Ku, H. Wang, L. Tang, and M. Sun. Linkprobe: Probabilistic inference on large-scale social networks. In *IEEE ICDE*.

[6] A. Demski, V. Ustun, P. S. Rosenbloom, and C. Kommers. Outperforming word2vec on analogy tasks with random projections. *CoRR*, abs/1412.6616, 2014.

[7] L. Derczynski, D. Maynard, G. Rizzo, M. van Erp, G. Gorrell, R. Troncy, J. Petrak, and K. Bontcheva. Analysis of named entity recognition and linking for tweets. *Inf. Process. Manage.*, 51(2):32–49, 2015.

[8] P. Domingos, S. Kok, D. Lowd, H. Poon, M. Richardson, P. Singla, M. Sumner, and J. Wang. Markov logic: A unifying language for structural and statistical pattern recognition. In *SSPR*, 2008.

[9] X. Dong, E. Gabrilovich, G. Heitz, W. Horn, N. Lao, K. Murphy, T. Strohmann, S. Sun, and W. Zhang. Knowledge vault: a web-scale approach to probabilistic knowledge fusion. In *ACM SIGKDD*, 2014.

[10] A. Fader, S. Soderland, and O. Etzioni. Identifying relations for open information extraction. In EMNLP, 2011.

[11] R. Fan, K. Chang, C. Hsieh, X. Wang, and C. Lin. LIBLINEAR: A library for large linear classification. Journal of Machine Learning Research, 9, 2008.

[12] Y. Goldberg and O. Levy. word2vec explained: deriving mikolov et al.'s negative-sampling wordembedding method. CoRR, abs/1402.3722, 2014.

[13] S. Keretna, C. P. Lim, D. C. Creighton, and K. B. Shaban. Enhancing medical named entity recognition with an extended segment representation technique. Computer Methods and Programs in Biomedicine, 119(2):88–100, 2015.

[14] M. Konkol, T. Brychcin, and M. Konop´ık. Latent semantics in named entity recognition. Expert Syst. Appl., 42(7):3470–3479, 2015.

[15] N. Lao and W. W. Cohen. Relational retrieval using a combination of path-constrained random walks. Machine Learning, 81(1):53–67, 2010.

[16] N. Lao, T. M. Mitchell, and W. W. Cohen. Random walk inference and learning in A large scale knowledge base. In EMNLP, 2011.

[17] S. Lee, H. Lee, P. Abbeel, and A. Y. Ng. Efficient L1 regularized logistic regression. In AAAI, 2006.

[18] V. Leroy, B. B. Cambazoglu, and F. Bonchi. Cold start link prediction. In ACM SIGKDD, 2010.

[19] C. Li, A. Sun, J. Weng, and Q. He. Tweet segmentation and its application to named entity recognition. IEEE Trans. Knowl. Data Eng., 27(2):558–570, 2015.

[20] D. Liben-Nowell and J. M. Kleinberg. The link prediction problem for social networks. In CIKM, 2003.

[21] A. Neelakantan and M. Collins. Learning dictionaries for named entity recognition using minimal supervision. CoRR, abs/1504.06650, 2015.

[22] F. Niu, C. Zhang, C. R´e, and J. W. Shavlik. Elementary: Large-scale knowledge-base construction via machine learning and statistical inference. Int. J. Semantic Web Inf. Syst., 8(3):42–73, 2012.

[23] X. Rong. word2vec parameter learning explained. CoRR, abs/1411.2738, 2014.

[24] T. Shi and Z. Liu. Linking glove with word2vec. CoRR, abs/1411.5595, 2014.

[25] H. H. Song, T. W. Cho, V. Dave, Y. Zhang, and L. Qiu. Scalable proximity estimation and link prediction in online social networks. In ACM SIGCOMM, 2009.

[26] F. M. Suchanek, G. Kasneci, and G. Weikum. Yago: a core of semantic knowledge. In WWW, 2007.

[27] B. Suh, G. Convertino, E. H. Chi, and P. Pirolli. The singularity is not near: slowing growth of wikipedia. In Proceedings of the 2009 International Symposium on Wikis, 2009, Orlando, Florida, USA, October 25-27, 2009, 2009.

[28] J. Zhu, Z. Nie, X. Liu, B. Zhang, and J. Wen. Statsnowball: a statistical approach to extracting entity relationships. In WWW, 2009.

The 2015 Conference on Computational Linguistics and Speech Processing
ROCLING 2015, pp. 263-276

部落客憂鬱傾向分析與預測

Analysis and Prediction of Blogger's Depression Tendency

董家銘 Chia-Ming Tung
國立成功大學資訊工程學系
Department of Computer Science and Information Engineering
National Cheng Kung University
p7897127@mail.ncku.edu.tw

盧文祥 Wen-Hsiang Lu
國立成功大學資訊工程學系
Department of Computer Science and Information Engineering
National Cheng Kung University
whlu@mail.ncku.edu.tw

摘要

憂鬱症已列為聯合國世界衛生組織視為新世紀三大疾病，與癌症、愛滋病一起蠶食鯨吞著人民的身心健康。根據聯合國世界衛生組織估計，全球目前有二到四億人口正為憂鬱症所苦，估計在亞洲至少約有五千萬的憂鬱症患者，且人數不斷上升。2020 年，憂鬱症將與心臟病，成為影響人類生活甚巨的前二大疾病。根據統計，台灣地區 2007 年統計結果，憂鬱症盛行率約 8.9%，換言之，超過兩百萬人罹患憂鬱症。40%的憂鬱症患者會有輕生或自殺的念頭，10~15%的患者因自殺而死亡。所以有效的找出有憂鬱傾向的民眾已經是一項不容忽視的醫療衛生議題。因此本研究提出一項創新的憂鬱傾向預測技術，利用部落格網誌文章自動判別部落格作者的憂鬱傾向。

隨著 Web 2.0 社群網路(Social Network)快速興起，使用者每天在部落格寫下工作和生活的諸多苦惱與需求，雖然已有許多部落格作者的情緒分析研究，但是目前並無相關研究開始探究部落格作者的憂鬱傾向預測，本研究參考美國精神科醫學會所發表之精神疾病診斷與統計手冊第四版修訂版(DSM-IV-TR) [1]中對重度憂鬱症的定義及從部落格作者的網誌文章分析，定義出四個憂鬱傾向的因素，其中包含事件、負面情緒、症狀和負面想法。然後利用這四項因素協助判斷部落格作者的憂鬱程度，因此本研究嘗試探究下列兩項重要研究議題，並開發相關處理技術： (1) 憂鬱症患者網誌文章的憂鬱傾向與相關因素分析，(2) 部落格作者的憂鬱傾向預測模型。

Abstract

According to the investigation report of the Department of Health, Executive Yuan, R.O.C. in 2007, it is estimated that about 7.3% of Taiwan's population suffer from the major depressive disorder. How to identify patients with depression tendency is one of important health issues. Thus, this project tries to develop a novel technique to automatically identify the depression tendency of bloggers using their blog posts.

With the fast growth of social networks, bloggers usually write daily posts with their emotion and events happened in work, home, or life. Although there are lots of research works about emotion analysis and classification, to our knowledge, there is no work focusing on prediction of blogger's depression tendency based on emotion analysis. In this project, we try to analyze key factors affecting major depressive disorder, such as negative event, negative emotion, symptom and negative thought, and then use these four factors to assist bloggers to predict depression tendency. Therefore, we focus on the investigation of the following two research issues (1) analysis of relevant factors of depression on blog posts written by patients with the major depressive disorder, (2) development of event-emotion-driven depression tendency prediction model.

關鍵詞：憂鬱傾向，事件，負面情緒，症狀，負面想法

Keywords: Depression Tendency, Event, Negative Emotion, Symptom, Negative Thought.

一、緒論

雖然台灣近年經濟起飛，生活富裕，但民眾似乎愈活愈不快樂，台灣民眾的生活快樂指數在東亞七個國家敬陪末座 [24]。近年來自殺的報導逐年增加，甚至許多年輕學子的自殺事件也時有所聞，這些自殺事件大部分是因為生活中遭遇巨大壓力，或是已經患有憂鬱病症一段時間，最終因強烈的負面情緒引發自殺負面想法而造成悲劇。憂鬱症已列為聯合國世界衛生組織視為新世紀三大疾病，與癌症、愛滋病一起蠶食鯨吞著人民的身心健康。根據聯合國世界衛生組織估計，全球目前有二到四億人口正為憂鬱症所苦，估計在亞洲至少約有五千萬的憂鬱症患者，且人數不斷上升。2020年，憂鬱症將與心臟病，成為影響人類生活甚巨的前二大疾病。根據統計，台灣地區2007年統計結果，憂鬱症盛行率約8.9%，換言之，超過兩百萬人罹患憂鬱症。40%的憂鬱症患者會有輕生或自殺的念頭，10~15%的患者因自殺而死亡。因此，憂鬱症的防治變得日益重要，所以有效的找出有憂鬱傾向的民眾已經是一項不容忽視的醫療衛生議題。

網際網路的快速發展造就社群網路的興起，許多社群網路服務網站提供人們彼此更快速方便的聯絡溝通模式，像是部落格(Blog)和近年火紅的微網誌(Micro Blog)。痞客邦(PIXNET)、隨意窩(Xuite)、yam天空部落等都是國內知名的部落格服務網站。另外臉書(Facebook) 、推特(Twitter) 、噗浪(Plurk) 等都是非常熱門的國際微網誌服務網站。部落格提供網路使用者隨意撰寫文章紀錄生活中遭遇的點點滴滴，並抒發心情感受，有驚、有怒、有喜樂也有悲傷。根據我們對大量的部落格和論壇文章觀察，發現許多文章內容出現事件、負面情緒、症狀及負面想法等相關詞彙，如圖一所示，作者面對 ”重考” 事件，心理產生多種負面情緒如 ”大哭”、”恐慌”、”焦慮”、”沮喪”等，結果也出現一些生理症狀 ”睡不好”，甚至負面想法 ”撐不下去了”。經由長期追蹤文章負面情緒詞的類型與出現頻率，可以了解部落格作者所發生的心理問題。所以本研究首先嘗試利用部落格文章內容來分析作者的負面情緒，然後偵測部落格作者是否有強烈情緒不穩或憂鬱傾向，或甚至產生自殺企圖。我們期待開發有效的創新技術，從部落格文章判斷有憂鬱傾向的作者，進而協助這些作者預防或治療憂鬱症。本研究特別關注兩項重要研究議題，並開發相關處理技術：(1)憂鬱症患者網誌文章的憂鬱傾向與相關因素分析，(2)發展部

落格作者的憂鬱傾向預測模型。因此我們提出事件情緒驅動的憂鬱傾向預測模型(Event-Emotion-driven Depression Tendency Prediction Model)，藉由負面情緒、事件、症狀和負面想法特徵的分析，然後判別出部落格作者的憂鬱傾向。

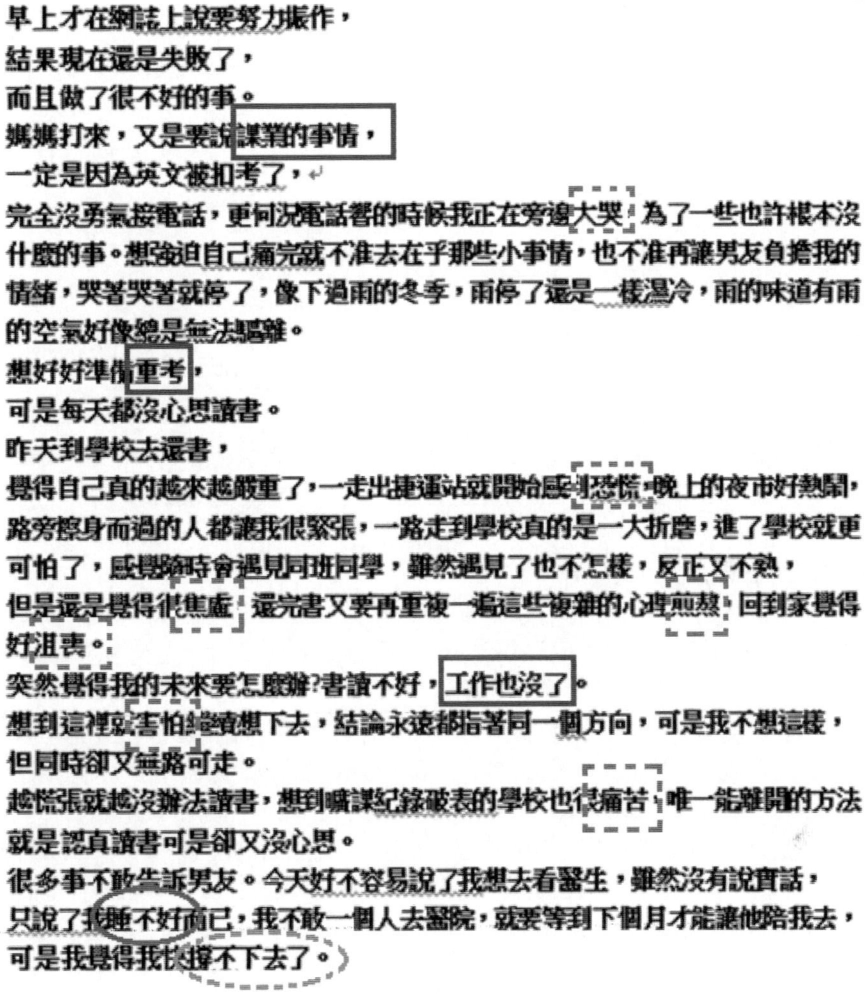
早上才在網誌上說要努力振作，
結果現在還是失敗了，
而且做了很不好的事。
媽媽打來，又是要說課業的事情，
一定是因為英文被扣考了，
完全沒勇氣接電話，更何況電話響的時候我正在旁邊大哭，為了一些也許根本沒什麼的事。想強迫自己痛完就不准去在乎那些小事情，也不准再讓男友負擔我的情緒，哭著哭著就停了，像下過雨的冬季，雨停了還是一樣濕冷，雨的味道有雨的空氣好像總是無法驅離。
想好好準備重考，
可是每天都沒心思讀書。
昨天到學校去還書，
覺得自己真的越來越嚴重了，一走出捷運站就開始感到恐慌，晚上的夜市好熱鬧，路旁擦身而過的人都讓我很緊張，一路走到學校真的是一大折磨，進了學校就更可怕了，感覺隨時會遇見同班同學，雖然遇見了也不怎樣，反正又不熟，
但是還是覺得很焦慮，還完書又要再重複一遍這些複雜的心理煎熬，回到家覺得好沮喪。
突然覺得我的未來要怎麼辦?書讀不好，工作也沒了。
想到這裡就害怕繼續想下去，結論永遠都指著同一個方向，可是我不想這樣，
但同時卻又無路可走。
越慌張就越沒辦法讀書，想到曠課紀錄破表的學校也很痛苦，唯一能離開的方法就是認真讀書可是卻又沒心思。
很多事不敢告訴男友。今天好不容易說了我想去看醫生，雖然沒有說實話，
只說了我睡不好而已，我不敢一個人去醫院，就要等到下個月才能讓他陪我去，
可是我覺得我快撐不下去了。

圖一、憂鬱症患者發表網誌文章 (藍色矩形實線代表事件;紅色矩形虛線代表負面情緒；紫色橢圓實線代表症狀；綠色橢圓虛線代表負面想法)

二、 文獻探討

（一） 憂鬱症簡介與臨床診斷技術

憂鬱症通常是指重性憂鬱障礙(major depressive disorder)，在醫學上被視作一種精神疾病。憂鬱症患者的典型症狀是心情低落，通常會沉浸在憂鬱的情緒狀態中，對一些有興趣的事物皆感無趣，絕望或是認為人生沒有價值，更甚者會有自殺念頭。在生理上也會出現症狀，例如失眠、沒有食慾造成體重下降、疲勞、無精打采沒有活力或是出現腸胃問題等。

憂鬱症的病因在醫學上目前尚未確認，從心理學的研究認為一個人的人格發展在許多方面促使了憂鬱症的發作，很多學派支持這個論點，例如精神分析學、存在主義心理學等[10, 12]。而社會學的研究觀點則前瞻地指出身處的環境、人際關係與遭遇的生活

事件是罹患憂鬱症的重要原因[26]，例如家庭功能受損或是處於惡劣工作環境中。本研究認為生物、心理、社會這三個因素都是重要影響因素，另外**對於影響部落格作者負面情緒的負面生活事件將深入探究**。

現今醫學的憂鬱症診斷標準主要是根據美國精神疾病協會(American Psychiatric Association, APA) 的精神疾病診斷與統計手冊第四版修訂版(DSM-IV-TR) (2000)[1]和世界衛生組織(World Health Organization, WHO) 的國際疾病與相關健康問題統計分類(ICD-10) (2007) [17]，另外董氏基金會[25]也有提供憂鬱症的自我診斷評量表讓一般民眾自我篩檢。下面簡單說明 DSM-IV-TR 有關憂鬱症的九項診斷標準：

1. 憂鬱情緒：快樂不起來、煩躁和鬱悶。
2. 興趣與喜樂減少：提不起興趣。
3. 無法專注：無法決斷、矛盾猶豫、無法專心。
4. 體重和食慾失常：體重下降或增加、食慾下降或增加
5. 失眠(或嗜睡)：難入睡或整天想睡。
6. 精神運動性遲滯(或激動)：思考動作變緩慢、腦筋變鈍。
7. 疲累失去活力：整天想躺床、體力變差。
8. 無價值感或罪惡感：覺得活著沒意思、自責難過，都是負面想法。
9. 自殺意圖：反覆想到死亡，甚至有自殺意念、企圖或計畫。

（二） 部落格情緒分析

近幾年來部落格的服務快速崛起，許多學者發現情緒是部落格網誌文章中一個重要的成分，而國內台大資工系陳信希教授最近幾年也有不少的研究關注在部落格的情緒分析上[11, 22, 23]。此外，近幾年以情緒偵測和分類為主的相關研究[11, 20]快速增加，而部落格網誌內容主題分析也逐漸地變成熱門的研究對象[6]。許多研究[3, 11, 19, 20, 21]皆針對部落格網誌文章的內容主題與情緒，提出各式各樣的方法進行情緒辨識與分類。Leshed and Kaye[9]針對LiveJournal8.com網站部落格使用者如何詮釋他們的心情做了一個全面性的調查，該網站提供了 132 種心情選項當作部落格使用者情緒標記。Hsu 和 Lin[3]也提供了一個 SVM 分類器對大量的文字列表做心情的關聯分析。例如，”電腦”(Computer)這個詞彙相當有可能被歸類到”煩悶”的部落格條目。Yang 等人[19, 20, 21]利用 SVM 和 CRF 對部落格網誌文章作情緒的分類，他們以句為單位和以文章為單位進行大規模效能評估。這些情緒偵測和分類的相關研究觸發本研究對於情緒研究的延伸應用，我們嘗試利用負面情緒特徵提出創新的部落格作者的憂鬱傾向預測研究。

（三） 部落格事件擷取

本研究是以紀錄部落格作者個人日常生活上引發負面情緒的負面事情作為事件的定義，大概以家庭、感情、學業、工作四種類型為主的生活事件。過去有關事件擷取的相關研究主要來自於兩個研究領域，一個是主題偵測與追蹤(Topic Detection and Tracking, TDT)，另一個是自然語言處理。

Chen 等人 (2008)提出的 TSCAN [23]和 Kumaran 等人[7]提出的 NED 皆是 TDT 相關的研究，在此他們對於 Topic 的定義是一個有重大影響和意義的事件或活動。大部份有關事件的相關研究主要都是以新聞熱門事件為主[8]。Teng and Chen [22]提出了利用 Temporal Collocation 的方法對部落格網誌文章做事件抽取，但是他們著重在熱門主題事件抽取，相對來說本研究則深入探究更瑣碎的生活事件抽取為主，技術上應該比較困難。

這幾年在自然語言處理領域中，有需多相關事件擷取的研究。2005 年 Pustejovsky

[14, 15]為了探究事件和時間的關係提出 TimeML (Time Markup Language)概念。接著 2007 年，Mani (2007)利用 TimeML 的時間標註結構，標註新聞文章的事件、時間和彼此關係。Pustejovsky 開始進行 Textual Inference Tasks [4, 5, 16] 的研究，首先他以 TimeML 為基礎建構 Event Structure Lexicon (ESL)，針對 Event Implicature 和 Entailed Subevent 進行推論。Palmer 等[13]作了不少由動詞出發的事件表達，分析，與預測研究。他們對於 Event Relation 的偵測，主要是運用學術上廣泛使用的詞典資源，如：Wordnet 和 Framenet，來訓練包含語法與語意資訊的特定領域動詞詞彙網 Verbnet。

三、研究方法

為了從部落格作者的網誌文章瞭解和預測部落格作者的憂鬱傾向，本研究搜集了大量憂鬱症患者的網誌文章或 BBS 論壇文章，藉由深入觀察事件、負面情緒、症狀、負面想法等四項重要特徵對於憂鬱症的複雜影響與關聯，我們首先嘗試提出創新的分析和預測技術：(一) 提供**憂鬱症患者網誌文章的憂鬱傾向與相關因素分析**，(二) 建構一個**事件情緒驅動的憂鬱傾向預測模型 (Event-Emotion-driven Depression Tendency Prediction Model)**。這些分析報告和創新技術應該能夠有效地提早判斷具有憂鬱傾向的部落格作者，建議他們盡速尋求專業醫療的協助。下面我們將詳細說明本研究研究及發展的主要分析方法與預測技術。

(一) 憂鬱症患者網誌文章的憂鬱傾向與相關因素分析

1. 初步的觀察和分析

根據我們對憂鬱症患者網誌文章的觀察，當憂鬱症患者在撰寫文章時經常會出現各種負面情緒字眼例如"大哭"、"恐慌"、"焦慮"、"沮喪" (圖一)，而這些負面情緒大部分由一般生活上的事件所引起，如"重考"。比較嚴重的憂鬱症患者在撰寫文章時，除了會出現比較強烈的負面情緒字眼，甚至會出現身體症狀和引發心理嚴重的負面想法，例如"想死"和"自殺"。

2. 主要的分析方法：

藉由大量憂鬱症患者網誌文章觀察，我們提出以事件、負面情緒、症狀、負面想法四項重要特徵為主的憂鬱傾向創新分析方法，然後我們根據兩個醫學分析模型來探討我們提出的分析方法的有效性和優點。

(1) 生物心理社會分析模型

1977 年學者 Engel[2]提出生物、心理、社會三合一分析模型(Biopsychosocial Model, BPS Model)的新醫學概念，對於病患面對疾病的分析因素包含了生物面(Biological)、心理面(Psychological)和社會面(Social)的三方因素。其中生物面即是身體症狀(Symptom)，心理面則涵蓋了情緒(Emotion)、想法(Thought)與行為(Behavior)，社會面即是病患面對的環境因素，換個角度講，也就是病患所發生的生活事件(Event)。透過進一步的分析比較後，我們可以將 BPS 模型的三個主要因素對應到我們提出的創新憂鬱症分析方法的四項因素，如表一所示，這樣的相似對應關係顯示我們的分析方法應該全面性地涵蓋憂鬱傾向的相關重要因素。

表一、BPS model 與本研究分析方法的對應關係

Analysis Model	Analysis Factors				
BPS model	Biological	Psychological			Social
Correspondence	Symptom	Emotion	Thought	Behavior	Event
Our analysis method	Symptom	Negative Emotion	Negative Thought		Negative Event

(2) DSM-IV-TR 憂鬱症臨床判別標準

現今的醫學尚未提供生物檢測方法以直接確診憂鬱症患者。以重度憂鬱症而言，精神科醫師目前主要根據美國精神疾病協會(American Psychiatric Association, APA) 的精神疾病診斷與統計手冊第四版修訂版(DSM-IV-TR)的九項判別標準對病患做篩檢和診斷。如表二所示，我們提出的憂鬱傾向分析方法的負面情緒因素，可以相對應DSM-IV-TR 的前三項判別標準(項次 1、2、3)。憂鬱症患者的網誌文章也常出現負面情緒伴隨著負面的生理症狀，譬如說哭泣、頭痛、失眠、食慾下降等等。這些症狀剛好符合表 1 中 DSM-IV-TR 的 4、5、6、7 項判別標準。另外憂鬱症患者的網誌文章也常出現負面想法，例如自殺、跳樓、自殘、燒炭等等。這些負面想法也符合表二中 DSM-IV-TR 的第 8、9 兩項判別標準。根據這三項因素的對應關係，可以清楚顯示我們的分析方法應該有效地涵蓋憂鬱症臨床診斷判別標準。值得注意的是我們提出的**事件因素**並未出現在 DSM-IV-TR 的九項判別標準，本研究提出這項創新因素，並深入探究是否可以有效地協助分析憂鬱傾向。

表二、DSM-IV-TR 重度憂鬱症九項判別標準與本研究提出的憂鬱因素對應關係

判別標準	說明	憂鬱傾向因素
1	憂鬱情緒：快樂不起來、煩躁、鬱悶	負面情緒
2	興趣與喜樂減少：提不起興趣	
3	無法專注：無法決斷、矛盾猶豫、無法專心	
4	體重和食慾失常：體重下降(或增加)、食慾下降(或增加)	症狀
5	失眠(或嗜睡)：難入睡或整天想睡	
6	精神運動性遲滯(或激動)：思考動作變緩慢、腦筋變鈍	
7	疲累失去活力：整天想躺床、體力變差	
8	無價值感或罪惡感：覺得活著沒意思、自責難過，都是負面想法	負面想法
9	自殺意圖：反覆想到死亡，甚至有自殺意念、企圖或計畫	

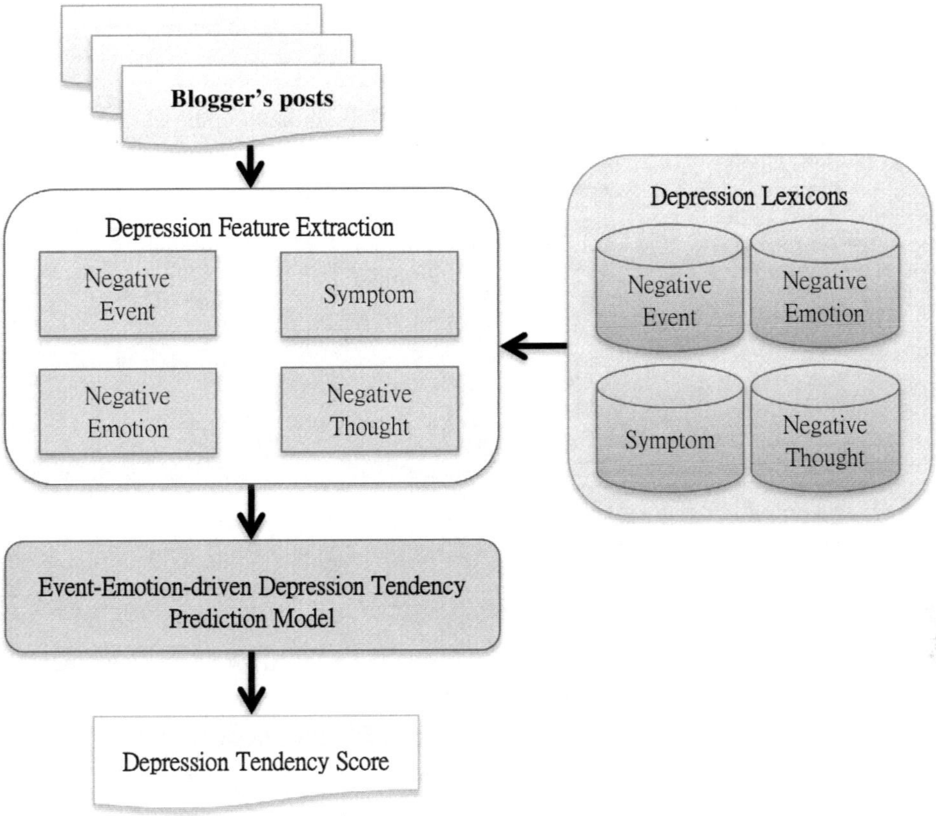

圖二、部落格作者的憂鬱傾向預測系統架構

（二） 部落格作者的憂鬱傾向預測模型

(1) 問題和構想

憂鬱原本是一個抽象概念，電腦系統無法從部落格作者文章中直接判別他的憂鬱傾向，然而根據我們對憂鬱症患者網誌文章的觀察，憂鬱症患者撰寫的文章經常會出現負面情緒、事件、症狀和負面想法 (如圖一)。因此為了讓電腦系統有效地自動預測部落格作者的憂鬱傾向，我們構想提出**事件情緒驅動的憂鬱傾向預測模型(Event-Emotion-driven Depression Tendency Prediction Model)**，藉由負面情緒、事件、症狀和負面想法特徵的分析，然後判別出部落格作者的憂鬱傾向。圖二展示我們提出的部落格作者的憂鬱傾向預測系統架構，首先輸入某位部落格作者單篇或數篇的部落格文章，利用四個憂鬱因素詞彙集，系統可以擷取出負面情緒、事件、症狀和負面想法四種類型的憂鬱特徵，然後使用事件情緒驅動的憂鬱傾向預測模型 (EEDTP)來計算部落格作者的憂鬱傾向分數。

(2) 事件情緒驅動的憂鬱傾向預測模型(Event-Emotion-driven Depression Tendency Prediction Model)

給定一篇部落格文章 b，我們想要利用機率模型來估算這篇文章透露出的憂鬱傾向(Depressive Tendency) D的強度：

$$P(D|b) \tag{1}$$

根據本研究觀察具有高度憂鬱傾向作者的部落格文章，發現作者寫下具有負面情緒(Negative Emotion)的部落格文章時，往往有很高的比例是因為某些事件(Event)造成作者心情不佳，或是伴隨著症狀(Symptom)、更甚有不好的負面想法(Negative Thought)。我們將負面情緒、事件、症狀及負面想法這四項稱為憂鬱因素，因此公式(1)的憂鬱傾向 D 轉化成憂鬱因素D_f，變成公式(2)：

$$P(D|b) = P\left(D_f|b\right) \tag{2}$$

消極因素P_f涵蓋了事件 E、負面情緒 M、症狀 S 及負面想法 T，因此改成公式(3)：

$$P\left(D_f|b\right) = P(E,M,S,T|b) \tag{3}$$

在四個消極因素之中，本研究同時提出消極因素的根源來自於引發憂鬱情緒的事件，稱為事件(Negative Event)，接著事件可能引發負面情緒、症狀及負面想法。將公式(3)針對消極因素中的事件與其他三個消極因素展開，即為下列公式(4)：

$$P(D|b) = P(E|b)P(M|E)P(S|E,M)P(T|E,M) \tag{4}$$

公式(4)即是本研究的創新模型，稱做**事件情緒驅動的憂鬱傾向預測模型**(Event-Emotion-driven Depression Tendency Prediction Model)，而每篇部落格文章透過此模型得到的分數稱之為憂鬱傾向分數(Depression Tendency Score)。

(3) 憂鬱傾向分數估算

為了計算彈性方便，本研究利用 Log Linear Model 找出$P(D|b)$的最大機率值，公式如下：

$$P(D|b) = \frac{1}{Z} * exp \sum_{f_i \in F} \lambda_i f_i(E,M,S,T) \tag{5}$$

公式(5)中的 z 是數值轉機率的正規因素 (normalization factor)，λ_i為權重係數，f_i為特徵函數，F 為特徵函數集合，$F = \{f_{Ev}, f_{Ev-Em}, f_{sym}, f_{NT}\}$。我們將$f_{Ev}(E,b)$稱做事件特徵函數；$f_{Ev-Em}(E,M,b)$稱做事件和情緒配對特徵函數；$f_{sym}(S,E,M,b)$稱做症狀特徵函數；$f_{NT}(T,E,M,b)$稱做負面想法特徵函數。

在接下來的小節會詳細介紹這五個特徵函數的計算方法。

- **事件特徵函數:**

經由比對部落格文章內容的詞彙 E 與憂鬱事件詞典$E_L = \{e_1, e_2, \dots e_n\}$，若詞彙 E 出現在事件詞典E_L中則給予事件詞分數。我們由台大 BBS PTT 的 Prozac 板(憂鬱板)中 378 篇已被專家標記成有憂鬱傾向的文章裡找出每個引發憂鬱的事件詞e_i在這 378 篇文章的詞頻 $freq(e_i)$，以詞頻的比例來當成該事件詞的重要程度，因此事件詞彙 E 可由公式(6)來計算。

$$f_{Ev}(E,b) = \frac{freq(E)}{\sum_{E \in E_L} freq(E)} \tag{6}$$

- **事件-情緒特徵函數:**

從 378 篇被專家標記成有憂鬱傾向的文章中，找出及事件 E 跟負面情緒M的配對，每一個負面情緒詞 M都有情緒強度$Intensity(M)$，情緒強度值介於 0 到 1 之間。我們首先要找出每一個負面情緒詞彙和事件詞彙配對相隔的距離$dis(E,M)$，然後以常態分配 (Normal distribution)機率來代表事件和情緒配對關係值，接著乘上該負面情緒強度值，因為一個事件可能引發多種情緒，因此加總所有事件情緒配對分數如公式(7)：

$$f_{Ev-Em}(E,M,b) = \begin{cases} \sum_M Normal(dis(E,M)) * Intensity(M), & \text{if } M \text{ exists} \\ 0, & otherwise \end{cases} \quad (7)$$

- **症狀特徵函數：**

如果一篇含有事件詞彙的文章，出現一些症狀詞彙，表示作者可能有明顯的憂鬱傾向，為了避免誤判，我們仍想要找出事件、負面情緒和症狀三者有強烈關係的結構，但計算上為了避免 sparsity 問題，我們以事件症狀配對，以及情緒症狀配對同時計算如公式(8)：

$$f_{sym}(S,E,M,b) = \sum_S \frac{Intensity(M)*(dis(E,S)+dis(M,S))}{2*dis(E,S)*dis(M,S)} \quad (8)$$

- **負面想法特徵函數：**

和上一小節的症狀特徵函數相同的計算方法，如果一篇有事件詞彙的文章，出現了負面想法詞彙，表示作者可能有強烈的憂鬱傾向，我們想要找出事件、負面情緒和負面想法三者有強烈關係的結構，但計算以事件負面想法配對，以及情緒負面想法配對同時計算如公式(9)：

$$f_{NT}(T,E,M,b) = \sum_T \frac{Intensity(M)*(dis(E,T)+dis(M,T))}{2*dis(E,T)*dis(M,T)}$$

(9)

四、 實驗

（一） 資料集(Data Set)

本研究為了分析高憂鬱傾向的網路使用者文章，蒐集 PTT Prozac 板(憂鬱板) 2004/3/22~2011/9/21 期間 3458 個作者，共 17,985 篇文章，挑選文章數量最多的前 30 作者文章，將這些文章以 2 個星期為一個週期去切割，把該期間的文章集合起來成為一個觀察資料集，稱為一個 Window Size，用表二的準則挑選符合憂鬱傾向的 windows(包含該 windows 的前後各兩個 windows)，總共 162 個 windows，724 篇文章。

（二） 憂鬱文章標記

憂鬱傾向的判定是需要由專業人士來判定，而本研究實驗的文章標記是由 3 位心理學專家標記，主要分成單篇文章標記是否有無憂鬱傾向以及 2 週為一個單位使用 DSM-IV-TR 的準則來判定，每篇文章皆會被標記成有沒有憂鬱傾向以及符合哪些 DSM-IV-TR 準則，在 2 週內為單位的文章裡 DSM-IV-TR 的準則的標記超過 5 種準則時，則該期間(window)則判斷為有憂鬱傾向。最終文章憂鬱傾向判定結果採用多數決方式，三位專家標記結果，以兩位以上認定的結果為該文章或區間的憂鬱傾向結果。

（三） 憂鬱因素辭典

本研究利用上述收集標記憂鬱傾向的文章，人工建立了四種詞典，各辭典的詞彙數量如表三所示。

表三、各種**憂鬱**因素辭典的詞彙數量

	情緒	事件	症狀	負面想法
詞彙數量	1316	201	58	31

（四） 效能評估

為了評估本研究所提出的 EEDTP 模型效能，我們採用 SVM 及 DSM-IV-TR 自動標記兩種實驗為比較基準。SVM 是以本研究所蒐集的憂鬱因素詞典中所有的詞彙為 SVM 中的特徵以取得 SVM 分類結果。DSM-IV-TR 自動標記則是採用表二所列的 9 項評估標準及重度憂鬱症判定準則來進行評估。EEDTP 則是利用 10 倍交叉驗證方法進行模型評估。

從表四的實驗結果來看，本研究所提的 EEDTP 模型 (事件情緒驅動的憂鬱傾向預測模型, Event-Emotion-driven Depression Tendency Prediction Model) 的精確率(Precision)、召回率(Recall)、F measure、正確率(Accuracy)都比 SVM 和 DSM-IV-TR 方法好。

表四、憂鬱傾向預測模型預測結果比較

	Precision	**Recall**	**F -measure**	**Accuracy**
EEDTP	0.593	0.668	0.624	0.585
SVM	0.565	0.541	0.552	0.572
DSM-IV-TR	0.463	0.555	0.504	0.451

（五） 實驗分析

(1) 正面例子：

表五中，事件出現次數很少，但 EEDTP 模型找出的事件詞「**閱讀障礙**」分數很高，所以可以判斷正確。表六中，事件詞「**傷害我**」雖然與症狀詞、負面想法詞以及部分負面情緒詞的距離很遠，但因為事件詞分數很高，所以判斷正確。

表五、 EEDTP 模型判斷正確的正面例子(1)

我越來越擔心我是不是得了強迫症了。 **閱讀障礙**、理解障礙、強迫記憶之後，接著來了強迫思考！ 我會一直想著同一件事情！或想著同一個字，想著那個字該怎麼寫。 能不能有人告訴我這是怎麼回事！我要崩潰了！ 我不要再讀文章了！但我就是犯賤！明明有強迫記憶，硬要讀人家的文章，偏偏我又有閱讀障礙！想問別人這是什麼意思，又卡在理解障礙(別人說的話我聽不懂)。 最後來個強迫思考，想著這句話這篇文章到底是什麼意思！ 我真的只能卡在自己的世界裡了。(大哭)		
事件詞	症狀詞	負面想法詞
閱讀障礙	無	無

表六、EEDTP 模型判斷正確的正面例子(2)

我也真蠢　困擾這麼久　太傻 太傻 今天　期待 你接我下班期待第一次和你的晚場電影哭泣....原來是美好的因為哭一哭　讓我就會清醒太久不會哭了 所以終於 宣洩出內心的壓力　還有冷漠的聆聽聽到我內心真正要下定決心的遠離那焦慮謝謝你 我也恨你　那些焦慮　帶給我的痛苦 你沒有資格再來我心裡折磨我 從今以後 我要趕離你 請你這焦慮　從此遠離我的生命 生活消失 真正需要平靜的我　要回到我正常的一切生活如果不是焦慮　我就不會胡言亂語不會失眠的更嚴重 …….. 但我好不捨　你這樣說　讓我愧疚萬分 對不起給你的這樣如此大的壓力 可是我才知道　你是那麼愛我 即便我不停的說 都是我害你的你仍不願再**傷害我** 直說不是我的錯 好傻　我就活在你幸福的包圍卻要莫名的害怕焦慮恐慌		
事件詞	症狀詞	負面想法詞
傷害我	失眠	消失

(4) 錯誤例子：

在表七的錯誤例子中，專家標記本篇文章無憂鬱傾向，但 EEDTP 模型找出的事件詞為「**病情**」，這個詞在憂鬱詞典訓練的憂鬱分數很高，因為該詞彙在訓練資料中出現的詞頻較高，而導致「**病情**」在本篇文章擷取事件時的分數變高，進而判斷成有憂鬱傾向。

表七、EEDTP 模型判斷錯誤例子

現在吵得正夯的全面啟動，讓我越來越不想去看。不是因為被雷到。 (本來沒人在說的時候，很想去看的。) 今天看診的時候，突然有種很想逃離醫院的感覺。希望他永遠不要叫到我。 (本來剛開始，我很期待進診間談病情的事。) 我好想要被關心，但是被同一個人過度關心會覺得*反感*。真是太噁心了。 (從*陌生*到熟識，這樣的感覺應該很好啊！不是嗎？) 我不是特別、我不是刻意和別人不一樣。 我是*有病*！		
事件詞	症狀詞	負面想法詞
病情	無	無

五、結論

本論文提出事件情緒驅動的憂鬱傾向預測模型(Event-Emotion-driven Depression Tendency Prediction Model)，藉由負面情緒、事件、症狀和負面想法四項憂鬱特徵的分析，然後判別出部落格作者的憂鬱傾向。實驗結果顯示本方法可以有效地利用部落格網誌文章自動判別部落格作者的憂鬱傾向。本研究發展的部落格作者憂鬱傾向分析與預測創新技術，應該可以協助憂鬱症患者提早診斷，進一步尋求專業醫療，減輕痛苦。為了進一步提升本方法效能，未來我們將收集和標記更多訓練資料，以及擴充四個類型憂鬱因素辭典，尤其是症狀及負面想法詞典必須增加到一定的數量。

參考文獻

[1] American Psychiatric Association, Diagnostic and Statistical Manual of Mental Disorders, Fourth Edition - Text Revision (DSMIV-TR), Amer Psychiatric Pub, 2000.

[2] G.L. Engel, “The need for a new medical model: a challenge for biomedical medicine.” Science, New Series, vol. 196, no. 4286., pp. 129-136, Apr. 8, 1977.

[3] Hsu, C.W. and Lin, C. J., A comparison of methods for multi-class support vector machines. IEEE Transactions on Neural Networks. 2002, Vol. 13 (2002), p. 415-425.

[4] Im, S. and Pustejovsky, J.. Annotating Lexically Entailed Subevents for Textual Inference Tasks, in Proceedings of FLAIRS Conference. 2010.

[5] Im, S. and Pustejovsky, J.. Annotating event implicatures for textual inference tasks. Generative Approaches to the Lexicon (GL2009). 2009.

[6] Judit, B. I, An outsider's view on "topic-oriented blogging", in Proceedings of the 13th international World Wide Web conference on Alternate track papers. 2004, ACM: New York, NY, USA. pp. 28-34.

[7] Kumaran, G. and Allan, J., Text classification and named entities for new event detection, in Proceedings of the 27th annual international ACM SIGIR conference on Research and development in information retrieval. 2004, ACM: Sheffield, United Kingdom. p. 297-304.

[8] Kuo, J.J. and Chen, H.H., Multidocument Summary Generation: Using Informative and Event Words. ACM Transactions on Asian Language Information Processing (TALIP), 2008. 7(1): pp. 1-23.

[9] Leshed, G. and Kaye, J.J., Understanding how bloggers feel: recognizing affect in blog posts, in CHI '06 extended abstracts on Human factors in computing systems. 2006, pp. 1019-1024.

[10] Freud, S., Strachey, J., Richards, A., On Metapsychology: The Theory of Psychoanalysis. Penguin Books, 1984, pp. 251-268.

[11] Lin, H.Y. and Chen, H. H., Ranking reader emotions using pairwise loss minimization and emotional distribution regression, in Proceedings of the Conference on Empirical Methods in Natural Language Processing. 2008, pp. 136-144.

[12] A. Maslow, The Farther Reaches of Human Nature. New York, NY, USA: Viking Books, 1971, pp.318.

[13] Palmer, M., Hwang, J. D., Brown, S. W., Schuler, K. K., Lanfranchi, A., Leveraging Lexical Resources for the Detection of Event Relations, in Proceedings of the AAAI 2009 Spring Symposium on Learning by Reading. 2009, pp. 81-87.

[14] Pustejovsky, James, Robert Ingria, Roser Sauri, Jose Gastano, Jessica Littman, Rob Gaizauskas, Andrea Setzer, Graham Katz, and Christopher Habel. The Specification Language TimeML, Oxford University Press. 2005a.

[15] Pustejovsky, James, Kiyong Lee, Harry Bunt, and Laurent Romary. "ISO-TimeML: An International Standard for Semantic Annotation." LREC 2010, Malta. May 18-21, 2010.Pieter M.A., Hekkert, P., Special Issue Editorial: Design & Emotion, International Journal of Design. 2009, Vol. 3, No. 2, p. 1–6.

[16] Pustejovsky, James, Robert Knippen, Jessica Littman, and Roser Saur´ı", "Temporal and Event Information in Natural Language Text", Language Resources and Evaluation. 2005b, Vol 39, p.123-164.

[17] World Health Organization, "The International Statistical Classification of Diseases and Related Health Problems 10th Revision (ICD-10)," http://apps.who.int/classifications/apps/icd/icd10online, 2007.

[18] World Health Organization, "Depression," http://www.who.int/mental_health/management/depression/definition/en.

[19] Yang, C. H., Kuo, H. A. and Chen, H. H., Building emotion lexicon from weblog corpora, in Proceedings of the 45th Annual Meeting of the ACL on Interactive Poster and Demonstration Sessions. 2007, pp. 133-136.

[20] Yang, C. H., Kuo, H. A. and Chen, H. H., Emotion Classification Using Web Blog Corpora, in Proceedings of the IEEE/WIC/ACM International Conference on Web Intelligence. 2007, IEEE Computer Society. p. 275-278.

[21] Yang, C. H., Kuo, H. A. and Chen, H. H., Emotion Trend Analysis Using Blog Corpora, in Proceedings of the 19th Conference on Computational Linguistics and Speech Processing. 2007. pp. 205-218.

[22] Teng, C. Y., Chen H. H., Event Detection and Summarization in Weblogs with Temporal Collocations, in International Conference on Language Resources and Evaluation. 2008. pp. 197-200.

[23] Chen, M. C., Chen H. H., TSCAN: A Content Anatomy Approach to Temporal Topic Summarization, in IEEE Transactions on Knowledge & Data Engineering. 2008. pp. 170-183.

[24] 林思恩，「東亞七國快樂指數 香港倒數第二 台灣人最不快樂」，http://www.gospelherald.com.hk/news/soc_1311.htm，2009。

[25] 財團法人董氏基金會，「憂鬱情緒自我篩檢」，http://www.jtf.org.tw/psyche/melancholia/overblue.asp。

[26] Paykel, E.S., Meyers, J.K., Dienelt, M.N., Klerman, G.L., Lindenthal, J.J., Pepper, M.P., "Life events and depression : A controlled study," Archives of General Psychiatry, vol. 21, no. 6, pp. 753-760, 1969.

The 2015 Conference on Computational Linguistics and Speech Processing
ROCLING 2015, pp. 277-288

結合 ANN 預測、全域變異數匹配與真實軌跡挑選之基週軌跡產生方法

A Pitch-contour Generation Method Combining ANN Prediction, Global Variance Matching, and Real-contour Selection

古鴻炎 Hung-Yan Gu　　姜愷威 Kai-Wei Jiang　　王皓 Hao Wang

國立臺灣科技大學 資訊工程系
Department of Computer Science and Information Engineering
National Taiwan University of Science and Technology
E-mail: {guhy, m10015067, m10315060}@mail.ntust.edu.tw

摘要

基週軌跡(pitch contour)對於合成出高自然度的語音信號是相當的重要的，因此本論文研究提出了一種新的基週軌跡產生方法，此方法就是把 類神經網路(artificial neural network, ANN)預測模組、全域變異數匹配(global-variance matching, GVM)與真實基週軌跡挑選(real contour selection, RCS)模組作結合，用以產生基週軌跡。在此，我們先分析出各個訓練音節的基週軌跡，然後使用離散餘弦轉換(discrete cosine transform, DCT)將各個基週軌跡轉換成對應的 DCT 係數之向量，然後就可拿各個訓練語句的 DCT 向量序列、及對應的語境參數去訓練 ANN 權重值與 GVM 參數。在基週軌跡產生的實驗中，我們以量測變異數比值(variance ratio, VR)來作為客觀評估的依據，由實驗結果得知，GVM 與 RCS 模組有助於提升 VR 值；此外，主觀聽測實驗的結果顯示，ANN 加 GVM 所產生的基週軌跡，其自然度比僅使用 ANN 模組的高，並且 ANN 加 GVM 加 RCS 的基週軌跡自然度，更高於 ANN 加 GVM 的。

關鍵詞： 語音合成，基週軌跡，離散餘弦轉換，類神經網路，全域變異數，軌跡挑選

Abstract

Pitch contours are important for synthesizing highly natural speech signal. In this paper, we study a new pitch-contour generation method. The method proposed is to combine ANN prediction module with global-variance matching (GVM) and real contour selection (RCS) modules. Here, a syllable pitch contour is first analyzed and then transformed via discrete cosine transform (DCT) to a DCT-coefficient vector. Each sequence of DCT vectors analyzed from a training sentence plus contextual parameters are then used to train the ANN weights and GVM parameters. In pitch-contour generation experiments, we measure variance-ratio (VR) values for objective evaluations. The modules, GVM and RCS, are shown to be helpful to promote VR values. In addition, in subjective evaluation, the pitch-contour generation method, ANN + GVM, is shown to be more natural than the method, ANN only. Also, the method, ANN + GVM + RCS, is shown to be better than ANN + GVM.

Keywords: speech synthesis, pitch contour, discrete cosine transform, artificial neural network, global variance, contour selection.

一、緒論

一個合成語音信號的自然度主要是由韻律參數(如基週軌跡、音長、音量等)所決定，其中基週軌跡對於自然度之提升更顯得重要，因此，過去已有許多不同的音節基週軌跡產生方法被先前的研究者所提出[1, 2, 3, 4, 5, 6]。目前，隱藏式馬可夫模型(hidden Markov model, HMM)雖然已被許多人採用於作語音合成的研究[7, 8]，然而 MSD-HMM (multi-space probability distribution HMM)產生出的基週軌跡並不十分地令人滿意，這種情形已有不少人注意到[3, 6]。

我們覺得基週軌跡之產生，並不需要和頻譜係數之產生綁在同一種機制(即 HMM)裡，並且我們想要進一步提升所產生出的基週軌跡的自然度，因此在本論文中，我們嘗試研究、提出一種把類神經網路(artificial neural network, ANN)預測[1, 2]、全域變異數匹配(global-variance matching, GVM)與真實軌跡挑選(real contour selection, RCS)三者作結合的方法，希望用以提升合成語音的自然度。

過去 Toda 與 Tokuda 提出 GVM 之作法[9]，來對 HMM 產生的頻譜係數作調整，以減緩發生頻譜過度平滑(spectral over-smoothing)的現象，而藉以提升合成語的音質。在此，我們發現到 ANN 產生的表示基週軌跡的 DCT (discrete cosine transform)係數，也同樣會發生過度平滑(over smoothing)的現象，因此我們覺得對 ANN 產生的基週軌跡 DCT 係數，作 GVM 匹配將有助於提升 ANN 基週軌跡的自然度。此外，我們也受到另一個觀念的啟發，就是語音轉換(voice conversion)領域中前人提出的，以挑選目標語者音框的真實頻譜係數來取代轉換出的頻譜係數，如此用以改進轉換出語音的音質[10]。因此，我們認為把 ANN 產生並且經過 GVM 匹配的 DCT 係數向量 X 作為參考，而據以選出一個最靠近 X 的真實基週軌跡 DCT 係數向量 Y，然後把 Y 拿去取代 X，如此將可更進一步提升所產生的基週軌跡的自然度。關於 RCS 的實作，我們可依據各個音節的語境資料來作語境的分類，然後把屬於不同語境分類的各個真實基週軌跡 DCT 向量，分別放入不同的收集區(pool)裡。

整體來說，我們系統在訓練階段的處理流程如圖一所示。首先對每個錄音語句的的各個音節作基週軌跡分析；接著，把各個音節的基週軌跡轉換成固定維度的 DCT 係數向量；然後拿各個訓練語句的 DCT 向量序列及各音節對應的語境資料，去訓練 ANN 為基礎的基週軌跡產生模型。除了訓練 ANN 模型之外，我們也對各個訓練語句的 DCT 向量序列作分析，以求得 GVM 匹配所需的參數。此外，我們依據各個音節的語境分類，把它的基週軌跡 DCT 向量放入對應的收集區裡。

另一方面，產生基週軌跡的整體流程如圖二所示。首先輸入一個文句，接著經由搜尋詞典來確認各個中文字的音節發音與音調；依據查詢出的一序列音節發音與音調，就可為各音節準備它對應的語境參數，然後將各音節的語境參數輸入 ANN 模型，去預測該音節的基週軌跡(即 DCT 係數)；對於 ANN 預測出的基週軌跡，接著使用訓練階段儲存的全域變異數(GV)參數去對 DCT 係數進行 GVM 匹配；之後，依據 GVM 匹配調整過的基週軌跡，我們從訓練階段建立的、且和目前音節具有相同語境類型之真實基週軌跡收集區中，去找出最接近 GVM 匹配過之基週軌跡的一個真實基週軌跡。

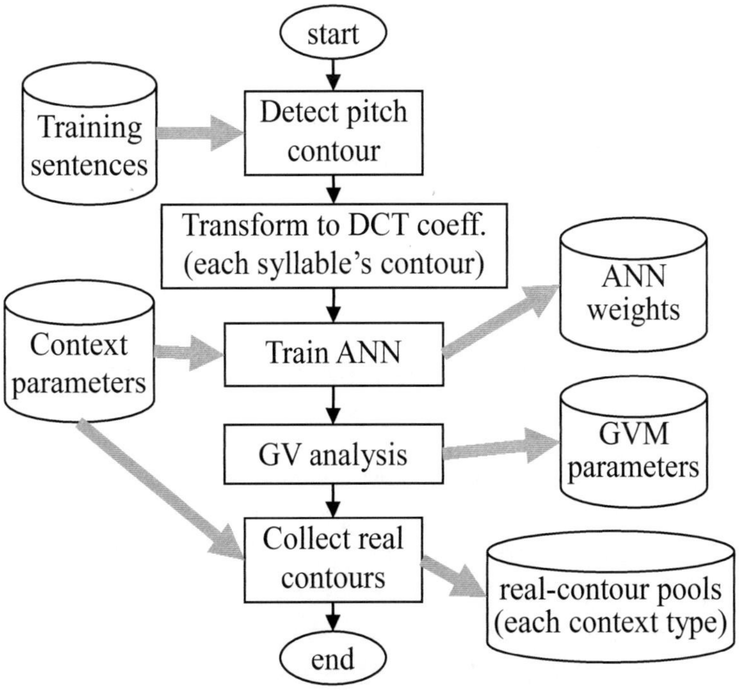

圖一、基週軌跡模型之參數訓練的主流程

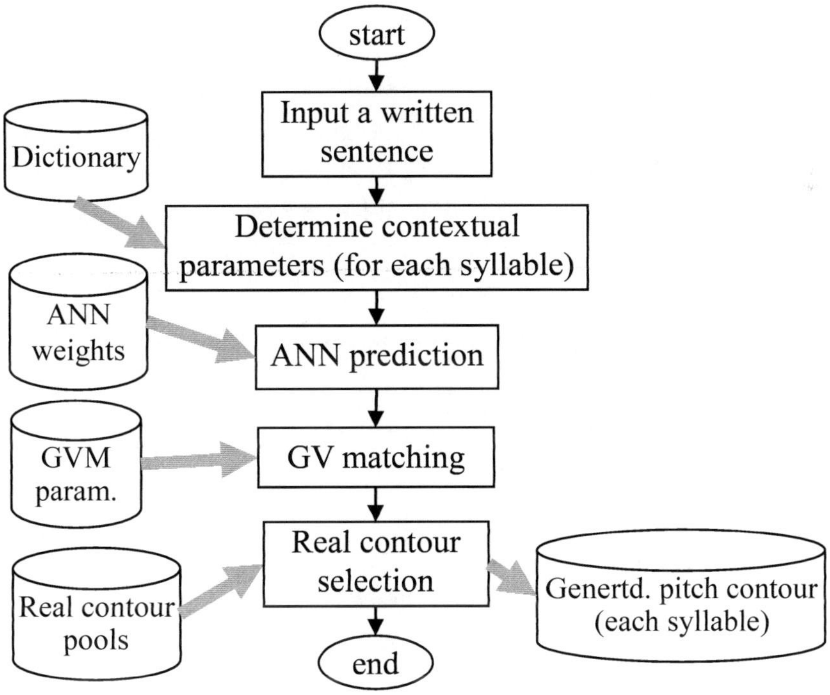

圖二、基週軌跡產生階段之主流程

二、模型參數訓練

如圖一所示，我們需要訓練 ANN 模型的權重，分析出 GVM 匹配所需的參數，及分別儲存不同語境類型的真實基週軌跡(即 DCT 係數向量)。

（一）、語句錄音與基週軌跡偵測

在此研究中，我們邀請了一位男性語者於錄音室中錄製了 810 句語句，而總音節數為 7,161 個音節。在錄音之後，先以 HTK (HMM toolkit) 軟體進行自動標音，再使用 WaveSurfer 軟體來對各音節的時間邊界作人工微調。

關於音節基週軌跡之偵測，我們使用 HTS (HMM-based speech synthesis system)軟體內含的 SPTK (Speech Signal Processing Toolkit)模組[8]來進行，並且設定音檔的取樣率設為 22,050 Hz，而音框位移則設為 110 個樣本點。在自動偵測基週軌跡之後，我們發現有許多音框所偵測出的基頻值是錯誤的，例如一個有聲(voiced)音框的基頻值可能被偵測為 0，即誤判為無聲(unvoiced)，或是被偵測成真實頻率的一半或兩倍的情形。因此我們撰寫了一個工具程式，來對偵測錯誤的基週軌跡作半自動或是手動的更正處理。

（二）、離散餘弦轉換

由於一個語句中各音節的基週軌跡長度不一，長度可能介於 30 至 80 個音框之間，為了把基週軌跡表示成固定維度數的資料，我們選擇以離散餘弦轉換(DCT)之係數來表示各音節的基週軌跡。至於維度數量之選擇，在比較過多種維度數之 DCT 轉換與反轉換回來的基週軌跡曲線後，我們決定將維度數設為 24。一個原始的基週軌跡、和 DCT 反轉換回來之曲線例子如圖三所示，我們覺得 16 階 DCT 反轉換所得之曲線，仍不夠忠實於原始曲線。

詳細來說，本研究裡使用的是 DCT-I 之離散餘弦轉換[11]，其正向轉換之公式為：

$$c(m) = x(0) + (-1)^m \cdot x(N-1) + 2 \cdot \sum_{k=1}^{N-2} x(k) \cdot \cos(\tfrac{m \cdot k \cdot \pi}{N-1}), \quad m = 0,1,\ldots,23 \tag{1}$$

其中 $x(k)$表示一個音節基週軌跡的第 k 個音框的基頻值(以 Hz 為單位)，$c(m)$表示 DCT 轉換後的第 m 階係數，而 N 則是該音節的音框數。

對於公式(1)，其對應的 DCT 反轉換公式為：

$$x(k) = \tfrac{1}{2(N-1)}\left[c(0) + (-1)^k \cdot c(M-1) + 2 \cdot \sum_{m=1}^{M-2} c(m) \cdot \cos(\tfrac{k \cdot m \cdot \pi}{M-1})\right], \quad k = 0,1,\ldots,N-1 \tag{2}$$

其中 M 表示 DCT 轉換的維度數，在此 M 設為 24。

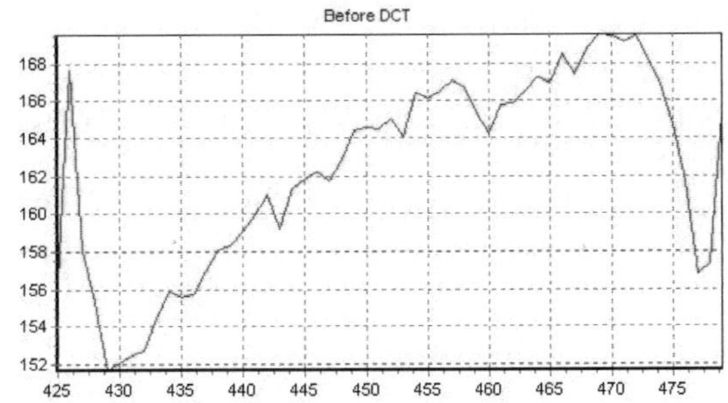

(a) 原始之基週軌跡曲線

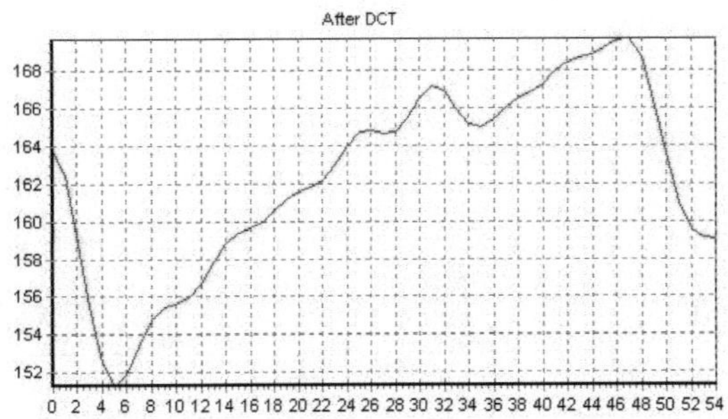

(b) 16 階 DCT 反轉換之曲線

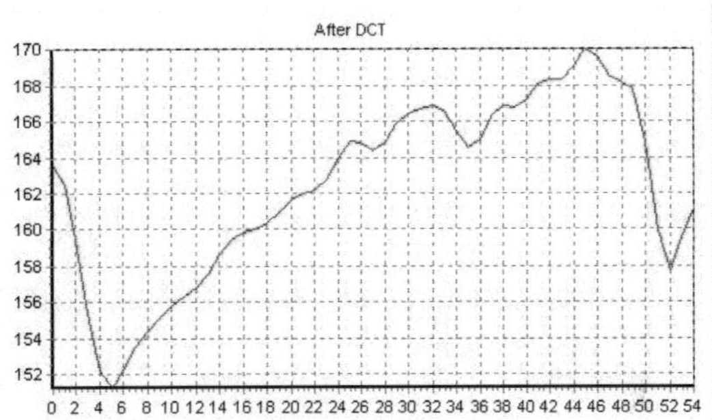

(c) 24 階 DCT 反轉換之曲線

圖三、原始與 DCT 反轉換之基週軌跡曲線

（三）、ANN 模型訓練

在此我們設計使用的 ANN 結構如圖四所示，就如同前人所設計的 ANN 結構[1, 2]，它是一種遞迴式的類神經網絡，輸入層有 28 個節點來輸入 8 種語境參數，輸出層則有 24

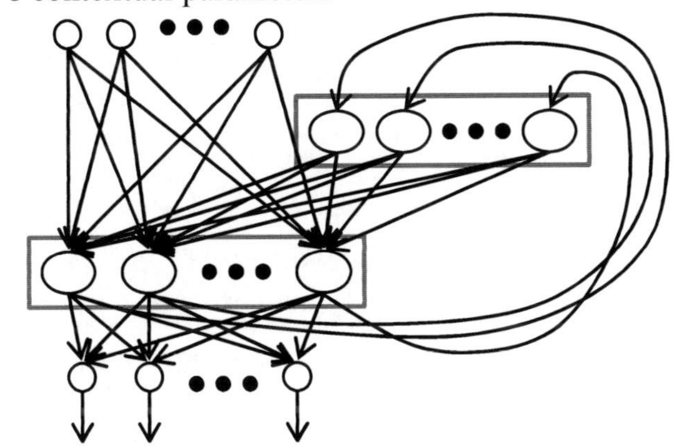

圖四、本研究設計之 ANN 結構

個節點來輸出 24 維的 DCT 係數。前述的 8 種語境參數包括: (a)前一個音節的聲調和韻

母類別資料；(b)目前音節的聲調、聲母和韻母資料；(c)後一個音節的聲調和聲母類別資料；(d)目前音節在句子內的位置序數。關於聲母與韻母的分類方式、及 8 種語境參數如何編碼成 28 個輸入節點，其詳細的作法可參考我們先前發表的論文[12]。此外，關於隱藏層中應放置的節點數，在此我們依實驗量測出的平均預測誤差值來決定，所測試的節點數從 12 變化到 20，而使用的語料則是前 750 個語句，結果發現把節點數設為 16 是最好的選擇。

（四）、GVM 參數分析

GVM 匹配原本被提出來對一序列語音音框的頻譜係數作調整[9]，然而在這裡，我們將改成以音節為單位，這是因為一個音節的基週軌跡在此僅以一個 24 維的 DCT 向量作表示。假設一個語句的長度在 4 到 20 個音節之間，則將只有 4 到 20 個 DCT 向量可用來計算該語句基週軌跡 DCT 向量之各維度的變異數，若要估計第 k 語句之 DCT 向量第 j 維的變異數，我們使用的公式為：

$$v_i^k = \left[\sum_{j=1}^{n(k)} (c_i^k(j) - m_i^k)^2 \right] \Big/ n(k), \tag{3}$$

其中 $n(k)$表示第 k 語句裡的音節個數，$c_i^k(j)$ 表示第 j 個音節基週軌跡 DCT 向量之第 i 維的係數，而 m_i^k 表示 $c_i^k(j)$, j=1, ..., $n(k)$的平均值。

如此，橫跨 750 句訓練語句的 DCT 向量第 i 維之全域變異數，就可以公式(4)來作計算：

$$g_i = \frac{1}{N} \sum_{k=1}^{N} v_i^k , \tag{4}$$

其中 N 表示訓練語句的個數(在此是 750 句)，g_i 表示估計出之第 i 維的全域變異數。

（五）、真實基週軌跡之收集

若要實現真實軌跡之挑選，則在訓練階段裡，我們必須為每一種類型的語境(context)組合去收集屬於該類型語境組合的真實基週軌跡。那麼，如何去定義語境類型呢? 首先我們考慮的是一個熟知的現象，就是一個語句的音調(intonation)會隨著音節在句子裡的位置而發生音高下傾(pitch declining)之現象，因此我們就粗略地把每一語句的組成音節分割成三個片段，如此可推得落在最前片段的音節將會有較高的音高，而落在尾部片段的音節，其音高將會較低。

其次，我們認為影響音節基週軌跡之形狀與高度的一個主要因素是，本音節和它鄰接的前後兩音節的聲調組合。假設一個語句裡第(j-1)個音節的發音聲調編號為 P_{j-1}，第 j 個音節的聲調編號為 P_j，且第(j+1)個音節的聲調編號為 P_{j+1}，再者國語共有五種聲調，所以

第 j 個音節的聲調組合索引值，在此的計算方式訂為 $25\times P_{j-1} + 5\times P_j + P_{j+1}$，如此可被組合出的聲調組合索引值會有 125 種，如果一個音節之前面或後面沒有連接其它音節，則其前接或後接音節的聲調，在此就直接定義為輕聲。

考慮前述的兩個因素，在此便訂定出 3 (片段) × 125 (聲調組合) = 375 種語境組合的類型，因此我們設置了 375 個收集區來分別收集所屬的真實基週軌跡 DCT 向量。對於 750 句的訓練語句，各語句裡各音節的基週軌跡 DCT 向量，便可依該音節的語境組合編號，將它的基週軌跡 DCT 向量放入對應的收集區中。

三、基週軌跡產生與實驗評估

(一)、基週軌跡產生

依據圖二之流程，對於一個輸入的國語文句，我們會先查詢出它的一序列音節發音和聲調，然後就可依序把各音節的語境參數餵入 ANN 模組，以預測出 24 維的 DCT 係數所代表的基週軌跡。當所有音節的基週軌跡 DCT 向量都預測出來後，接著就對各個音節進行 GVM 匹配之處理，藉以求得起伏較明顯的基週軌跡曲線。在此，作 GVM 匹配所用的公式為：

$$\hat{c}_i = (c_i - m_i)\left[(w \cdot \sqrt{g_i / v_i}) + 1\right] + m_i \text{ , } i = 1, \ldots, 23, \qquad (5)$$

其中 c_i 表示 ANN 預測出的 DCT 向量的第 i 維係數；m_i 與 v_i 分別表示第 i 維係數的平均值與變異數，它們是依據各語句中全部音節的 c_i 去計算出來的；g_i 是依公式(4)所算出的第 i 維全域變異數；w 表示匹配強度的權重值，其值介於 0 到 1 之間。在此，我們僅對 1 至 23 維之 DCT 係數作 GVM 匹配，因為 ANN 所產生的第 0 維 DCT 係數 c_0，作 GVM 匹配並不會影響到基週軌跡的形狀，反而是會影響該音節之音高水平高度。

經過 GVM 處理之後，接著進行真實軌跡之挑選。令 X_j 表示一語句經過 GVM 匹配後的第 j 個音節的 DCT 向量，在此先依據第 2.5 節所說明的方式，去決定 X_j 為屬於本語句的前、中、後片段的那一段，及計算第 j 個音節與前後鄰接音節的聲調組合，然後計算出 X_j 所對應的語境類型編號 T_j。接著，搜尋編號 T_j 之收集區中的真實基週軌跡 DCT 向量，以找出幾何距離上與 X_j 最接近的真實軌跡 DCT 向量 Y_j，然後拿 Y_j 來取代 X_j。

圖二中 ”GV matching” 與 ”Real contour selection” 這兩個區塊，我們欲研究它們所能發揮的效用，因此我們接著實驗了六種不同的基週軌跡產生方法，這些產生方法的差別為：前述的兩個區塊有否被包含進去，以及在於公式(5)中設定使用不同的權重值 w。以下我們以符號 MA、MB、MC、MD、ME 與 MF 來代表這 6 種基週軌跡產生方法，它們的細節設定是：

MA：只使用 ANN 而不使用 GVM 與 RCS；
MB：使用 ANN 和 GVM，且設定 w=0.33，但不使用 RCS；
MC：使用 ANN 和 GVM，且設定 w=0.5，但不使用 RCS；
MD：使用 ANN 和 RCS，但不使用 GVM；

ME：使用 ANN、GVM 和 RCS，且設定 w=0.33；
MF：使用 ANN、GVM 和 RCS，且設定 w=0.5；

(二)、客觀評估

在內部測試時，我們仍然使用訓練 ANN 模型與 GVM 參數的前 750 個語句，來量測原始語音分析出的基週軌跡 DCT 向量和程式產生的基週軌跡 DCT 向量之間的幾何距離、及兩者之間的變異數比值(variance ratio, VR)；而在外部測試時，則僅拿未在訓練階段使用的剩餘之 60 個語句來作量測。在量測內部語句的幾何距離平均誤差之後，我們發現前述的六種基週軌跡產生方法之間並沒有明顯的數值差異，詳細的幾何距離平均誤差數值如表一所示；因此我們就改成採取前人提出的原用於比較轉換出語音(voice conversion)

方法	MA	MB	MC	MD	ME	MF
平均誤差	2.066	2.072	2.081	2.072	2.075	2.080

表一、基週軌跡 DCT 向量之幾何距離平均誤差

品質之變異數比值(VR)量測[13]，來比較這六種基週軌跡產生方法，變異數比值的計算公式為：

$$VR = \frac{1}{L}\sum_{k=1}^{L}\frac{1}{D}\cdot\sum_{d=1}^{D}\frac{\hat{\sigma}_k^d}{\sigma_k^d} \quad , \tag{6}$$

其中 L 表示國語韻母的類別數(在此 L=36)； D 表示基週軌跡 DCT 向量的維度數；$\hat{\sigma}_k^d$ 表示程式產生出的基週軌跡 DCT 向量之中，把屬於第 k 類韻母之 DCT 向量第 d 維的係數拿去計算出的變異數；σ_k^d 則表示原始音節語料分析出的基週軌跡 DCT 向量之中，把屬於第 k 類韻母之 DCT 向量第 d 維的係數拿去計算出的變異數。需注意的是，在此 D 的值為 23，因為 ANN 產生的 DCT 係數 c_0，我們並未對它作 GVM 調整，也未把它取代成 RCS 選出的 DCT 向量之 c_0。

我們把前述六種基週軌跡產生方法輸出的 DCT 向量，分別帶入公式(6)作 VR 值的計算，然後把 VR 值畫成圖五。根據量測出的 VR 值可發現，若只使用 ANN 來產生基週軌跡 DCT 向量(即方法 MA)，則量得的 VR 值會很低，約在 0.1 附近。但是，如果在 ANN 產生出基週軌跡 DCT 向量之後，再拿 DCT 向量去作 GVM 匹配(即方法 MB 或 MC)、或 RCS 挑選(即方法 MD)，則量得的 VR 值都會有顯著的提升，這表示基週軌跡 DCT 係數之過度平滑現象顯著減少，理論上可以使基週軌跡得到更高的自然度。更進一步，如果在 ANN 產生出的基週軌跡 DCT 向量之後，接續作 GVM 調整和 RCS 挑選(即方法 ME 或 MF)，則量得的 VR 值會更為提升。圖五中的兩條曲線分別代表拿內部或外部語料去作 VR 值量測所得到的結果，由這兩條曲線可看出，兩曲線的變化趨勢都與前面說明的現象具有一致性，因此， GVM 調整和 RCS 挑選可以有效地改進基週軌跡 DCT 係數過

於平滑的現象，而可讓基週軌跡的自然度獲得提升。

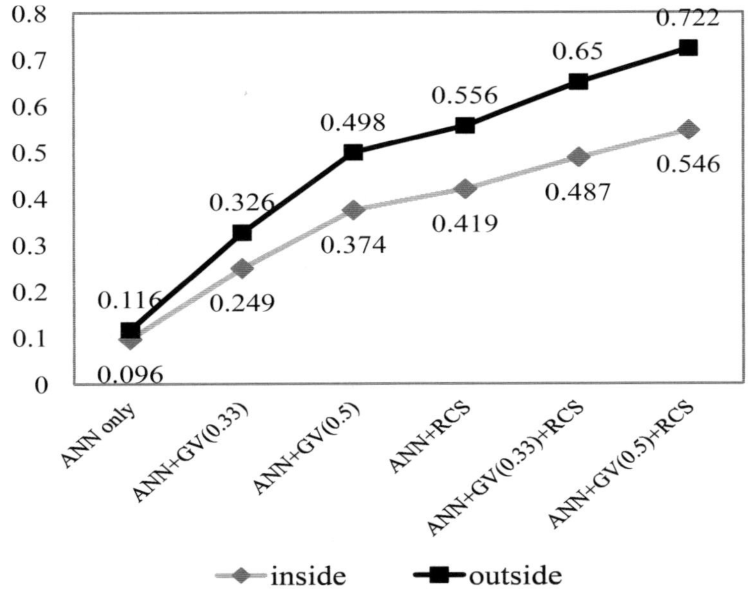

圖五、不同基週軌跡產生方法之 VR 量測值折線

(三)、主觀評估

一個基週軌跡產生方法產生出的軌跡，各音節的聲調必須聽起來正確無誤，並且軌跡曲線本身也要有明顯的抑揚變化，如此才能讓人聽起來具有較高的自然度。在此我們針對前述的六種產生方法進行主觀聽覺之測試，共邀請了兩組人士來參加聽測，第一組的 11 人具有語音處理的研究背景，第二組的 11 人則無語音處理之經驗。

我們隨機選取了三篇短文文句，然後使用前述六種產生方法(MA 至 MF)去對各篇文句產生出基週軌跡，接著再和其它韻律參數(音節音長和音量)作組合，以帶入語音信號合成模組[14]，來對各篇文句合成出 6 個語音信號檔，各對應於六種基週產生方法之一。此外，我們也把產生出的基週軌跡從男聲的音高轉換成女聲的音高，這可透過語音轉換領域常用的音高轉換方法[10，13]，然後把轉換過的基週軌跡送給先前以女聲錄音所訓練出的 HMM 頻譜模型，去合成出女聲基週軌跡的音檔，以便對不同性別的基週軌跡作聽測，讓聽測實驗能夠兼顧性別而更具有一般性。如此，對於每一種基週軌跡產生方法來說，都會有 6 個合成出的語音音檔(3 篇短文 ×2 種音高)。

在此聽測實驗的進行方式是，每次播放兩個合成語音的音檔給受測者聽，以比較兩音檔的自然度，然後請受測者打一個分數，來顯示那一個音檔比較自然。打分數的規則是，如果前者(後者)的自然度明顯高於後者(前者)，則給予 1 分(5 分)，如果前者(後者)僅比後者(前者)稍好一點，則給予 2 分(4 分)，如果無法區分出兩者的自然度優劣則給予 3 分。

如果要把六種產生方法兩兩作組合去作聽測實驗，則需要進行 15 組的聽測實驗，將會非常花費人力，因此我們在此只選擇其中五組來進行聽測實驗，也就是(a)MA 比 MB、(b)MB 比 MC、(c)MA 比 MC、(d)MB 比 ME、和(e)MC 比 MF。對於每一組方法的比較，每一個受測者須依序聽取兩個產生方法所合出的 6 對音檔，並且給 6 對音檔分別打分數。在聽測實驗結束之後，我們區分受測者所隸屬的組別、並且對 6 對音檔分別收集評分，然後分別計算出平均評分。在此，我們將平均評分視為一種投票，當平均評分小於 3 時，就給聽測時先播放之音檔對應的產生方法增加一票，而當平均評分大於 3 時，就給聽測時後播放之音檔對應的產生方法增加一票。由於每個產生方法都有 6 個合成音檔，並且受測者分成兩組(各 11 人)，所以每一組產生方法之比較總共有 12 張票，統計投票結果後，5 組作自然度聽測比較的基週軌跡產生方法，各自所得到的票數就如圖六所示。

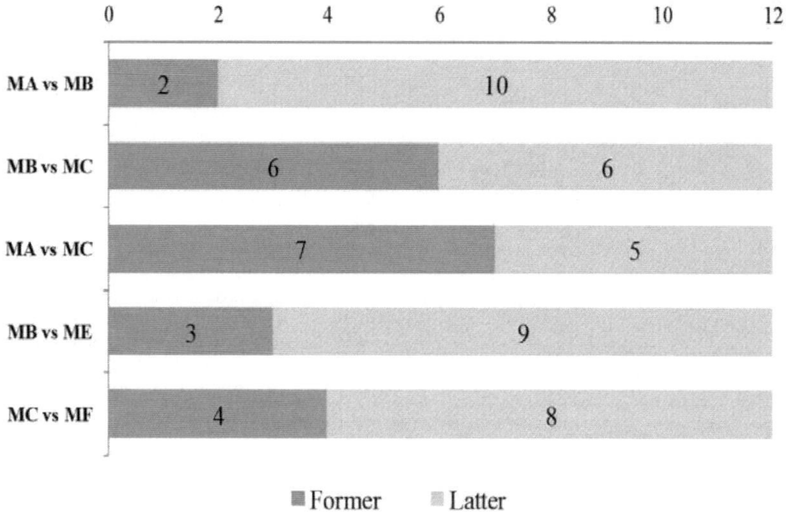

圖六、5 組產生方法作聽測比較之投票結果

根據圖六所顯示的投票結果，我們可看出 MA 比 MB 的票數為 2 比 10、MB 比 ME 的票數為 3 比 9、並且 MC 比 MF 的票數為 4 比 8 。所以我們可說，方法 MB (ANN 加 GVM)產生出的基週軌跡要比方法 MA(只使用 ANN)的更為自然，此外從 MB 比 ME 和 MC 比 MF 這兩組方法的得票數結果，我們可說使用 RCS (真實軌跡挑選)，可更為提升自然度。另一方面， MB 比 MC 的票數為 6 比 6，而 MA 比 MC 的票數為 7 比 5，所以在自然度上，方法 MB 和 MC 之間並沒有顯著的差別，也就是 GVM 處理的權重值並不會造成明顯的差別。

四、結論

我們發現 ANN 產生的基週軌跡 DCT 係數存在有過平滑(over smoothing)的現象，因此在本論文中，我們嘗試於 ANN 預測模組之後再串接兩種處理模組，即 GVM 和 RCS，以設法提升 ANN 產生之基週軌跡的自然度。對不同產生方法作客觀評估時，我們採取以計算 VR 值來反映過平滑的程度，依據量測出的 VR 值結果，我們發現 GVM 和 RCS 模組兩者都能明顯地提升 VR 值，因此 GVM 和 RCS 兩種處理動作確實都有助於緩和基週軌跡 DCT 係數之過平滑問題，並且當把 GVM 與 RCS 串接起來作處理時，更能夠進一步提升 VR 值。

另外在主觀評估方面，我們進行了聽測實驗，來比較五組基週軌跡產生方法的自然度。在聽測實驗之後，把受測者所給的評分依據受測者的組別和所聽的音檔，分別作收集再計算平均評分，然後把各個平均評分值當作對兩聽測音檔之自然度比較的投票。統計票數後，我們發現方法 MB (ANN 加 GVM)的票數明顯高於方法 MA (只使用 ANN)；此外，方法 ME 的票數高於 MB，且方法 MF 的票數高於方法 MC，所以 RCS (用於方法 ME 與 MF)確實可有效地提高所產生之基週軌跡的自然度。

參考文獻

[1] S. H. Chen, S. H. Hwang, and Y. R. Wang, "An RNN-based prosodic information synthesizer for Mandarin text-to-speech", IEEE trans. Speech and Audio Processing, Vol. 6, No. 3, pp. 226-239, 1998.

[2] C. T. Lin, R. C. Wu, J. Y. Chang, and S. F. Liang, "A novel prosodic-information synthesizer based on recurrent fuzzy neural network for the Chinese TTS system", IEEE trans. Systems, Man, and Cybernetics, Vol. 34, No. 1, pp. 309-324, 2004.

[3] C. C. Hsia, C. H. Wu, and J. Y. Wu, "Exploiting prosody hierarchy and dynamic features for pitch modeling and generation in HMM-based speech synthesis", IEEE trans. Audio, Speech, and Language Processing, Vol. 18, No. 8, pp. 1994-2003, 2010.

[4] H. Y. Gu and C. C. Yang, "An HMM based pitch-contour generation method for Mandarin speech synthesis", Journal of Information Science and Engineering, Vol. 27, No. 5, pp. 1561-1580, 2011.

[5] M. Dong, K. T. Lua, "Pitch contour model for Chinese text-to-speech using CART and statistical model," Int. Conf. on Spoken Language Processing, Denver, USA, pp. 2405-2408, 2002.

[6] L. Gao, Z. H. Ling, L. H. Chen, and L. R. Dai, "Improving F0 prediction using bidirectional associative memories and syllable-level F0 features for HMM-based Mandarin speech synthesis", Proceeding of ISCSLP, Singapore, pp. 275-279, 2014.

[7] T. Yoshimura, K. Tokuda, T. Masuko, T. Kobayashi, and T. Kitamura, "Simultaneous modeling of spectrum, pitch and duration in HMM based speech synthesis", Proceeding of EUROSPEECH, Budapest, Hungary, pp. 2347-2350, 1999.

[8] H. Zen, T. Nose, J. Yamagishi, S. Sako, T. Masuko, A. W. Black, and K. Tokuda, "The HMM-based speech synthesis system (HTS) version 2.0", Proceeding of 6-th ISCA Workshop on Speech Synthesis, Bonn, Germany, pp. 294-299, 2007.

[9] T. Toda and K. Tokuda, "A speech parameter generation algorithm considering global variance for HMM-based speech synthesis", IEICE trans. INF. & SYST., Vol. E90–D, No. 5, May 2007.

[10] T. Dutoit, A. Holzapfel, M. Jottrand, A. Moinet, J. Perez, and Y. Stylianou, "Towards a voice conversion system based on frame selection", Int. Conf. Acoustics, Speech, and signal Processing, Honolulu, Hawaii, pp. 513-516, 2007.

[11] A. V. Oppenheim and R. W. Schafter, Descrete-time Signal Processing, second ed., Prentice-Hall, 1999.

[12] H. Y. Gu, Y. Z. Zhou, and H. L. Liau, "A system framework for integrated synthesis of Mandarin, Min-nan, and Hakka speech", Int. Journal of Computational Linguistics and Chinese Language Processing, Vol. 12, No. 4, pp. 371-390, 2007.

[13] E. Godoy, O. Rosec, and T. Chonavel, "Voice conversion using dynamic frequency warping with amplitude scaling, for parallel or nonparallel corpora", IEEE trans. Audio, Speech, and Language Processing, Vol. 20, No. 4, pp. 1313-1323, 2012.

[14] H. Y. Gu, M. Y. Lai, and W. S. Hong, "Speech synthesis using articulatory-knowledge based HMM structure", Int. Conf. on Machine Learning and Cybernetics, Lanzhou, China, pp. 371-376, 2014.

The 2015 Conference on Computational Linguistics and Speech Processing
ROCLING 2015, pp. 289-305

運用 Python 結合語音辨識及合成技術於自動化音文同步之實作

A Python Implementation of Automatic Speech-text Synchronization Using Speech Recognition and Text-to-Speech Technology

賴俊翰　Chun-Han Lai
長庚大學資訊工程學系
Department of Computer Science and Information Engineering
Chang Gung University
j79916@hotmail.com

張朝凱　Chao-Kai Chang
長庚大學資訊工程學系
Department of Computer Science and Information Engineering
Chang Gung University
aw.81761109@gmail.com

呂仁園　Renyuan Lyu
長庚大學資訊工程學系
Department of Computer Science and Information Engineering
Chang Gung University
renyuan.lyu@gmail.com

摘要

本研究設計一個方便處理有聲書音文同步的技術，利用雲端的文字轉語音(Text-to-speech)技術，結合語音辨識(Speech Recognition)技術，讓使用者能夠使用自行準備的文章來製作自己的『跟述練習』(Shadowing technique)的學習素材，製作達到詞層級(Word-level)的音文同步有聲書。此音文同步有聲書是藉由『帶時間點的文字』 (Timed-text)檔案所製作，而帶時間點的文字則是由使用者所提供的文章連同對應的語音聲波檔案，經由一套名為 CGUAlign 的音文同步技術之處理所產生的。CGUAlign 是運用 Python 將一有名的語音辨識技術—HTK(Hidden Markov Model Toolkit) 包裝，只要提供文字檔及其朗讀的語音檔，其中語音檔是經由雲端語音合成技術而得來的，即能製作出音文同步的帶時間點的文字檔案，隨後，我們也建立一個簡易的以 JavaScript 製作的網站，能夠運用這個檔案做電腦輔助語言學習(Computer-assisted language learning, CALL)之用，此網站能夠閱讀音文同步有聲書，讓使用者能夠較輕鬆的做跟述練習，最後我們也提供即時翻譯的功能來達到電腦輔助語言學習的目標。

Abstract

In this study, we establish a method to create speech and text synchronized audiobooks with "speech recognition" and "cloud text-to-speech" technology. The user can prepare his own arbitrary articles to create the learning materials for "Shadowing technique" with this method. Besides, the materials are made by "word-level" speech and text synchronized audiobooks. These audiobooks are created by "timed-text" files, and the files are produced from the user's articles and corresponding speech files. By synchronization for speech and text technology, named "CGUAlign", user can easily make the "Timed-text" files. CGUAlign, uses Python to wrap the well-known speech recognition technology—HTK(Hidden Markov Model Toolkit). Just providing text file and the corresponding speech file, obtained from cloud text-to-speech technology, CGUAlign can create the timed-text file to achieve the synchronization of speech and text. Subsequently, we also build a simple website created with JavaScript. This website can use the timed-text file as CALL(Computer-assisted Language Learning) purposes. Using the website, user can browse the synchronized audiobooks to easily do Shadowing technique. Finally this website also provides dictionary function to achieve the goal of CALL.

關鍵字：語音辨識、文字轉語音、雲端語音合成、隱藏式馬可夫模型工具程式庫、電腦輔助語言學習、音文同步

Keywords: Speech Recognition、Text-to-speech、HTK、Computer-assisted Language Leanring、Speech-text Syncronization

一、緒論

隨著地球村的趨勢來臨,「語言學習」是現今社會普羅大眾所需要面臨的一項課題，也是一種趨勢，因此培養良好的多國語言能力，已成為當今社會不可或缺的目標。針對於台灣人而言，英語學習的需求更是顯得比其他語言來得更為重要，事實上我們知道，「語言學習」並非只是如同一般課程的學習，又分為「聽」、「說」、「讀」、「寫」，其需要經過「自我內化」、「練習」、「演繹」等過程才能根深蒂固的記憶在我們腦海中，而在舊有的自我學習中，又缺乏獨特的語言學習環境，缺乏練習的對象，如果要請他人來指導教學，往往又所費不貲，而數位化雲端學習在當今的世代是一個熱門的趨勢，如「視訊教學」、「線上學習」，這些都是網路普及與資訊發展下的重要產物，若我們可以利用適度的電腦回饋結合數位化學習，也許能為更多使用者造就一個新形態的自我學習方式。

本研究設計一個方便處理有聲書音文同步的技術，利用雲端的文字轉語音(Text-to-speech)技術，結合語音辨識(Speech Recognition)技術，讓使用者能夠使用自行準備的文本來製作自己的跟述練習的學習素材，製作達到詞層級(Word-level)的音文同步有聲書，其不僅可以提供音文同步的電子書供使用者閱讀文章，也可以讓使用者藉由朗誦文章的方式，並透過跟述練習的實作和即時翻譯的效果，以達到

自我內化學習及增進語言能力。

二、相關研究

(一) 跟述練習(Shadowing Technique)

Shadowing technique 是一種語言學習技巧，一般我們稱之為跟述練習或者是影子練習，與目前台灣所常見的講述式教學法不同，它比較相似於所謂的聽說式教學法，但其又與聽說式教學法有一點點不同，跟述練習與聽說教學法較為不同的地方在於聽說教學是教師以自身的演繹口說內容來促使學生反覆練習語言內容而跟述練習比較傾向於學習者自主訓練的方式。

語言學習者跟述的學習對象不一定為真人，也可能僅是一個語音或影像檔，在跟述的過程中，跟述者以自我所能的發音技巧以及閱讀能力去盡可能地模仿所要學習的語言對象或者是影音內容，這種學習方式有如鸚鵡學舌，是一種反覆練習以及自我內化的過程，在其他的研究中[1]我們也可以發現到利用這樣的語言學習技巧是一種快速內化方式去學習一種語言的方法。

(二) Google Translate

現在 Google 在許多方面廣泛地被使用，不只是在搜尋引擎的功能上，許多人在遇到語言上問題的時候，往往會藉由 Google 所提供的翻譯功能— Google Translate 幫忙。 Google Translate 所提供的翻譯功能非常強大，提供近百種的語言相互的翻譯，而且在取得此功能的便利性上，也是無與倫比，據 Google 統計，至 2015 年 6 月 Google Translate 每天需要處理超過 1000 億筆字詞。

圖一是 Google Translate 的使用介面，其提供的即時翻譯功能，讓使用者可以在左邊的輸入欄位輸入文字，翻譯結果會即時在右邊的結果框顯示，將滑鼠鼠標移到翻譯結果文字上可以看到其對應的原文，圖一範例為將中文翻譯成英文的範例。

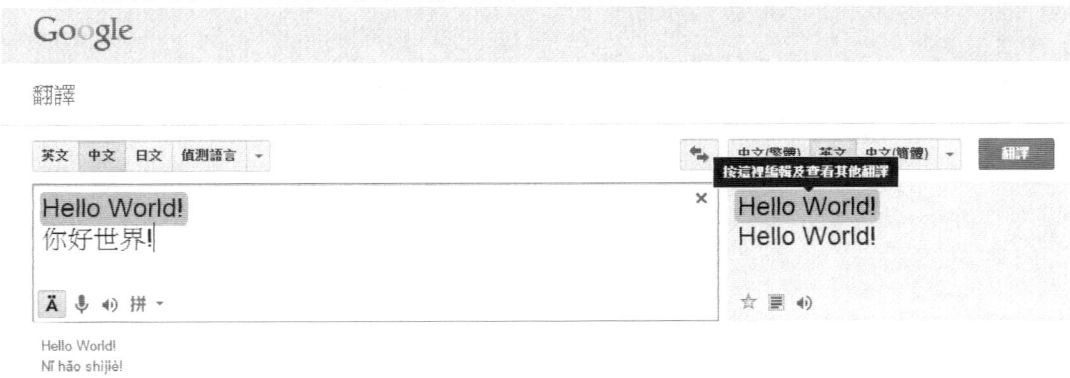

圖一、Google Translate 網頁介面

除此之外，Google Translate 也提供朗讀的功能，即文字轉語音(Text-to-speech)的人工語音合成朗讀的功能，另外也提供查詢文字拼音的功能，即能夠提供非拼音語言的羅馬拼音查詢。

Google Translate 所提供的三種功能—翻譯、朗讀、拼音已經很適合做初步的語言學習，但是其頂多只能製作出句層級(Sentence-level)的效果，其句層級是指在音文同步播放時當下語音內容是以句子為單位的顯示於畫面中。由而本研究則是進一步利用這三種功能，利用拼音和人工語音合成的功能能夠製作出 Google Translate 所無法達到的詞層級(Word-level)的音文同步有聲書，其詞層級是指在音文同步播放時當下的語音內容除了以句子為單位的顯示於畫面中並附加句子中每個詞的顯示效果，而詞層級的音文同步有聲書能夠讓學習者更容易的耳聽、眼看來做跟述技巧的練習。

(三) HTK (Hidden Markov Model Toolkit)[2]

HTK 的全名為 Hidden Markov Model Toolkit，是一套應用於語音訓練與辨識的免費軟體。HTK 於 1989 年開始由英國劍橋大學工程系 (Cambridge University Engineering Department, CUED)的機器智能實驗室 (Machine Intelligence Lab，或是大眾較為熟悉的 Speech Vision and Robotics Group)進行開發，該團隊利用隱藏式馬可夫模型 (HMM)建造出一套 HMM-based 的語音辨識系統。1999 年十一月，微軟購入擁有此軟體的 Entropic 公司，並於翌年將 HTK 定位為免費軟體，期望 HTK 作為語音辨識的共同平台，便能豐富 HTK 的功能性，以及提升語音辨識等相關技術。為了達到這個目標，HTK 建置官方網站，以提供開放的完整功能原始碼及說明書。

由於語音辨識的原理包含相當高深的數學，相對地使得程式碼也不易撰寫，造成進入門檻高，複雜度不易掌控的情況產生。但自從 HTK 在 2000 年定位成開放原始碼的免費軟體後，大幅降低了進入門檻，並加速提昇語音技術的發展，綜觀目前國內外語音技術相關的實驗工具和系統開發，絕大部分都以 HTK 為主流；由此可知，HTK 在語音技術的研究領域占了不可或缺的地位。

(四) CGUAlign[3]

CguAlign 是模仿[4]以 Perl 包裝 HTK 的方法，CguAlign 改用 Python 將 HTK 包裝、運用的一套技術，為本實驗室一個方便處理音文同步有聲書的技術，原本是為了將從 Youtube 上所取得的句層級 Timed-text sbv 檔，以程式自動切音取代傳統人工手動的方式切音成詞層級 Timed-text 檔的方法，此方法除了可以減少人力資源，還能夠大幅減少人工手動切音所浪費的時間。只需輸入文字檔以及聲音檔，經過音文對齊的處理，即可得到帶有時間點的 Timed-text 文字檔案。但此技術無法處理過長的聲音檔，因此希望站在雲端語音合成技術上，將以"句"為層級的 TTS 改良，使其能夠達到"字"的層級。圖二為 CGUAlign 之流程圖。

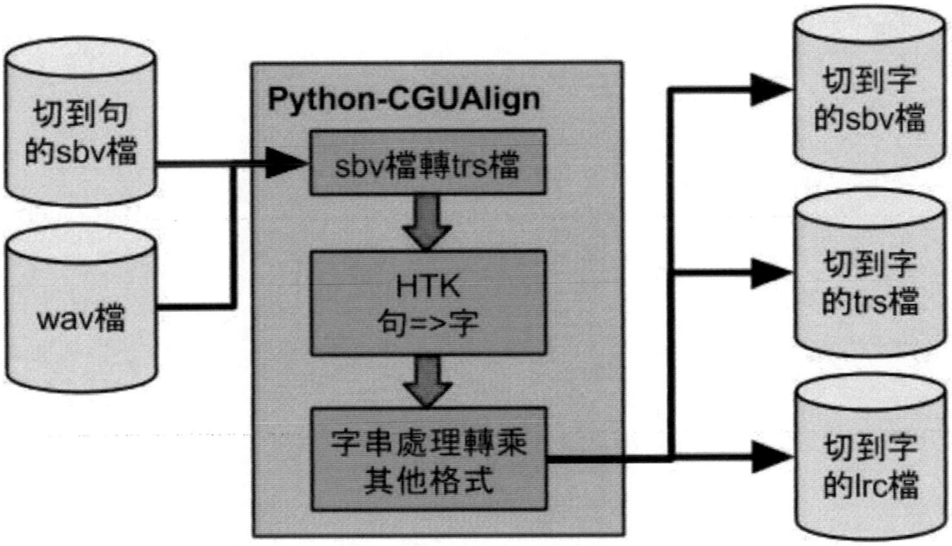

圖二、CGUAlign 流程圖

```
0:0:0.000000,0:0:1.619000
Thank you very much,

0:0:1.619000,0:0:3.022000
Gertrude Mongella,

0:0:3.022000,0:0:6.549000
for your dedicated work that has brought us to this point,

0:0:6.549000,0:0:8.276000
distinguished delegates,

0:0:8.276000,0:0:9.391000
and guests:

0:0:9.391000,0:0:13.494000
I would like to thank the Secretary General for inviting me to

0:0:13.494000,0:0:18.389000
be part of this important United Nations Fourth World Conference on Women.

0:0:18.389000,0:0:20.548000
This is truly a celebration,

0:0:20.548000,0:0:25.407000
a celebration of the contributions women make in every aspect of life:
```

圖二.a、切到句的 sbv 檔

```
<?xml version="1.0" encoding="UTF-8"?>
<!DOCTYPE Trans SYSTEM "trans-14.dtd">
<Trans scribe="wjLabtoTrs" audio_filename="Input/Hillary_Womens_Rights-1.wav">
<Episode>
<Section type="report" startTime="0" endTime="26.676">
<Turn startTime="0" endTime="26.676">
<Sync time="0.000"/>
I would like to thank the Secretary General for inviting me to  //I would like to thank the Secretary General for inviting me to
<Sync time="4.104"/>
be part of this important United Nations Fourth World Conference on Women.  //be part of this important United Nations Fourth World Conference on Women
<Sync time="9.000"/>
This is truly a celebration,  //This is truly a celebration
<Sync time="11.160"/>
a celebration of the contributions women make in every aspect of life: //a celebration of the contributions women make in every aspect of life
<Sync time="16.020"/>
in the home,  //in the home
<Sync time="16.920"/>
on the job,  //on the job
<Sync time="17.892"/>
in the community,  //in the community
<Sync time="19.152"/>
as mothers,  //as mothers
<Sync time="20.232"/>
wives,  //wives
<Sync time="21.024"/>
sisters,  //sisters
<Sync time="21.996"/>
daughters,  //daughters
<Sync time="22.860"/>
learners,  //learners
<Sync time="23.760"/>
```

圖二.b、trs 檔

```
[0.050]I
[0.080]would
[0.650]like
[0.760]to
[0.850]thank
[1.530]the
[1.920]Secretary
[2.430]General
[2.940]for
[3.060]inviting
[3.720]me
[3.960]to
[4.224]be
[4.254]part
[4.624]of
[4.784]this
[4.974]important
[5.614]United
[6.214]Nations
[6.794]Fourth
[7.144]World
[7.494]Conference
[8.224]on
[8.374]Women.<br/><br/>
[9.100]This
[9.290]is
[9.610]truly
[9.970]a
[10.000]celebration,
[11.250]a
[11.310]celebration
```

圖二.c、lrc 檔

三、研究方法

本章節內容旨在介紹整體的研究方法，全章分為三節，
(一) 雲端語音合成(Text-to-speech,TTS)
(二) CGUAlign 語音辨識-ForceAlignment
(三) 網站呈現(Website presentation)

圖三為系統整體流程圖，原始文字檔經由(一)會得到句層級的帶有時間點的文字的檔案，再經由(二)會得到詞層級的帶有時間點的文字的檔案，最後經由(三)能夠以音文同步有聲書的方式瀏覽此帶有時間點的文字的檔案，並以此做一個電腦輔助語言學習的動作。

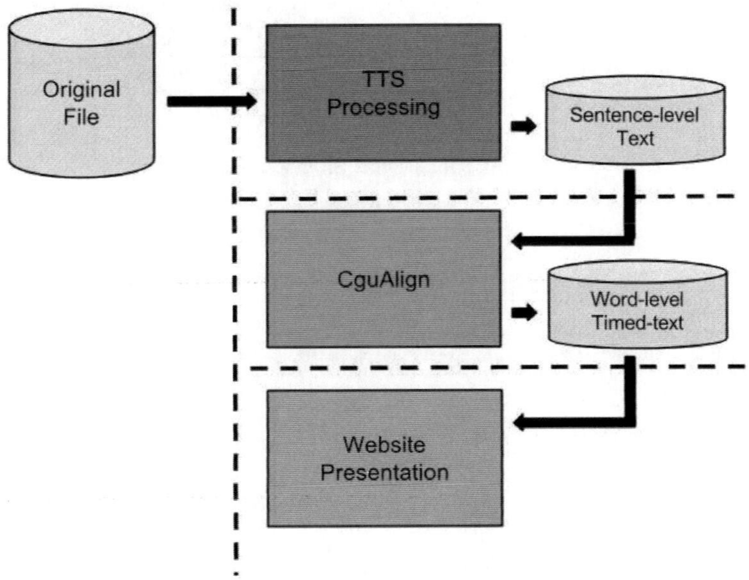

圖三、系統流程圖

(一) 雲端語音合成(Text-to-speech,TTS)

本節將說明如何將純文本經由文字的預先處理，透過 Google Translate 的雲端文字轉語音(Text-to-speech,TTS)的服務，取得 TTS 的語音檔，並將此語音檔和文字檔結合產生句層級的 Timed-text 檔案以供下一階段 CGUAlign 使用。

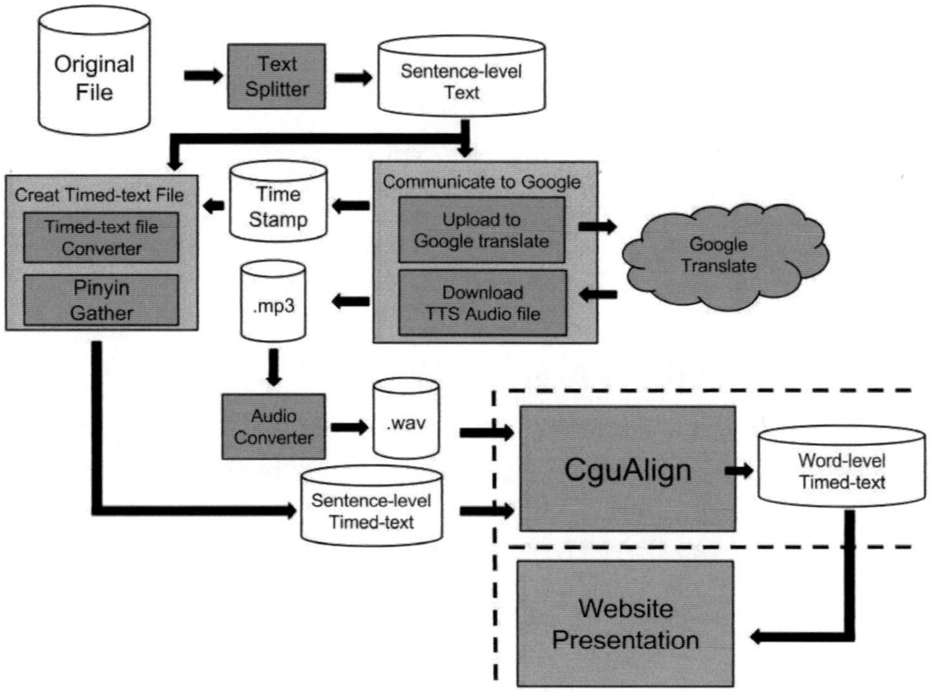

圖四、雲端語音合成流程圖

1. 文字切割

因 Google Translate TTS 無法直接輸入長度大於 100 的字串，因此需要先做文字分割，將其長度降低於小於 100，並稱此為句層級的純文字檔，基本的切割方法只先按照標點符號作切割。

Step1:按照標點符號做切割例如:
"句號"(“.” ,” 。”) 、"問號"(“?” ,” ？”) 、" 驚嘆號"(“!” ,” ！”) 、"破折號"(“-” ,” —”) 、"冒號"(“:” ,” ：”) 、"逗號"(“,” ,” ，”)。

Step2:若最終字串長度還是有超過 100 的，則會從超過 100 的字串以中間的"空白"切割。

2. 連結 Google 發出請求

此節將討論如何藉由 Google Translate 的 TTS 服務將純文字轉成 TTS 的語音檔案，利用 Python 的 Standard Library—” urllib.request"和"urllib.parse"，傳送 HTTP GET Request 至 Google Translate 的 URL，其 URL 為：

http://translate.google.com/translate_tts

其 URL 的 parameters 如表一。

表一、Google Translate TTS Parameters

parameters	意義
tl	Target Language，目標語言，表示要文字 TTS 的語言種類。
q	Query，欲 TTS 的文字。
total	Total number of text segments，文章分段的個數。
idx	Index of text segments，文章分段的指標。
textlen	String length in this segment，此 Query 的字串長度。

```
import urllib.request
  import urllib.parse
  savefile="./TTS.mp3"
  f= open(savefile, 'wb+')
  文字= "Chung Gung University Student"
  GOOGLE_TTS_URL= 'https://translate.google.com.tw/translate_tts?'
  payload = { 'ie': 'utf-8',
            'tk': '308912',
            'client': 't',
            'tl': 'en',
            'q':  文字,
            'total': 1,
            'idx':   0,
            'textlen': len(text) }
  try:
     hdr = {'User-Agent':'Mozilla/5.0'}
     data = urllib.parse.urlencode(payload)
     req = urllib.request.Request(GOOGLE_TTS_URL+data,headers=hdr)
     r = urllib.request.urlopen(req)


     byte= r.read()
     f.write(byte)
     byteNum= len(byte)
  except Exception as e:
        raise
  f.close()
```

圖五、Communicate to Google 範例程式碼

在此範例程式碼中，先對設定 GOOGLE_TTS_URL 輸入網址，用 payload 輸入對 Google Translate 的 TTS 之參數如上述表一所示，最後運用 urllib.request.urlopen() 發出 request 取得句子內容的 mp3 語音，然後用 read()讀取 mp3 語音的內容並用 len( )計算出句子 mp3 音訊內容的長度。

3. Creat Timed-text File

利用上一步驟所蒐集的每一個 segment 的 byteNum 大小，並計算 byteNum 的總和，能夠計算出每一段 segment 在總語音長度中的時間長度其公式如下，SegmentLength(i)為第 i 段語音的長度，ByteNum(i)為第 i 段語音的檔案大小，Sum(ByteNum)為總共的檔案大小，TotalLength 為總語音長度。

$$SegmentLength(i) = \frac{ByteNum(i)}{Sum(ByteNum)} \times TotalLength$$

計算出時間之後即可使之與句層級的文字檔黏合，製成句層級的 Timed-text 檔案。

```
Thank you very much,
Gertrude Mongella,
for your dedicated work that has brought us to this point,
distinguished delegates,
and guests:

0:0:0.000000,0:0:1.619000
Thank you very much,

0:0:1.619000,0:0:3.022000
Gertrude Mongella,

0:0:3.022000,0:0:6.549000
for your dedicated work that has brought us to this point,

0:0:6.549000,0:0:8.276000
distinguished delegates,

0:0:8.276000,0:0:9.391000
and guests:
```

圖六、句層級的文字檔轉成 Timed-text 檔案範例

若輸入文本不為英文時，需要從 Google Translate 取得其原文的羅馬拼音，並且將此羅馬拼音取代原文，將句層級的原文文字檔轉成句層級的羅馬拼音檔，而若利用 Google Translate 取得拼音，其也會幫我們做斷詞的動作。

利用同 Communicate to Google 的方法，只要將 URL 改成，

http://translate.google.com.tw/translate_a/single

以及其 parameter 改成如表二，即可得到此原文的羅馬拼音。

表二、取得羅馬拼音的 parameters(以中文為例)

parameters	值	parameters	值
ie	UTF-8	kc	1
inputm	1	tk	520254|125262
oe	UTF-8	dt	bd
otf	1	dt	ex
trs	1	dt	ld
client	T	dt	md
sl	Zh-CN	dt	qca
hl	Zh-TW	dt	rw
rom	1	dt	rm
srcrom	1	dt	ss
ssel	0	dt	t
tsel	0	dt	at
tl	目標語言(zh-TW)	q	欲取得拼音的文字

```
0:0:0.000000,0:0:5.760000
話說山東登州府東門外有一座大山，名叫蓬萊山。

0:0:5.760000,0:0:9.144000
山上有個閣子，名叫蓬萊閣。

0:0:9.144000,0:0:13.968000
這閣造得畫棟飛雲，珠簾捲雨，十分壯麗。
```

```
0:0:0.000000,0:0:5.760000
Huàshuō shāndōng dēng zhōu fǔ dōngmén wài yǒu yīzuò dàshān, míng jiào pénglái
shān.

0:0:5.760000,0:0:9.144000
Shānshàng yǒu gè gé zi, míng jiào pénglái gé.

0:0:9.144000,0:0:13.968000
Zhè gé zào dé huà dòng fēi yún, zhū lián juǎn yǔ, shífēn zhuànglì.
```

圖七、非英文文字 sbv 檔轉羅馬拼音 sbv 檔

4. Audio Converter

本節旨在說明如何將 Google Translate TTS 所得的 mp3 檔案轉成 CguAlign 能接受的 wav 檔案，使用自由軟體—FFmpeg 來幫助轉檔，FFmpeg 可以執行音訊和視訊多種格式的錄影、轉檔、串流功能，因需借助 FFmpeg 的幫助，而 FFmpeg 屬於外部程式，在 Python 中若需要呼叫外部的程式，需要 import os 模組，並且使用 os.system() 函式來呼叫 FFmpeg。

```
def ffmpeg_AudioDuration(filename):
    os.system("ffmpeg -report -y -i ./TTS-MP3/{0}.mp3" +
        "./FFmpeg-WAV/{1}.wav".format(filename,filename))
    dirlist= os.listdir()
    for i in dirlist :
        if i.find('ffmpeg')!=-1 and i.find('.log') !=-1 :
            report_name= i
            break
    f=open(report_name,"r")
    for i in f:
        if i.find("Duration:") != -1:
            duration= i.split("  Duration: ")[1].split(",")[0]
            hour= int(duration.split(":")[0])
            min = int(duration.split(":")[1])
            sec = float(duration.split(":")[2])
            total_ms= int(hour* 3600000 + min*60000 + sec*1000)
            print(total_ms)
    f.close()
    os.system("copy "+report_name+" .\\FFmpeg-WAV\\"+report_name)
    os.system("del "+report_name)
    return total_ms
```

圖八、Audio Converter 範例程式碼

(二) CGUAlign 語音辨識-Force Alignment

本章節將說明如何將(一)雲端語音合成(Text-to-speech,TTS)得到的句層級 Timed-text 檔案經由 CGUAlign 的語音辨識，對齊成詞層級的 Timed-text 檔案。

其流程圖如圖八所示。

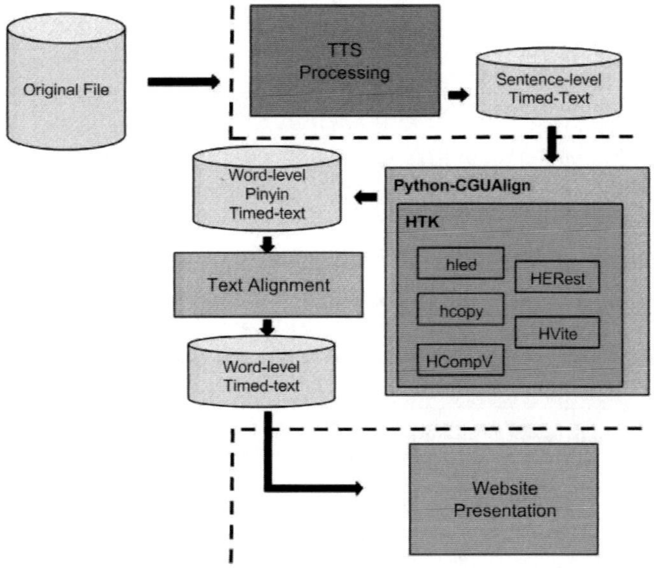

圖九、CGUAlign 語音辨識-Force Alignment 流程圖

將經由(一)所得到的句層級帶有時間點的文字檔案經由 CGUAlign 所包裹的 5 個 HTK 工具—

1. Hled：語音標籤及詞典處理
2. Hcopy：語音特徵擷取
3. HCompV：語音模型訓練
4. HERest：語音模型反覆、精緻化的訓練
5. HVite：語音文字做對齊

就會得到詞層級帶有時間點的文字檔案，而若是處理非英文時，則還需經過 Text Alignment 的動作才能夠得到詞層級帶有時間點的文字檔案，如圖十所示。

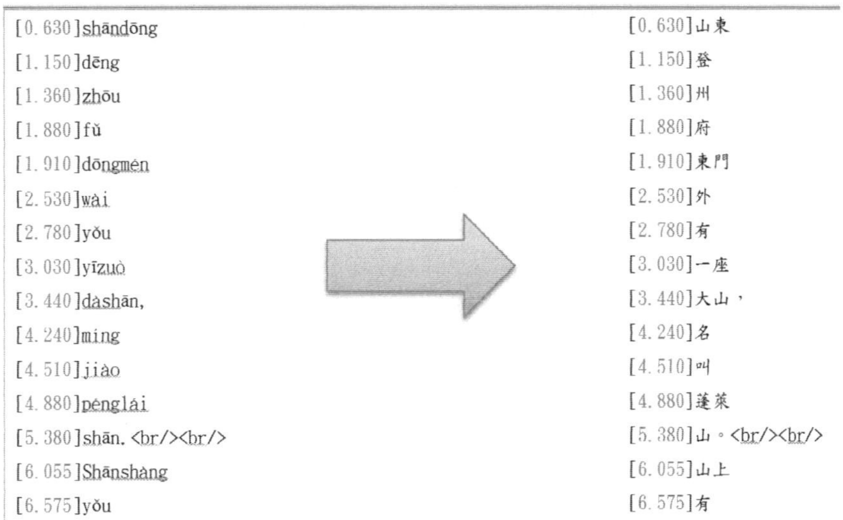

圖十、Text Alignment(以中文為範例)

運用中文的特性，每個字只有一個音節，而每個音節母音必定相連的規則下，利用聲調母音表，能夠計算出每段拼音的中文字數，將原文依計算出來的字數做對齊。

表三、聲調母音表

ā	ē	ī	ō	ū
á	é	í	ó	ú
ǎ	ě	ǐ	ǒ	ǔ
à	è	ì	ò	ù
a	e	i	o	u

(三) 網站呈現

利用 JavaScript 製作一個簡單的能夠讀取 Timed-text 檔案—lrc 檔的網頁，其流程圖如圖十一所示。

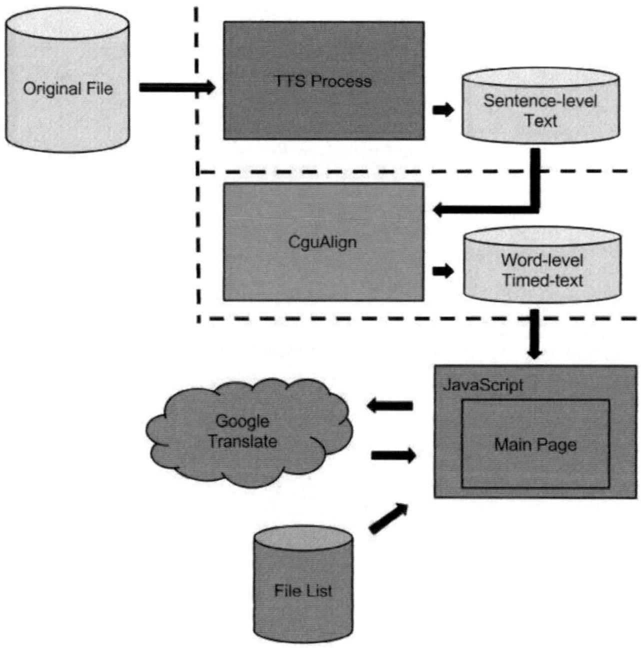

圖十一、網站呈現流程圖

主頁面會讀取書籍清單並呈現給使用者選擇，而書籍清單是以 txt 檔做儲存，讀取的方法是用 XMLHttpRequest()。主頁面會根據使用者選取書籍清單的書籍，會傳送 book 參數去撈取資料庫的 lrc 檔和 wav 檔。

```
var bookFileName="YourTextFile.txt";
var Textfile=new XMLHttpRequest();
```

```
Textfile.open("GET",bookFileName,false);
Textfile.send(null);
var BookData=Textfile.responseText;
```

圖十二、XMLHttpRequest()讀取文字檔範例程式碼

將 lrc 檔以 XMLHttpRequest()讀取之後，將 lrc 檔轉化成如下圖所示，每個單字都會有它的 id 編號、高亮記號、頁數、起始時間點…等等資訊。

```
</span><span id="152" class="normalLrcClass" page="2" time="103.410" entence="0" style="background: yellow;">our
</span><span id="153" class="normalLrcClass" page="2" time="103.640" entence="0" style="background: yellow;">talk
</span><span id="154" class="normalLrcClass" page="2" time="104.480" entence="0" style="background: yellow;">turns
</span><span id="155" class="normalLrcClass" page="2" time="104.900" entence="0" style="background: yellow;">to
</span><span id="156" class="normalLrcClass" page="2" time="105.080" entence="0" style="background: yellow;">our
</span><span id="157" class="normalLrcClass" page="2" time="105.270" entence="0" style="background: yellow;">children
</span><span id="158" class="normalLrcClass" page="2" time="106.040" entence="0" style="background: yellow;">and
</span><span id="159" class="normalLrcClass" page="2" time="106.230" entence="0" style="background: yellow;">our
</span><span id="160" class="normalLrcClass" page="2" time="106.410" entence="0" style="background: yellow;">families
</span><span id="161" class="normalLrcClass" page="2" time="108.320" entence="0" style="background: yellow;">however
</span><span id="162" class="normalLrcClass" page="2" time="108.770" entence="0" style="background: yellow;">different
</span><span id="163" class="normalLrcClass" page="2" time="109.460" entence="0" style="background: yellow;">we
```

圖十三、將 lrc 檔轉成網頁上的標籤資訊

使用 HTML5 新增的 audio 標籤，能夠先創建一個播放音訊的物件，賦予此物件一個獨特的 ID—mainAudio，再利用 HTML DOM 的物件，能夠指定 mainAudio 要讀取的音訊檔案以及此音訊的一些資訊。

```
1 var audioFileName="YourAudioFile.wav"
2 document.write("<div><audio id='mainAudio' src='' controls=controls /></div>");
3 document.getElementById("mainAudio").src=audioFileName;
4 var playrate= mainAudio.playbackRate
5 document.getElementById("playrate").innerHTML =playrate;
6 var time= mainAudio.currentTime;
7 document.getElementById("audiotime").innerHTML =time;
```

圖十四、讀取音訊的範例程式碼

在圖十四的範例中，在第 2 行先創立一個 audio 物件，並且在第 3 行指定此物件所要讀取的音訊檔案，第 5 行、第 7 行能夠得到此音訊的播放速度和目前所撥放的音訊時間點，此音訊時間點是用來做音文同步非常重要的資訊。

以類同前述取得中文拼音的方法，不僅能夠取得單字的拼音，同樣也能夠取得單字的翻譯，我們可以用此功能來實作線上查詢字典的功能，與拼音取得的方法不同的是，翻譯功能必須指定好 sl 和 tl 兩個參數，其意義代表 source language 來源語言和 target language 目標語言。

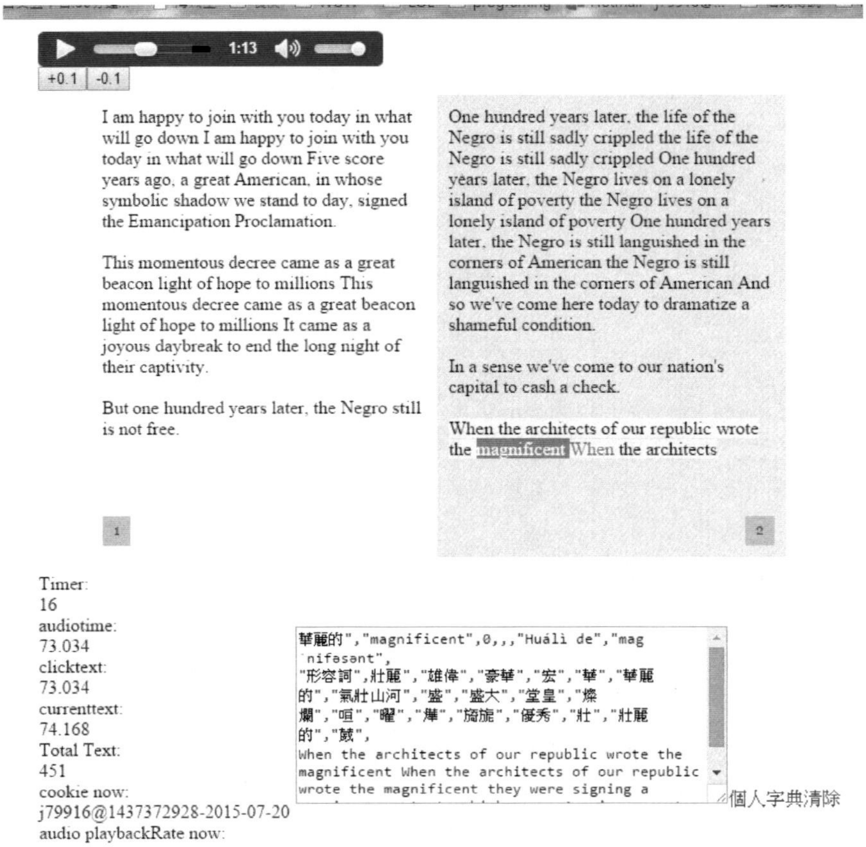

圖十五、線上即時翻譯範例

四、結論

本研究的目的是利用純文字檔轉成語音檔的技術(Text-to-speech)結合語音辨識(Speech-recognition)中的音文對齊技術(Speech-text Synchronization)製作能夠以電腦輔助語言學習(Computer-assisted Language Learning)為目標，幫助語言學習者能夠借助此系統較輕鬆地實現跟述學習法(Shadowing technique)的一個系統。

在此系統中，使用者能夠自由地取得任何想跟述的素材的文本，以此文本，借助本系統，能夠從 Google Translate 取得此文本的 TTS 語音檔及其已對齊的帶有時間點的文本(Timed-text)，不同於以往較常見的句層級(Sentence-level)的文本，本系統運用語音辨識技術能夠製作出詞層級(Word-level)的文本，以此帶有時間點的文本藉由我們的網站瀏覽，即是一本音文同步的電子有聲書，在此網站上，不僅可以進行跟述學習法學習，也可以做一個線上查詢字典的功能，其不僅可以提供音文同步的電子書供使用者閱讀文章，也可以讓使用者藉由朗誦文章的方式，並透過跟述學習法的實作和即時翻譯的效果，以達到自我內化學習及增進語言能力。

參考文獻

[1] 戴安娜,*跟述練習對口譯課學生的聽力之影響*,台灣科技大學,2013.

[2] Steve Young, *The HTK Book version 3*, Microsoft Corporation, 2000. http://htk.eng.cam.ac.uk/

[3] 黃偉杰，*語音辨識之音文對齊技術應用於音文同步有聲音之建立*，長庚大學，2012.

[4] A. Katsamanis, M. P. Black, P. G. Georgiou, L. Goldstein, S. Narayanan"*SailAlign: Robust long speech-text alignment*" University of Southern California, Los Angeles, CA, USA , Jan. 28-31, 2011.

The 2015 Conference on Computational Linguistics and Speech Processing
ROCLING 2015, pp. 306-315

結合非線性動態特徵之語音情緒辨識

Speech Emotion Recognition via Nonlinear Dynamical Features

林竹萓　Chu-hsuan Lin
美律實業股份有限公司
Merry Electronics Co.,Ltd.
tracy.lin@merry.com.tw

陳炎生　Yen-Sheng Chen
美律實業股份有限公司
Merry Electronics Co.,Ltd.
daryl.chen@merry.com.tw

摘要

本研究採用機器學習法對語音情緒辨識進行探討。除一般常被採用之語音特徵，如音高、共振峰、能量以及梅爾倒頻譜係數之外，研究中加入了夏農熵和曲率指標(curvature index)[9]兩項非線性特徵，再利用費雪鑑別比與基因演算法搭配的方式進行特徵挑選。最後使用支持向量機分類器，對柏林語音情緒資料庫進行情緒分類分析。在加入非線性特徵後，男性及女性之情緒辨識率分別為 88.89%及 86.21%。

Abstract

This study is focus on speech emotion recognition through machine learning method. We add two nonlinear dynamical features: Shannon entropy and curvature index, of each frame other than the traditional features such as pitch, formant, energy, MFCCs. After feature extraction, Fisher discriminant ratio and Genetic algorithm were applied in order to reduce the number of features. We use SVM classifier and cross validation method to discriminate seven emotions in Berlin emotion database. The analyzed results after adding of the nonlinear features show that the emotion recognition rates were 88.89% and 86.21% for male and female, respectively.

關鍵詞：情緒辨識、非線性特徵、支持向量機

Keywords: Speech emotion recognition, non-linear features, support vector machine

一、緒論

在人工智慧、機器學習與網路資訊的快速發展下，在不同領域都已經有許多事情可以由機器取代，如會議安排、語言學習、語音服務、新聞播報、汽車駕駛等等，但如果僅僅只是由機器單方面提供制式化的回應服務，或許不是那麼適當，因此讓機器偵測得人類所要表達的情緒訊息，接著給予最適當的回應是一項重要的機制。這不僅僅可以增進人機互動的樂趣，也可在一般客服機器提供客觀資訊外，給予適切地問候話語；在智慧家庭與照護系統方面，若可得知使用者當下情緒而做出反應，如切換音樂、燈光控制等等，可以提升人機互動的成效；其他像是娛樂產品的介面也是可以應用的主題。目前在機器與人的互動上，基本上可利用視覺與聽覺兩種人類感官，本研究著重於聽覺之語音情緒辨識系統，期望藉由語音訊號來分辨使用者目前的情緒，進而提升溝通效果。

對於情緒的描述方式大致可分為離散與維度兩種形式，前者即為日常生活所使用之詞彙，如開心、生氣、悲傷等，在如此大量之情感詞彙中，一般認為能夠為人類與具有社會性之哺乳動物所共有情感稱為基本情感，不同學者對於基本情感的定義也不相同，其中以 Ekman 提出之六大基本情感較為廣泛被使用，當然亦有許多依此發展或其他理論而形成的基本情緒，如下表一[1]；後者則將情感狀態描述於激活度-效價情感空間(arousal-valence emotional space)或是激勵-效價-控制空間(activation - valence -dominance space)中，其中每一個維度對應著心理學的屬性[2、3]。基本上，透過聲音來傳遞情緒上大致可分為兩個方向，一為透過語意，即由字面上的意思；另外是藉由語調來傳遞情緒。而在本研究中則採用了離散情緒分類及透過語調來擷取特徵，進而作情緒分類判斷。

過去文獻中，Moataz El Ayadi 等人[4]提供不同語料庫收集方式之資訊及許多語音訊號特徵之計算方式與分類方法；Siqing Wu 等[5]利用調變頻譜特徵(MSFs)與不同特徵組合進行情緒分類，其最佳準確率 91.6%為 MSFs 與聲韻(prosodic)特徵的組合法；Patricia Henríquez[6]等利用非線性動態特徵進行語音情緒辨識研究，準確率最高可達 80.75%；Ali Shahzadi 等[7]以聲韻特徵、頻譜特徵與非線性動態特徵依不同組合進行研究，其準確率最高為男性 85.9%，女性為 82.72%。本研究的目標是透過分析語音來辨識情緒，以過去學者之研究為基礎，利用語音訊號擷取特徵量，再以挑選後的特徵量作為支持向量機(support vector machine, SVM)中的訓練資料，藉此訓練出分類模型，結果證明在一般常見語音特徵如音高(pitch)、能量(energy)、共振峰(formant)、梅爾倒頻譜係數(Mel-scale Frequency Cepstral Coefficients, MFCC)，額外加入了夏農熵(Shannon entropy)和曲率指標兩項非線性特徵有提升語音情緒辨識之效用。

表 一、基本情感之定義

學者	基本情感
Arnold	Anger, aversion, courage, dejection, desire, despair, dear, hate, hope, love, sadness
Ekman, Friesen, Ellsworth	Anger, disgust, fear, joy, sadness, surprise
Fridja	Desire, happiness, interest, surprise, wonder, sorrow
Gray	Desire, happiness, interest, surprise, wonder, sorrow
Izard	Anger, contempt, disgust, distress, fear, guilt, interest, joy, shame, surprise
James	Fear, grief, love, rage
McDougall	Fear, disgust, elation, fear, subjection, tender-emotion, wonder
Mower	Pain, pleasure
Oatley, Johnson-Laird	Anger, disgust, anxiety, happiness, sadness Panksepp
Panksepp	Anger, disgust, anxiety, happiness, sadness
Plutchik	Acceptance, anger, anticipation, disgust, joy, fear, sadness, surprise Tomkins
Tomkins	Anger, interest, contempt, disgust, distress, fear, joy, shame, surprise
Watson	Fear, love rage
Weiner, Graham	Happiness, sadness

二、研究方法

(一) 實驗資料庫

本研究的資料來自於德國柏林語音情緒資料庫(Berlin emotion database)[8]，其中包含了生氣(anger)、無聊(boredom)、厭惡(disgust)、害怕(fear)、開心(joy)、中性(neutral)和傷心(sadness)共七種情緒，由十位專業演員(五男、五女)各別演示上述七種情緒對應的句子所組成，共有 535 句語音訊號。

(二) 特徵擷取

將語音訊號進行音框(frame)的切割，通常視窗長度為 20~40ms，用來計算特徵參數，而為了讓特徵變化有延續性，會將部分視窗重疊(overlap)，本研究所使用之視窗長度為 32ms，重疊部分為 16ms。擷取的特徵分為兩部分，一為傳統使用之聲韻和頻譜特徵，另一部分則是非線性動態特徵 Shannon entropy 和 curvature index。

1. 聲韻特徵

在聲韻特徵中，收集了音高、能量、過零率(zero crossing rate,ZCR)、TEO(Teager energy operator)等常見語音分析特徵。音高擷取方式是使用 ACF(auto-correlation function)，但為了避免 ACF 的值介於一個不定的區間，將其正規化至 1 與-1 之間後，再搭配音量閾值判斷音高，即得$\mathrm{NACF}(\tau)=\frac{2\sum s(i)s(i+\tau)}{\sum s^2(i)+\sum s^2(i+\tau)}$。過零率即為訊號過零點的次數，一般而言其值在有語音的時候會比安靜或環境雜訊較大時低，因此本研究採用此方法搭配音量來判斷 voice activity ratio，voice activity ratio 即為一段訊號內有語音與無語音的比例(如下圖一)。TEO 則是在還原聲音經過氣管及人的腔體作用後所產生的語音訊號，$\mathrm{TEO}(s_i)=s_i^2-s_{i-1}s_{i+1}$，上述公式內之 s 即為一個音框內的原始訊號，i 表示第 i 點訊號。

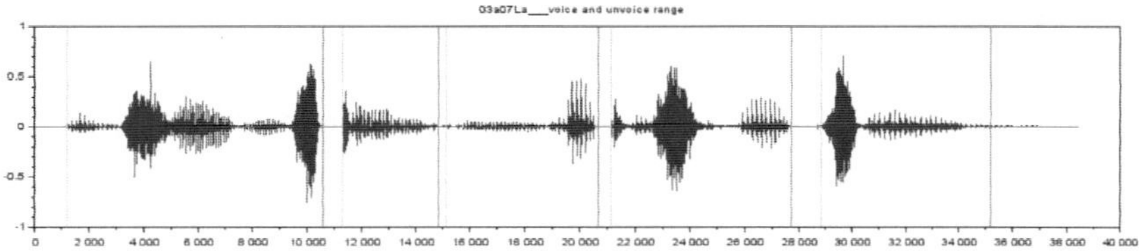

圖 一、 Voice activity detection，綠色線為起始位置，紅色線為結束

2. 頻譜特徵

頻域所使用之特徵，第一項為梅爾倒頻譜係數，配合人耳聽覺對不同頻率有不同的敏感度的特性，提出了這項係數；本研究所使用之 pre-emphasis 之高通濾波器參數為 0.9，共取 13 個梅爾倒頻譜係數。共振峰是將時域訊號轉為頻域後，取其包絡線(envelope)後可得到一條較為平滑的頻譜曲線，其中有若干個高點，這些高點表示能量集中的位置，也就是共振峰，可描述人類聲道中的共振情形(如下圖二)。本研究利用快速傅立葉轉換(FFT)及 linear predictive coding(LPC)方式取得第 1 到第 3 個共振峰(F1~F3)的頻率值及其頻寬。

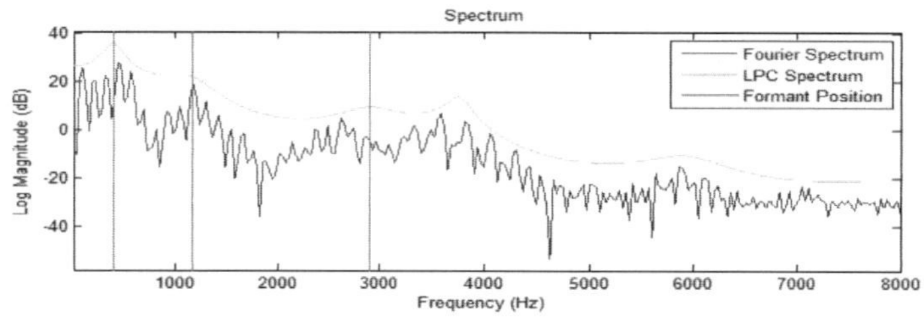

圖 二、Formant 結果

3. 非線性動態特徵

夏農熵在資訊理論中扮演了很重要的角色，除了可用來作為資訊量的量測外，同時也是對某個系統之不確定性或混亂程度的度量方法，若熵值越高則系統的不確定性(uncertainty)越高，反之亦然。隨機變數 的夏農熵可定義為

$$H(\ ) = -\sum_{\in} (\ )\log(\ )，$$

其中 $(\ ) = \{ = \},\ \in$ 。使用不同基底會有一轉換常數的差異。

曲率指標[9]是一動態系統的指標，曲率指標之定義如下，對於 維空間曲線 $(t) \in \mathbb{R}$ 可得 -1個高維度曲率$\kappa_i, 1 \le i \le -1$，則曲率指標為

$$K = \lim_{\to\infty} \frac{\int_0 (\ )dt}{},1 \le \ \le -1。$$

由上式可知，曲率指標是藉由動態平均的方式來描述，其功用在於系統出現結構變化時，可以在指標上出現相應變化，是以吾人預期，當不同情緒變化表現在語音訊號時，其對應的曲率指標也會有所不同。計算曲率指標前，需要運用相空間重構的技術將語音訊號重構到高維度空間上，本研究中重構維度 $=3$，且只有K_1在特徵挑選過程中被選中。

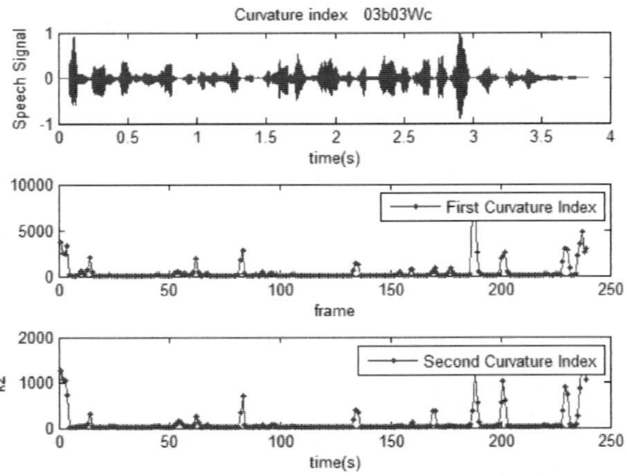

圖 三、 Curvature index 計算結果

4. 統計值

計算語音訊號每個音框的上述特徵值後進行統計，其統計量包含最小值(min)、最大值(max)、最大與最小值的差(range)、平均(mean)、中位數(median)、切尾均值(trimmed mean)之 10%與 25%、第 1、5、10、25、75、90、95、99 的百分位數(percentile)、四分差(interquartile range)、平均差(average deviation)、標準差(standard deviation)、偏態(skewness)和峰度(kurtosis)共 20 項。另外也計算相鄰兩音框之一階與二階倒數之統計量，以表示兩音框間的變化程度，最後將所有統計量當作語音訊號之特徵進行挑選與分類。

(三) 特徵挑選

特徵選取的目標是要從原有的特徵集合中挑選出鑑別能力較好的特徵，使其辨識率能夠達到最高值，不但能夠簡化分類器的計算，並可藉此了解分類問題關係。特徵挑選時使用了 10 折交叉驗證(10-fold cross validation)，避免對單一資料形成 over-fitting。

本研究利用了費雪鑑別比(Fisher discriminate ratio, FDR)與基因演算法(genetic algorithm, GA)進行特徵挑選。依據費雪判別分析的概念，分屬二個類別的特徵其組內差距越小，組間差距越大，可獲得越好的分類效果。多組類別之 FDR 計算方式如下[10]

$$\mathrm{FDR}(u) = \frac{2}{C(C-1)} \sum_{c_1} \sum_{c_2} \frac{\left(\mu_{c_1,\mu} - \mu_{c_2,\mu}\right)^2}{\sigma_{c_1}^2 + \sigma_{c_2}^2}, 1 \le c_1 < c_2 \le C，$$

利用 FDR 將不適用之特徵排除後，再經由 GA 挑出最後辨別所使用的特徵，GA 是人類依照生物學中「適者生存，不適者淘汰」的觀念所發展出來的一種演算法，利用選擇(selection)、複製(reinsertion)、交配(cross-over)、突變(mutation)等步驟去尋找最適合環境的基因[11]。在本研究中即是將所有特徵的集合視為染色體，各個特徵即為基因，利用 GA 搭配 SVM 分類器，最後會得到一串 0 與 1 的序列，若為 1 則代表此特徵被選中[12]，反之亦然。其中 GA 挑選方式及使用的參數如下表二[7]。

表 二、 GA 參數設定

Selection technique	Roulette wheel
Crossover type	Single point crossover
Population size	50
Crossover rate	0.9
Mutation rate	0.001
Iteration number	200

(四) 分類方式

在特徵擷取前，已將資料以 80%與 20%的比例分為訓練資料集(training data set)與驗證資料集(validation data set)，驗證資料集內所有資料皆不會經過挑選與分類，而是作為訓練模型好壞的判斷依據，本研究所使用之分類器 SVM，採用的 toolbox 為 LibSVM [13]。

SVM 是一種機器學習的演算法，目的是為了建立一個模型以辨別不同資料的類別，利用 SVM 搭配核方法(kernel method)可以有效率地將原始資料轉換到高維度的空間，並在訓練資料集中找出餘裕(margin)最大的超平面(hyper-plane)，此 hyper-plane 將會是測試資料的分類依據，透過此方法我們可得到一個準確率高且具有高抗雜訊功能的分類模型，另外相較於其他機器學習而言，對於數量較少的資料其錯誤率及複雜性可被最小化[14]。

三、實驗結果

(一) FDR 結果

下圖四為 FDR 不同特徵之分布圖，其標籤 1 至 7 代表不同的七種情緒，圖四(a)為 FDR 分析後，將其最大的兩個值代表的特徵所畫的分布圖，圖四(b)則為最小兩個值的結果，可看出 FDR 值越大代表此特徵有較明顯的區分效果。

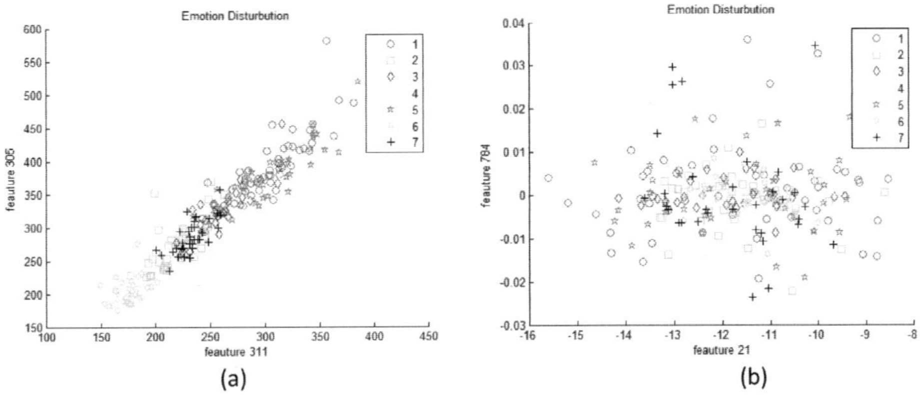

圖 四、(a) FDR 最大兩值特徵分布圖，(b)FDR 最小兩值特徵分布圖

(二) GA 挑選結果

經 GA 挑選後，在男性方面共有 259 個特徵，其中 prosodic 與頻域特徵有 237 個，以 MFCC、formant 與 pitch 為主，而非線性特徵 Shannon entopy 之平均、中位數等共 5 個，curvature index 以百分位數為主的統計量共有 17 個。在女性方面，所得特徵共有 247 個，其中 prosodic 與頻域特徵共有 230 個，以 MFCC、formant 與 pitch 為主，非線性特徵 Shannon entopy 之切尾均值與百分位數共 5 個，curvature index 則以百分位數為主的統計量共 12 個。

(三) SVM 分類結果

比較不同性別使用傳統 prosodic 與頻譜特徵和加入非線性特徵後的混淆矩陣(confusion matrix)，下圖五為女性，使用傳統特徵準確率為 84.48%，加入非線性特徵後提升至 86.21%；圖六為男性，使用傳統特徵準確率為 84.44%，加入非線性特徵後提升至 88.89%。

Traditional features

Predict / Fact	Anger	Boredom	Disgust	Fear	Joy	Sadness	Neutral	Rate
Anger	13	0	0	0	0	0	0	100.00%
Boredom	0	7	0	0	0	0	2	77.78%
Disgust	0	0	7	0	0	0	0	100.00%
Fear	2	0	0	4	0	0	0	66.67%
Joy	1	0	0	2	5	0	0	62.50%
Sadness	0	0	0	0	0	7	0	100.00%
Neutral	0	2	0	0	0	0	6	75.00%
					Total recognition rate = 84.48%			

Traditional features + Nonlinear features

Predict / Fact	Anger	Boredom	Disgust	Fear	Joy	Sadness	Neutral	Rate
Anger	13	0	0	0	0	0	0	100.00%
Boredom	0	7	0	0	0	0	2	77.78%
Disgust	0	0	7	0	0	0	0	100.00%
Fear	2	0	0	4	0	0	0	66.67%
Joy	1	0	0	1	6	0	0	75.00%
Sadness	0	0	0	0	0	7	0	100.00%
Neutral	0	1	0	0	1	0	6	75.00%
					Total recognition rate = 86.21%			

圖 五、 女性分類結果

(上圖為傳統特徵，下圖為新增非線性特徵)

Traditional features

Predict / Fact	Anger	Boredom	Disgust	Fear	Joy	Sadness	Neutral	Rate
Anger	12	0	0	0	0	0	0	100.00%
Boredom	0	6	0	0	0	0	1	85.71%
Disgust	0	0	1	1	0	0	0	50.00%
Fear	0	0	0	6	1	0	0	85.71%
Joy	2	0	0	0	3	0	0	60.00%
Sadness	0	0	0	0	0	4	1	80.00%
Neutral	0	1	0	0	0	0	6	85.71%
					Total recognition rate = 84.44%			

Traditional features + Nonlinear features

Predict / Fact	Anger	Boredom	Disgust	Fear	Joy	Sadness	Neutral	Rate
Anger	12	0	0	0	0	0	0	100.00%
Boredom	0	6	0	0	0	0	1	85.71%
Disgust	0	0	2	0	0	0	0	100.00%
Fear	0	0	0	6	0	0	1	85.71%
Joy	2	0	0	0	3	0	0	60.00%
Sadness	0	0	0	0	0	4	1	80.00%
Neutral	0	0	0	0	0	0	7	100.00%
					Total recognition rate = 88.89%			

圖 六、男性分類結果

(上圖為傳統特徵，下圖為新增非線性特徵)

四、 結論

本研究以一般常用之語音特徵音高、共振峰、能量以及梅爾倒頻譜係數為基礎，加入了非線性特徵 Shannon entropy 和 curvature index，經由特徵擷取、特徵挑選到最後分類的方式建立語音情緒辨識模型。以柏林語音情緒資料庫做為分析對象，未加入非線性特徵量，所得男性及女性之情緒辨識率分別為 84.44%及 84.48%；加入非線性特徵量之後，男性辨識率提高至 88.89%，女性則提高至 86.21%。

針對各別情緒辨識改進的細部結果方面，可由Confusion matrix(圖五、圖六)得知，在加入非線性特徵量後，女性方面則因為誤判為害怕之開心情緒有部分被改正，使準確率由 62.5%提升為 75%；男性方面由於原本被誤判為無聊的中性情緒已判斷正確，使得中性準確率由 85.71%提升為 100%；而厭惡將原本誤判為害怕的情況改正，致使其準確率由 50%升至 100%。

另外，因目前所使用之資料為德文，對於不同語言及文化的在語音情緒影響的差異並未在研究中探討，因此有計畫建立中文語音情緒資料庫，藉以驗證本研究方法對於中文語音情緒辨識之可行性。

参考文獻

[1] 韩文静, et al. "语音情感识别研究进展综述." 软件学报 25.1 (2014): 37-50.

[2] Xie B. Research on key issues of Mandarin speech emotion recognition [Ph.D. Thesis]. Hangzhou: Zhejiang University, 2006 (in Chinese with English abstract).

[3] Cowie R, Douglas-Cowie E, Tsapatsoulis N, Votsis G, Kollias S, Fellenz W, Taylor JG. Emotion recognition in human-computer interaction. In: Proc. of the IEEE Signal Processing Magazine. 2001. 32−80. http://www.signalprocessingsociety.org/

[4]Moataz El Ayadi, Mohamed S. Kamel, and Fakhri Karray. "Survey on speech emotion recognition: Features, classification schemes, and databases."Pattern Recognition 44.3 (2011): 572-587.

[5] Siqing Wu, Tiago H. Falk, and Wai-Yip Chan. "Automatic speech emotion recognition using modulation spectral features." Speech communication 53.5 (2011): 768-785.

[6] Patricia Henríquez, et al. "Nonlinear dynamics characterization of emotional speech." Neurocomputing 132 (2014): 126-135.

[7] Ali Shahzadi, et al. "Speech emotion recognition using non-linear dynamics features." Turkish Journal of Electrical Engineering & Computer Sciences. doi10 (2013).

[8] Burkhardt, Felix, et al. "A database of German emotional speech." Interspeech. Vol. 5. 2005.

[9] Yen-Sheng Chen and Chien-Cheng Chang, 2012, "The Curvature Index and Synchronization of Dynamical Systems", CHAOS 22, 023131.

[10] Suge Wang, et al. "A feature selection method based on fisher's discriminant ratio for text sentiment classification." Web Information Systems and Mining. Springer Berlin Heidelberg, 2009. 88-97.

[11] Melanie Mitchell. An introduction to genetic algorithms. MIT press, 1996.

[12] Cheng-Lung Huang and Chieh-Jen Wang. "A GA-based feature selection and parameters optimizationfor support vector machines." Expert Systems with applications 31.2 (2006): 231-240.

[13] C-C Chang and C-J Lin. LIBSVM : a library for support vector machines. ACM Transactions on Intelligent Systems and Technology, 2:27:1--27:27, 2011.Software available at http://www.csie.ntu.edu.tw/~cjlin/libsvm

[14]Christopher JC Burges. "A tutorial on support vector machines for pattern recognition." Data mining and knowledge discovery 2.2 (1998): 121-167